CCM
LOUISVILLE SLUGGER
LAFLEUR
CUSTOM PRO

ANDRÉ DUCHESNE

LE CANADIEN UN SIÈCLE DE HOCKEY À LA PRESSE

CCM

ANDRÉ DUCHESNE

LE CANADIEN UN SIÈCLE DE HOCKEY À LA PRESSE

LES ÉDITIONS
LA PRESSE

Catalogage avant publication de Bibliothèque et Archives nationales du Québec
et Bibliothèque et Archives Canada

Duchesne, André, 1961-
Le Canadien : un siècle de hockey à La Presse

ISBN 978-2-923194-94-3

1. Canadiens de Montréal (Équipe de hockey) - Histoire.
2. Canadiens de Montréal (Équipe de hockey) - Ouvrages illustrés.
3. Hockey - Équipes - Québec (Province) - Montréal - Histoire - 20e siècle. I. Titre.

GV848.M6D82 2008796.962'640971428 C2008-942005-5

7, rue Saint-Jacques
Montréal (Québec) H2Y 1K9
(514) 285-4428

Président : **André Provencher**
Directeur à l'édition : **Martin Balthazar**
Éditeur délégué : **Richard Prieur**
Conception graphique et mise en page : **Jules-Alexandre Obry**
Correction : **Gilbert Dion**
Révision historique : **Michel Lamarche**
Archives et recherche *La Presse* : **Lise Beaulne, Robert Bellerose, Richard Lalonde, Danièle Viger**

Dépôt légal – Bibliothèque et Archives nationales du Québec, 2008
Dépôt légal – Bibliothèque et Archives nationales du Canada, 2008
4e trimestre 2008
ISBN 978-2-923194-94-3

L'éditeur bénéficie du soutien de la Société de développement des entreprises culturelles du Québec (SODEC)
pour son programme d'édition et pour ses activités de promotion.
L'éditeur remercie le gouvernement du Québec de l'aide financière accordée à l'édition de cet ouvrage
par l'entremise du Programme de crédit d'impôt pour l'édition de livres, administré par la SODEC.
Nous reconnaissons l'aide financière du gouvernement du Canada par l'entremise du Programme d'aide au développement
de l'industrie de l'édition (PADIÉ) pour nos activités d'édition.

À la mémoire de mon père, Hubert Duchesne, et celle de ma mère, Jeannine Rozon. À ma grande soeur, Diane Duchesne. Comme des millions de Québécois, c'est avec eux, en famille, que j'ai découvert le Canadien de Montréal, devant le petit écran.

À Yvan Cournoyer, héros de mon enfance.

TABLE DES MATIÈRES

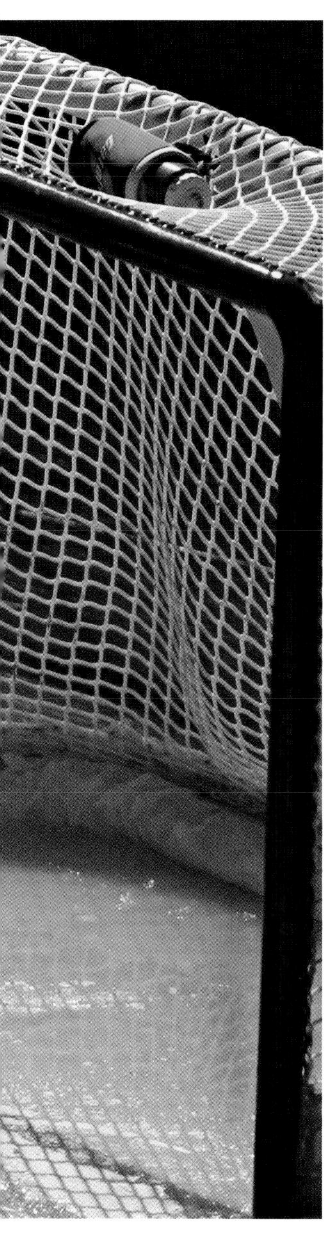

Le club de hockey Canadien célèbre en 2009 son centenaire et l'événement est souligné de façon remarquable par l'organisation du Canadien, mais aussi par tous ceux et celles qui ont suivi les activités du Bleu-Blanc-Rouge au fil des ans. Des amateurs passionnés aux médias curieux et soucieux d'informer leurs lecteurs ou auditeurs, tous prêteront leur voix à ces célébrations, car peu nombreuses sont les entreprises sportives qui auront tissé des liens aussi étroits et durables avec leurs partisans, ou occupé une place aussi prépondérante dans leur environnement social.

La Presse est un des rares médias montréalais à avoir vécu la naissance de ce club légendaire et à en avoir couvert les faits et gestes tout au long de ce siècle d'existence. De ses tous premiers reportages, curieusement teintés d'une passion non équivoque pour les prouesses des hockeyeurs montréalais, aux plus récents, rédigés avec une nécessaire distance, *La Presse* est demeurée fidèle à un principe : renseigner. Ce principe apparaît avec évidence tout au long des pages de *Le Canadien : un siècle de hockey à La Presse*. Photographie, caricature, billet, reportage, graphisme, feuille statistique... tous les outils de l'information ont été mis à contribution pendant ces années pour bien informer nos lecteurs des activités de l'équipe. Des grands événements réjouissants, comme les conquêtes de la Coupe Stanley, aux plus tristes, comme les grandes disparitions, notre journal a toujours été au premier rang et nos journalistes et photographes ont su capter, selon le cas, toute l'allégresse ou la tristesse du moment. Ils ont aussi réussi à faire revivre sur le papier les grandes actions de ces sportifs dont le rayonnement a très souvent dépassé l'enceinte limitée de la patinoire.

Au-delà de la recension qu'il livre des grands épisodes de ce siècle de hockey montréalais, ce livre se révèle un remarquable essai sur le journalisme de sport pratiqué chez nous. De l'anonymat des premiers jours aux plus récents commentaires signés par nos chroniqueurs sportifs, on est à même de constater comment l'exercice de la profession de journaliste sportif a changé. On pourra même réaliser combien elle s'est modifiée au fil des mutations technologiques. Enfin, on prendra conscience de l'espace de plus en plus large que la couverture des activités du Canadien aura nécessité dans nos pages, passant du simple paragraphe non illustré des premières heures, aux pleines pages couleur d'aujourd'hui.

Tout cela témoigne en quelque sorte de la passion que cette équipe sportive a soulevée et continue à soulever chez nous. Des défaites affligeantes aux conquêtes historiques, des blessures dramatiques aux retours miraculeux, des performances décevantes aux exploits hors du commun, le Canadien a toujours trouvé son chemin à la une de l'information. Ce livre des Éditions La Presse se veut donc un hommage à ce siècle de hockey, à ses artisans sur la patinoire et ailleurs, ainsi qu'une marque de reconnaissance à l'endroit de tous les artisans de *La Presse* vivants et disparus, actifs ou retraités, qui auront témoigné de cette merveilleuse aventure.

Bonne lecture,

Philippe Cantin

Vice-président à l'information et Éditeur adjoint
La Presse

PRÉFACE

Le plaisir. Du plaisir. Cinq ans passés avec le Canadien, tous les jours, hiver comme été et ce qui me revient en tête, c'est le plaisir.

Pourtant, ce fut un boulot terrifiant. À cause du projet de fusion entre la Ligue nationale et l'Association mondiale de hockey, une fois la Coupe Stanley gagnée par le Canadien dans la normalité des choses, il fallait s'écraser dans des lobbys d'hôtel pour suivre les pourparlers qui allaient enfin permettre aux Nordiques de Québec d'entrer dans la « grosse ligue ». L'année durait vraiment douze mois.

Nous étions cinq. Bertrand Raymond pour le *Journal de Montréal*, Yvon Pedneault pour le *Montréal-Matin*, Al Strachan pour *The Gazette*, Red Fisher pour *The Montreal Star* et le nouveau pour *La Presse*. Les quatre premiers ont été nommés au Temple de la renommée du hockey, ce qui fait une excellente moyenne.

L'équipe était extraordinaire. Je me souviens de chacun avec beaucoup d'émotion. Le grand Serge Savard, avec ses pantoufles en Phentex tricotées par sa femme Paulette, bien installé dans l'allée de l'avion et recevant ses coéquipiers qui voulaient investir à la Bourse. Guy Lapointe faisant brûler le journal d'un coéquipier qui avait le malheur de ne pas se méfier à l'aéroport. Ou remplissant de mousse à raser les souliers de Larry Robinson. Le Big Bird lui-même, mélangeant des patois québécois et des jurons bien anglophones, tempêtant après le « maudit Pointooouuu » pendant que Ken Dryden souriait en comprenant fort mal comment on pouvait être si gamins dans la vie.

Kenny, lui, se tenait surtout avec Bill Nyrop. Les deux étaient diplômés d'universités américaines et étaient dans le genre tranquille. Rien en commun avec Rick Chartraw qui avait visité les toilettes deux fois en charmante compagnie lors d'un vol Detroit-Vancouver. Compagnie différente à chaque fois, faut-il le préciser. Le beau Rick était fier de m'annoncer en descendant d'avion que c'était la première fois dans sa carrière qu'il était « + 2 » sans avoir joué dans un match.

Il y avait le prince, Guy Lafleur, il y avait le capitaine Yvan Cournoyer, il y avait le penseur Jacques Lemaire, il y avait le grand Pete Mahovlich, le numéro 20 dans le programme mais le numéro 1 dans votre cœur, disait-il aux souris d'aréna qui le pourchassaient, il y avait Steve Shutt, timide et intelligent, un formidable marqueur qui a passé sa carrière dans l'ombre de Flower, il y avait Yvon Lambert, Doug Risebrough et Mario Tremblay, dit le Bleuet bionique, au cœur gros comme le Forum.

Ils étaient une fabuleuse équipe. Ils gagnaient tout le temps, avec panache et une confiance absolue. Quand ils perdaient, par accident, c'était qu'ils n'avaient pas eu le temps de gagner. Lors d'une semaine noire pour les Expos qui accumulaient les défaites, Serge Savard avait lancé le plus naturellement du monde : « Ils ont un programme double dimanche. Ils vont perdre plus de matchs cette semaine que nous autres dans toute la saison. » Savard s'était trompé. Finalement, les Glorieux avaient perdu huit matchs dans la saison. Les Expos seulement sept dans leur semaine.

C'était un travail colossal de les suivre. Parce qu'à l'époque, un chroniqueur de hockey, « un gars de *beat* » comme on disait, suivait l'équipe sept jours par semaine, 24 heures par jour. C'était ta responsabilité de tout savoir. Mais c'était aussi un plaisir constant parce qu'on voyageait avec les joueurs, que ce soit à bord des vols commerciaux ou avec le poussif F27 de Quebecair qui nous a lâchés une couple de fois… dans les airs.

Dans ce temps-là, on se posait d'urgence à London ou ailleurs et le grand Savard venait jaser avec Yvon Pedneault jusqu'à cinq heures du matin. Pas moyen de le faire sortir de la chambre qu'on partageait d'urgence.

Un plaisir d'aller manger avec Guy Lafleur au Three Thieves à Denver, où Lafleur, mince comme un fil, avalait deux steaks de

32 onces avec une couple de verres de vin pour se mettre en appétit. Un plaisir d'aller aux courses avec Jim Roberts, le Jimbo qu'on aimait tous, ou de faire une virée à Reno avec Serge Savard ou même de partager un taxi avec Cournoyer ou Lambert. Les journalistes de *beat* de l'époque vivaient dans les mêmes hôtels, fréquentaient les mêmes bars et les mêmes restaurants et partageaient les mêmes avions, les mêmes taxis et les mêmes autobus.

On se rendait aux matchs entassés dans l'autobus. Claude Ruel et Scotty Bowman assis à l'arrière, puis les journalistes, ensuite Jim Roberts, Serge Savard et Pointu, les fumeurs de cigare, et enfin les autres de l'équipe.

Scotty Bowman avait le contrôle absolu sur l'équipe. Il terrorisait les joueurs et les manipulait à sa guise pour être certain qu'ils se défonçaient à tous les jours. Il avait choisi une curieuse façon d'unir le groupe. En fait, pendant ces quatre années de rêve, ils étaient unis dans une étrange forme de haine. Ils haïssaient Bowman. Aujourd'hui, ils l'aiment tous.

C'était un homme intense. Et capable de beaucoup de générosité. Je débarquais du Saguenay après trois jours chez Berlitz. En fait, je ne comprenais à peu près rien de ce qui se disait. Je me fiais sur Glen Cole, de Canadian Press, et sur Yvon Pedneault pour me traduire ce qui se disait. Au lieu de ramasser des déclarations, je décrivais ce que je voyais. Des fois, c'était plus vrai et plus juste. Et c'était formateur pour le style.

Bowman s'était rendu compte de mes difficultés. Il répondait aux questions en anglais lors des points de presse, et quand c'était fini, il me demandait :

– As-tu compris ?

– Pas tout…

C'était un euphémisme. J'avais saisi les noms propres, c'était déjà beau. Bowman, avec une patience d'ange, reprenait tout ce qu'il avait dit, en français. J'ai eu droit à cette élégance pendant plusieurs mois, le temps que mon oreille débloque et que j'apprenne autre chose en anglais que les paroles de Blue Suede Shoes.

En me rappelant le vers clé : « But don't step on my blue suede shoes ».

Il y a eu d'autres belles équipes. Mais j'étais *columnist* et j'étais moins proche des joueurs. Mais de grands bonhommes, il y en a eu d'autres dans les décennies qui ont suivi. Guy Carbonneau et Patrick Roy, Chris « l'animal » Chelios et son père Gus avec qui j'ai tripé pendant les séries de 1993, le grand Rick Green, tellement effacé et tellement gentil et des dizaines d'autres. Sans parler de ces bonhommes entiers que furent Jean Perron et Pat Burns, et de Jacques Demers et Jacques Lemaire, les grands maîtres des jeux psychologiques.

Les temps ont changé. Les journalistes se partagent le *beat* du Canadien. Ils sont bannis des avions et des autobus de l'équipe. On tente de les loger dans des hôtels différents. Ils ne partagent plus les taxis et les repas. Ils doivent composer avec l'envahissement des micros et des caméras de la télé et, en fait, ils doivent grappiller une pitance bien mince pour informer leurs lecteurs. J'ai beaucoup d'admiration pour ce qu'ils arrivent à faire dans de telles conditions.

Mais pour le plaisir, j'ai bien peur qu'ils soient dans la mauvaise époque…

Réjean Tremblay

INTRODUCTION

En ce lundi 6 décembre 1909, les nouvelles sont nombreuses et variées à la une de *La Presse.*

Un individu qui a tué un policier d'un coup de feu échappe à la potence. Un grand congrès religieux se lance dans une guerre à l'intempérance. Les citoyens d'un village de l'île de Montréal souhaitent conserver l'autonomie de leur commission scolaire. Deux religieuses célèbrent leurs noces d'or. Une entreprise est mise à l'amende pour avoir fait de la fumée.

Des faits divers, des nouvelles religieuses, une autre sur l'éducation. Et même une histoire d'environnement! Il y a bien d'autres nouvelles, locales, régionales, internationales, résumées en quelques lignes. Le quotidien de la rue Saint-Jacques propose à ses lecteurs une édition de 24 pages. Le prix de vente est de un centin.

En ouvrant son journal, le lecteur retrouve les nouvelles du sports en page 3. En bas, à gauche, sous un titre bien visible, un article l'informe qu'un nouveau club de hockey montréalais vient de voir le jour. Son nom : le Canadien.

L'article est court mais l'essentiel est là. Formée deux jours plus tôt, l'équipe joint les rangs de la nouvelle « National Hockey Association », elle bénéficie du financement d'un riche industriel et elle a pour objectif de regrouper les meilleurs joueurs canadiens-français.

Le Canadien est né le 4 décembre 1909. Quelques semaines plus tôt, le mercredi 20 octobre, *La Presse* fêtait ses 25 ans d'existence. Ce qui signifie que lorsque le Canadien célébrera son centenaire, à l'automne 2009, *La Presse* soufflera ses 125 bougies. Ce double anniversaire est à l'origine de ce projet de livre.

Le Canadien : un siècle de hockey à La Presse n'est pas l'histoire officielle du Canadien. Ni celle de *La Presse.* Il s'agit d'un ouvrage qui résume à sa façon comment le quotidien *La Presse* a couvert au fil des ans les activités de cette grande équipe de sport professionnel.

Le Canadien a été et reste encore aujourd'hui un des plus importants symboles, une des plus belles cartes de visite des Montréalais et des Québécois à travers le monde. Sévère, exigeant, le public montréalais entretient néanmoins une longue histoire d'amour avec son équipe de hockey. Que le club gagne suffit à ce que l'amateur bombe le torse d'orgueil. Qu'il accède aux séries éliminatoires et on pavoise les voitures.

Entre le club et l'amateur, le média sert de relais. Il constate, il rapporte, il analyse, il commente. Il crée parfois la controverse et ce n'est pas toujours à son avantage. Car l'amateur n'aime pas que l'on touche à son idole. Mais il est là et joue son rôle, nécessaire, vital, dans une démocratie.

À ce titre, on l'a vu, *La Presse* était là à la naissance du Canadien. Depuis, l'intérêt porté par « Le plus grand quotidien français d'Amérique » pour les Flying Frenchmen, le Tricolore, le Bleu Blanc Rouge, la Sainte-Flanelle, appelez le club comme vous le voudrez, ne s'est jamais tarie.

De Jack Laviolette à Guillaume Latendresse, d'Howie Morenz à Saku Koivu, du passage lumineux de Maurice Richard à celui, malheureux, de Doug Wickenheiser, des années sombres aux plus glorieuses, *La Presse* était là pour couvrir les activités du Canadien.

Bien entendu, tous les médias généralistes du Québec se sont intéressés de près ou de loin au Canadien. Mais rares sont ceux qui ont eu cette exceptionnelle chance de suivre l'équipe depuis ses débuts. Et l'intérêt a été soutenu tout au long de ce siècle.

Raconter comment un média a suivi les péripéties d'un grand club de sport sur cent ans constitue en soit un travail colossal et complexe. Moins de trois cents pages, c'est bien court pour résumer un siècle. Il a fallu faire des choix. Laisser tomber certains événements qui, pour d'autres, paraîtront incontournables. Il a fallu résumer les textes des journalistes, en retenir l'essentiel. Quelques paragraphes ici. Une réflexion là. Une analyse ailleurs. Nous avons vécu les mêmes déchirements en arrêtant nos choix iconographiques.

Ce qui nous amène à parler de nos collègues. Ils sont au coeur de ce livre. Bien sûr, au fil des pages, le lecteur revivra les grands moments des carrières des Béliveau, Lafleur, Vézina, Nilan, Geoffrion, Dryden et autres Carbonneau. Mais il doit retenir que ces épisodes ont été captés, rapportés et commentés par une foule de journalistes de *La Presse*. Anonymes durant les premières décennies, ils ont commencé à signer leurs textes au milieu des années 1950. Aux Champagne, Desjardins, Trudelle du début ont succédé les Terroux, Blanchard, Foglia, Tremblay, King, Cantin, Brunet, Gagnon. Il y en a beaucoup d'autres, dont les noms apparaissent de temps à autre, au fil des pages de ce livre. Ce sont eux, les artisans des reportages dont de nombreux extraits ont servi à tisser la trame de cet ouvrage.

Sur le même trio que les journalistes, les photographes saisissent l'image de l'exploit, du geste, de l'émotion : la joie de l'accolade, la douleur de la blessure, le sourire du but vainqueur, la grimace de la défaite... Leur contribution à raconter l'histoire du Canadien est tout aussi essentielle que celle des journalistes. C'est dans l'optique de saluer le travail des uns comme des autres quer nous leur avons réservé quelques chapitres.

En parallèle à ce tandem, il faut compter toute une batterie de travailleurs pour livrer le produit fini qu'est un journal écrit. De l'impression au pupitre, de la correction à la distribution, du décideur jusqu'au camelot en passant par le statisticien, la liste est trop longue pour les énumérer tous. Il y aurait sans doute cent métiers, un pour chaque année du CH, à recenser. Si un journal est livré à votre porte chaque matin, c'est aussi parce qu'ils sont là..

Afin de souligner d'une autre façon le centenaire du Canadien, nous avons divisé ce livre en cent chapitres. On pourrait croire instinctivement que chacun d'entre eux correspond à une saison dans l'histoire de l'équipe. Ce n'est pas le cas.

Certes, la progression est chronologique. Mais nous avons voulu privilégier les grands moments qui ont marqué les cents ans d'existence du club ainsi que certains thèmes qui nous ont paru importants, par leur valeur historique ou journalistique.

Il y a donc des chapitres sur des héros et des exploits. Il y a des chapitres sur la disparition de grands joueurs, d'autres sur les espoirs du repêchage. Il y a de la bagarre. Il y a des victoires. Il y a des rivalités. Et il y a beaucoup de Coupes Stanley !

Il y a le Canadien. Et il y a *La Presse*.

Page après page.

Bonne lecture !

NOTE AUX LECTEURS

Afin d'assurer une meilleure uniformité dans la rédaction de cet ouvrage, nous avons corrigé certaines erreurs orthographiques et grammaticales se trouvant dans les textes originaux.

À quelques occasions, nous avons retranché le premier mot d'une phrase reprise du texte d'un journaliste. Ce premier mot était une conjonction ou un adverbe. Son retranchement ne changeait pas le sens de la phrase tout en permettant d'alléger la narration.

Enfin, le lecteur remarquera le symbole (...) à plusieurs endroits. Cela signifie que nous avons retiré certaines phrases, jugées moins importantes, d'un extrait d'article reproduit ici.

REMERCIEMENTS

Je tiens tout d'abord à remercier Philippe Cantin, vice-président et éditeur adjoint de *La Presse*. Il a manifesté son intérêt pour ce projet dès la première minute où je lui en ai parlé. Depuis, ses encouragements n'ont jamais cessé.

En plus de me permettre d'obtenir la bourse de l'éditeur, Philippe m'a ouvert les portes des Éditions La Presse dont le président, André Provencher, et le directeur de l'édition, Martin Balthazar, ont été d'un appui constant.

Mais je veux tout particulièrement saluer l'éditeur délégué, Richard Prieur. Homme affable, posé, il a su orienter mon travail tout en sachant calmer mes angoisses. Il a su également trouver les bonnes personnes pour peaufiner le travail, tel Michel Lamarche qui a soumis des observations permettant de nuancer certains éléments de l'histoire du Canadien. Reporter sportif, ce dernier a travaillé pour le CH durant deux ans.

L'autre partenaire de première importance de cette grande aventure est sans contredit mon collègue Jules-Alexandre Obry. Graphiste à *La Presse*, ce jeune homme pince-sans-rire, d'un calme olympien et grand amateur du Canadien a su, grâce à son talent et sans compter ses heures, faire de cet ouvrage ce qu'on appelle dans le jargon un « beau livre ».

Au-delà du travail, je peux dire sans me tromper que des liens d'amitié se sont tissés entre Richard, Jules et moi. Si ce projet était à refaire, je recommencerais avec eux sans hésiter.

De *La Presse*, j'aimerais remercier mon patron Éric Trottier et ses adjoints qui ont dû composer avec mes longues absences au cours de l'année 2008.

À ma demande, Réjean Tremblay signe la préface de ce livre. C'était mon souhait le plus cher. Depuis plus de trente ans maintenant, il est un témoin privilégié de l'histoire du Tricolore et l'a rapportée, avec toute la verve qu'on lui connaît, dans les pages du Plus grand quotidien français d'Amérique. Son association à ce livre représente pour moi un grand honneur.

Mon collègue et ami Alexandre Pratt, grand connaisseur de sports, a lu plusieurs passages de ce livre avant sa publication. Il m'a prodigué d'excellents conseils. Je salue également tous mes collègues de la salle de rédaction pour leurs encouragements ainsi que le personnel du centre des archives de *La Presse* pour son aide.

À l'extérieur, mes remerciements vont au personnel de la Grande bibliothèque du Québec où j'ai passé un nombre incalculable d'heures, le nez collé sur des rouleaux de microfilms. Merci aussi aux parents et amis qui ont manifesté leur intérêt et à tous mes interlocuteurs qui ont accepté d'être interviewés ou simplement pour leur aide à clarifier certains détails.

Écrire un livre est une entreprise solitaire. De la recherche à la correction d'épreuves, en passant par les entrevues et la rédaction, tout se fait seul. Et c'est la famille immédiate qui en écope. À ma conjointe Nathalie et à ma fille adorée, Sarah, ma reconnaissance est éternelle. Sans elles, sans leur amour, leur patience, leur compréhension et leur appui, ce livre n'aurait jamais vu le jour. Nathalie et Sarah, ce livre est autant le vôtre que le mien.

André Duchesne

CHAPITRE 1

LES ANNÉES 1900

LE HOCKEY À MONTRÉAL AVANT LE CANADIEN

OUVERTURE DE LA SAISON DU HOCKEY A MONTREAL

LES SHAMROCKS VICTORIEUX

HOCKEY

LA RAQUETTE

CADEAUX de Nouvel An Utiles et Acceptables

PATINS

Mocassins faits par des Indiens

Geo. G. Gales & Co

VINS FRANÇAIS

Aux Prix de Paris

POUR LES FETES

"VIN ST LEMON"

"N'IMPORTE QUOI"

VENTE SPECIALE DE TRAINE SAUVAGE

T. W. BOYD & SON

Montreal Brewing C

PAS DE SEDIMENT

LES TOURNOIS ATHLETIQUES DE LA PRESSE

LUTTE

CHAUSSURES & PATINS

LE COMBAT CRITCHER-SWEENEY

75,000 CIGARES DE HAVA

CENTRAL CIGARS STORE

LE SPECIFIQUE du Dr MACKAY

BOXE

Le 30 décembre 1907, c'est l'ouverture de la saison de hockey à Montréal. En médaillon, la photo de Jack Laviolette, joueur et fondateur du futur club Canadien.

À la naissance du Canadien, en décembre 1909, le hockey sur glace a déjà plus de trente ans à Montréal. Et les clubs possédant une certaine notoriété sont nombreux.

Amateur Athletic Association (AAA), Dominions, Britannias, Victorias, Shamrocks, Nationals, Wanderers. Voilà autant d'équipes passées ou présentes au sein de ligues fragiles qui se font et se défont au rythme des intrigues et des querelles politico-financières de leurs dirigeants.

L'histoire dit que la première partie de hockey fut jouée le 3 mars 1875 à Montréal par des étudiants de l'Université McGill. Ce que certains contestent, comme les villes de Windsor et d'Halifax, en Nouvelle-Écosse. Nous laisserons à d'autres le soin de démêler ce vieil imbroglio. Chose certaine, le hockey est un sport fort populaire en ce début de 20e siècle dans la métropole.

C'est d'ailleurs à un club montréalais, le AAA, que revient l'honneur de remporter la première Coupe Stanley, en 1893. En fait, avant même la fondation du Canadien, des clubs de Montréal remportent 19 fois le fameux saladier d'argent[1]. À cette époque, le vainqueur n'est pas couronné au terme de séries éliminatoires. Les meilleures équipes se lancent plutôt des défis et le trophée va à celle qui marque le plus de buts en deux rencontres.[2]

Plus d'un défi peut être lancé au cours d'une seule saison. C'est ainsi que les Wanderers de Montréal remportent la Coupe Stanley une fois en janvier et deux fois en mars 1908.

Une bonne pratique

La Presse suit de près ces activités. Vers la fin de la décennie 1900, le quotidien s'intéresse particulièrement à ce qui se passe au sein de la Eastern Canada Amateur Hockey Association (ECAHA)[3]. En 1907-1908, c'est la ligue la plus importante. Montréal y compte quatre des six clubs : le Hockey Club ou HC (nom de la formation de l'AAA), les Shamrocks (irlandais), les Wanderers et les Victorias. Ottawa et Québec comptent chacun une équipe.

Le lundi 16 décembre 1907, alors que la saison est sur le point de débuter, *La Presse* fait un compte rendu de la pratique tenue deux jours plus tôt[4]. « Nos quatre grands clubs de hockey ont eu chacun une bonne pratique samedi après-midi, à l'Aréna[5], dit l'article. Pas moins de soixante-dix joueurs ont paru sur la glace. »

Des noms déjà connus, comme ceux de Didier Pitre et Jack Laviolette, futurs joueurs du Bleu Blanc Rouge, y sont mentionnés. Ils sont associés avec fierté aux Canadiens français.

Le 28 décembre 1907, la saison de l'ECAHA s'ouvre à Montréal avec une victoire de 10-4 des Shamrocks sur le Montreal HC. Le fait saillant de la rencontre est l'état de la glace. « L'ouverture de la saison de hockey samedi soir, à l'Aréna, s'est faite dans les conditions les plus défavorables possibles, écrit *La Presse*. En effet, la glace rongée, fondue, était absolument impropre au jeu. Elle était dans un état lamentable, et les clubs ne purent montrer ce dont ils sont capables. »

Propos sexistes

D'hier à aujourd'hui, le compte rendu d'un match de hockey reste sensiblement le même. On y parle du score, de la performance des joueurs, du déroulement de la rencontre, etc. C'est le ton et les termes qui changent. De plus, certains commentaires seraient inacceptables de nos jours.

1 Les versions varient sur cette période. Nous avons choisi celle de l'ouvrage *Cent ans de Coupe Stanley* de Dan Diamond.

2 En fait, dans les premières années, les règles sont floues et sont plusieurs fois modifiées. À cet effet, lire *The Stanley Cup* de D'Arcy Jenish.

3 À cette époque, certaines ligues sont en transition d'un statut amateur à professionnel. La ECAHA perdra ultimement le A de Amateur pour devenir l'ECHA.

4 Le lecteur remarquera très vite que les reportages sur les matchs du samedi sont publiés dans l'édition du lundi. La raison : jusqu'en mars 1984, *La Presse* ne publie pas le dimanche.

5 Il s'agit de l'Aréna Westmount où se trouve maintenant la Plaza Alexis-Nihon.

LA PRESSE MERCREDI 4 DECEMBRE 1907

LA LUTTE DE VENDREDI

rencontre entre Tremblay et Young Sandow provoque un vif intérêt.

LUTTE

LIGUE CANADIENNE DE QUILLES

Résultat des parties jouées par les clubs de cette organisation.

LES QUILLES

BOXE

BILLARD

LE POOL

LE PATIN

LA RAQUETTE

FOOTBALL

CHEVAUX COUREURS

CHEVAUX TROTTEURS

EN LA VILLE DE SAINT-JEAN

LES TOURNOIS ATHLETIQUES DE LA PRESSE

Santé, maladie, sport.

L'HON. M. AYLESWORTH

D. M. McWILLIAMS

LE CLUB DE HOCKEY VALLEYFIELD

LE HOCKEY A VALLEYFIELD

4 DECEMBRE

Reportage sur le club de hockey Valleyfield publié le 3 décembre 1907.

Par exemple, en décembre 1908, les Wanderers rencontrent les Eskimos d'Edmonton à Montréal pour la Coupe Stanley. Le 28, les Wanderers remportent la rencontre 7-3. Le 30, ils perdent 7-6. Mais au total des points, le club montréalais a la meilleure fiche et conserve la coupe.

Dans son édition du 31 décembre, *La Presse* décrit le match avec un commentaire sexiste: « L'excitation de la foule vers la fin de la rencontre ne connut plus de bornes. C'était une continuelle clameur de voix enrouées, que perçaient les cris hystériques des femmes. »

Un peu de tout

La Presse rapporte également ce qui se passe au sein de ligues dont le calibre est moins élevé. Ainsi, dans son édition du 3 décembre 1907, le journal consacre un reportage au club de Valleyfield. L'année précédente, celui-ci avait remporté 12 victoires contre une défaite face à des formations du Québec et d'Ontario. Une photo des joueurs accompagne le texte, une rareté.

Des comptes rendus sont aussi consacrés aux activités de la Ligue intermédiaire, formée par les clubs-écoles de l'ECAHA. Au début de la saison 1908-1909, un article évoque la formation d'une ligue de clubs associés aux grands théâtres de la métropole.

« Vu l'encouragement donné par le public au club de hockey des théâtres de Montréal l'an dernier, nos amateurs ont définitivement décidé de former entre eux une ligue, » dit-on dans un article du 22 décembre 1908. Le texte est couronné d'une photo du club du théâtre National formé de comédiens et de membres du personnel technique.

La querelle de 1909

À l'automne 1909, une querelle éclate entre les Wanderers et les autres équipes de l'ECAHA. Les dirigeants de la formation montréalaise veulent faire jouer celle-ci à l'aréna Jubilee, rue Sainte-Catherine Est. Cela ne fait pas l'affaire des autres partenaires car l'endroit compte moins de sièges, ce qui signifie moins de revenus.

Afin d'exclure les Wanderers, l'ECAHA se saborde et forme la Canadian Hockey Association (CHA) dont fait partie le National de Montréal. *La Presse* s'intéresse à cette nouvelle équipe, notamment parce qu'on croit alors qu'elle fera le plein de joueurs francophones.

Mais d'autres développements s'annoncent...

CHAPITRE 2

1909

SAISON 1909-1910

UN NOUVEAU CLUB CANADIEN

UN NOUVEAU CLUB CANADIEN

Jack Laviolette a été chargé de former une équipe qui fera partie de la National Hockey Association. --- Les deux ligues professionnelles se feront la guerre.-- Le National et les Shamrocks restent fidèles à la Canadian Hockey Association. --- 47 parties seniors pour Montréal.

HOCKEY

L'admission dans la National Hockey Association d'un club Canadien-Français ayant Jack Laviolette comme gérant, est le dernier développement dans la situation du hockey. Le nouveau club portera le nom de Canadien, et sera le rival du National. M. T. C. Hare, de Cobalt, est le bailleur de fonds du Canadien. C'est lui qui a fourni la garantie de $1,000. Il déposera de plus aujourd'hui dans une banque, un montant de $5,000 pour garantir le salaire des joueurs. Afin de donner au Canadien toutes les chances possibles pour mettre une bonne équipe sur la glace, les autres clubs de la National Hockey Association ont résolu de ne pas engager de joueurs canadiens-français avant que Laviolette ait trouvé tous ses hommes.

La fondation du Canadien privera le National de trois bons joueurs, car ce dernier comptait sur les services de Laviolette, Pitre et Poulin, qui porteront maintenant les couleurs du Canadien.

Jack Laviolette, qui a été chargé par un sportsman de Cobalt, d'organiser une équipe de hockey canadienne-française à Montréal.

Tout comme sa rivale, la National Hockey Association se composera donc de cinq clubs. Cobalt, Haileybury, Canadien, Wanderers et Renfrew. Plusieurs officiers de la Canadian Hockey Association ont tenté de décider samedi ces deux derniers clubs à se joindre à eux pour former une ligue de sept clubs, mais Cobalt et Renfrew qui avaient déposé chacun un dépôt de $1,000 comme preuve de leur bonne foi, n'ont pas voulu perdre ce montant et sont restés fidèles à l'engagement pris avec Cobalt et Haileybury. Sans ce dépôt de $1,000, il est probable que la National Hockey Association serait entrée dans le néant, et que nous n'aurions aujourd'hui qu'une seule ligue professionnelle formée des sept clubs suivants : Québec, Ottawa, Shamrock, National, All-Montréal, Wanderers et Renfrew. Il est certain que la création d'une telle ligue eût été pour le plus grand bien du hockey, mais il en a été décidé autrement et nous aurons cette saison deux ligues professionnelles qui se feront la guerre, et se disputeront le patronage du public, en plus d'une ligue amateur. En tout, 47 parties senior seront jouées à Montréal, 24 à l'Arena, par les professionnels, 8 au Jubilée et 15 au patinoir Victoria et à l'Arena par les clubs amateurs.

Il y a tout lieu de croire que par suite de la rivalité entre les deux ligues professionnelles, les salaires vont subir une hausse très sensible. Les recettes devront être bonnes, autrement les clubs finiront la saison avec un déficit.

Le National et les Shamrocks, dont on avait annoncé la défection probable

LA COURSE DE SIX JOURS

ELLE A COMMENCE A MINUIT —DIX-SEPT EQUIPES Y PRENNENT PART.

IL TOUSSA TOUTE LA NU

Le 6 décembre 1909, c'est ainsi que *La Presse* annonce la création du club Canadien. L'article se trouve en bas de la page 3. On reconnaît entre autre Jack Laviolette.

Bien malin celui qui aurait prédit, en décembre 1909, que le Canadien de Montréal deviendrait centenaire. La formation de cette nouvelle équipe est d'ailleurs annoncée modestement dans l'édition de *La Presse* du lundi 6 décembre.

« Un nouveau club Canadien », titre l'article formant une équerre le long d'une publicité de gin et publié dans le bas de la page 3. Le texte est joué sous un long papier annonçant, six mois à l'avance (!), le combat de boxe pour le championnat du monde des poids lourds entre James J. Jeffries et le « nègre » Jack Johnson.

L'article rappelle les divisions entre les bailleurs de fonds des clubs. Nous avons vu que la dispute avec les dirigeants des Wanderers s'est terminée avec la création de la CHA. Les Wanderers et d'autres équipes ontariennes, propriétés de Michael J. O'Brien et de son fils Ambrose, répliquent en créant la National Hockey Association (NHA). Le samedi 4 décembre, dans une chambre de l'hôtel Windsor, à Montréal, les patrons de la NHA convainquent le joueur Jack Laviolette de former une équipe de joueurs francophones. Le Canadien est né.

Dans son édition du 6, *La Presse* rapporte que ce nouveau club devient le rival du National, fidèle à la CHA. « L'admission dans la National Hockey Association d'un club canadien français ayant Jack Laviolette comme gérant est le dernier développement dans la situation du hockey, dit-on. Le nouveau club portera le nom de Canadien et sera le rival du National. »

Plus loin, on lit: « Afin de donner au Canadien toutes les chances possibles pour mettre une bonne équipe sur la glace, les autres clubs de la National Hockey Association ont résolu de ne pas engager de joueurs canadiens-français avant que Laviolette ait trouvé tous ses hommes. » Cette préséance demeurera durant des décennies[1].

On émet aussi l'hypothèse que la guerre entre deux ligues se traduira par une flambée des salaires. Ce qui s'avère vrai. Quelques jours plus tard, le quotidien de la rue Saint-Jacques annonce

1 La formule change en cours de route. Quelques années après la fondation de la NHA, le Canadien a droit d'aligner deux joueurs anglophones dans ses rangs, alors que chacun des équipes anglophones peut engager deux joueurs canadiens-français.

que le club de Renfrew (NHA) a offert des salaires « fabuleux » de 3000 $ et 2700 $ à ses quatre principales vedettes[2].

Pendant ce temps, le Canadien et le National se disputent les services de l'ailier droit Didier Pitre. Le joueur signe d'abord avec le National et annonce qu'il ne jouera pas à la crosse au cours de la saison estivale[3]. *La Presse* rapporte cette histoire sur une note hilarante. « L'engagement de Pitre a été un coup de maître, lit-on. Disons que Pitre ne jouera pas à la crosse à Montréal l'été prochain. Il nous a déclaré qu'aussitôt la saison de hockey finie, il retournera au Sault Ste. Marie où il ouvrira un garage avec son beau-frère. Ajoutons que Pitre a signé un contrat avec le National parce que ses sympathies allaient à ce club, car il nous a dit que Laviolette lui avait offert plus cher qu'il ne recevra du National. »

Quelques jours plus tard, Pitre change d'idée et joint le Canadien, faisant fi des procédures judiciaires (qui avorteront) prises par le National.

La saison

Au départ, la NHA compte cinq équipes : le Canadien, Renfrew, Cobalt, Haileybury et les Wanderers. La première saison s'amorce le 5 janvier 1910 alors que le Canadien rencontre Cobalt au Jubilee. Le Canadien l'emporte 7-6, en prolongation, devant 3000 spectateurs.

« Le Canadien gagne une grande partie », titre le quotidien dans son édition du vendredi 7[4]. La description de la rencontre fait état d'une des parties les plus « contestées et excitantes » à avoir été présentées à Montréal. Cette formulation est utilisée régulièrement dans les articles.

L'auteur du texte raconte qu'à la fin de la troisième période, avec un compte de 6-6, joueurs et spectateurs s'apprêtaient à quitter, croyant le match terminé. « Les arbitres ordonnèrent cependant aux clubs de continuer la lutte, annonçant que le premier point enregistré déciderait de la victoire, lit-on. Le Canadien eut à soutenir de rudes assauts dans ces minutes finales, mais il réussit à écarter le danger et [George] Poulin compta le treizième point de la soirée, celui qui donnait la victoire à l'équipe canadienne-française. Il se produisit alors une scène d'enthousiasme extraordinaire. L'assistance composée en grande partie de *sportsmen* de la partie Est acclama les vainqueurs avec autant de frénésie que s'ils eussent remporté le championnat du monde. »

Plus loin on dit que le match fut rude. « La plupart des joueurs portent aujourd'hui la marque du dur engagement auquel ils ont pris part. Ils ont la figure ou la tête endommagée. »

Malheureusement pour le Canadien, cette première victoire ne comptera pas. Car la CHA se désintègre quelques jours plus tard. Deux de ses équipes, les Senators d'Ottawa et les Shamrocks de Montréal, joignent les rangs de la NHA. Les parties jouées entre le 5 et le 15 janvier sont annulées et la saison est reprise à zéro.

Cette saison ne compte que douze matchs par équipe et le Canadien n'en gagnera finalement que deux, terminant au dernier rang de la ligue.

En règle générale, les comptes rendus de *La Presse* sont modestes. Le hockey n'est pas la seule activité sportive à être suivie, au cours de l'hiver, tant au quotidien de la rue Saint-Jacques qu'au *Devoir* ou à *La Patrie*. La page 3 du journal, où sont regroupées les nouvelles sportives, relate ce qui se passe dans le monde de la lutte, de la boxe, de la raquette, de la course, du patin, etc. On porte aussi beaucoup d'attention au jeu de dames.

Lorsque plusieurs parties sont jouées le même soir, leurs comptes rendus sont regroupées dans un même article. Chaque match est résumé en quelques paragraphes, accompagnés d'un sommaire, de l'alignement des joueurs, du nom des arbitres et des punitions attribuées. Parfois, on ajoute le classement général des équipes, appelé « Position des clubs ».

Comme de nos jours, les journalistes commentent la performance des joueurs. Et pas toujours en termes élogieux. Ainsi, le lundi 7 mars 1910, *La Presse* commente sévèrement une défaite subie par le Canadien contre Cobalt, deux jours plus tôt. « Cobalt a joué pour gagner et, selon la néfaste habitude, le Canadien a vu ses joueurs lutter trop individuellement. » On affirme même que le fameux Didier Pitre « n'a pirouetté que pour la galerie ».

LE CANADIEN GAGNE UNE GRANDE PARTIE

Il bat Cobalt par 7 à 6 dans une lutte excitante au possible. — Le Victoria défait le Montréal par 13 à 5, et Ottawa écrase Galt par 12 à 7 dans le premier match pour la coupe Stanley

HOCKEY

RAQUETTE

Reportage paru le 7 janvier 1910 relatant le tout premier match du Canadien. La partie sera par la suite annulée.

2 Les joueurs nommés dans l'article ont décliné les offres. Par contre, Renfrew réussit à embaucher les frères Frank et Lester Patrick pour 3000 $ chacun. Dans son livre The Stanley Cup, D'Arcy Jenish affirme que le contrat de Frank Patrick était de 2000 $. Par contre, le Renfrew aurait embauché le défenseur Fred « Cyclone » Taylor pour la somme faramineuse de 5250 $. Le nom de l'équipe de Renfrew est les Creamery Kings. Mais on les surnomme rapidement les Millionnaires en raison des salaires consentis aux joueurs.

3 Les premiers joueurs de hockey étaient souvent, comme Pitre, des champions de crosse.

4 À l'époque, le journal n'était pas publié le 6 janvier, jour de la fête des Rois.

L'INFLUENCE DES O'BRIEN

La famille O'Brien est le grand bailleur de fonds de la NHA. Outre le Canadien, trois autres équipes proviennent de villes ontariennes (Renfrew, Haileybury, Cobalt) où les O'Brien ont des intérêts dans l'industrie minière.

Si Ambrose O'Brien est le propriétaire original du Canadien, Tommy C. Hare, de Cobalt, avance les fonds de l'équipe, affirme *La Presse* dans son article du 6 décembre 1909. Or, ce T.C. Hare n'aurait été qu'un prête-nom des O'Brien et il disparaît bien vite de l'écran radar de la NHA[5].

5 Plusieurs sources sont d'accord sur ce point.

CHAPITRE **3**

SAISON 1910-1911

SALAIRES, NATIONALISME, PARTI PRIS ET VICTOIRES À LA UNE

LA PRESSE

RESORIER PROVINCIAL ANNONCE
N SURPLUS DE PRES D'UN MILLION

L'ETUDE D'UNE CAUSE CELEBRE

MYSTERIEUSE EXCAVATION

LA CROIX NOIRE, PRES DE
SCENE DU CRIME, EST UN
AUX ADEPTES DE LA "C

POUR VENGER UN F

LES FLAMMES LES CHASSENT

LE VENT EST DEFAVORABLE

LE MARIAGE A LIEU CE MATIN

GUIGNE DU CANADIEN EST-ELLE PARTIE POUR DE

s "Bleu-blanc-rouge" administrent une râclée de 9
club de la vieille capitale, hier soir.

moment des plus critique pour le Canadien, alors que le Québec comptait sept hom
re quatre, Laviolette, Dallaire, Payan et Poulin repoussent l'attaque furieuse des ad
t réussissent même à enregistrer un point. Lalonde et Pitre font des courses sensati

Le 25 janvier 1911. Nouvel article à la une de *La Presse*.

En 1910-1911, l'intérêt de *La Presse* pour le club Canadien explose littéralement.

Longs articles consacrés à l'équipe depuis le premier entraînement jusqu'au banquet de l'après-saison, parti pris évident, défense de la « race canadienne-française », nombreuses illustrations, articles à la une... *La Presse* est totalement derrière le Canadien.

Cinq équipes font partie de la NHA : Canadien et Wanderers à Montréal, Ottawa, Québec et Renfrew. Chez le Canadien, l'avant-saison est marquée par deux événements : un changement de propriétaire à la suite d'une querelle sur le droit d'utiliser le nom du club [1] et une première bisbille entre les joueurs et la direction sur les salaires.

« Les joueurs exigent des salaires exorbitants », titre le journal dans son édition du vendredi 2 décembre 1910. On est à moins d'un mois du début de la saison. L'article fait état des négociations entre le Canadien et ses joueurs vedettes, dont Newsy Lalonde et Jack Laviolette, qui demandent respectivement 1600 $ et 1500 $.

L'auteur du texte ajoute cette savoureuse anecdote : « Laviolette est parti hier soir pour Valleyfield où il fera la chasse aux canards. Il aura le temps de réfléchir. »

Toute cette situation est imputable aux salaires versés l'année précédente par les O'Brien aux joueurs du Renfrew. Leur but est de faire gagner la Coupe Stanley à leurs protégés. Ironiquement, Renfrew ne réussira jamais à gagner la coupe. Mais la question des salaires suscite l'envie !

Au-delà de la question salariale, les partisans de Montréal se passionnent pour ce qui devrait être, à leur avis, la meilleure équipe canadienne-française. D'aucuns écrivent aux journaux et déclinent le nom des joueurs qui formeraient, selon eux, l'équipe idéale du Canadien. *La Presse* publie plusieurs lettres de ces amateurs alors appelés *sportsmen*.

1 D'aucuns ont raconté l'histoire du Club Athlétique Canadien qui, avant la saison 1910-1911, revendique une franchise dans la NHA. Ses représentants, Adolphe Lecours et George Kennedy (Kendall de son vrain nom) récupéreront aussi le nom du club montréalais fondé par les O'Brien.

À *La Presse*

Le 9 décembre, lorsque *La Presse* annonce que Laviolette s'est entendu avec le Canadien, elle publie une photo accompagnant l'article. On y voit le joueur étoile en train de signer son contrat dans les bureaux de... *La Presse*. « La population Canadienne-française sera heureuse d'apprendre qu'il a accepté les offres qui lui ont été faites », dit l'auteur du texte.

Revenant sur le voyage de chasse de Laviolette, on mentionne qu'il a failli se noyer. « La fantaisie lui prit de patiner sur le canal où la glace était très belle, écrit-on. Elle était mince toutefois et elle céda sous lui. Jack enfonça dans l'eau. Quelques amis se portèrent alors à son secours et réussirent à le sortir de sa position dangereuse. »

Fin décembre, le journal se réjouit de l'embauche d'un certain Georges Vézina, gardien de but remarqué lors d'un match hors concours du Canadien à Chicoutimi en février 1910, et d'Eugène Payan, fils du maire de Saint-Hyacinthe.

Désireux de conserver son titre de joueur amateur, Payan refuse d'être payé. Dans une lettre à *La Presse*, publiée le 9 décembre, il explique que sa venue au club montréalais est conditionnelle au maintien de son statut d'amateur et à la présence des meilleurs joueurs possibles. « On sera peut-être surpris que j'exige cette dernière condition mais je veux qu'il soit bien compris que je ne prétends jouer pour le Club Athlétique Canadien qu'avec la perspective de pouvoir décrocher pour les Canadiens français de la province de Québec le championnat du hockey », écrit Payan.

Photos, caricatures

Un des éléments faisant contraste avec la couverture de la première saison est l'utilisation abondante de l'image sous toutes ses formes : dessins, photos, caricatures.

Dès la première pratique, le jeudi 15 décembre, *La Presse* publie une caricature et deux « photos au magnésium » de l'équipe. Le premier cliché montre plusieurs joueurs, bâtons en main et patins aux pieds, sur la glace. La seconde photo est celle de Newsy Lalonde, grande vedette du Canadien et champion compteur de la NHA en 1909-1910.

Le samedi 24 décembre, la une de *La Presse* est entièrement consacrée à l'ouverture prochaine de

LA BOXE

TROTTEURS

LE PATIN

ANIMAL

des vêtements Male Att... haut gout".

MALE ATTIRE

VETEMENTS LIBERTY

DIAMANT

COMPTANT ou CRE...

J. A. DENAULT

SANTAL MIDY

CATARRHE DE LA VESSIE Soulagé en 24 Heures.

EN AVANT LES CANADIENS

...l'Arena, ouverture de la saison de la ...professionnelle de hockey. -- L'é... ...du capitaine Lalonde est confiante ...re les Ottawas.

Plus de deux cents raquetteurs sont in... par la "Presse" et représentant vin... clubs paraderont par la ville et iront ... plaudir les vaillants joueurs du Canadi...

En avant les Canadiens. Article et caricature à la une du 31 décembre 1910.

LE CANADIEN A SA PREMIÈRE PRATIQUE

MORRIS MICHAELS

ALBERT LASALLE

OUTILS A GLACE

PLAZA

Le 16 décembre 1910, l'article est accompagné d'une vraie photo des joueurs. La majorité ne seront toutefois pas de l'équipe durant la saison régulière.

la saison de hockey. Un grand dessin d'un joueur portant le nouveau costume de l'équipe, une photo de la patinoire, un portrait du gérant Adolphe Lecours et trois autres de joueurs accompagnent un texte plein d'enthousiasme quant aux performances à venir du club.

Tout au long de la saison régulière, des caricatures de l'« artiste » de *La Presse* complètent les articles faisant le bilan des matchs. Les victoires sont soulignées à la une avec une caricature faisant tout le bas de la page. Les titres sont ronflants. Comme cette « Brillante victoire des Canadiens à Québec » claironnée le 9 janvier 1911. En sous-titre, on ajoute : « Notre club canadien-français administre une écrasante défaite au club de Québec, considéré invincible sur son terrain. » Écrasante? Le score final est de 4-1 pour Montréal...

Un prix de *La Presse* pour les joueurs

Ce parti pris de *La Presse* pour le Canadien est constant. Plusieurs fois durant la saison, le titre « En avant, les Canadiens ! » coiffe les articles.

Le 30 décembre 1910, à la veille du premier match contre les Senators d'Ottawa, *La Presse* va plus loin. Elle promet un cadeau de 10 $ à chaque joueur si le club montréalais remporte la victoire. Ce qui n'est pas le cas, Ottawa gagnant 5-3.

Dans son article sur le match, le journaliste du quotidien reproche à Newsy Lalonde de ne pas avoir joué en équipe. « Lalonde s'est beaucoup dépensé, mais son jeu a été purement individuel, et par suite, peu effectif, lit-on dans le texte. Il a gardé le caoutchouc au lieu de le passer à des camarades mieux placés que lui. Ce jeu égoïste a été très préjudiciable au Canadien. Certes, Lalonde a

LE PREMIER « ROCKET »

Bien avant Maurice Richard, le Canadien a compté dans ses rangs un Rocket. Il s'agissait du joueur anglophone James Power. Jouant pour les Bulldogs de Québec, il est libéré en février 1911 et signe avec le Bleu Blanc Rouge. *La Presse* en fait état dans son édition du 4 février : « "Rocket" Power signe hier avec le Canadien ».

Le 1er mars, après la victoire contre les Wanderers, l'article résumant la rencontre salue le travail du joueur. « Rocket Power a été une muraille infranchissable, et a puissamment secondé Vézina, dit-on. Il a brisé une multitude de combinaisons et a repoussé une infinité d'assauts. Chacun s'accorde à dire qu'il a joué avec une adresse consommée et qu'il a rendu d'inappréciables services. Power a bien mérité du Canadien. »

LA PRESSE

JOYEUX BANQUET DU CANADIEN

otre populaire club de hockey termine une excellente saison pa souper au Café Bouillon.---Une charmante soirée.---Le Canadien assuré le succès financier de la ligue.

Article du 13 mars 1911 soulignant le banquet de la fin de saison du CH.

LA "PRESSE" RECLAME UN ARBITRE CANADIEN-FRANÇAIS

Une réflexion qui s'impose à tout véritable amateur de sport après la partie d'hier soir.

LES MENACES DE L'AVENIR

Éditorial du 19 janvier 1911 réclamant un arbitre canadien-français.

souvent tiré vers les gaules [2], mais il manquait de précision. »

Pour *La Presse* comme pour beaucoup de Montréalais, le Canadien n'est pas qu'une équipe de hockey. C'est le représentant de la race, des aspirations des Canadiens français.

L'expression de ce nationalisme canadien-français atteint son zénith dans le journal du 19 janvier 1911. La veille, le Canadien a subi la défaite contre les Wanderers de Montréal, l'équipe anglophone de la métropole. D'aucuns attribuent le verdict au travail des arbitres... anglophones qui ont distribué maintes punitions aux joueurs du Canadien.

La Presse réagit avec un article à saveur éditoriale. Le titre est sans équivoque: « La "Presse" réclame un arbitre canadien-français ». Le contenu l'est tout autant: « Le Canadien pouvait battre le Wanderer hier soir, mais il ne pouvait battre les arbitres en même temps. »

Plus loin, on dit: « Nous ne croyons pas utile de faire une enquête approfondie sur le favoritisme que les arbitres d'hier soir auraient pu exercer en faveur des "Wanderers" contre les Canadiens français, mais il est bon toutefois de voir s'il n'y a pas un remède à cet état de chose qui est de nature à nuire considérablement au sport et qui éloignera certainement du hockey les Canadiens français lorsqu'ils auront constaté qu'ils ne doivent pas s'attendre à avoir justice dans ce sport. »

La solution est simple, continue le texte: comme à la crosse, il faut un arbitre canadien-français. *La Presse* propose même quelques noms de candidats [3] dont celui de Jos Cattarinich qui, ironiquement, deviendra propriétaire de l'équipe en 1921.

Une bonne saison

Le 28 février 1911, le Canadien bat les Wanderers 3-2 et termine au deuxième rang de la ligue, avec huit victoires et huit défaites. Le lendemain, un texte et une caricature des joueurs, portant veston-cravate, est à la une. Sous le titre et au-dessus de la caricature, on écrit: « La brillante équipe des Canadiens français qui n'aura pas fait honte à la nationalité qu'elle représente dans la ligue professionnelle de hockey. » La race, toujours la race...

Le lundi 13 mars, *La Presse* souligne par un reportage mondain la fin de la saison du Tricolore. Il est question du banquet auquel les joueurs ont participé, deux jours plus tôt, au Café Bouillon. Le texte en dit long sur les relations étroites joueurs-journalistes de l'époque. L'amorce se lit comme suit: « Les directeurs et les joueurs du Club Athlétique Canadien ont joyeusement fêté samedi soir la clôture de la saison du hockey. Réunis avec leurs amis les journalistes dans l'un des salons du Café Bouillon, ils ont dégusté un dîner fin arrosé des meilleurs crus de France. »

Le journaliste se pâme sur la présentation des mets. Il décrit par exemple la « monumentale omelette Alaska » placée au centre de la table et présentant la forme d'une patinoire (on écrivait alors un patinoir) avec joueurs, filets et spectateurs en guise de décoration.

Et comme il se doit dans ces occasions, toute la carte du menu est déclinée, depuis les huîtres sur écaille en entrée jusqu'au champagne de la maison G.H. Mumm.

2 De l'anglais « goal » évidemment.

3 Des arbitres francophones seront nommés dans les années subséquentes.

CHAPITRE 4

1912

SAISON 1912-1913
UN CHRONIQUEUR DANS LES ESTRADES :
LADÉBAUCHE

Après la saison 1910-1911, *La Presse* réduit d'un cran sa couverture des activités du Canadien, tout en demeurant fidèle au club.

Certes, on retrouve encore des articles sur les activités d'avant-saison, des « prépapiers » publiés le jour du match, les comptes rendus de la partie, les caricatures, les titres partisans...

Mais l'ensemble est moins clinquant, moins tapageur. Les textes sont plus courts, il y a moins de photos, moins d'articles à la une. En somme, on remarque un certain tassement dans l'intérêt manifesté à l'endroit du club.

Ce changement, sans doute, s'inscrit dans le sillon des activités de la NHA, qui cherche son identité. En 1911-1912, Newsy Lalonde et plusieurs joueurs de la ligue vont jouer dans l'ouest du pays (voir chapitre 9). Il n'y a que quatre clubs et le Canadien termine au dernier rang.

Lalonde revient l'année suivante (1912-1913), mais le Canadien peine à gagner, terminant au cinquième rang des six équipes. En 1913-1914, ça va mieux alors que le Bleu Blanc Rouge, comme nous le verrons au chapitre suivant, donne espoir à ses partisans.

Moins imagée, la couverture de *La Presse* est toutefois plus... colorée durant la saison 1912-1913, sous la plume d'un chroniqueur humoristique : Ladébauche.

À l'origine, Ladébauche est un personnage de bandes dessinées créé par Hector Berthelot et repris par Joseph Charlebois. Il reprend vie en 1905 dans *La Presse* sous la plume d'Albéric Bourgeois. Au fil des ans, la bande dessinée se transforme en chronique humoristique où domine le côté canaille, gouailleur du Canadien français typique.

Le personnage aime bien tremper sa plume dans l'acide. Et les cibles de son ironie laissent voir que les différends anglophones-francophones ou encore Montréal-Québec, ne datent pas d'hier.

Qu'on en juge par ce commentaire publié le 13 février 1913, au lendemain d'un match disputé entre le Canadien et les Wanderers (gagné 6-4 par le Canadien). « J'avais pas annoncé que j'irais au rond, hier soir, et je crois, vrai comme vous êtes là, que c'est rapport à ça qu'ils ont gagné », dit-il à propos du Canadien.

Affirmant que sa présence, lorsqu'elle est annoncée, intimide les joueurs du Bleu Blanc Rouge, Ladébauche dit ne pas avoir pris place dans sa loge habituelle mais plutôt « dans le coin à côté du pit, au milieu d'un tas de blauques ».

Oui, c'est bien « blauques », comme dans anglophones. D'ailleurs, un peu plus loin, en parlant de l'entracte entre la première et la deuxième période, Ladébauche décrit ainsi ce que font ses voisins anglophones pour tuer le temps : « Là-dessus tout le monde est allé se reposer pendant que mes voisins sortaient un moyen flasque (ô Westmount!) et se passaient la diche pour se donner du courage et se réchauffer l'enthousiasme. »

Ah ! Les Québécois

Le 22 février 1913, Ladébauche est à l'Aréna[1] où le Canadien affronte les Bulldogs de Québec. Cette dernière équipe est très forte. D'ailleurs, cette année-là, elle remporte le championnat de la NHA et la Coupe Stanley.

Les premiers paragraphes du chroniqueur illustre à leur façon l'éternelle querelle Montréal-Québec. Les voici :

« Les Québécois, vous savez, les amis, c'est pas des sports ordinaires quand ils s'y mettent.

Ils ne font pas les choses à moitié.

Quand ils font des côtes, ils les font à pic et quand ils se payent le luxe de venir à Montréal, cette vieille banlieue de Québec, ils s'amènent à plein char.

J'dis pas ça pour leur en faire des reproches.

Au contraire.

J'aime ça quand les Québécois viennent nous voir, ça nous donne une chance d'apprendre l'anglais, qui est leur manière de parler le français.

Sans compter que ce sont des paroissiens qui n'engendrent pas la mélancolie.

Ils sont pleins de "fun" ces gars-là. »

Sans doute faisait-il référence aux joueurs des Bulldogs, pour la plupart des anglophones. Toujours est-il que ce soir-là, Québec bat Montréal 7-6, s'assurant du championnat de la ligue.

Bon joueur, Ladébauche applaudit la victoire de l'adversaire.

1 Aréna Westmount. Après sa première saison, le Canadien joue dans cet aréna durant quelques années.

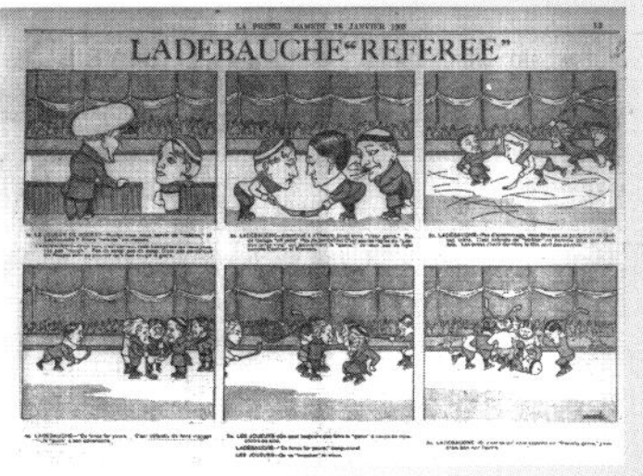

Comme le témoigne cette bande illustrée du 28 janvier 1905, Ladébauche n'a pas attendu l'arrivée du Canadien pour parler de hockey. Ce dessin est attribué à Joseph Charlebois.

1910

LES ANNÉES 1910

LE PREMIER HÉROS : NEWSY LALONDE

Newsy Lalonde à la pratique du Canadien, le 16 décembre 1910. Une photo individuelle pour le premier grand héros du CH.

Il y avait Jack Laviolette, joueur, capitaine et entraîneur. Georges Vézina, l'incroyable cerbère de Chicoutimi. Didier Pitre, un compteur naturel. Mais plus que tous ces héros, Newsy Lalonde est la grande vedette des premières années du Canadien.

Né à Cornwall, Ontario, en 1887, Édouard Lalonde, surnommé Newsy, fait partie de l'équipe originale du Canadien. Lors du premier match officiel de l'équipe, le 19 janvier 1910[1], il compte le premier but de l'histoire et réalise aussi le premier tour du chapeau.

Si la saison 1944-1945 de Maurice Richard demeure dans les annales avec ses 50 buts en 50 matchs, Lalonde en compte 38 en seulement 11 rencontres avec le Canadien et les Creamery Kings de Renfrew en 1909-1910[2]. Et d'une année à l'autre, c'est le même refrain : 23 buts en 14 matchs en 1917-1918 ; 37 en 23 rencontres en 1919-1920 ; 33 en 24 matchs l'année suivante... L'histoire de Lalonde avec le Canadien est une suite d'allers et de retours. En 1910, il joue à Montréal et Renfrew. Il part jouer à Vancouver en 1911-1912 et revient un an plus tard. Il ne joue pratiquement pas en 1914-1915. En novembre 1922, il est échangé contre Aurèle Joliat.

La Presse joint sa voix au concert d'éloges au sujet de Lalonde, un joueur exceptionnel qui, avant Aurèle Joliat et Jean Béliveau, porte fièrement le chandail numéro 4 de l'équipe.

Première priorité

Si les questions des négociations contractuelles et du salaire des joueurs passionnent les amateurs et les médias d'aujourd'hui, c'était aussi le cas il y a un siècle.

Ainsi, dans son édition du 30 novembre 1910, à un mois du début de la saison, *La Presse* affirme que la signature du contrat de Lalonde est la première priorité du Canadien. Une fois la super-vedette embauchée, on s'occupera de l'engagement des autres joueurs, dit-on.

« Il est certain que Lalonde serait une forte attraction et que sa présence dans les rangs du club inspirerait une grande confiance aux autres joueurs, indique le texte. Son engagement est donc une question de la plus haute importance. »

Le plus haut salarié

En 1911-1912, Lalonde se joint aux Millionnaires de Vancouver. En 1912-1913, il revient avec le Canadien. Son contrat est paraphé le 21 novembre 1912. *La Presse* annonce la nouvelle avec empressement. « C'en est fait, Lalonde jouera pour le Canadien, cette saison. Il a signé hier, lit-on dans l'édition du vendredi 22. En voilà un que les Patrick n'auront pas. »

Il s'agit d'une allusion aux frères Frank et Lester Patrick. L'année précédente, ces derniers avaient fondé la Pacific Coast Hockey Association. La ligue avait maraudé dans les équipes de l'Est pour faire le plein de joueurs, dont Lalonde.

Deux semaines plus tard, le 6 décembre, *La Presse* annonce que le Canadien a payé le gros prix pour acquérir la vedette. Le titre de l'article parle de lui-même : « Lalonde recevra un salaire fantaisiste[3]. » Le texte est à l'avenant : « Newsy Lalonde recevra, cette année, le plus haut salaire jamais payé à aucun joueur de hockey. Nous avons vu mentionné à plusieurs reprises, depuis quelque temps, soit le salaire offert à Lalonde, soit le salaire exigé par le fameux joueur, mais nous devons dire qu'aucun des chiffres mentionnés n'arrive au montant que recevra le financier de la crosse et du hockey[4]. »

La Presse publie également une photo de Lalonde, feutre sur la tête, en train de signer son

1 Celle du 5 janvier ayant été annulée, comme on l'a vu.

2 Après six matchs avec le Canadien, Ambrose O'Brien, propriétaire de quatre clubs de la Ligue, le prête aux Creamery Kings, cette équipe ayant plus de chances de remporter la Coupe Stanley. Lalonde compte 22 buts en seulement cinq matchs avec Renfrew, dont 9 dans un seul match ! Malgré tout, la Coupe est remportée par les Wanderers de Montréal.

3 Le mot renvoie à la fantaisie, mais aussi le caprice, quelque chose en dehors des normes.

4 Difficile de déterminer le salaire exact que reçut Lalonde cette année-là. Dans leur ouvrage "La glorieuse histoire des Canadiens", Pierre Bruneau et Léandre Normand disent que, chose certaine, son contrat suscita la jalousie et que le Canadien avait défoncé son plafond salarial. Dans son ouvrage L'épopée des Canadiens consacrée à la période 1909-1955, le journaliste Charles Mayer dit que le plafond salarial des équipes était de 8000 $ durant la saison 1912-1913.

Newsy Lalonde, son épouse et leur petite fille. La photo est publiée le 24 novembre 1922.

LALONDE RECEVRA UN SALAIRE FANTAISISTE

Le Canadien lui donnera le plus fort montant jamais accordé à aucun joueur de hockey.—Degray portera les couleurs du Bleu, Blanc, Rouge. — La première pratique le 16 à Montréal ou à Toronto.

NEWSY LALONDE SIGNANT LE CONTRAT QUI LUI ASSURE LE PLUS

Après un an d'exil dans l'Ouest canadien, Lalonde signe avec le Canadien à l'automne 1912. La photo est publiée dans *La Presse* du 6 décembre 1912.

contrat. On voulait ainsi répliquer à des journaux concurrents de Montréal qui avaient mis en doute la nouvelle publiée le 22 novembre dans « le plus grand quotidien français d'Amérique ».

Deux ans plus tard, au début de la saison 1914-1915, Lalonde n'est pas satisfait de l'offre que lui fait le Canadien et décide de rester chez lui. Le 22 décembre 1914, il est le seul joueur du club à ne pas se présenter à une pratique tenue devant quelque 2000 partisans, ce que souligne *La Presse*. Dans l'édition du 24 décembre, les nouvelles sont mauvaises. « Le club Canadien a offert à Lalonde le même salaire qu'il donne à Pitre, Laviolette, Vézina, Dubeau et Donald Smith, dit-on. Lalonde n'a pas cru à propos d'accepter et il y a toute apparence qu'il ne jouera pas. »

Le grand joueur reviendra plus tard dans l'année avec l'équipe. Durant plusieurs années encore, il fera la pluie et le beau temps sur la glace. Lorsqu'il ne remporte pas le championnat des pointeurs, il est parmi les meneurs. Il sera finalement échangé avant le début de la saison 1922-1923. En 1932, il deviendra entraîneur du Canadien. Nous y reviendrons.

CHAPITRE 6

1913

SAISON 1913-1914

UNE PREMIÈRE CHANCE POUR LE CHAMPIONNAT

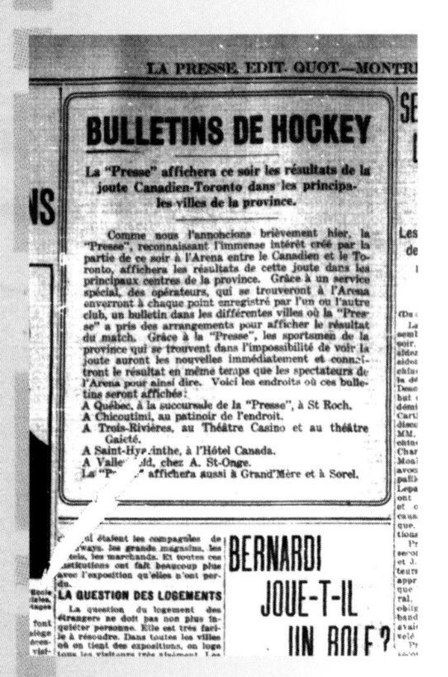

LA PRESSE. EDIT. QUOT.—MONTR

BULLETINS DE HOCKEY

La "Presse" affichera ce soir les résultats de la joute Canadien-Toronto dans les principales villes de la province.

Comme nous l'annoncions brièvement hier, la "Presse", reconnaissant l'immense intérêt créé par la partie de ce soir à l'Arena entre le Canadien et le Toronto, affichera les résultats de cette joute dans les principaux centres de la province. Grâce à un service spécial, des opérateurs, qui se trouveront à l'Arena enverront à chaque point enregistré par l'un ou l'autre club, un bulletin dans les différentes villes où la "Presse" a pris des arrangements pour afficher le résultat du match. Grâce à la "Presse", les sportsmen de la province qui se trouvent dans l'impossibilité de voir la joute auront les nouvelles immédiatement et connaîtront le résultat en même temps que les spectateurs de l'Arena pour ainsi dire. Voici les endroits où ces bulletins seront affichés:

A Québec, à la succursale de la "Presse", à St Roch.
A Chicoutimi, au patinoir de l'endroit.
A Trois-Rivières, au Théâtre Casino et au théâtre Gaieté.
A Saint-Hyacinthe, à l'Hôtel Canada.
A Valle[illegible]ld, chez A. St-Onge.
La "P[illegible]" affichera aussi à Grand'Mère et à Sorel.

[illegible] étaient les compagnies de [illegible]ways, les grands magasins, les [illegible]tels, les marchands. Et toutes ces [in]stitutions ont fait beaucoup plus avec l'exposition qu'elles n'ont perdu.

LA QUESTION DES LOGEMENTS

La question du logement des étrangers ne doit pas non plus inquiéter personne. Elle est très facile à résoudre. Dans toutes les villes où on tient des expositions, on loge [illegible]

BERNARDI JOUE-T-IL UN ROLE?

Le 7 mars 1914, en prévision de la série finale de la NHA, *La Presse* annonce que les sportifs de la province seront informés de minute en minute de l'allure du match de la soirée.

La cinquième saison de la NHA se termine par une égalité entre les Blueshirts de Toronto et le Canadien de Montréal. Le calendrier régulier compte 20 parties et chaque équipe remporte 13 victoires. On décide alors de tenir une minisérie de deux matchs entre les deux équipes. Le champion de la ligue sera désigné au total des buts, en plus de passer en finale de la Coupe Stanley contre les champions de la Pacific Coast Hockey Association (PCHA).

Cette première participation du Canadien à une série éliminatoire suscite passion et intérêt. Et en cette ère où les moyens de communications sont limités, *La Presse* prend une initiative destinée à transmettre sans délai les résultats des matchs au plus grand nombre d'habitants du Québec.

Le samedi 7 mars, jour de la première partie, disputée à Montréal, le quotidien de la rue Saint-Jacques annonce ceci : « Grâce à un service spécial, des opérateurs qui se trouveront à l'Aréna, enverront à chaque point enregistré par l'un ou l'autre club, un bulletin dans les différentes villes où *La Presse* a pris des arrangements pour afficher le résultat du match. Grâce à *La Presse*, les sportsmen de la province qui se trouvent dans l'impossibilité de voir la joute auront les nouvelles immédiatement et connaîtront les résultats en même temps que les spectateurs de l'Aréna. »

On ne dit pas de quel système (télégraphe ?) il s'agit. Chose certaine, les résultats sont affichés à l'hôtel Canada de Saint-Hyacinthe, à la succursale de *La Presse* à Québec et au théâtre Casino, à Trois-Rivières. On pouvait aussi les consulter à Chicoutimi, Sorel et Grand-Mère.

À Montréal, plusieurs personnes font la file devant les guichets depuis minuit, la veille de la mise en vente des billets. « Il y avait certainement deux mille personnes ce matin, à 9 heures, lorsque la vente a commencé », relate le journaliste dans son compte rendu publié le 6 mars.

Ce dernier ajoute que la direction du club fait tout en son pouvoir pour éviter la spéculation. Malgré cela, le jour du match, des amateurs paient jusqu'à quatre et cinq dollars un billet[1] en vente sur le marché noir, rapporte le journal. Ils sont comblés, puisque le Canadien remporte la rencontre 2-0 sur une glace qualifiée d'« exécrable ». D'ailleurs, en aparté au compte rendu de la rencontre, *La Presse* souligne l'urgence d'avoir, comme à Toronto, une glace artificielle.

« Les fervents du sport qui paient durant toute la saison pour assister aux joutes de hockey sont extrêmement mécontents de voir des joutes qui devraient décider du championnat se disputer sur

1 Le coût de certains billets étaient de moins de un dollar.

[U]N MATCH DE HOCKEY COMME IL NE S'EN EST JAMAIS VU AU CANADA

[Ap]rès environ sept minutes de jeu supplémentaire, les Ottawas pas plus que les Canadiens n'ayant réussi à enregistrer un seul point, les tenaces et courageux équipiers du Bleu-Blanc-Rouge font mordre la glace à leurs adversaires.

[UN]E BATAILLE DE GARDIENS DE BUTS

[Vézi]na et Lesueur font des prodiges de valeur pour sauver la position de leurs clubs respectifs.

[illegible]

LA BRUTALITE DES JOUEURS D'OTTAWA

Cinq équipiers du Canadien sont transportés sur les épaules de leurs camarades au cours de la partie.

[illegible]

Article et caricature à la une du journal, le 16 février 1914.

une couche de glace qui ressemble plus à un lac qu'à autre chose, écrit-on. Le public réclame de l'Aréna de la glace artificielle et il a grandement raison.» On estime qu'avec les profits réalisés chaque année, les administrateurs de l'endroit ont les moyens de faire cet investissement.

Quant à la rencontre, disputée devant 8000 spectateurs, le journaliste la décrit ainsi: «Le match a été fort excitant, mais le Canadien s'est montré presque tout le temps supérieur à ses adversaires et a eu un avantage marqué. La défense du Canadien a été absolument infranchissable.»

Par contre, le scribe note que la tactique de Toronto était d'empêcher le Canadien de compter des buts dans le dessein évident de passer à l'offensive à la rencontre suivante.

La seconde partie a lieu le mercredi 11 mars à Toronto. *La Presse* envoie un journaliste et un caricaturiste dans la Ville Reine. Or le Canadien subit une raclée de 6-0. L'analyse du match du 7 mars était juste...

L'envoyé spécial de *La Presse* ne mâche pas ses mots, qualifiant de «phénoménale», la performance des Blueshirts et de «médiocre» celle du Canadien. «Le Toronto a combattu avec une énergie irrésistible», dit l'auteur. Quant au Canadien, il a «été très faible».

«Disons-le franchement, le Canadien s'est montré d'une faiblesse désespérante», ajoute le journaliste. Il cite le gérant du club montréalais, George Kennedy. «Nous n'avons pas d'excuses à offrir, déclare ce dernier. Le meilleur club a gagné. Il aurait fallu deux équipes pour battre le Toronto hier. Marshall[2] et ses hommes ont joué pour gagner, tandis que le Canadien n'a pas joué sa partie. Le Toronto a bien mérité le championnat.»

En finale de la Coupe Stanley, Toronto bat les Aristocrats de Victoria[3], de la PCHA, trois parties à zéro.

2 Jack Marshall était joueur-entraîneur des Blueshirts.

3 L'équipe change de nom pour celui de Cougars quelques années plus tard.

Cette publicité publiée en janvier 1914 dans *La Presse* annonce le match Wanderer-Canadien.

Une caricature soulignant la défaite du Canadien lors de la finale de la NHA. «Nous avons chacun une manche mais la mienne manque de coupe (Stanley)», dit le joueur du Canadien à son homologue de Toronto dans ce dessin publié le 12 mars 1914.

LA PRESSE EDIT. QUOT.—MONTREAL JEUDI 5 MARS 1914

Le Canadien et le Toronto sont Egaux

LE CANADIEN BAT HIER L'ONTARIO PAR UN SCORE DE 5 A 3

Après avoir mal commencé la partie, le Bleu Blanc Rouge, encouragé par les succès des Wanderers à Toronto, reprend le terrain perdu et s'assure de la victoire.

TROIS POINTS POUR PAYAN

Impressions recueillies hier soir par l'artiste de la "Presse" à la partie de hockey entre le Canadien et le club Ontario à l'Arena, et gagnée dans la période finale par le Bleu Blanc Rouge, par un score de 5 à 3.

TORONTO SUCCOMBE DEVANT LE WANDERER

L'équipe Montréalaise bat les aspirants-champions de la N. H. A. par 7 à 5.—Les équipiers de Marshall sont complètement déclassés par leurs rivaux, qui ont fort bien joué.

PAS ENCORE CHAMPIONS!

JOUTES DE LA N. H. A.

Canadien 5, Ontario 3.
Wanderers 7, Toronto 5.
Québec 10, Ottawa 0.

POSITION DES CLUBS

	G.	P.	Pr.	Ct.
Canadiens	13	7	84	55
Toronto	13	7	93	65
Québec	12	8	112	73
Ottawa	11	9	61	80

de la N.H.A. au club de Kennedy.

Plus de 500 personnes étaient au restaurant Mogran, anciennement tenu par MM. Blondin et Cortoli. On a acclamé avec délire les victoires du Canadien et des Wanderers.

Ceux-ci ont fait noblement leur devoir en battant Toronto.

Leurs succès ont stimulé l'ardeur du Canadien, qui a eu vite fait de prendre les devants sur l'Ontario.

LALONDE ET GARDNER JOUERONT-ILS SAMEDI?

La question qui préoccupe maintenant les amis du Canadien est de savoir si Newsy Lalonde et Jimmie Gardner pourront jouer dans les deux parties décisives entre le Toronto et le Bleu-

Cet article du 5 mars 1914 annonce que le Canadien et les Blueshirts de Toronto ont terminé la saison régulière à égalité. Une série de deux matchs doit couronner le champion de la NHA.

CHAPITRE 7

1915

SAISON 1915-1916

LA PREMIÈRE COUPE STANLEY

6 LA PRESSE, MONTREAL, VENDR

LES CANADIENS SONT CHAMPIONS DU MONDE

Ils battent, hier soir, le club Portland par un score de 2 à 1 dans une joute furieusement contestée et extrêmement excitante. Prodgers compte le point décisif quatre minutes avant la fin de la joute.

VAINQUEURS ET VAINCUS FRATERNISENT

STATISTIQUES SUR LA SERIE

Voici comment fut annoncée la toute première conquête de la Coupe Stanley par le Canadien, dans l'édition du 31 mars 1916. De gauche à droite, les joueurs Goldie Prodgers, Skene Ronan, Albert Corbeau et le capitaine Howard McNamara.

10 LA PRESSE, MONTREAL

PULFORD ET BRENNAN SERONT LES ARBITRES DES JOUTES POUR LA COUPE

Le Canadien est favori dans la série de parties pour le fameux trophée.—Une foule énorme ira voir les deux équipes de champions aux prises. — Le club Portland est arrivé hier matin.

GLORIEUX SUCCES DES CANADIENS

Ils terminent la saison en battant par 6 à 4 le club Toronto renforcé de Holmes et Foyston.

LE CLUB PORTLAND

A LA CASQUETTE MERCREDI SOIR

Le 20 mars 1916, avant le début de la série contre Portland, *La Presse* publie deux prépapiers sur cette finale de la Coupe Stanley.

Le Canadien de Montréal remporte sa première Coupe Stanley le jeudi 30 mars 1916 contre les Rosebuds de Portland de la Pacific Coast Hockey Association[1]. Souligné en grandes pompes dans la page des sports, l'événement ne fait cependant pas la une de *La Presse*. Ce qui ne serait certainement pas le cas aujourd'hui!

Sous le titre « Les Canadiens sont champions du monde », l'exploit du Tricolore occupe la moitié de la page 6 de l'édition du 31 mars 1916. Pour l'époque, l'article est volumineux, substantiel. Il est accompagné de photos et de statistiques.

La une? Comme tous les jours de la période 1914-1918, *La Presse*, consacre ses plus belles colonnes aux nouvelles en provenance d'Europe où la Première Guerre mondiale fait rage. Le travail des soldats alliés, dont canadiens, est relaté – et encensé – dans le détail.

Mais revenons au match du 30 mars, chaudement disputé si on se réfère au papier du journaliste de *La Presse*.

La rencontre est la dernière d'une série 3 de 5 entièrement disputée à Montréal. Les deux équipes ont chacune remporté deux victoires. Après deux périodes de jeu lors de la partie décisive, le Bleu Blanc Rouge mène au compte de 1-0 lorsque Portland égalise les chances à 6 minutes et demie. Deux minutes plus tard, un but de Goldie Prodgers, joueur d'avant, redonne l'avance, la victoire et la coupe au Canadien.

Le journaliste s'enthousiasme pour le héros du jour. « L'exploit accompli par Goldie Prodgers rendra le nom de ce dernier à jamais glorieux dans les annales du sport, écrit-il. Prodgers a joué en champion, hier soir, et ses courses ont simplement électrisé la foule. Sans le jeu sensationnel de Murray[2] dans les buts des visiteurs, Prodgers aurait plusieurs points à son actif. »

« Certes, le meilleur club a triomphé, mais l'on peut dire que le Canadien avait de dignes et valeureux adversaires », ajoute l'auteur.

Plus loin, avec un autre éloquent commentaire traduisant la fibre nationaliste des francophones, il dit : « C'est là en effet la première fois dans l'histoire du hockey que le titre de champion du monde est remporté par une équipe en majorité canadienne-française. »

Et pourtant, le contenu du texte publié ce jour-là donne une bonne idée de l'usage répandu de termes anglo-saxons dans le monde du hockey. L'auteur parle ainsi de *puck* (rondelle), *referee* (arbitre) et *umpire* (juges de ligne).

Le mauvais état de la glace est à nouveau signalé. *La Presse* écrit : « La glace était tendre, molle même, et très collante, ce qui rendait les passes difficiles et très ardue la tâche des joueurs. »

Tous au même banquet

D'une année à l'autre, les joueurs de hockey conservent la tradition de se serrer la main au terme d'une série éliminatoire. Mais de là à partager un repas à la même table ? Le soir même d'une défaite en finale de la Coupe Stanley ? C'est pourtant ce qui survient à Montréal ce soir-là.

« Après la joute, les joueurs des deux clubs fraternisèrent dans un banquet intime donné au Saint-Regis », écrit *La Presse*. Outre les joueurs étaient rassemblés les dirigeants des deux clubs, le président de la National Hockey Association (NHA), celui des Wanderers (l'autre club montréalais), plusieurs "notabilités" du sport et quelques journalistes. »

« Les joueurs réunis autour des tables formaient, au point de vue sportif, le groupe le plus intéressant qu'il soit possible d'imaginer, poursuit le scribe. Les vaincus furent les premiers à féliciter leurs vainqueurs. »

« Nos *sportsmen* ont passé une bonne soirée, et les vainqueurs ont joyeusement célébré leur victoire. M. Lichtenstein [président des Wanderers] a proposé la santé du club Athlétique Canadien. Il y a eu nombre de discours et chacun a fait quelques remarques. L'on a présenté à Emmett Quinn [président de la NHA] une boîte à cigarettes (!) en argent ciselé. »

Dehors, les journalistes !

Cette finale Montréal-Portland fait l'objet d'une bonne couverture. Le 20 mars, jour de la présentation du premier match, *La Presse* publie deux articles d'introduction à la série, des prépapiers dans le jargon journalistique.

Le premier texte résume l'enjeu et est accompagné d'une photo de la coupe Stanley. Un pas-

1 L'équipe de l'Orégon est la toute première des États-Unis à participer à une finale de la Coupe Stanley.

2 Il s'agit du gardien de but Tommy Murray.

sage fait voir qu'il y a un mélange des genres entre le travail de journalistes et celui d'employés de la patinoire. On relate en effet que le fiduciaire de la coupe Stanley n'a pas mis sa confiance dans les journalistes qui ont exercé, toute l'année, les postes de chronométreur, responsable du banc des punitions et marqueur officiel. Il les a remplacés par des personnes indépendantes[3].

Le second texte présente les joueurs du Portland. On y parle du dur à cuire des Rosebuds, Fred Harris, décrit comme « le mauvais sujet de l'équipe ». « Harris a la réputation d'être le joueur le plus brutal de la ligue. Il est agressif, checke rudement et fait toujours son possible pour gagner. »

3 Cette proximité équipes-journalistes dura des décennies, que ce soit au baseball ou au hockey. Jusque dans les années 1990, des journalistes ont été marqueurs officiels au match des Expos. Au hockey, le choix des trois étoiles fut longtemps celui des journalistes couvrant le Canadien. Cette situation n'est pas exclusive à Montréal.

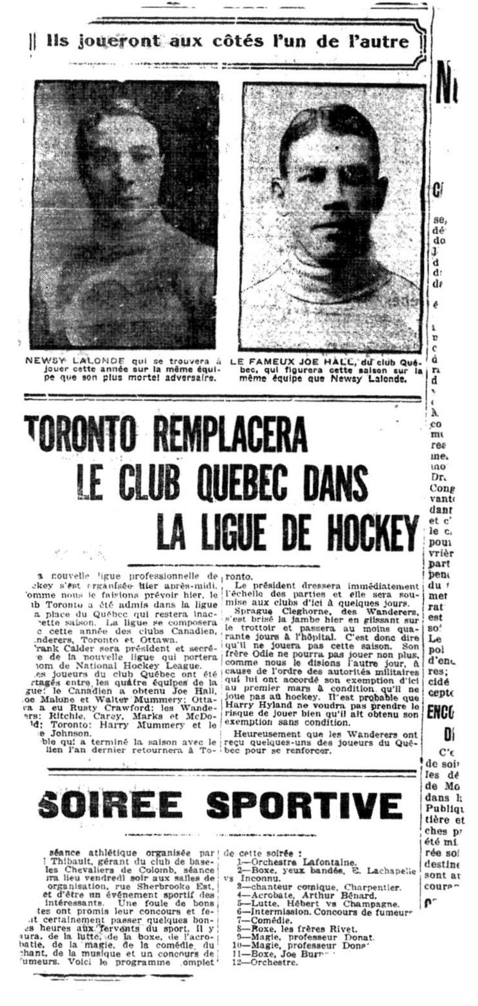

Ils joueront aux côtés l'un de l'autre

NEWSY LALONDE qui se trouvera à jouer cette année sur la même équipe que son plus mortel adversaire.

LE FAMEUX JOE HALL, du club Québec, qui figurera cette saison sur la même équipe que Newsy Lalonde.

TORONTO REMPLACERA LE CLUB QUEBEC DANS LA LIGUE DE HOCKEY

a nouvelle ligue professionnelle de ckey s'est organisée hier après-midi. omme nous le faisions prévoir hier, le ub Toronto a été admis dans la ligue a place du Québec qui restera inac- cette saison. La ligue se composera c cette année des clubs Canadien, nderers, Toronto et Ottawa.

rank Calder sera président et secré- e de la nouvelle ligue qui portera nom de National Hockey League.

es joueurs du club Québec ont été rtagés entre les quatre équipes de la gue: le Canadien a obtenu Joe Hall, oe Malone et Walter Mummery; Otta- va a eu Rusty Crawford; les Wande- ers: Ritchie, Carey, Marks et McDo- ld; Toronto: Harry Mummery et le e Johnson.

ble qui a terminé la saison avec le lien l'an dernier retournera à Toronto.

Le président dressera immédiatement l'échelle des parties et elle sera soumise aux clubs d'ici à quelques jours.

Sprague Cleghorne, des Wanderers, s'est brisé la jambe hier en glissant sur le trottoir et passera au moins quarante jours à l'hôpital. C'est donc dire qu'il ne jouera pas cette saison. Son frère Odie ne pourra pas jouer non plus, comme nous le disions l'autre jour, à cause de l'ordre des autorités militaires qui lui ont accordé son exemption d'ici au premier mars à condition qu'il ne joue pas au hockey. Il est probable que Harry Hyland ne voudra pas prendre le risque de jouer bien qu'il ait obtenu son exemption sans condition.

Heureusement que les Wanderers ont reçu quelques-uns des joueurs du Québec pour se renforcer.

SOIREE SPORTIVE

séance athlétique organisée par Thibault, gérant du club de base- les Chevaliers de Colomb, séance ra lieu vendredi soir aux salles de organisation, rue Sherbrooke Est, et d'être un événement sportif des intéressants. Une foule de bons tes ont promis leur concours et fe- t certainement passer quelques bon- es heures aux fervents du sport. Il y aura, de la lutte, de la boxe, de l'acrobatie, de la magie, de la comédie, du chant, de la musique et un concours de fumeurs. Voici le programme complet de cette soirée :

1—Orchestre Lafontaine.
2—Boxe, yeux bandés, E. Lachapelle vs Inconnu.
3—chanteur comique, Charpentier.
4—Acrobate, Arthur Bénard.
5—Lutte, Hébert vs Champagne.
6—Intermission. Concours de fumeurs
7—Comédie.
8—Boxe, les frères Rivet.
9—Magie, professeur Donat.
10—Magie, professeur Don
11—Boxe, Joe Burr
12—Orchestre.

CI-CONTRE
C'est avec ce court article, paru le 27 novembre 1917, que *La Presse* annonce la création de la Ligue nationale de hockey. La disparition des Bulldogs de Québec se traduit par la réunion au sein du CH de Newsy Lalonde et Joe Hall, deux ennemis jurés jusque-là sur la glace.

LES CHAMPIONS DE LA NATIONAL HOCKEY ASSOCIATION

LE CANADIEN EST DEFINITIVEMENT LE CHAMPION DU N.H.A.

LES QUEBEC DEFONT LES WANDERERS

À GAUCHE
Avant la conquête de la Coupe Stanley, le CH est couronné champion de la NHA, comme le souligne cet article publié en mars 1916.

VERS LA CRÉATION DE LA LNH

La Coupe Stanley de 1916 fut la seule remportée par le Canadien avant la création de la Ligue nationale de hockey (LNH), en novembre 1917. La nouvelle ligue est créée autour d'une invraisemblable controverse entre propriétaires. On sait qu'elle a vu le jour à l'hôtel Windsor de Montréal. Qu'en a dit *La Presse*?

Reportons-nous au mercredi 22 novembre 1917, où les propriétaires ont rendez-vous à l'hôtel Windsor. Il semble que cette première rencontre ne porte pas ses fruits, car le lendemain, *La Presse* affirme qu'ils n'ont pu s'entendre. « La ligue professionnelle de hockey qui devait se réorganiser hier soir n'a pas fait beaucoup de besogne, dit-on. Les choses continuent de traîner. » On ajoute que les dirigeants se rencontreront à nouveau le samedi 25 novembre au même endroit.

Or, dans l'édition du lundi 27, on indique que la réunion du samedi a été annulée et qu'elle aura lieu le soir même. Dans cet article, *La Presse* affirme que le club des Bulldogs de Québec sera vraisemblablement démantelé au profit d'une équipe de Toronto.

Le texte dit : « Le club de l'ancienne capitale ne paraît pas désireux de faire du hockey cette saison et il paraît disposé à se défaire de ses joueurs. Les promoteurs de Toronto donneront une compensation au club Québec et les joueurs de ce dernier seront divisés entre les clubs les plus faibles de la ligue, de façons à rendre la course au championnat plus serrée et plus intéressante. »

C'est ainsi que le joueur Joe Hall, des Bulldogs, fut réuni à son ennemi juré Newsy Lalonde au sein du Canadien ! Le club obtint également Joe Malone, une autre vedette.

Le lendemain, mardi 28, *La Presse* annonce la création de la LNH dans un article dont la longueur fait aujourd'hui sourire face aux 90 ans d'existence de l'organisation. Son titre : « Toronto remplacera le club Québec dans la ligue de hockey. » Un passage du texte se lit : « La ligue se composera donc cette année des clubs Canadien, Wanderers, Toronto et Ottawa. Frank Calder[4] sera président et secrétaire de la nouvelle ligue qui portera le nom de National Hockey League. »

4 Il s'agit bien sûr du même Calder qui a donné son nom au trophée remis à la meilleure recrue de l'année dans la LNH.

AVRIL 1919

L'ANNÉE OÙ LA GRIPPE ESPAGNOLE A REMPORTÉ LA COUPE STANLEY

LES CANADIENS REMPORTENT LE CHAMPIONNAT DE L'EST DU CANADA

Ils battent le club Ottawa par 4 à 2 dans la partie finale de la série. Le jeu a été extrêmement rapide, brillant et excitant. Une foule de 4,000 personnes assiste à la joute.

LE GENERAL PAU PRESENT

Article, publié le 7 mars 1919, faisant le bilan de la victoire contre Ottawa. Le Canadien est alors champion de la LNH et est en route pour la finale de la Coupe Stanley. Sur la photo, le capitaine Newsy Lalonde.

La saison 1918-1919 s'amorce alors que les canons de la guerre se sont tus, quelques semaines plus tôt, en Europe. Mais un autre fléau fait des ravages: la grippe espagnole. Elle tue des millions de personnes. En avril 1919, elle fait avorter la série pour la Coupe Stanley.

Au terme de la saison régulière, le Canadien affronte Ottawa pour le championnat de la LNH. L'équipe montréalaise remporte quatre des cinq matchs de la série. Le 7 mars, au lendemain du match ultime, *La Presse* titre en grosses lettres: « Les Canadiens remportent le championnat de l'Est du Canada. Ils battent le club Ottawa par 4 à 2 dans la partie finale de la série. Le jeu a été extrêmement rapide, brillant et excitant. Une foule de 4000 personnes assiste à la joute. »

L'article insiste sur le présence du général Pau au Jubilee. Paul Marie César Gérald Pau est un général de l'armée française sorti de sa retraite au cours de la Première Guerre mondiale pour combattre les forces allemandes. Son passage fait forte impression. *La Presse* salut le fait qu'il a payé sa place comme n'importe quel autre spectateur.

La semaine suivante, le Canadien quitte Montréal pour Seattle afin de disputer la Coupe Stanley aux Metropolitans, champions de la Pacific Coast Hockey Association (PCHA)

Au lit

Tous les matchs sont disputés à Seattle. La première rencontre a lieu le 19 mars. Les joueurs locaux massacrent les représentants montréalais 7-0. Montréal remporte la seconde partie 4-2, avant de perdre la troisième 7-2.

La quatrième joute se termine par un verdict nul, 0-0, après 80 minutes de jeu. Il est alors décidé que les matchs de la finale ne pourront plus se terminer ainsi.

À la cinquième rencontre, le 28 mars, Montréal gagne 4-3. Le but vainqueur est obtenu après 16 minutes de temps supplémentaire.

LES CHAMPIONS PROBABLES DE LA LIGUE PROFESSIONNELLE DE HOCKEY

L'équipe du Canadien, qui après avoir remporté deux victoires dans la série finale pour le titre de champion se rencontrera ce soir avec l'Ottawa dans la troisième joute: Rangée du haut, de gauche à droite: George Kennedy, Didier Pitre, Louis Berlinguette, McDonald, Couture, Joe Malone: rangée du bas: Newsy Lalonde, Odie Cleghorn, Bert. Corbeau, Joe Hall et Georges Vézina.

La confiance règne durant la série du championnat de la LNH. Cet article du 1er mars 1919 évoque les « champions probables » de la ligue. Rangée du haut: le propriétaire George Kennedy, Didier Pitre, Louis Berlinguette, Jack McDonald, Billy Coutu, Joe Malone. Rangée du bas: Newsy Lalonde, Odie Cleghorn, Albert Corbeau, Joe Hall et Georges Vézina.

Les articles faisant le résumé des matchs sont très courts, laissant croire qu'ils ont été rédigés à partir de dépêches télégraphiées. On est loin des textes fleuves publiés à cette époque après les matchs locaux !

Une partie finale doit avoir lieu le 1er avril pour désigner un vainqueur. Mais elle ne sera jamais disputée. Car la grippe espagnole, qui a fait entre 20 et 40 millions de morts dans le monde, cloue pratiquement tous les joueurs du Canadien au lit.

L'affaire est rapportée dans *La Presse* du 2 avril : « Les Canadiens sont pris de la grippe – Sept sont au lit et devront y rester quelques temps – La série mondiale pour la Coupe Stanley ne sera pas terminée. »

Dans le texte, on lit : « La partie annoncée pour hier soir, la partie finale, celle qui devait décider du trophée et du titre de champion du monde n'a pu être jouée, écrit l'auteur. [...] Les meilleurs médecins prodiguent leurs soins aux visiteurs mais il est certain que plusieurs d'entre eux devront passer une couple de semaines au lit avant de pouvoir retourner à Montréal. »

On ajoute que des ouvriers ont démantelé la glace, à Seattle, afin de convertir la surface pour la pratique du patin à roulettes. Et tant pis pour la Coupe Stanley !

La mort de Joe Hall

Le samedi 5 avril, l'affaire prend une tournure dramatique. Le défenseur Joe Hall, joueur du Canadien, rend l'âme au Sanatorium Colombus de Seattle. « Joe Hall meurt à Seattle », titre le quotidien de la rue Saint-Jacques. « Le vétéran joueur de hockey succombe à la pneumonie à l'âge de 37 ans », lit-on plus loin dans le texte.

L'article rapporte un commentaire de Frank Patrick, président de la PCHA. « Le sport a beaucoup perdu lorsqu'il est mort. En dehors de la glace, il était l'un des plus joyeux camarades, l'un des meilleurs cœurs possibles et l'un des hommes les plus populaires que j'ai rencontrés. »

Coûteuse facture

Quelques jours plus tard, *La Presse* fait le point sur l'état de santé des joueurs. De retour à Montréal, le capitaine Newsy Lalonde exprime le voeu de ne plus avoir à revivre de tels moments. « Pour rien au monde, je ne voudrais en recommencer une [série] pareille, dit-il. Nous avons été bien traités pendant le temps que nous avons été malades. Les médecins, les gardes-malades et tout le personnel de l'hôpital, ont fait de leur mieux pour nous guérir, et ils ont tenu nos parents bien informés. Le plus dur coup du voyage a été la mort de Joe Hall. La mort de ce camarade a affligé tout le monde. »

Le rédacteur fait aussi cette observation : « La série a été payante pour les joueurs, mais lorsqu'ils auront réglé leurs comptes d'hôpital et de médecins, il leur restera peu de chose. » On est loin du système de santé universel !

LA PRESSE, MONTREAL, LUNDI 7 AVRIL 19[...]

JOE HALL MEURT A SEATTLE

Le vétéran joueur de hockey succombe à la pneumonie à l'âge de 37 ans.

Seattle, 7.—Joe Hall est mort. Le fameux joueur de défense du Canadien a succombé samedi après-midi à l'attaque de grippe espagnole et de pneumonie dont il souffrait depuis quelques jours. Il est mort à 3 heures au Sanatorium Columbus. Son corps sera envoyé à Vancouver et de là, à Brandon, Man., où il demeurait. Il laisse une femme et trois enfants.

JOE HALL, joueur du club de hockey Canadien qui est mort samedi de la pneumonie, à Seattle.

Les autres joueurs du Canadien qui sont tombés malades la veille de la partie décisive pour la coupe Stanley, se rétablissent rapidement. George Kennedy est pratiquement guéri, et Berlinguette, Corbeau et Lalonde ont fait hier leur première sortie. McDonald est encore à l'hôpital, mais est en train de se rétablir.

Joe Hall était âgé de 37 ans. Il était né en Angleterre, mais a passé la plus grande partie de sa vie au Canada où il a joué au hockey pendant 19 ans.

"Joe Hall était l'un des vrais vétérans du hockey" ,a dit Frank Patrick, président de la Ligue de la côte du Pacifique. "Il jouait dans les ligues seniors depuis 1902. Le sport a beaucoup perdu lorsqu'il est mort. En dehors de la glace, il était l'un des plus joyeux camarades, l'un des meilleurs cœurs possibles et l'un des hommes les plus populaires que j'ai rencontrés."

ARCHAMBAULT

HARRY CUTTER, capitaine gérant du club de baseball C.P.R.A.A.A. de la ligue Spalding Senior.

JOUTES DE BASEBALL

Voici le résultat des plus importantes parties d'exhibition jouées samedi et dimanche entre les clubs de baseball:

A Indianapolis: R. H. E.
St-Louis, Nationale . . 13 12 1
Indianapolis, Américaine . . 4 10 5
Batteries —May, Reinhart et Clemmons; Ferrall, Crum et Heuline.

A Jacksonville. R. H. E.
New-York, Américaine . . . 5 11 3
Brooklyn, Nationale . . . 3 5 1
Batteries —Mogridge, Thormahlen et Ruel; Mamaux, Marquard, Cadore et Krueger, Wheat.

A Tampa:— R. H. E.
New-York, Giants 4 7 5
Boston, Red Sox 10 11 6
Batteries —Barnes, Jones et Smith; Caldwell, Dumont et Walters, Schang.

A Macon: R. H. E.
Détroit, Américaine 13 18 2
Boston, Nationale . . . 4 11 3
Batteries:—Boland, Ehmke et Ainsmith. Nehf, Demaree et Tragesser.

A la Nouvelle Orléans: R. H. E.
Cleveland, Américaine . . . 6 5 1
Nouvelle Orléans, Southern . 1 5 6
Batteries.—Morton et Nunamaker; Phillips, Bailey et Deberry.

A Houston: R. H. E.
Chicago, Américaine 5 7 2
Houston, Texas League . . 1 3 3
Batteries:—Chicette, Kerr et Schalk. Harris, Duffey et Noyes, Myatt.

A Birmingham: R. H. E.
Pittsburg, Nationale 6 11 1
Birmingham, Southern . . . 3 1 4
Batteries —Cooper, Mayer, Evans et Schmidt; Slapnicka, Sigman, Roberts et Haworth.

PARTIES DE DIMANCHE

A Baltimore: R. H. E.
Baltimore, Internationale . 2 10 2
Philadelphie, Américaine . . 5 11 2
Kneische, Foster et Egan. Cassoll Perry, Kinney et Perkins, McAvoy.

A la Nouvelle Orléans: R. H. E.
Cleveland, Américaine . . . 4 7 2
Nouvelle Orléans, Southern . 1 5 3
Batteries — Coveleskie, Enzmann et O'Neill, Thomas, Lankenau et Kitchens.

A Chattanooga: R. H. E.
Pittsburg, Nationale . . . 3 15 2
Chatanooga, Southern . . . 1 10 1
Batteries.—Hamilton, Adams et Sweeney, Blackwell; Bacon, Lohman et Higgins, Earp.

Au Camp Gordon. R. H. E.
Boston, Nationale 7 8 2
Détroit, Américaine . . . 13 15 3
Batteries: — Northrop, Fillingim et Wilson. Cunningham, Kallio et Stanage.

KERSAL KING MEURT HIER A CHICAGO

Ce fameux bouledogue, était le meilleur chien de sa race et avait coûté $2,500.

Kersal King, le fameux bouledogue de M. Fred Charbonnier, de cette ville, est mort dimanche d'une syncope, dans la gare du Grand Central, à Chicago. Il avait pris part vendredi et samedi à la grande exposition canine tenue en cette dernière ville et avait remporté le prix comme le deuxième meilleur chien du lot réuni là. Les juges ont discuté pendant 45 minutes pour décider s'il devait être premier ou deuxième. Le chien est mort le lendemain. Kersal King était considéré comme le meilleur bouledogue vivant.

KERSAL KING, le fameux bouledogue de M. Charbonnier, qui avait été payé $2,500 qui est mort hier à Chicago.

Il n'était âgé que de deux ans et demi et avait coûté $2,500. Malheureusement pour M. Charbonnier, son chien n'était pas assuré, et sa mort est une perte sèche pour lui.

Kersal King était inscrit pour l'exposition du 19 avril à la salle Stanley dont il devait être la principale attraction.

Il avait remporté une multitude de prix à toutes les expositions auxquelles il avait pris part et était un grand champion.

COUP D'ŒIL DANS LE MONDE DU SPORT

Mme Charlotte Boyle a fait samedi 64 pieds en une minute, après un plongeon, en nageant, à Jersey City. Mlle Mabel Arklie a fait 58 pieds et Mlle Anna Wright, 55 pieds.

Ty Cobb en est venu à une entente avec le club Détroit, et il a annoncé qu'il se rapportera aujourd'hui au gérant Jennings, à Florence, Caroline du Sud.

Ty Cobb n'a pas encore signé son contrat avec le club Detroit. Il a reçu le document, mais il ne veut pas y apposer sa signature tant que la clause qui permet de le congédier à dix jours d'a[...]

Publié le 7 avril 1919. Dans la première colonne, la mort de Joe Hall. Dans la troisième colonne, celle de Kersal King.

DEUX GRANDS DISPARUS : JOE HALL ET... UN CHIEN

L'article annonçant la mort de Joe Hall est court. Il fait une colonne, est accompagné d'une photo, et est joué en haut de la page des sports. Dans la même page, un article de proportion identique, aussi accompagné d'une photo, annonce la mort de Kersal King à Chicago.

Or, Kersal King est un... bouledogue.

Meilleur chien de sa race, il avait coûté 2500 $ à son maître. La bête de deux ans et demi est morte, rapporte-t-on avec le plus grand sérieux, d'une syncope à la gare Grand Central, après avoir remporté un prix dans une exposition canine au cours de la fin de semaine.

Joe Hall et Kersal King, même traitement ? Presque ! La grosseur du caractère du titre annonçant la mort du chien est légèrement plus petite...

1922

JOLIAT ET MORENZ ARRIVENT

AURELE JOLIAT SIGNE POUR LE CLUB CANADIEN

Cette étoile du Bleu Blanc Rouge sera encore à son poste cet hiver.

BOUCHER EN MISSION

LE CLUB REGINA

Comme c'est le cas aujourd'hui, la signature d'un contrat d'un joueur du Canadien est rapportée promptement, le 20 novembre 1923.

Nous sommes le vendredi 3 novembre 1922. Les propriétaires des équipes de la LNH tiennent leur réunion annuelle à Montréal au cours du week-end. Dans son édition du jour, *La Presse* fait part de cette rencontre sous le titre « Le caucus des magnats de hockey ».

« On peut s'attendre à des discussions orageuses, dit l'article. Le cas de Lalonde promet de fournir des émotions. »

Plusieurs paragraphes plus loin, on comprend que la direction souhaite se départir de son joueur vedette alors que d'autres équipes le convoitent[1]. « On dit que Toronto fera une nouvelle offre pour Lalonde, écrit-on. Il offrirait de l'échanger pour Reg Noble. D'un autre côté, Hamilton offrirait Joe Malone et Jos Matte pour Lalonde. Le Canadien a offert Lalonde à Ottawa pour Georges Boucher. On peut se demander ce qui va arriver. Pendant tout ce temps, le club Saskatoon cherche encore à s'assurer les services de Lalonde. »

Finalement, ce sont les Crescents de Saskatoons[2] qui mettent la main sur Lalonde en échange d'un certain Aurèle Joliat. Il semble bien, à la lecture de *La Presse* du lendemain, que ce jeune joueur n'est pas inconnu des « magnats » de l'équipe. « Il y a déjà longtemps que le club Canadien cherche à avoir Joliat et c'est pour ses officiers une source de satisfaction de savoir qu'ils ont enfin réussi à s'assurer ses services », lit-on dans l'article du 4 novembre.

La transaction suscite la colère des autres propriétaires de la LNH car Saskatoon fait partie d'une ligue concurrente[3]. Mais le Canadien gagne son point. *La Presse* du 6 décembre rapporte que la transaction a été ratifiée. « Il est entendu, cependant, qu'à l'avenir, un club désirant obtenir un joueur dont un autre club veut se défaire devra lui verser 1500 $, autrement le club qui en est propriétaire pourra le vendre à une autre ligue. »

1 Lalonde ne s'entendait pas avec les nouveaux propriétaires du Canadien, et particulièrement Léo Dandurand.

2 En fait, Joliat a joué pour les Sheiks de Saskatoon qui, en 1922-1923, prennent le nom de Crescents avant de reprendre leur nom original l'année suivante.

3 La Pacific Coast Hockey Association

LA PRESSE, MONTRÉAL, VENDREDI 14 DÉCEMBRE 1923

GALERIE DES JOUEURS DE HOCKEY QUI PORTERONT CETTE SAISON LES COULEURS DU CLUB CANADIEN

SPRAGUE "PEG" CLEGHORN — GEORGES VEZINA — OGILVIE "ODIE" CLEGHORN — WILFRED "BILLY" COUTU — AURELE JOLIAT — JOE MALONE — WILLIAM "BILLY" BOUCHER — SYLVIO J. MANTHA

MANTHA JOUERA TOUT PROBABLEMENT SAMEDI

EN GRANDE FORME

LEO DANDURAND

TOURNOI DE BOXE CE SOIR AU NATIONAL

M. A.-L. CARON OFFRE UNE COUPE EN CONCOURS

FETE DU MONTAGNARD

CLUB D'INDOOR BASEBALL ST. MICHAEL'S INDEPENDENT CORPS

LE CHEVAL EPINARD VIENDRA EN AM...

Le 14 décembre 1923, le quotidien de la rue Saint-Jacques présente l'édition 1923-1924 du Canadien. L'équipe est alors en route vers une deuxième Coupe Stanley. De gauche à droite, en haut : Sprague Cleghorn, Georges Vézina, Odie Cleghorn, Billy Coutu, Aurèle Joliat, Joe Malone, Billy Boucher, Sylvio Mantha. En bas : Howie Morenz et Charlie Fortier, qui ne joua qu'un seul match. On aperçoit aussi le proprio et gérant Léo Dandurand en habits civils.

Ainsi commence la carrière d'Aurèle Joliat, célèbre numéro 4 à l'éternelle casquette qui joua durant 16 ans avec le Canadien. Un an après son arrivée, un autre grand nom du hockey, Howie Morenz, se joint à l'équipe montréalaise.

Au fil des années, des milliers d'articles parus dans *La Presse* et tous les autres quotidiens de Montréal sont consacrés aux exploits de ces deux légendes. Le plus souvent, c'est une pluie d'éloges qu'on leur réserve. La moindre bonne soirée de travail est soulignée avec une enfilade de superlatifs. Et lorsqu'ils connaissent des passages à vide, Morenz notamment[4], ce sera pour mieux être encensés par la suite.

Lorsque les deux hommes se présentent au camp d'entraînement du Canadien, à Grimsby, en Ontario, au début de décembre 1923, on salive déjà à la puissance qu'ils vont apporter à l'équipe. « Morenz, de Stratford, qui s'est joint au club, est extrêmement rapide et fera sensation, dit *La Presse* dans son édition du 5 décembre 1923. Joliat et Billy Boucher sont aussi connus et chacun sait comme ils sont rapides. Le Canadien possède en Mantha[5], Boucher, Joliat et Morenz un quatuor de joueurs qui promet plus qu'aucun club a déniché depuis fort longtemps. Bien que né et élevé dans la province d'Ontario, Morenz est d'origine française, car son père est né en Suisse, où ses ancêtres venant de France avaient émigré. Morenz se trouvera donc chez lui avec ses camarades du Bleu Blanc Rouge et il sera sûrement très populaire. »

Le samedi 29 décembre 1923, après deux reports parce que la glace n'était pas en bon état, le Canadien amorce sa saison locale contre Toronto, qu'il bat 3-0. Dans son compte rendu du lundi 31 décembre, *La Presse* est déchaînée. « Joliat a été la plus brillante étoile du Bleu Blanc Rouge, signale l'auteur. Il a compté deux points pour sa part et a aidé à en compter un autre. Avec un peu de chance ou avec un peu plus de précision, Joliat aurait enregistré sept ou huit points au moins, car il a joué une grande partie et a tiré fréquemment vers les buts. »

« Morenz, l'une des nouvelles recrues de Léo Dandurand, a été fort en évidence et a combattu avec l'énergie d'un vétéran, poursuit l'article. Il a été fort agressif, a tiré de temps à autre vers les buts, mais sans succès cependant. Morenz a surtout excellé à "checker" et il ne le cédait à personne sur la glace. Il est certain que Morenz est une précieuse acquisition à l'équipe du Bleu Blanc Rouge. »

Quelques semaines plus tard, le Canadien remportait la deuxième Coupe Stanley de son histoire.

4 Morenz connaît deux saisons difficiles avant d'être échangé à Chicago en 1934.

5 Sylvio Mantha amorçait aussi sa saison recrue dans la LNH.

UN JOUEUR DU CANADIEN CORRESPONDANT DE *LA PRESSE*

De nos jours, plusieurs anciens joueurs, arbitres et entraîneurs de hockey professionnels se convertissent, une fois leur carrière terminée, en analystes pour les médias. Qui ne connaît pas l'expression « joueurnalistes » !

Or, en décembre 1922, alors que le Canadien prépare sa prochaine saison, un de ses joueurs, le défenseur Sprague Cleghorn, devient correspondant de *La Presse*! Joueur robuste, Cleghorn transmet des nouvelles des joueurs du Canadien réunis en camp d'entraînement à Grimsby, en Ontario.

Peut-on s'étonner de lire ses commentaires élogieux à l'égard de ses camarades ? Prenons l'exemple d'Aurèle Joliat. Dans l'édition du 7 décembre 1922, le « correspondant » de *La Presse* le décrit ainsi : « Joliat est un patineur extrêmement rapide, manie le bâton avec une rare adresse et est très dangereux lorsqu'il reçoit le puck alors qu'il est près des buts. »

Il s'intéresse également à la vie de ses camarades en dehors de la glace. Comme la saison est courte, la majorité a des emplois ailleurs. Les descriptions de Cleghorn sont étonnantes, souvent hilarantes. Comme le 13 décembre à propos de l'ailier gauche Louis Berlinguette. « Nous parlerons aujourd'hui aux lecteurs de la "Presse" de Louis Berlinguette, le champion de chasse à l'orignal du district de Matawa, qui remplit la charge d'inspecteur du gouvernement d'Ontario, pour protéger les forêts contre le feu. Ceux qui aiment à voir un feu de forêt n'ont pas de chance lorsque Louis est dans les environs. »

Le lendemain, Cleghorn s'intéresse au travail des frères... Cleghorn, autrement dit, son frère cadet Odie, « qualifié de Beau Brummel » et de lui-même. L'auteur ne se lance pas de fleurs et a la modestie de dire : « Notre rôle, aujourd'hui, est un peu compliqué. »

La conclusion à sa série de reportages, publiée le 16 décembre 1922, fait sourire :

« J'abandonne aujourd'hui la tâche que j'ai assumée depuis douze jours, tâche qui m'a procuré de biens vifs plaisirs, celle de donner des nouvelles du Canadien aux lecteurs de la "Presse". J'espère que les lecteurs de cette page me pardonneront les quelques griefs que j'ai pu leur causer. Nul doute que plusieurs diront que, comme journaliste, je suis un assez bon joueur de hockey, et ils auront raison. À tout événement, je désire remercier les lecteurs de la "Presse" de la patience dont ils ont fait preuve en lisant mes articles [...]. »

Cleghorn n'est pas le seul membre du Canadien à se retrouver assis entre deux chaises. Un an plus tard, le 27 novembre 1923, alors que le Canadien retourne à Grimsby, un article de *La Presse* raconte que le gardien de buts Georges Vézina écrit des articles pour un journal anglophone du dimanche. Quant au quotidien de la rue Saint-Jacques, il assure qu'il recevra encore une fois des correspondances sur l'évolution du camp. Or, quelques jours plus tard, le 4 décembre, il publie une dépêche envoyée par nul autre que Léo Dandurand, copropriétaire de l'équipe. Tout un mélange des genres !

Portrait du club de hockey Canadien en 1924.

1924

MARS 1924

CHAMPION DU MONDE

LA PR

2e SECTION

AU LENDEMAIN DE LA JOUTE D'OTTAWA

MORENZ AFFIRME AVOIR ETE FRAPPE INTENTIONNELLEMENT

C'est Dutton qui lui aurait porté le coup l'éliminant du jeu.

CONDUIT A L'HOPITAL

Le brillant joueur "centre" des Canadiens, "Howie" Morenz, à la suite de la joute brutale d'hier soir, contre le club Calgary, à Ottawa, a dû passer la matinée au lit, souffrant cruellement à la fois de la tête et de l'épaule. Cet après-midi, accompagné du gérant de son club, M. Léo Dandurand, il se rend à l'hôpital où l'on fera un examen des blessures aux rayons X.

A 11 heures, ce matin, le blessé a reçu notre représentant, à sa maison de pension, 449, rue Guy, et il a même consenti à poser devant l'objectif de notre photographe. "C'est au commencement de la seconde période", nous dit-il, "que j'ai reçu un premier coup brutal qui m'a été porté par "Cully" Wilson, du Calgary. Je montais avec la rondelle quand je fus frappé durement au front. Le coup a été si violent qu'à demi étourdi, je demandai à Joliat ce qui en était. Ce dernier, probablement pour m'encourager, me dit que cela avait l'air peu sérieux. Je continuai donc à monter la glace, suivi de près par Joliat et deux des joueurs du Calgary, Gardiner et Dutton".

"C'est en arrivant à l'autre extrémité de la glace que je reçus le coup qui m'a mis hors de jeu. Contrairement à ce que l'on a prétendu, c'est "Red" Dutton et non pas Gardiner qui m'a donné ce dernier coup de lâche. Je me dispenserai de dire mon opinion de l'arbitre qui prétend n'avoir absolument rien vu"

"Mais, demande notre représentant, "croyez-vous que ces coups vous ont été portés intentionnellement? !"

"Il ne m'est aucunement permis d'en douter. Quand on me transporta à l'écart, on manda le Dr Smirlie Lawson, qui m'accorda ses soins empressés. Dès que je fus un peu remis, ce Monsieur m'a dit: "Tu es

AU LENDEMAIN D'UNE JOUTE BRUTALE. — J.-A. "HOWIE" MORENZ, le brillant joueur "centre" du Canadien, au moment où il recevait la visite d'un de nos représentants, à midi, à sa pension, rue Guy.—(Cliché du photographe de la "Presse".)

L'ACTION DE CET EMPLOYE EST RENVOYEE

UN VOYAGEUR EST SOULAGE DE SON BIEN

CH 10 - ICONO 3 - 26 MARS 1924
Howie Morenz photographié dans son lit. Cette image fût publiée le 26 mars 1924. Le célèbre joueur a été coupé au visage par un joueur des Tigers de Calgary.

Le mardi 25 mars 1924, après huit ans d'attente, le Canadien de Montréal remporte sa deuxième Coupe Stanley. Il défait facilement les Tigers de Calgary au total des points en deux matchs. *La Presse* souligne abondamment cette victoire.

« Le club Canadien, champion du monde au jeu de hockey pour 1924 », titre le texte publié en page 20 de l'édition du mercredi 26. Le ton donné au reportage est badin, avec une caricature des joueurs célébrant sur un train en marche.

L'image illustre sans doute le retour de l'équipe vers Montréal. Car, trop inquiets de l'état de la glace à l'Aréna Mont-Royal[1], les dirigeants s'étaient entendus pour présenter la seconde partie de la grande finale à Ottawa.

Cette saison-là, le Canadien termine au second rang de la ligue, au terme de la saison régulière. Il affronte Ottawa pour la titre de champion de la LNH. D'aucuns reconnaissent la puissance du club de la capitale.

Présenté à Montréal le 8 mars 1924, le premier match est remporté 1-0 par le Canadien devant une foule de 7500 personnes. Selon *La Presse*, le travail des arbitres est contesté. Mais on ne peut pas dire qu'ils « ont été aussi mauvais que l'incomparable Lou Marsh qui est dans une classe à part », affirme le journal. C'est qu'un an plus tôt, ce même Marsh avait failli déclencher une émeute à la suite de son mauvais arbitrage, au goût des partisans du Canadien, lors d'une partie de championnat opposant les deux mêmes équipes.

Trois jours plus tard, c'est la victoire ! Le Bleu Blanc Rouge bat Ottawa 4-2. « Le Canadien est champion pour 1924 », titre *La Presse* le 12 mars en page 20[2]. Les photos des joueurs et du gérant Léo Dandurand sont publiées. « La vitesse des joueurs de Léo Dandurand a été le grand facteur de leur victoire », écrit l'envoyé spécial à Ottawa.

Cette conquête est si appréciée qu'on retrouve un texte intitulé « Honneur aux champions » dans la page éditoriale. L'auteur salue l'absence de violence. « La brutalité a déjà causé la disparition presque complète de la crosse, sport qui attirait des foules considérables autrefois. Si nous n'y prenons garde, le hockey tombera de même en discrédit auprès de notre population. »

Deux clubs de l'Ouest

Pour la finale de la Coupe Stanley, deux équipes, les Maroons de Vancouver (champions de la Ligue de la côte du Pacifique) et les Tigers de Calgary (champions de la Ligue de l'Ouest) se querellent à savoir laquelle rencontrera le Canadien. On convient que Vancouver affrontera le Tricolore et que le vainqueur de la série jouera contre Calgary.

Tout se passe à Montréal. Le 18 mars, les joueurs des deux équipes arrivent par train. Le propriétaire du Canadien, Léo Dandurand, et ses joueurs vont à la rencontre de leurs adversaires, rapporte *La Presse*. Le journal publie une photo des visiteurs, en habits civils, arrivant à la gare.

Le Canadien remporte ses deux matchs contre Vancouver, 3-2 le 18 mars et 2-1, deux jours plus tard. Les rencontres contre Calgary ont lieu les 22 et 25 mars. Cette fois, le Canadien remporte ces deux matchs haut la main.

Le 22, le Canadien gagne 6-1. Howie Morenz réalise un tour du chapeau. *La Presse* applaudit le jeu collectif du Tricolore. « Disons que le Canadien a joué samedi avec plus d'ensemble, il a fait plus de combinaisons que la plupart des parties qu'il a jouées cette saison, écrit le journaliste. Les joueurs se passaient très fréquemment la rondelle et leur jeu a certes été plus effectif. »

Par contre, Calgary est une équipe faible, constate le journaliste. « Les champions de la Ligue de l'Ouest du Canada ont causé un gros désappointement au public, écrit-il. Sans vouloir enlever du crédit au Canadien, nous pouvons dire que n'importe quel club de la ligue professionnelle de l'Est pourrait vaincre le Calgary. » Les Maroons de Vancouver, avec « une formidable défense compo-

1 Le Canadien jouait dans cet aréna, situé avenue du Mont-Royal, entre les rues Clark et Saint-Urbain, depuis janvier 1920. C'est là que se trouve maintenant un supermarché Provigo construit à la suite d'un incendie ayant rasé l'ancien bâtiment le 29 février 2000.

2 À cette époque, le vainqueur de la série éliminatoire de la LNH n'est pas automatiquement gagnant de la Coupe Stanley. Il doit vaincre l'équipe championne de l'Ouest. Ce n'est qu'à partir de la saison 1926-1927 que les séries pour la Coupe Stanley sont exclusives à la LNH.

LE CLUB CANADIEN, CHAMPION DU MONDE AU JEU DE HOCKEY POUR 1924.

OGILVIE CLEGHORN — LÉO DANDURAND — WILFRID COUTU — SPRAGUE CLEGHORN — GEORGES VEZINA — HOWARD MORENZ — WILLIAM BOUCHER — AUREL JOLIAT — SYLVIO-J. MANTHA

La vaillante équipe du Canadien revenant d'Ottawa où elle a remporté sa dixième victoire consécutive, le titre de champion du monde au jeu de hockey et la coupe Stanley, en battant le Calgary par 3 à 0 dans une partie caractérisée par la brutalité des champions de l'Ouest du Canada et par les exploits sensationnels de Georges Vézina et d'Aurel Joliat. — (Dessin d'un artiste de la "Presse").

LE CANADIEN BAT LE CALGARY PAR 3 A 0 DANS LA PARTIE FINALE POUR LE CHAMPIONNA[T]

LES GENS DE L'OUEST ONT JOUE D'UNE FAÇON TRES BRUTALE, ET MORENZ ET BOUCHER ONT ETE BLESSES

Georges Vézina a été le héros de la soirée, jouant une partie phénoménale, surtout dans la deuxième période alors qu'il a subi un vrai bombardement.

BRILLANT EXPLOIT DE JOLIAT

LA SERIE RAPPORTE $10,900

BOB BOUCHER ET CAMERON S'EN IRONT A VANCOUVER

LA BAGUE RAPPORTE LE JOLI MONTANT DE $425

UN GERANT POPULAIRE

GRAND BANQUET AUX CHAMPIONS DU MONDE, MARDI, AU WINDSOR

Les joueurs du Canadien qui viennent de remporter le titre de champion du monde au jeu de hockey seront les invités d'honneur à un grand banquet qui aura tout probablement lieu mardi prochain. La fête aura lieu au Windsor. On croit que quatre à cinq cents personnes y prendront part. On présentera un cadeau souvenir à chacun des champions. Un comité d'organisation a été formé au retour sur le train qui ramenait le Canadien à Montréal. Ce comité se compose comme suit : M. Fernand Rinfret, 73 rue Saint-Jacques, M. O. Gafoe, agent du Canadien National, 220 rue Saint-Jacques, M. Chas. Slabotsky, 285 avenue Querbes, M. Max Berger, Pacifique Canadien, rue Saint-Jacques, Cecil M. Hart, 260 rue Saint-Jacques, Ernest Savard, 90 rue Saint-Jacques, Hector Racine, 60 rue Saint-Paul Ouest, J.-H. Fyon, de Fyon & Fyon, Ltd, angle Papineau et Masson, Riley Hern, 132 rue Peel, Alcéric Ouimet, 160 rue Saint-Jacques, Frank Lutsier, 241 rue Sainte-Catherine Ouest. Les amis du Canadien désireux d'assister à ce banquet pourront se procurer des cartes en s'adressant à l'un des membres de ce comité.

Le diner du 1er avril sera une fête sportive mémorable.

FETE DU SAINTE-BRIGIDE

JOSEPH ETHIER ELU PRESIDENT

Ils n'ont aucun point faible.

Les champions du monde reviennent d'Ottawa, chevauchant les wagons d'un train fonçant vers Montréal. Article paru le 26 mars 1924.

sée de rudes et solides gaillards», avaient donné plus de mal au Canadien, ajoute-t-il.

Le 25, le Canadien concrétise sa mainmise sur la coupe Stanley avec un blanchissage de 3-0. «Georges Vézina a été le héros de la soirée, jouant une partie phénoménale, surtout dans la deuxième période alors qu'il a subi un vrai bombardement», rapporte *La Presse*.

Plusieurs articles sont consacrés à l'événement. Il est entre autres question du grand banquet à venir, des profits réalisés par les deux clubs et de la brutalité des joueurs de Calgary qui ont blessé Howie Morenz et William Boucher du Canadien.

Un article consacré à Morenz est publié en page 14[3]. Un journaliste et un photographe de *La Presse* le visitent à sa «maison de pension» de la rue Guy. Allongé dans son lit, un bandage traversant son visage, au-dessus de l'oeil gauche, il accepte de se laisser photographier.

Le joueur de centre raconte comment il a reçu deux coups vicieux des joueurs adverses. «Je me dispenserai de dire mon opinion sur l'arbitre qui prétend n'avoir absolument rien vu», lance-t-il.

Le 2 avril finalement, au lendemain du gala des vainqueurs tenu à l'hôtel Windsor, *La Presse* consacre un très long article au banquet ainsi qu'une caricature montrant les joueurs, en tenue de soirée, se tenant par la main et faisant une ronde autour du précieux saladier d'argent.

3 Curieusement, tous les reportages sur la partie ne sont pas regroupés. L'article sur Morenz est publié en page 14 avec d'autres nouvelles générales. Les reportages sur la partie sont à la page 20 consacrée aux nouvelles sportives.

À LA RADIO

Le 8 mars 1924, *La Presse* annonce que le match du soir entre le Canadien et Ottawa sera retransmis à la radio. Les postes CKAC et CKCH transmettront les résultats de la partie, annonce-t-on avec fierté. CKAC est alors propriété de *La Presse* et CKCH à Chemin de fer national du Canada.

«Un opérateur du télégraphe du Canadien National transmettra de l'Aréna, au fur et à mesure, les progrès de la partie, les noms des joueurs qui compteront des points, etc, claironne l'article. Le tout sera annoncé du poste CKAC (station radiophonique de la "Presse") en français et en anglais. [...] C'est la première fois qu'une partie de hockey est racontée en détail par radio et les amateurs apprécieront d'autant plus l'initiative prise par la "Presse" et le Chemin de fer national du Canada.»

AU NOUVEAU FORUM

Le Canadien amorce sa saison 1924-1925 au nouveau Forum construit à l'angle des rues Sainte-Catherine et Atwater. L'édifice est destinée aux Maroons, mais ce sont les joueurs du Canadien qui l'inaugurent, le 29 novembre, par une victoire de 7-1 contre Toronto. La raison: la glace de l'Aréna Mont-Royal n'est pas prête.

«Une foule de 10 000 personnes a assisté à l'inauguration du Forum, la plus belle patinoire du continent», affirme *La Presse* dans son édition du lundi 1er décembre 1924.

Le Canadien installe définitivement ses pénates au Forum au début de la saison 1926-1927.

CHAPITRE 11

27 MARS 1926

LA MORT DE GEORGES VÉZINA

LA PRESSE, MONTREAL, SAMEDI 27 MARS 1926

GEORGES VEZINA, LE PLUS GRAND GARDIEN DE BUTS QUE LE HOCKEY A PRODUIT, EST MORT

CE SOIR, JOUTE FINALE POUR LE CHAMPIONNAT DE LA LIGUE PROF

QUELQUES PORTRAITS DU FAMEUX GEORGES VEZINA

Dans la nuit du 27 mars 1926, Georges Vézina rend l'âme. Sa mort est annoncée le jour même dans *La Presse.*

MONTREAL BLANCHIT ENCORE VICTOR

CANADIEN ET SASKATOON A L'ARENA

AU PROFIT DE LA FAMILLE DU FAMEUX GEORGES VEZINA

ACROSTICHE EN SA MEMOIRE

LA SEANCE DE BOXE DU SAINT-STANISLAS

LIGUE CANADIENNE DE L'EST

Article du 3 avril 1926 signalant la tenue d'un match bénéfice au profit de la famille de Vézina. À remarquer, en bas, l'acrostiche en son honneur.

Le Canadien est gonflé à bloc en ce samedi 28 novembre 1925, jour marquant le début d'une nouvelle saison de hockey. Le premier match, présenté à l'Aréna Mont-Royal, l'oppose à une nouvelle équipe, les Pirates de Pittsburgh. « Les hommes de Léo Dandurand[1] sont donc prêts à se lancer dans la course au championnat », dit *La Presse* ce jour-là.

Le texte est accompagné de trois grosses photos de joueurs : Billy Coutu, Sylvio Mantha et, au centre, le vétéran gardien Georges Vézina.

Le lendemain, le choc est double chez les partisans du club. Pittsburgh a gagné le match 1-0 et Vézina est très malade. Le gardien étoile souffre de la grippe, dit *La Presse* le 30 novembre. « Georges Vézina qui était arrivé à Montréal souffrant de la grippe, et qui avait dû garder la chambre et même le lit pendant plusieurs jours, s'est senti très mal au commencement de la partie et il a dû se retirer après la première période », lit-on[2].

Le 4 décembre, une dure nouvelle est annoncée : Vézina est beaucoup plus malade qu'on ne le croit[3] et sa carrière est terminée. *La Presse* en fait la manchette de sa page des sports : « Vézina retourne très malade à Chicoutimi et ses jours comme joueur de hockey sont finis. »

Certains passages de l'article illustrent la douleur ressentie par tous et chacun. Comme cette citation de Léo Dandurand : « Je viens de quitter mon cher ami Vézina. Je suis navré. Lui-même accepte, les larmes dans les yeux, les ordres du médecin. »

Dandurand rapporte également les paroles du père Louis Lalande, qui a rendu visite à Vézina. « C'est presqu'un moribond, qui a eu le courage de se lever de son lit pour se présenter au devoir lors de la partie d'ouverture l'autre soir », évoque l'ecclésiastique.

Plus loin, le copropriétaire du Canadien dit que le gardien a été « le joueur sans éclipse, en possession de ses moyens, sans défaillances ». « Le compagnon, l'ami, le gentilhomme chez Vézina, n'étaient pas inférieurs au joueur », renchérit-il.

L'article se termine en disant que comme ultime souvenir, Vézina est reparti pour Chicoutimi, accompagné de son épouse et d'un de ses fils, en emportant son chandail de l'année précédente.

1 Depuis 1921, Dandurand est copropriétaire du Canadien avec Joe Cattarinich et Louis Létourneau. L'entraîneur de l'équipe est Cecil Hart.

2 Selon d'autres versions, Vézina a quitté au début de la deuxième période, après avoir tenté de revenir au jeu.

3 Il souffre de la tuberculose.

Un incomparable gardien de but

Dans la nuit du 27 mars 1926, Vézina rend l'âme. Il n'a que 39 ans. Le même jour, *La Presse* rend hommage à celui qui fut « le plus grand gardien de but que le hockey a produit ». L'article est flanqué de six « portraits » du gardien.

Le papier évoque les débuts du cerbère, en 1910.

« Depuis cette date, Vézina revenait fidèlement chaque hiver reprendre sa place devant les buts du Canadien où son jeu sûr et impeccable, ses brillants exploits, inspiraient la confiance à ses camarades et les portaient à redoubler d'ardeur et d'efforts », affirme-t-on.

« Modeste, silencieux, sans prétentions, Vézina était non seulement aimé et estimé de tous les joueurs de hockey, mais de tous ceux qui s'intéressent à notre grand sport national d'hiver. »

L'article salue aussi le « citoyen modèle, actif, intelligent, industrieux et plein d'initiatives ».

Le 3 avril, *La Presse* annonce que la partie du lendemain soir, entre le Canadien et les Crescents de Saskatoon, sera au bénéfice de la famille Vézina[4].

En hommage à la mémoire du gardien, le journal publie un acrostiche, où, curieusement, il manque le S au prénom Georges. Le voici :

G ardons ton souvenir comme un don précieux
E tre de nous choyé qui dans nombre batailles
O rna nos trois couleurs d'un fleuron glorieux !
R eprends forces perdues. Alors qu'on nous assaille
G arde calme profond. Aux assauts mettant fin.
E n défenseur du droit dicte-nous le chemin
V ivant toujours en nous éclat de notre gloire
E nfant du Saguenay natif de nos grands bois
Z élateur de nos sports, instrument de victoire
I ncarne ta vertu, lègue-nous-en les lois
N ourris-en les esprits. De tes affections chères
A la gent sportive qu'elle serve en prières !

4 Sans Vézina, la saison 1925-1926 du Canadien est misérable. Avec seulement 11 victoires en 36 matchs, le Tricolore termine au dernier rang de la LNH.

CHAPITRE 12

1930

1930-1931

UN SPECTACULAIRE DOUBLÉ

Après sa conquête de la Coupe Stanley en 1924 et sa participation à la finale de 1925, le Canadien connaît des années de déceptions. Mais l'équipe revient en force et remporte la Coupe Stanley en 1930 et 1931. Un doublé spectaculaire compte tenu de la qualité de ses adversaires.

En 1929-1930, d'aucuns prédisent la coupe aux Bruins de Boston. Dirigés par Art Ross, les Bruins gagnent 38 de leurs 44 matchs en saison régulière et remportent facilement le championnat de leur division [1]. En comparaison, le Canadien n'a que 21 victoires à son crédit et termine au deuxième rang de la division canadienne, derrière les Maroons.

En séries éliminatoires toutefois, le Bleu Blanc Rouge se hisse en finale après avoir éliminé Chicago et New York. Une série 2 de 3 débute le mardi 1er avril à Boston. Contre toute attente, le Canadien remporte le match, 3-0. Dans son bilan de la rencontre, *La Presse* multiplie les bons mots. « Le système de défense du Canadien a été parfait et extrêmement effectif, dit le texte. Pendant toute la soirée, Morenz s'est appliqué à concentrer sur lui l'attention de ses adversaires afin de donner la chance à ses camarades de compter. »

Plus loin, l'auteur écrit : « Le Canadien a joué avec jugement, d'une façon systématique et effective. Il a été infiniment supérieur à ses adversaires qui ont donné l'impression d'être des amateurs à côté des rapides joueurs canadiens-français. (...) Le Boston était meurtri et moulu avant la partie. La série avec le Montréal [2] lui a enlevé une partie de son énergie. »

Surhommes et but refusé

Le 3 avril, le Canadien remporte la coupe devant ses partisans, au Forum. La tâche ne fut pas facile. Menant 4-1 au début de la troisième période, les hommes de Cecil Hart voient les Bruins enfiler deux buts pour porter le score 4-3. Laissons *La Presse* décrire les derniers instants.

« La fin de la rencontre a été dure et passionnante au possible. Alors qu'il ne restait moins d'une minute à jouer, le Boston réussit à loger le disque dans les buts de Hainsworth [3] et la lumière rouge s'alluma, mais les arbitres refusèrent d'accorder le point vu qu'il y avait eu un "off side", et que le sifflet s'était fait entendre. »

« Lorsque la cloche sonna finalement après des minutes angoissantes au possible, la multitude, oubliant son anxiété, fit entendre un tonnerre d'acclamations et se livra à une démonstration d'enthousiasme délirant. La foule se leva comme un seul homme, acclamant les nouveaux champions du monde et lançant en l'air programmes, chapeaux et autres articles. C'était le glorieux couronnement d'une belle saison. »

Plus tôt dans son texte, l'auteur salue la victoire du Canadien à sa façon, disant qu'en accomplissant « une tâche quasi impossible », les joueurs pouvaient « être qualifiés de surhommes du hockey ». « Et Cecil Hart, le vaillant gérant du Canadien qui n'a pas toujours été populaire, peut partager avec un fameux gérant de baseball le titre de "Miracle Man" [4] », ajoute-t-on.

« Nous ne sommes pas morts »

En 1931, le Canadien termine au premier rang de la division canadienne avec 26 victoires et 60 points. À titre de champion de sa division en saison, l'équipe n'a pas à participer pas aux quarts de finales. Les demi-finales et la finale sont définies par des séries 3 de 5.

Le Canadien et les Bruins se retrouvent pour la demi-finale. Selon *La Presse*, celle-ci se joue dans la rudesse. Au terme de quatre rencontres, la série est égale, 2-2, et le match ultime doit être joué au Forum le 1er avril. Dans son article en préparation à cette rencontre, le quotidien de la rue

Les partisans du Montréal encourageront le Canadien, déclare M. James Strachan

Mercredi prochain, ouverture de la saison locale de boxe

Le Royal Montreal Boxing Club, Inc.

FORUM
BOSTON
CANADIENS

BORSALINO
MANSFIELD
MICHAUD
STETSON

CHAPEAUX
—de—
PRINTEMPS
$2.45 à $10.00

ED. MICHAUD

3 Magasins

Photo des joueurs du Canadien publiée le 3 avril 1930. Ce soir-là, le club remporte sa troisième Coupe Stanley.

1 La LNH compte alors dix équipes, réparties en deux divisions, la canadienne et l'américaine.

2 Boston avait joué en demi-finales contre les Maroons.

3 George Hainsworth fut un autre grand gardien du Canadien. Durant la saison 1928-1929, il réussit 22 blanchissages en 44 matchs ! Il fut aussi capitaine de l'équipe.

4 L'auteur n'identifie pas ce Miracle Man. Mais on peut supposer qu'il s'agit de George Stallings. En juillet 1914, ce dernier prit la barre des Braves de Boston, qui remportèrent, contre toute attente, le championnat de la Ligue nationale de baseball et la Série Mondiale. Plus de dix ans plus tard, il fut l'un des artisans du retour du baseball à Montréal avec la venue des Royaux.

Saint-Jacques fait son titre avec une déclaration du gérant Cecil Hart : « Nous ne sommes pas morts et allons le montrer ce soir au Boston. »

Selon les propos de Hart, les joueurs des Bruins jouent très dur. « La tâche est rude, car le Boston "checke" d'une façon terrible, déclare-t-il. Nous avons joué 44 parties régulières et nous en avons gagnées la majeure partie, et maintenant, dans les joutes de détail, on s'efforce de nous démolir, de nous tuer. Mais, laissez-moi vous dire que nous ne sommes pas encore morts. »

Les joueurs du Canadien donnent raison à Hart grâce à un but de Wildor Larochelle à la toute fin de la première période de temps supplémentaire. Score final : 3-2 Montréal. Une photo du héros est publiée avec un long compte rendu de la partie.

Selon *La Presse*, « les joueurs du Boston ont tenté de démolir Morenz ». On ajoute d'ailleurs que les punitions ont coulé les Bruins.

Chicago : à la dure

Après sa victoire contre Boston, le Canadien prend la route de Chicago pour la grande finale. Il remporte le premier match et perd le second en surtemps.

Au cours du deuxième match, le joueur du Canadien Johnny Gagnon apprend la mort de son père. « Le deuil régnait dans le camp du Canadien pendant la période supplémentaire, rapporte-t-on. La nouvelle de la mort du père de Johnny Gagnon venait d'arriver et elle avait jeté une atmosphère de tristesse dans le club. »

La troisième rencontre a lieu le 9 avril à Montréal. Les joueurs du Canadien dominent presque tout au long de ce match mais Chicago annule en troisième période avec trois minutes à faire. Les Black Hawks remportent la victoire, 3-2, avec un but durant la troisième période de temps supplémentaire. *La Presse* insiste sur ce match de 113 minutes, le plus long de la saison, et les « 13 000 personnes désappointées ».

Quant au Canadien, il a péché par excès de confiance et en laissant tomber l'attaque, croit le journal. « Dans la troisième période, le Canadien joua un jeu de défense, laissant à ses adversaires le soin d'attaquer. Souvent, les joueurs du Canadien, afin de débarrasser leur territoire et désireux de conserver leur avantage, lançaient le disque à l'autre bout de la glace. »

Le 12 avril à Montréal, le Canadien gagne 4-2 après avoir tiré de l'arrière 0-2. « Au lieu de se démoraliser, Morenz et ses camarades continuèrent

À LA DÉFENSE DES SPECTATEURS

À la suite de la partie Chicago-Montréal du 9 avril 1931, *La Presse* dénonce une décision des dirigeants du Forum d'ouvrir les fenêtres « dans le but évident de conserver la glace en bon état ». Or, estime le journal, une foule de spectateurs ont passé la soirée à recevoir un courant d'air froid dans le dos. Il demande plus d'indulgences. « Il est certes important d'avoir de la glace, mais la santé du public qui paie et qui encourage le hockey mérite aussi considération. »

CH 12 - ICONO 3 - 15 AVRIL 1931
Une galerie de photos des joueurs, publiée le 15 avril 1931, à la suite de la conquête de la quatrième Coupe Stanley. Sur la page de gauche : Jimmy McKenna (assistant-entraîneur), le coach Cecil Hart, Pit Lépine, Gus Rivers, Albert Leduc, Wildor Larochelle, Armand Mondou, Nick Wasnie, Aurèle Joliat. Sur la page de droite : George Hainsworth, Howie Morenz, Johnny Gagnon, Marty Burke, Sylvio Mantha, Georges Mantha, Arthur Lesieur, Édouard Dufour (membre du personnel) et le proprio Léo Dandurand.

LA PRESSE, MONTREAL, MERCREDI

GAGNON ET MORENZ DONNENT LA VICTOIRE AU CANADIE

GALERIE DES JOUEURS DU CANADIEN, CHAMPIONS DU MONDE ET GAGNANTS DE LA COUPE STANLEY

De gauche à droite : Jimmy McKenna, assistant-entraîneur; Cecil-M. Hart, gérant; Pit Lépine, Gus Rivers, Albert Leduc, Wildor Larochelle, Armand Mondou, Nick Wasnie, Aurèle Joliat. — (Cliché Rice Studio, rue Sherbrook de combattre avec ardeur, dit *La Presse*. Leurs efforts ont été couronnés de succès. L'on a pu voir une fois de plus que le Canadien excelle à fournir un effort suprême, à s'affirmer, dans les moments désespérés. Alors que tout semble perdu, il se ressaisit, il fournit un effort surhumain, il reprend le dessus et triomphe. »

À la une

La partie finale du 14 avril est sans équivoque. Le Canadien bat Chicago 2-0 devant 13 000 partisans heureux et gagne la Coupe Stanley. Pour la première fois, la nouvelle est publiée à la une du journal. On donne beaucoup de crédit à Johnny Gagnon, auteur du premier but en deuxième période, sur une passe d'Aurèle Joliat.

« Joueur ordinaire pendant la saison régulière, Gagnon est devenu en trois semaines l'une des plus brillantes étoiles du circuit, l'une des plus grandes vedettes de la NHL, dit le journal. Il a été la sensation des séries pour la coupe. À l'heure actuelle, il est reconnu comme l'un des meilleurs joueurs de la ligue. »

Au sujet d'Howie Morenz, *La Presse* se réjouit de son but d'assurance, compté avec cinq minutes à faire dans la rencontre. D'autant plus que le célèbre joueur de centre n'avait pas encore compté durant les séries. Ce but déchaîna une joie indescriptible, rapporte-t-on. « Ses camarades l'entourèrent, le prirent dans leurs bras pour le féliciter. Leduc, Larochelle et Lépine[5] ne pouvaient décider à se dégager, tous trois l'étreignirent avec force comme des frères qui se fussent revus après une longue absence. »

Le texte se prolonge à l'intérieur du journal avec une photo de tous les joueurs, des petites caricatures, des statistiques, etc. Mais il aurait pu tout aussi bien se terminer avec le dernier paragraphe, ronflant, pompeux, ostentatoire, publié à la une. Le voici : « On peut donc dire que le Canadien est le grand champion du hockey. Il est le club le plus sensationnel qui soit dans le circuit. Il est sûrement le club le plus phénoménal que le hockey n'ait jamais produit. »

CH 12 - ICONO 2 - 4 AVRIL 1930
Reportage du 4 avril 1930, au lendemain de la conquête de la Coupe Stanley. À remarquer, en bas de page, le tirage au sort d'une radio entre joueurs du Canadien.

TIRAGE AU SORT D'UNE RADIO

Quoi de mieux qu'une finale de la Coupe Stanley pour se faire remarquer. C'est sans doute ce que se sont dits les dirigeants de la maison L.-C. Barbeau de Montréal. Après la victoire de 3-0 du Canadien contre Boston lors de la finale de 1930, ils firent tirer au sort une radio valant près de 250 $ parmi les joueurs de l'équipe. *La Presse* en parle le 2 avril 1930. Deux jours plus tard, le journal publie aussi la photo du gagnant, le défenseur Bert McCaffrey, entouré de bonzes du Canadien et de l'entreprise Barbeau.

5 Albert Leduc, Wildor Larochelle et Alfred « Pit » Lépine.

LA PRESSE, MONTREAL, MERCREDI 15 AVRIL 1931

MONTRÉAL FERA L'OUVERTURE DE LA SAISON À BALTIMORE

GALERIE DES JOUEURS DU CANADIEN, CHAMPIONS DU MONDE ET GAGNANTS DE LA COUPE STANLEY

à droite : George Hainsworth, Howie Morenz, Johnny Gagnon, Marty Burke, Sylvio Mantha, Georges Mantha, Arthur Lesieur, Edouard Dufour, entraîneur; Léo Dandurand, secrétaire-trésorier. — (Cliché Rice Studio, rue Sherbrooke ouest.)

Félicitations de

CHAPITRE 13

1909

1909-1955

ENTRAÎNEURS, GÉRANTS, PROPRIOS

De 1909 jusqu'au milieu des années 1950, le Canadien de Montréal connaît plusieurs instructeurs, gérants généraux et propriétaires. Ils s'appelent O'Brien, Kendall, Dandurand, Hart, Irvin, Mantha, Raymond, Selke et plusieurs autres.

Ces individus se trouvaient à l'avant-scène du hockey de l'époque. Pas uniquement parce qu'ils constituaient l'état-major de l'équipe, mais aussi parce que c'est souvent vers eux, davantage que vers les joueurs, que les journalistes se tournaient pour recueillir des commentaires.

Leurs visages apparaissaient régulièrement dans les pages de *La Presse*. Nous reproduisons ici les photos de quelques-uns de ces dirigeants du passé [1].

1 Il s'agit d'une présentation non exhaustive de tous ceux qui ont fait partie de l'état-major du Canadien au cours de cette longue période.

CHAPEAUX
—de—
PRINTEMPS
$2.45 à $10.00

FORUM
BOSTON
CANADIENS

CECIL HART

Gérant de l'équipe 1926-1927 à 1931-1932 puis de 1936-1937 à 1938-1939. En novembre 1921, il est mandaté par trois associés, Joe Cattarinich, Léo Dandurand et Louis Létourneau, pour offrir 11 000$ à la veuve de George Kennedy pour le rachat du Canadien. Le groupe gagne son pari.

décisive sur l'Ottawa, le battant chez lui par 4 à 2 devant 12,000 personnes.

LE MEILLEUR A VAINCU

Morenz, Joliat et Vézina ont été les trois héros de la partie et ont joué d'une façon extraordinaire, forçant la foule à les applaudir.

UNE VITESSE PHENOMENALE

LÉO DANDURAND

Co-propriétaire du Canadien jusqu'en 1935. Un habitué des médias. Instructeur de l'équipe de 1921-1922 à 1925-1926. Il occupe ensuite des fonctions semblables à celles d'un directeur général aujourd'hui. Avec des partenaires, il fonde les Alouettes de Montréal en 1946.

BILLY NOSEWORTHY

Il remplace à l'occasion l'entraîneur Napoléon Dorval au cours de la saison 1911-1912. Durant les parties, Dorval adore faire des dessins des joueurs, dont certains sont publiés dans *La Presse*.

National de trois bons joueurs, car ce dernier comptait sur les services de Laviolette, Pitre et Poulin, qui porteront maintenant les couleurs du Canadien.

Jack Laviolette, qui a été chargé par un sportsman de Cobalt, d'organiser une équipe de hockey canadienne-française à Montréal.

LA COURSE DE SIX

ELLE A COMMENCE

JACK LAVIOLETTE

Une des premières grandes vedettes de l'équipe, Laviolette est aussi capitaine et entraîneur du Canadien au cours de la première saison (1909-1910). C'est à la demande du propriétaire Ambrose O'Brien qu'il forme une équipe de joueurs canadiens-français.

ADOLPHE LECOURS

En 1910-1911, les nouveaux propriétaires du Canadien le nomment entraîneur. Il ne reste en poste que durant une saison.

HECTOR BISAILLON
Président du Club athlétique canadien qui rachète l'équipe des O'Brien à l'automne 1910.

NEWSY LALONDE
Première grande vedette du Canadien, Lalonde est joueur-entraîneur de l'équipe lors de la première conquête de la Coupe Stanley en 1915-1916. Il redevient entraîneur en 1932-1933. Mais face aux insuccès du Canadien, il ne reste à ce poste que durant deux saisons et demie.

GEORGE KENNEDY
De son vrai nom George Washington Kendall, Kennedy est le secrétaire-trésorier du Club athlétique canadien au moment du rachat de l'équipe à l'automne 1910. Quelques années plus tard, il devient l'unique propriétaire du club, jusqu'à sa mort le 19 octobre 1921.

... ce sur... avec une co... ... don-ne un coup difficile à Hainsworth. Wasnie et Barry reviennent à leur poste. Des changements se font des deux côtés. Thompson fait un autre arrêt miraculeux sur un lancer de Leduc, qui est monté avec Morenz. Wasnie et MacKay se bousculent et sont punis. Lépine vient près de prendre Thompson par surprise sur un coup de loin ; Weiland passe mal à Owen, qui est découvert. Joliat lance de loin mais Thompson s'y attendait. Owen traverse la glace, mais Burke le force le long de la bande et l'empêche ainsi de lancer.

SOMMAIRE

Première période. — Pas de points.
Punitions : — Wasnie (2), Barry, MacKay, mineures.

DEUXIEME PERIODE

Wasnie et MacKay sont au frigidaire au début de l'engagement. Barry prend une chance sur un coup de loin. Barry revient à la charge, mais Mantha l'at-

SYLVIO MANTHA qui a compté le deuxième point du Canadien contre le Boston.

tend. Les Boston sont à l'attaque pendant quelque temps, mais la défense du Canadien fait merveille. Hainsworth fait un arrêt miraculeux sur un coup d'Oliver, qui a pris une passe de Shore. Joliat fonce avec Larochelle, mais Hitchman brise leur combinaison. M... renz traverse la glace, mais Hit... le repousse le long de la ba... land fonce, m... arrière...

SYLVIO MANTHA
Joueur du Canadien durant 14 saisons, il fut instructeur en 1935-1936. Une saison désastreuse où le Canadien ne remporte que 11 victoires en 48 matchs.

UN PROMOTEUR DE RENOM QUI DISPARAÎT

C'est sous ce titre que paraît dans l'édition de *La Presse* du 19 octobre 1921 le texte annonçant la mort de George Kennedy, propriétaire du Canadien de Montréal. L'article fait l'éloge de cet ancien lutteur devenu promoteur de divers événements sportifs à Montréal.

Deux semaines et demie plus tard, le 5 novembre, *La Presse* publie une photo fascinante marquant l'histoire de l'équipe. On y voit la veuve de George Kendall, assise, en train de signer l'acte de vente du club (pour 11 000 $). Elle est entourée de Cecil Hart, Frank Kendall et Léo Dandurand. La photo fut prise la veille par le photographe de *La Presse* dans les bureaux d'une firme d'avocats.

VENTE DE LA FRANCHISE DU CLUB DE HOCKEY CANADIEN — Debout, de gauche à droite : CECIL M. HART, FRANK KENDALL et LEO DANDURAND. Assise au bureau et signant l'acte de vente, Mme GEORGE KENDALL, veuve de George Kennedy. Photographie prise hier après-midi par le photographe de la "Presse", dans le bureau de M. Papineau Mathieu, avocat, où l'acte a été signé.

CHAPITRE 14

1931-1937

LE DÉBUT D'UNE LONGUE DISETTE

HOWIE MORENZ REMPORTE LES HONNEURS DU TOURNOI DE GOLF DU CLUB CA

CH 14 - ICONO 1 - 24 OCTOBRE 1931
C'est le cinquième tournoi de golf annuel du CH et *La Presse* est présente en ce 24 octobre 1931.

CE SOIR, AU FORUM

Howie Morenz sera-t-il échangé après les séries éliminatoires de la N.H.L?

Quatre clubs, les Rangers, le Boston, le Chicago et le Détroit chercheraient à l'acheter du Bleu Blanc Rouge. — Avec les Rangers ?

Ce que dit M. Léo Dandurand

Avec l'approche des grandes séries éliminatoires de la N. H. L. les rumeurs les plus sensationnelles circulent chaque année dans les cercles du hockey comme dans les quartiers généraux des clubs et l'année 1934 ne fait pas exception. On a entendu parler déjà de plusieurs échanges, de grosses transactions en vue. Celle qui nous occupe aujourd'hui intéresse vivement les amateurs montréalais surtout les partisans du club Canadien qui entreprend ce soir une grande série contre le Chicago. Le joueur qu'on mentionne est Howie Morenz, le fameux centre du Bleu Blanc Rouge. Ou parlait de son prochain départ hier à l'hôtel Windsor. Des offres auraient été faites à la direction du Canadien pour ses services. On ajoute que quatre clubs sont tout désireux d'obtenir Morenz pour leur équipe l'an prochain et plus que jamais croyons-nous il est question pour Morenz de changer de chandail en 1934.

Nous avons voulu nous renseigner auprès des premiers intéressés et nous nous sommes dirigés vers les bureaux du Bleu Blanc Rouge au premier étage.

CH 14 - ICONO 2 - 22 MARS 1934
Le 22 mars 1934, alors que s'amorcent les séries éliminatoires, l'avenir de Howie Morenz avec le Canadien est incertain, comme le laisse entendre cet article.

De sa fondation, en décembre 1909, jusqu'à la 24e conquête de juin 1993, jamais le Canadien de Montréal n'a connu une aussi longue disette que la période 1931-1944 sans gagner de Coupe Stanley. Ces treize années ont été marquées de grands espoirs en début de saison et d'amères déceptions à la fin du calendrier régulier. D'événements heureux et de grands malheurs. De décès secouant l'organisation et d'arrivées de jeunes recrues prometteuses.

La mort d'Howie Morenz, dont il sera question au chapitre suivant, survient à mi-chemin de cette longue traversée du désert. Nous reverrons ici, et au chapitre 16, quelques événements qui ont jalonné ces années.

Réjouissant tournoi de golf

Le vendredi 23 octobre 1931, joueurs et membres de la direction du Canadien de Montréal se retrouvent pour le cinquième tournoi de golf annuel de l'organisation. Des représentants de la LNH, dont le président Frank Calder, des journalistes et les joueurs des Maroons sont présents. Le lendemain, *La Presse* rapporte les échos de la journée dans un texte accompagné de douze photos, une rareté à l'époque.

Deux semaines plus tard, le 7 novembre, le journal publie un article affirmant que le Canadien « jouera encore devant des foules énormes ». L'article commence ainsi : « Dépression des affaires ! Dépression des affaires ! Voilà ce que nous entendons dire mille et une fois au cours de la journée et pourtant la direction du club de hockey Canadien nous informait hier après-midi que la vente des billets de saison pour ses parties était plus considérable que jamais, même encore plus élevée que l'an passé alors que tous les sièges au Forum étaient pratiquement loués à l'automne pour toutes les joutes de l'hiver. »

Avec deux championnats de la Coupe Stanley consécutifs en poche, tous les espoirs sont permis !

Travail surhumain dans la défaite

Oui, tous les espoirs sont permis. D'autant plus qu'au terme de la saison 1931-1932, le Canadien est encore une fois champion de la division canadienne de la LNH.

Mais il sera finalement battu, trois parties contre une, par les Rangers de New York lors des demi-finales[1] tenues à la fin de mars 1932.

Dans une très longue, tendancieuse et tortueuse phrase, l'envoyé spécial de *La Presse* résume l'issue de la rencontre et de la série : « Hier soir, le Bleu Blanc Rouge, affaibli par l'absence de l'un de ses brillants joueurs, Pit Lépine, et une sérieuse blessure à la jambe qui a empêché le fameux Joliat de fournir sa superbe exhibition habituelle, épuisé par son travail surhumain de ces derniers temps et abattu par la guigne qui s'est acharnée sur lui depuis le début du détail, le Canadien a été éliminé du détail par les Rangers de New York dans la quatrième rencontre de la série de trois dans cinq entre les deux clubs. »

Lyrisme à son meilleur

À défaut de gagner des Coupes Stanley, le Canadien s'attire des éloges. Des rédacteurs sportifs de *La Presse* à tout le moins.

Ainsi, au terme de la saison 1932-1933, le Canadien affronte de nouveau les Rangers de New York en séries éliminatoires. Avec le même résultat que l'année précédente. L'équipe montréalaise est éliminée au total des points dans une courte série de deux parties.

Le match décisif est présenté au Forum le 28 mars. Le score final est de 3-3 mais comme les Rangers ont remporté la première partie, ils passent au tour suivant. Quant au Canadien, *La Presse* salue ainsi ses efforts : « Assumant la tenue des grands héros de la scène pour gagner l'admiration du spectateur ému avant de mourir, le Canadien a fait frémir son public par son ralliement sensationnel dès le début de la joute d'hier. »

Morenz au bord de la porte...

Enfant chéri du public montréalais depuis des années, Howie Morenz devient le plus prolifique marqueur de tous les temps dans la LNH au cours de la saison 1933-1934[2]. Mais des blessures le ra-

1 Pour plus d'informations sur toute la période 1931-1944, lire entre autres *La glorieuse histoire des Canadiens*, ouvrage évoqué plus tôt.

2 Grâce à un but, son 249e en carrière, compté le 29 décembre 1933.

Howie Morenz est échangé avant le début de la saison 1933-1934. Pour le remercier, Léo Dandurand organise un banquet le 11 octobre 1934.

lentissent. Il compte peu de buts et fait l'objet de critiques.

Le jeudi 22 mars 1934, alors que le Canadien amorce une série contre les Black Hawks de Chicago[3], *La Presse* se questionne sur l'avenir du joueur de centre avec l'équipe. « Howie Morenz sera-t-il échangé après les séries éliminatoires de la NHL ? », est le titre d'un article. Dans celui-ci, Léo Dandurand, directeur-gérant et copropriétaire du club, confirme que Morenz est convoité par d'autres équipes. Il dit : « Il est bien vrai que l'on cherche à nous acheter Morenz. Nous avons reçu des offres de trois ou quatre clubs et des offres extrêmement intéressantes. Morenz n'a pas été chanceux cet hiver. Il a été au repos forcé pour seize parties régulières mais vous avez vu comment il a su se remettre en condition pour la fin de la saison. »

... et échangé avec classe

Le joueur vedette passe aux Black Hawks de Chicago avant le début de la saison suivante. C'est la mort dans l'âme que Léo Dandurand l'échange. D'ailleurs, il lui organise un banquet d'adieu. Réunis au café Martin le 11 octobre 1934, quelques 200 *sportsmen* et dignitaires, dont Dandurand, le consul des États-Unis à Montréal, le maire Camilien Houde et autres viennent saluer l'ex-vedette du Canadien, rapporte *La Presse.*

Selon le journal, Léo Dandurand a insisté pour dire que Morenz n'a pas été vendu mais échangé. « Je ne l'ai pas traité simplement au point de vue commercial mais plutôt comme une personne à qui l'on s'intéresse et à qui l'on veut du bien », dit Dandurand. Du même souffle, il annonce que le chandail de Morenz est temporairement retiré.

« Lorsque M. Dandurand a annoncé aux convives que jamais le numéro "7" ne serait porté par un joueur du Canadien tant que Morenz serait dans la NHL, les convives ont fait entendre une salve d'applaudissements prolongés », écrit *La Presse.*

Newsy Lalonde démissionne

Décembre 1934. Le Canadien se cherche. La direction a effectué plusieurs changements et échanges. Dégoûté, l'instructeur Newsy Lalonde jette l'éponge. « On peut dire qu'il aura été le premier entraîneur de l'histoire du Tricolore à céder sous la pression », lit-on dans *La glorieuse histoire des Canadiens.*

Dans son reportage du 31 décembre, *La Presse* dit que Léo Dandurand a accordé un mois de congé à Lalonde, qui a offert sa démission. Mais ce dernier « a déclaré qu'il ne pourrait que très difficilement revenir sur sa décision » poursuit l'article.

« Newsy a expliqué que pour des raisons de santé, il se voyait dans l'obligation de remettre la direction de l'équipe entre d'autres mains, dit le journal. Il a exprimé le regret qu'il a de quitter le Bleu Blanc Rouge qu'il dirige depuis la démission de Cecil Hart il y a deux ans et demi. »

Léo Dandurand revient alors derrière le banc. Lalonde ne reprendra jamais son poste.

LÉO DANDURAND PREND LA GÉRANCE DU CLUB CANADIEN

GAGNON REVIENDRAIT AU CANADIEN

Le 31 décembre 1934, *La Presse* annonce la démission de l'entraîneur Newsy Lalonde. Léo Dandurand le remplace derrière le banc.

Au dernier rang

Au terme de la saison 1934-1935, le Canadien termine troisième et est éliminé en séries par les Rangers de New York. La saison suivante, 1935-1936, est désastreuse. Le Tricolore termine au dernier rang de sa division avec seulement 11 victoires en 48 matchs.

Le 16 mars 1936, au lendemain du dernier match de l'équipe à domicile, perdu 3-1 contre les Maroons, *La Presse* écrit : « Un match médiocre et monotone au possible pendant les deux premières périodes mais intéressant au cours de la troisième et dernière reprise. »

On affirme aussi que l'équipe a joué de malchance tout au long de l'année. Le rédacteur du texte conclut : « Le gérant Sylvio Mantha ne devrait nullement avoir une fausse honte de n'avoir pu conduire son équipe dans les séries de fin de saison ».

Embauché au début de la saison, Mantha ne retournera pas derrière le banc.

Le Canadien vendu

Acquis pour 11 000 $ en 1921 par le trio Cattarinich-Dandurand-Létourneau, le club Canadien est revendu en septembre 1935 à un consortium ayant à sa tête Ernest Savard[4].

Homme d'affaires connu, Savard et deux acolytes représentent en fait les intérêts de l'entreprise Canadian Arena, propriétaire du Forum et des Maroons. Ce nom (Canadian Arena) n'apparaît pas dans le reportage de *La Presse* du 16 septembre 1935. On parle plutôt de la Montreal Exhibition.

Par contre, Ernest Savard confirme la nouvelle. À *La Presse*, il dit : « L'affaire est pratiquement bâclée et il ne reste plus que quelques détails insignifiants à régler, nous a-t-il déclaré. Vous comprenez qu'une telle transaction ne peut être conclue en un rien de temps. Il faudra encore quelques jours avant que l'affaire soit complètement terminée. »

La Presse évoque un prix de vente de 180 000 $ et des changements à prévoir. On croit entre autres que Cecil Hart reviendra à la barre de l'équipe. En fait, Hart ne reviendra qu'au début de la saison 1936-1937. Quant au prix de vente, on évoque

...TRA-T-IL LES RANGERS, CE SOIR ? — MARC...

Les Bruins s'aligneront pas Babe Seibert, ce soir, à Boston

Numéros variés au carnaval de patin

Le soir du 24 mars 1935, les esprits s'échauffent entre les joueurs du Canadien et ceux des Rangers de New York au cours d'un match disputé dans la métropole américaine. Au point où des policiers sont envoyés sur la glace pour séparer les belligérants. *La Presse* publie cette photo dans son édition du 26 mars 1935.

3 Le Canadien perdra la série et sera éliminé.

4 Au moment de la vente, Louis Létourneau a retiré ses billes depuis quelques années.

1937

8 MARS 1937

MONTRÉAL PLEURE LA MORT D'HOWIE MORENZ

MORT ENLÈVE AU HOCKEY SON GRAND AS HOWIE MORENZ

VEEDOL

Le 9 mars 1937, *La Presse* consacre pratiquement une page à la mort de Howie Morenz.

Au début de la saison 1936-1937, Howie Morenz revient jouer avec le Canadien après une absence de deux ans. Perspective réjouissante pour l'équipe qui ne va nulle part.

Morenz connaît un lent début de saison, mais il finit par retrouver son rythme. Après 30 parties, il présente une fiche de quatre buts et 16 passes.

Puis, tout s'écroule le soir du jeudi 28 janvier 1937. Au début du match contre les Black Hawks de Chicago, Morenz est à la poursuite de la rondelle lorsqu'il frappe violemment une bande. Son patin se coince et le défenseur Earl Seibert, qui fonce droit sur lui, l'écrase. La jambe craque.

« Le Canadien perd Howie Morenz pour le reste de la saison », titre *La Presse* en lettres capitales dans le haut de la page des sports du lendemain. « On sait que Morenz souffre d'une double fracture de la jambe à quelques pouces au-dessus de la cheville du pied gauche », précise-t-on.

On donne des détails saisissants sur les soins reçus dans le vestiaire, chose impossible à relater aujourd'hui. « C'était une scène bien pénible dans la chambre du Canadien, raconte le représentant de *La Presse*. Étendu sur la table d'entraînement, Morenz ne disait rien en attendant le verdict du docteur Forgues, l'éclairé médecin du Canadien. Après avoir constaté la fracture, le docteur Forgues, aidé d'un autre médecin et de l'entraîneur McKenna, replaça la jambe de Morenz et la lui encercla d'une clisse[1] d'aluminium, traitement temporaire jusqu'à son arrivée à l'Hôpital Saint-Luc, où l'on devait prendre des radiographies afin de déterminer s'il y avait eu fracture des deux os de la jambe. »

Funérailles grandioses

Au début, la convalescence va bien. Morenz reçoit quantité de visites. Mais son moral périclite. Il est pessimiste face à l'avenir. Le soir du 8 mars, une infirmière constate qu'il est très pâle. Le médecin du Canadien est appelé à son chevet. Morenz meurt peu après. Il n'a que 34 ans.

À cette époque, rares sont les nouvelles concernant le Canadien publiées à la une de *La Presse*. Le décès de Morenz marque l'exception. On évoque la possibilité qu'il soit exposé au Forum. « Le Forum, théâtre des plus remarquables prouesses d'Howie Morenz, sera probablement aussi celui de son service funèbre si Mme Morenz agrée une suggestion de M. Ernest Savard, président du Canadien », lit-on dans l'édition du 9 mars.

Court, l'article est joué en bas de page alors que la manchette porte sur le surplus budgétaire de... l'Ontario. À l'intérieur, le journal consacre pratiquement une page à l'événement. « La mort enlève au hockey son grand as Howie Morenz », est le grand titre qui coiffe plusieurs articles et photos. « "L'éclair de Stratford"[2] ne brillera jamais plus », ajoute-t-on en sous-titre.

« Howie Morenz, le plus extraordinaire joueur de hockey de tous les temps, est perdu à jamais du monde sportif, écrit-on dans l'article principal. Le joueur dont la vitesse vertigineuse a émerveillé les amateurs durant les quinze années de sa carrière est mort hier soir à l'hôpital. Une crise cardiaque, causée par une dépression nerveuse, l'a frappée en pleine convalescence des suites d'une double fracture de la jambe droite[3]. » Plus loin, on affirme que l'« inquiétude a causé la dépression nerveuse ».

D'autres textes rapportent les commentaires d'entraîneurs et de joueurs passés et présents, de la réaction des habitants de Stratford, des belles années de Morenz au sein d'un trio complété par Aurèle Joliat et Johnny Gagnon.

Un autre article dit que durant les deux années où il joua pour d'autres équipes (Chicago et New York), son chandail numéro 7 était resté accroché dans le vestiaire « comme un souvenir pour ceux qui n'étaient pas partis avec lui » et qu'on ne reverrait peut-être jamais de numéro 7 dans l'uniforme du Canadien.

Dans l'édition du 10 mars, on rapporte les échos de la cérémonie tenue la veille au Forum

1 L'auteur voulait sans doute dire une éclisse. Quant à l'entraîneur McKenna, il s'agit probablement du soigneur Jim McKenna.

2 Né à Michell en Ontario, Morenz a grandi et joué son hockey à Stratford, dans la même province. Sa grande vitesse sur la glace lui a valu deux surnoms : le Météore de Mitchell et l'Éclair de Stratford.

3 L'auteur du texte s'est trompé. Il s'agit de la jambe gauche. De nos jours, il est aussi convenu de dire que Morenz ne souffrait pas de deux mais de quatre fractures.

ÉAL-SPORTIF REND UN TRIOMPHAL HOMMAGE À SON HÉROS DIS

foule de 25,000 personnes assiste funérailles publiques de Morenz

Aux imposantes funérailles d'un illustre joueur de hockey: Howie Morenz

À la conquête de la fameuse Coupe Allan

hic Stetson pour le printemps!

RD OURLÉ et RABATTU

Joutes de Hockey

Pembroke disqualifié

Le Victoriaville bat le Kénogami par 11-7

Demers, Gaudette et Bélisle se signalent

Le Smith Falls sera accompagné à Ottawa

Les bonnes choses de la vie

Aux funérailles de Morenz, la ville de Montréal s'est arrêtée. Reportage publié dans *La Presse* du vendredi 12 mars 1937.

NDRA LA 2e PLACE CE SOIR—JIMMY WAR

SUR LE CERCUEIL DU GRAND HOWIE MORENZ

Nombreux tributs d'hommages à la mémoire d'Howie Morenz

Babe Ruth fait ses prédictions

OÙ EST

Cette photo, publiée le 11 mars 1937, fut prise au salon funéraire où la dépouille du numéro 7 du Canadien fut exposée.

où le Canadien et les Marrons s'affrontaient[4]. « Une profonde tristesse enveloppait l'assistance et l'angoisse contractait la figure de la plupart des joueurs sur la glace, raconte le texte. Le plus ému de tous à cause de son caractère impressionnable, Wilf Cude pleurait à chaudes larmes[5]. »

Les funérailles sont célébrées le 11 mars au Forum où Morenz est exposé en chapelle ardente. Coiffé du titre « Montréal-sportif rend un triomphal hommage à son héros disparu », *La Presse* consacre un reportage détaillé, incluant cinq photos, sur les obsèques dans son édition du 12.

On rapporte que 25 000 personnes y ont assisté. Incapables de pénétrer à l'intérieur du Forum, des milliers de personnes sont massées dans les rues avoisinantes.

« Jeunes et vieux, du plus humble au plus grand, ils sont venus de tous les ordres de la société : professionnels et industriels, employés civils, ménagères et dames du monde, écoliers et écolières, bref tous les rouages de la société étaient représentés dans la vaste enceinte du Forum remplie à sa pleine capacité », indique le reportage.

« Au défilé devant le cercueil, nous avons vu des vieillards et des jeunes, des malades et des infirmes s'aidant de leurs béquilles ou de leur canne, souligne-t-on plus loin. Il en est un qui nous disait qu'il faisait sa première sortie depuis deux mois. »

De larges extraits de l'oraison funèbre du révérend Malcolm Campbell, pasteur de l'église presbytérienne, sont retranscrits. L'auteur raconte aussi que près de 2000 personnes sont allées saluer la dépouille du joueur à son arrivée au cimetière du Mont-Royal. Une liste interminable de noms de dignitaires présents est publiée.

Enfin, on relate ce moment intense lorsque l'ancien propriétaire du Canadien, Léo Dandurand, qui a pris l'avion depuis la Nouvelle-Orléans pour assister aux funérailles, se recueille sur le cercueil de l'ancienne vedette. « L'ancien directeur du Canadien et sa famille ne purent contenir leurs larmes lorsqu'ils se penchèrent sur la tombe de Howie, écrit l'auteur. En un seul instant, une multitude de souvenirs s'empara de Léo et sur sa figure les pleurs se mirent à rouler abondamment et sans honte. »

4 Les Maroons l'emportèrent 4-1. Blessés, Aurèle Joliat et Toe Blake ne jouaient pas.

5 Principal gardien de but du Canadien au milieu des années 1930.

CHAPITRE 16

1937

1937-1944

LA DISETTE SE POURSUIT

VAINQUEUR, LE CANADIEN REND UNE 5e JO

APRES LA GLORIEUSE VICTOIRE DU CANADIEN

Entre Nous

Deliste contre Desparois en finale, au S.-Jacques

Le champion du monde, Sam Chuck et O'Brien, ce soir, à Atwater

À la fin des années 1930 et au début des années 1940, la mode est aux photos prises dans le vestiaire des joueurs après les rencontres. Ici, le 31 mars 1937, les joueurs du Tricolore célèbrent après une victoire contre Détroit en séries éliminatoires.

Affectés par la mort de Howie Morenz, les partisans du Canadien peuvent à tout le moins se réjouir des succès de l'équipe en ce début de printemps 1937. Le club accumule les victoires et aspire aux grands honneurs.

Mais les espoirs s'éteignent chaque printemps avec l'élimination du CH. Comme nous l'avons fait au chapitre 14, revoyons quelques événements qui ont marqué la période 1937-1944, soit de la mort de Morenz à la conquête d'une cinquième Coupe Stanley.

Deux morts en 17 jours

Si le Canadien revient en force au cours de la saison 1936-1937, remportant le championnat de sa division et venant bien près de participer à la grande finale, la mort frappe deux membres de l'organisation. D'abord, Howie Morenz meurt le 8 mars 1937, quelques semaines après avoir subi une grave fracture de la jambe gauche[1]. Puis, 17 jours plus tard, le 25 mars, le docteur J-A-H Forgues, médecin de l'équipe, meurt subitement durant le deuxième match de la série semi-finale entre le Canadien et les Red Wings de Détroit.

Le samedi 27 mars, on lit dans *La Presse*: « L'on a attribué la mort à une indigestion aiguë suivie d'une syncope. La dépouille mortelle reposa dans la chambre des joueurs jusqu'à ce qu'elle fut transportée chez un entrepreneur de pompes funèbres. Elle est arrivée à Montréal à cinq heures 15 hier soir, à bord du convoi du Canadien National qui ramenait également toute l'équipe du Canadien. »

Match des étoiles en l'honneur de Morenz

Officiellement, la rencontre annuelle des étoiles de la LNH débute avec la saison 1947-1948. Mais il y a eu avant cela quelques rencontres entre joueurs étoiles de la ligue au bénéfice de l'un d'eux ou de sa famille.

C'est le cas le 2 novembre 1937 au Forum de Montréal. Ce soir-là, les meilleurs joueurs du Canadien et des Maroons de Montréal affrontent ceux des autres clubs de la LNH au bénéfice de la veuve et des trois enfants d'Howie Morenz, décédé huit mois plus tôt.

Dans l'édition du jour, *La Presse* donne tous les détails de la rencontre de la soirée. On dit que plusieurs personnalités seront sur place. Le texte est accompagné de six photos des joueurs des autres équipes présents au Forum.

Les milliers de spectateurs présents sont comblés par une joute offensive qui se termine 6-5 en faveur des étoiles de la LNH. « La partie a rapporté plus de 11 000 $, sans compter la part de chacun des clubs souscrites au printemps dernier, les revenus du programmes et les cotisations des joueurs individuellement et des amateurs en général. La famille de Morenz sera bien pourvue », lit-on le 3 novembre. En fait, plus de 20 000 $ sont amassés.

L'ancien copropriétaire du Canadien Joe Cattarinich achète, moyennant 500 dollars, le chandail et des accessoires de Morenz mis à l'encan et les fait remettre au fils du hockeyeur[2] par l'entremise du gérant de l'équipe, Jules Dugal.

Mort de Joe Cattarinich

La mort de l'ancien propriétaire du Canadien Joe Cattarinich est annoncée dans l'édition du 9 décembre 1938. Ce dernier décède deux jours plus tôt à La Nouvelle-Orléans. *La Presse* dit alors qu'il était « l'âme dirigeante de tant d'entreprises sportives » et que « le monde du turf a fait là une perte irréparable ». Car Cattarinich était très engagé dans le monde des courses de chevaux.

Au sujet du hockey, l'auteur écrit : « Enfin, pour ajouter à son domaine d'activités, il avait acheté la franchise du club de hockey Canadien qui a fait connaître au public les plus brillants joueurs qui ont jamais chaussé le patin et qui ont laissé un renom impérissable dans le sport. »

Toe Blake champion compteur

La série d'insuccès du Canadien sur la glace se poursuit en 1938-1939. L'équipe termine au sixième rang des sept clubs de la LNH et est éliminée par Détroit en série. Une consolation toutefois arrive avec le nouveau joueur Toe Blake, acquis des Maroons. Avec 24 buts et 23 passes en 48 parties, Blake remporte le championnat des compteurs.

1 Voir le chapitre 15.

2 C'est aussi à cette occasion que le chandail de Morenz est définitivement retiré. Voir le chapitre 95.

LA PRESSE

LE CANADIEN TERMINE EN 6e PL

Boston clôture sa saison par une victoire de 7 à 5 sur le Tricolore hier soir

Pendant une punition à Buswell, il compte deux points dans la période supplémentaire pour gagner.— Le Canadien termine en 6e position.

Champion compteur

Champions compteurs

Victoire et

DE 2 HEURES À NEW

Après la grande victoire; quelques scènes dans la chambre du Canadien

Boston bat

À GAUCHE
Il fallait bien souligner le championnat des pointeurs remporté par Toe Blake, le 20 mars 1939.

À DROITE
Célébrations dans le vestiaire des joueurs à la suite d'une victoire contre Détroit. En haut, à gauche, le gardien de but Claude Bourque reçoit les félicitations de Jules Dugal, entraîneur de l'équipe. En haut à droite, Toe Blake et Louis Napoléon Trudel. En bas, à gauche, Rod Lorrain boit du lait, Armand Mondou du jus d'orange et Walter Buswell de la bière. À droite, le joueur Desse Smith plongé dans la lecture d'une lettre. Les photos sont publiées le 22 mars 1939.

Le 20 mars, au lendemain du dernier match de la saison régulière, *La Presse* écrit :

« Pour la première fois depuis que Howie Morenz décrochait cet honneur en 1930-1931, un joueur du Canadien s'est classé en tête des compteurs de la Ligue nationale de hockey cette saison. Le nouveau porte-couleurs du club local à terminer la saison au sommet n'est autre que Toe Blake, le rapide et combatif ailier gauche du Bleu Blanc Rouge. »

Un nouvel ailier gauche : Maurice Richard

Passent les saisons sans nouvelle Coupe Stanley. Tout juste avant le début de la saison 1942-1943, un nouvel espoir est engagé par le Canadien : Maurice Richard.

Le 30 octobre 1942, *La Presse* s'enthousiasme déjà de l'arrivée de ce jeune prodige. Le texte est éloquent. « Maurice Richard, considéré à juste titre comme la trouvaille de la saison, a accepté les offres de la direction du Canadien hier soir à son retour de Cornwall[3]. Les offres ou les conditions du contrat n'ont pas été révélées mais le joueur de 21 ans jouera définitivement sur l'aile gauche demain soir avec Tony Demers sur l'aile droite et Elmer Lach au centre. »

Cette année-là, Richard ne joue que 16 matchs en raison d'une blessure. Mais ce n'est que partie remise pour celui qui, converti en ailier droit, fera la pluie et le beau temps dans la LNH au cours des deux décennies suivantes.

LA PRESSE, MONTREAL, VENDREDI 30 OCTOBRE 1942

RICHARD ACCEPTE LES OFFRES DU CANADIEN –

Maurice Richard jouera contre le Boston demain

Calendrier des parties de la Ligue Américaine

Torchy Peden appelé

Grand moment dans l'histoire du Canadien : Maurice Richard a accepté l'offre de l'équipe. *La Presse* publie la nouvelle le 30 octobre 1942.

13

TONY DEMERS CO

Le Bleu Blanc Rouge ouvre sa saison par une victoire

Dick Irvin se dit enchanté de la tenue de ses hommes. Brimsek sauve le Boston d'une défaite plus décisive. — Excellente tenue de Richard.

Dick Irvin semblait aussi heureux que si ses Canadiens venaient de emporter la coupe Stanley.

Richard le Sphynx n'est pas différent des autres gérants de hockey, e baseball, de football et d'autres sports. Plus que toute autre partie de

Ces photos, prises le 31 octobre 1942, sont publiées dans le journal du 2 novembre (*La Presse* ne paraissant pas le dimanche à cette époque). Il s'agissait du premier match en carrière de Maurice Richard avec le CH. Malheureusement, on ne le voit pas sur les photos. En bas : Red Goupille, Émile Bouchard, Léo Lamoureux, Jack Portland, Tony Demers et Elmer Lach. .

3 L'équipe y était pour des pratiques avant le début de la saison régulière.

1945

18 MARS 1945

UNE SAISON DE 50 BUTS, ET ALORS ?

LE CANADIEN TERMINE SA SAISON PAR DEUX VICTC

Ici et Là LE SPORT

Lach finit bon premier

Filion compte deux buts et le Canadien gagne, 4-3

Deux échecs du Toronto

50e point de Richard

Plus votre auto vieillit plus elle a besoin d

MOBILOIL

Décidément meilleures, vraiment insurpassables !

CIGARETTES CORVETT

PALETOT $32.50 $37.50

La page des Sports dans *La Presse* du 19 mars 1945. Les 50 buts en 50 matchs de Maurice Richard ne reçoivent pas plus d'attention que le championnat des compteurs remporté par Elmer Lach, ce que signale un petit titre, en haut à gauche.

Cinquante buts en cinquante matchs. L'exploit réalisé par Maurice Richard au cours de la saison 1944-1945 fait encore jaser, voire rêver, de nos jours.

Et pourtant !

Lorsque Richard établit ce record, qui perdurera durant 35 ans[1], la réaction des médias est mitigée, timide, presque anémique. Bien sûr, tous les journaux en parlent. Mais au mieux par le biais d'un petit article, au pire, en une ou deux lignes à l'intérieur du compte rendu du match Canadien-Bruins au cours duquel cette marque est atteinte.

Retournons dans le temps. Nous sommes le dimanche 18 mars 1945. C'est le dernier jour de la saison régulière de hockey comptant cinquante parties.

Le Canadien joue son dernier match au Garden de Boston. Cette rencontre ne veut rien dire. Déjà assuré de terminer en tête du classement général, le Bleu Blanc Rouge remporte une victoire de 4-2 aux dépens des Bruins. C'est en troisième période que le Rocket compte son 50e but.

Le lendemain, *La Presse* salue la performance de Richard avec un très court texte joué sur une colonne. Sous le titre « 50e point de Richard[2] », on lit « Le fameux ailier droit aide le Canadien à vaincre le Boston. »

L'article est tiré d'une dépêche. « Maurice Richard, rapide ailier droit du Canadien, a choisi le moment le plus propice pour compter son 50e point de la saison, tel que lui avait prédit son gérant au début de la saison », lit-on.

Les autres journaux ne font ni plus, ni moins. *Le Devoir*, *La Patrie*, *L'action catholique*, *The Gazette* et *The Montreal Daily Star* y accordent à peu de choses près la même attention.

La Patrie dit : « 12 000 personnes ont ovationné Maurice Richard quand ce dernier a compté son cinquantième franc point pour égaler le score. Le fameux ailier a maintenant le grand record de 50 points en une saison. »

Dans *Le Devoir*, on dit : « Maurice Richard, le fameux ailier des Canadiens, fut celui qui commença le ralliement des siens quand il compta son 50e franc but de la saison en déjouant le jeune gardien Harvey Bennett. »

L'hebdomadaire *Le Petit Journal* constitue l'exception à cette litanie d'entrefilets. Dans son édition du 18 mars, la publication accorde un article de bonne importance à la performance de Richard et lui prédit un 50e but le soir même. Ce qui est le cas[3].

Record battu = grands titres

Comment expliquer ce peu d'empressement médiatique face à cet exploit unique ? Sans doute parce que ce 50e but de Richard n'établissait pas un nouveau record. Il ne faisait qu'améliorer la marque du plus grand nombre de buts comptés en une seule saison que le Rocket avait réalisé quelques semaines plus tôt. Le fait qu'il ait maintenu une moyenne d'un but par match reçoit un traitement marginal[4].

Reportons-nous donc au 25 février 1945, jour où Richard compte son 45e but de la saison. Le lendemain, *La Presse* en fait la manchette de sa page des sports. Le Rocket vient de battre le record de 44 buts réussis en saison régulière dans la LNH, détenu depuis 1917-1918 par Joe Malone, un autre joueur du Canadien. Le fait que Malone ait réussi son exploit en seulement 20 matchs ne semble faire aucune différence. D'ailleurs, il est un des premiers à féliciter Richard. On publie aussi une photo de Richard entouré de ses camarades, célébrant dans le vestiaire après la rencontre, remportée 5-2 par le Canadien contre Toronto.

1 Après Richard, Bernard Geoffrion devient le second joueur à compter 50 buts en une saison. Mais en 64 parties dans son cas. Michael Bossy est devenu le deuxième joueur à compter 50 buts dans les 50 premiers matchs de son équipe au cours d'une saison régulière, en 1980-1981. L'année suivante, Wayne Gretzky compte 50 buts en seulement 39 matchs.

2 Le terme « point » était régulièrement utilisé pour désigner un but à l'époque. Aujourd'hui, l'usage du mot signifie un but ou un assistance.

3 Le texte n'est pas signé, mais il pourrait bien être l'oeuvre de Charles Mayer, un des grands journalistes sportifs de cette époque et auteur du livre *L'épopée des Canadiens.*

4 Voir le chapitre 5 sur Newsy Lalonde. Ce dernier a connu plusieurs saisons avec une moyenne de plus d'un but par match. Mais ce n'est pas sur cette statistique que les médias s'attardaient. Seul le total des buts les intéressait.

CHAPITRE **17**

1945

Richard félicité par ses camarades

Un autre record tombe aux mains de Maurice Richard, celui du plus grand nombre de buts en une saison. *La Presse* souligne l'événement dans son numéro du 26 février 1945.

MAURICE RICHARD ÉTABLIT UN NOUVEAU RECORD

Le 29 décembre 1944, les cinq buts et trois assistances de Maurice Richard en un seul match sont acclamés dans *La Presse*.

« Une foule délirante, un vacarme infernal, une ovation terrifiante, une pluie de projectiles de toutes sortes : caoutchoucs, programmes, bouteilles ; voilà ce qui a salué Maurice Richard, le sensationnel ailier droit des champions du monde qui venait d'établir un nouveau record mondial, en comptant son 45e but de la saison hier soir, devant un Forum rempli à pleine capacité », indique le journal.

La chronique « Ici et là dans le sport » est entièrement consacrée à l'exploit. L'auteur décortique avec une foule de détails toutes les statistiques de la carrière du Rocket, au Forum, à l'étranger, contre chaque équipe, par période, par minutes jouées, par lancers, etc. Bref, c'est le délire. Et Richard n'en est qu'au début de sa carrière !

Le même traitement journalistique lui est réservé le 28 décembre 1944, lorsqu'il connaît une soirée de cinq buts et trois assistances dans un gain de 9-1 du Canadien contre Detroit.

Dans son édition du lendemain, *La Presse* titre « Maurice Richard établit un nouveau record » dans le haut de sa page des sports.

L'article principal commence ainsi : « 12 744 enthousiastes de hockey ont assisté à la plus spectaculaire performance individuelle depuis les plus beaux jours de l'inoubliable Howie Morenz hier soir au Forum alors que Maurice Richard a enregistré cinq buts et fourni trois *assists* [assistances] pour établir un nouveau record mondial et conduire le Canadien à une éclatante victoire de 9 à 1 sur les Red Wings de Détroit. Jamais au cours des récentes années, un joueur avait mis une telle énergie, une telle détermination, un tel enthousiasme dans son jeu. »

La description dithyrambique de la soirée de Richard se poursuit sur des paragraphes. On donne la parole au gérant des Wings, Jack Adams : « Ce Maurice Richard est le meilleur joueur de hockey que j'ai vu au cours des 20 dernières années. Il est supérieur à Syl Apps, à Milt Schmidt[5] et à tous les grands centres des temps modernes. Je vous dis qu'il est vraiment merveilleux. »

Le même traitement est accordé à son compagnon de trio Elmer Lach lorsque ce dernier abaisse le record du nombre total d'assistances obtenues en une saison, le 11 mars 1945, à New York. Le lendemain, *La Presse* en fait la manchette de sa page sportive.

5 Joueurs des Maple Leafs de Toronto et des Bruins de Boston.

LA « BIG LINE » AVANT LA « PUNCH LINE »

Que de bons mots, que de bonnes choses ont été dites et écrites sur la fameuse Punch Line composée du joueur de centre Elmer Lach, de l'ailier gauche Toe Blake et de l'ailier droit Maurice Richard. Or, avant de recevoir ce surnom, le trio fut aussi affublé de l'épithète « Big Line ». C'est du moins l'expression retrouvée dans certains articles de *La Presse* avant que « Punch Line » devienne la norme.

Prenons un article publié le 23 octobre 1944, alors que le Canadien se prépare à entreprendre une nouvelle saison. L'auteur dit : « À l'attaque, les champions du monde auront l'une des meilleures lignes de tous les clubs de la ligue. Ne se souvient-on pas des succès des athlètes de la "Big Line", comme on l'appelle dans certains milieux, au cours des dernières séries éliminatoires ? »

Quatre jours plus tard, le vendredi 27 octobre, *La Presse* consacre un long article sur les derniers préparatifs de l'équipe avant le début de la saison, le lendemain soir, contre Boston. L'auteur écrit : « À l'avant, le Tricolore enverra dans la mêlée sa fameuse ligne du "punch" : Maurice Richard, Elmer Lach, Toe Blake. »

Une ligne du « punch » ! Bel effort de francisation...

Les joueurs célèbrent après avoir remporté la Coupe Stanley en 1944

1944-1946

CHAMPIONS EN TEMPS DE GUERRE, CHAMPIONS EN TEMPS DE PAIX

MAURICE RICHARD COMPTE CINQ POINTS ET ÉTABLIT UN

Syd Howe aide le Détroit à vaincre les Black Hawks

Avance de deux joutes pour Buffalo

Richard, Blake et Lach conduisent le Canadien à un triomphe décisif

Coupe Stanley

Les débuts de Maurice Richard

Chuck opposé à Tiger Delisle

Tout de ces excellentes cig
est à point: leur qualité est
leur prix est à point.

Le 23 mars 1944, Maurice Richard compte tous les buts dans une victoire du Canadien contre les Maple Leafs de Toronto au cours du deuxième match de la série demi-finale. C'est lui qui, humblement, reçoit les félicitations de ses équipiers Léo Lamoureux, Toe Blake, Elmer Lach et Gerry Heffernan sur cette photo publiée le 24 mars.

Après 13 ans d'attente, le Canadien de Montréal conquiert à nouveau la Coupe Stanley en 1944. Certains murmurent que cette victoire est imputable à l'affaiblissement des autres équipes, dépouillées de plusieurs bons joueurs partis à la guerre. Mais une nouvelle conquête du trophée en 1946 fait taire les mauvaises langues. Les admirateurs du Tricolore plastronnent.

«C'était plus que la conquête du précieux trophée, plus que le triomphe final d'une série comme rarement il avait été donné de voir, plus encore que la fin d'une autre saison que l'on célébrait dans la chambre du Bleu Blanc Rouge après la spectaculaire victoire de 6 à 3, écrit *La Presse* le mercredi 10 avril, au lendemain de la conquête de 1946. C'était la victoire la plus ardemment désirée de tous les membres du club, la victoire qui affirmait le Canadien un aussi grand champion en temps de paix qu'en période de guerre. C'était la fière réponse de Dick Irvin et de ses protégés aux assertions gratuites des adversaires du Canadien et d'un grand nombre de gens qui avaient prétendu depuis quelques années que le Tricolore n'était qu'un champion de guerre.»

Une fièvre contagieuse

Revenons à 1944. En comparaison aux années précédentes, le CH est une équipe améliorée. L'arrivée de Maurice Richard en 1942-1943 et la formation de la «Punch Line» bonifient l'offensive. Dans les buts, le jeune gardien Bill Durnan accomplit des miracles. Au terme de la saison de 44 parties, le Canadien enregistre 38 victoires et ne perd pas un match à domicile.

Le lendemain, à quelques heures de la partie initiale de la série demi-finales contre Toronto, *La Presse* témoigne de l'effervescence régnant dans la métropole. «La fièvre du hockey s'empare de Montréal», titre l'article. «Il faut se rapporter à une douzaine d'années en arrière pour se rappeler un enthousiasme semblable à celui qui existe depuis quelques jours dans les cercles du hockey à l'occasion de l'ouverture des séries éliminatoires de la Ligue nationale, ce soir au Forum», annonce le texte. On y affirme aussi que les amateurs attendent en ligne durant des heures pour obtenir des billets et que les revendeurs font des affaires d'or.

Plus loin, le journaliste écrit que le gérant du Canadien Dick Irvin n'affiche pas le bel enthousiasme qui règne en ville. Pis encore, il énumère la liste des blessés du Bleu Blanc Rouge. «Dick en surprit plusieurs par ses paroles, mais il faut bien connaître Irvin, dit l'auteur. Dick n'a jamais été en effet le plus grand des optimistes. Loin de là. Ce n'est pas lui qui vendra la peau de l'ours avant de l'avoir tué.»

En un sens, Irvin a raison, car ce soir-là, le Canadien se fait surprendre sur sa glace, 3-1, par les Maple Leafs. Cette défaite constitue tout un stimulant, car elle est la première et la dernière du Canadien au cours des éliminatoires. Après cela, l'équipe remporte quatre matchs consécutifs contre les Leafs avant de balayer les Black Hawks de Chicago, 4-0, en finale.

Lors du second match contre Toronto, Maurice Richard compte tous les buts. «Le rapide et mince joueur d'attaque du Canadien, évoluant sur la glace comme un tourbillon et à une allure endiablée, a logé cinq fois la rondelle dans les buts du Toronto pour conduire le Bleu Blanc Rouge à une éclatante et décisive victoire de 5 à 1», évoque le journal[1].

L'article décrit un à un les buts du Rocket. «Le dernier point de Richard a été de toute beauté, dit-on. Acceptant une passe de Blake au centre de la glace, Richard a foncé dans le territoire du Toronto. Bousculé par Babe Pratt, il a réussi toutefois à conserver son équilibre tout en pirouettant sur ses talons et en lançant un boulet que Bibeault[2] a été impuissant à bloquer.»

Un «cliché» de *La Presse* montrant un Rocket humble et ému entouré de ses camarades ainsi qu'un court article sur les débuts de sa carrière accompagnent le texte.

La série finale contre Chicago se déroule rondement. Après une victoire de 5-1 contre les Hawks, au Forum, les joueurs du Canadien prennent la

1 Ce soir-là, le journaliste Charles Mayer décerne les trois étoiles du match à Richard.

2 Manque de chance, Paul Bibeault jouait pour le Canadien jusqu'au 22 décembre 1943 avant d'être libéré de l'équipe.

1944-1946

Royal Jr éliminé par Oshawa

Au retour du club Canadien

Le club de hockey Canadien est arrivé de Chicago dans la métropole canadienne de bonne heure ce matin, confiant de remporter jeudi soir contre les Black Hawks de Chicago la victoire qui lui assurera la coupe Stanley, emblème du championnat mondial du hockey. Les joueurs ont fait le voyage à bord d'un wagon-lit spécial attaché au "Maple Leaf" du Canadien National. Ils semblaient si bien reposés ce matin, à leur descente du train, que l'instructeur Dick Irvin a décidé de leur faire prendre un peu d'exercice au Forum, cet après-midi. On voit ici Léo Lamoureux et Emile "Butch" Bouchard s'entraînant pour la joute de jeudi soir en tirant du poignet tandis que Maurice Richard "The Rocket" et Bob Filion suivent la partie avec attention. — (Photo Canadien National).

Le Canadien est de retour à Montréal depuis

La confiance règne dans le wagon « Maple Leaf » du train du Canadien National ramenant les joueurs du Bleu Blanc Rouge de Chicago à Montréal. L'équipe est en voie de remporter la Coupe Stanley. Sur cette photo publiée le 11 avril 1944, Léo Lamoureux et Émile Bouchard tirent aux poignets sous les regard de Maurice Richard et Bob Fillion.

route de la Ville des Vents où ils triomphent 3-1 et 3-2. De retour à Montréal, ils gagnent le quatrième match 5-4 en prolongation. Cette victoire décisive est remportée dans des circonstances dramatiques car Richard et sa bande tiraient de l'arrière 4-1 en troisième période. Voici ce qu'en disait *La Presse*:

« Dix minutes avant la fin de la troisième période, le Canadien était un club battu. Le score était de 4 à 1 en faveur du Chicago. Même le plus optimiste des partisans du club local avait abandonné tout espoir de victoire. Une mince partie de l'immense foule qui remplissait le Forum à peine capacité avait hélas cru au chiqué[3], avait fait entendre le cri de "fake". Les héros d'hier semblaient avoir perdu la faveur de ceux qui les avaient acclamés tant de fois au cours de la saison. Mais tel est le sport. »

Évidemment, le renversement de situation et le but de Toe Blake en prolongation a métamorphosé le dépit en joie, les hués en hourras! « Décrire la scène d'enthousiasme qui se déroula alors dans le Forum semble chose impossible », dit *La Presse*.

Le journal consacre même un éditorial à la victoire. « En nous réjouissant des succès des "Canadiens", nous voulons leur témoigner notre satisfaction de voir avec quel enthousiasme, quelle conscience, et avec quel magnifique esprit de corps ils ont rempli ce qu'on peut appeler leur rôle de "démonstrateurs" de l'idéal sportif parmi nous », dit l'auteur.

1946: changement de ton

Est-ce que la fin de la Deuxième Guerre mondiale y est pour quelque chose? Toujours est-il qu'en cette première finale de la Coupe Stanley de l'après-guerre, le ton et la présentation des matchs éliminatoires du Canadien dans *La Presse* se transforment.

Les articles sont plus diversifiés. Les journalistes rapportent plus de déclarations recueillies dans les vestiaires. La parole est davantage donnée aux joueurs. Les premières photos prises dans le feu de l'action sont publiées. Tel ce cliché de Toe Blake, les bras au ciel, après avoir enfilé le but donnant la victoire et la coupe Stanley au Canadien le 9 avril 1946, au Forum.

Cette victoire, nous l'avons vu plus haut, est chère dans le cœur des joueurs et des partisans. Quelques semaines plus tôt, le 14 mars, le Canadien s'est assuré de remporter un troisième championnat consécutif en saison régulière à la suite d'un match nul 2-2 contre les Maple Leafs de Toronto. Le lendemain, *La Presse* cite Connie Smythe, propriétaire des Leafs, à propos de Blake, auteur du but égalisateur. « Vous ne saurez jamais combien j'ai regretté de ne pas avoir acheté ce jeune joueur, nous disait récemment le major Connie Smythe. Depuis plus de dix ans, je le vois briller avec le Canadien et je ne l'ai jamais vu jouer une mauvaise partie. »

Après avoir été blessé au dos lors du premier match de la série finale contre Boston, Blake revient en force. Son but décisif, dans le cinquième match, est salué par une avalanche d'éloges dans

Reportage sur le deuxième match de la série finale entre le Canadien et les Bruins publié le 3 avril 1946. À remarquer les photos prises dans le feu de l'action.

3 Chiqué dans le sens de bluff. Selon l'ouvrage *La glorieuse histoire des Canadiens*, les spectateurs ont cru que les joueurs voulaient prolonger la série.

Une autre coupe Stanley sème la joie chez les joueurs du CH comme le montre ce reportage du 10 avril 1946. Sur la photo de gauche, le gardien Bill Durnan signe le message « C'est tout ! ! Merci », signalant la fin des émissions pour la saison 1945-1946.

COLLUSION CHEZ LES FRANCOPHONES ?

Au terme de la saison 1943-1944, le trophée Frank Calder, récompensant la meilleure recrue de l'année, est remis au joueur Gus Bodnar, des Maple Leafs de Toronto. Or plusieurs, dont l'entraîneur du Canadien Dick Irvin, misaient plutôt sur le gardien du Tricolore Bill Durnan. Certains chuchotent que les chroniqueurs[5] canadiens-français ont fait la différence. Mais selon *La Presse*, Irvin nuance cette interprétation. Revoyons le texte publié le 21 mars 1944.

« Le choix de Bodnar du Toronto avait rendu Irvin mécontent au possible. Il ne cacha pas sa façon de penser à l'effet que Durnan avait été victime d'une criante injustice. En certains milieux, on voulut prétendre que le vote des chroniqueurs sportifs canadiens-français avait été la cause de la victoire de Bodnar, une affirmation gratuite si jamais il y en a une. C'est ici qu'Irvin déclara que si Durnan n'avait pas remporté la Coupe, c'était probablement parce que les chroniqueurs locaux, aussi bien de langue anglaise que de langue française, avaient accordé la 2e place à Bodnar[6], alors que ceux de Toronto avaient dû choisir Bodnar, Ted Kennedy et Elwyn Morris, trois Maple Leafs. »

5 En 1944, 27 chroniqueurs sportifs de la ligue déterminaient le vainqueur. Chaque chroniqueur faisait trois choix avec un nombre de points différents accordés selon la première, deuxième et troisième position. Le gagnant était le joueur ayant le plus grand nombre de points.

6 Le premier choix des chroniqueurs montréalais allant à Durnan, il va de soi !

La Presse. « Et pour le héros de cette dernière joute, pour le compteur du point décisif de la rencontre finale ; un blessé, un joueur qui aurait dû en réalité assister à la partie d'un siège de spectateur, un vétéran qui avait cependant tenu à être au poste, à aider ses compagnons à triompher en sa qualité de capitaine du club : Toe Blake. »

Ouf! Terminé, le concert d'éloges? Pas vraiment. Lisons la suite...

« Oui, c'est Blake, le plus ancien des membres du Canadien, un de la vieille garde, le détenteur du trophée Byng[4] et un joueur reconnu par tous et chacun comme l'un des membres les plus courageux et les plus combatifs de la Ligue nationale qui a déclenché une scène de joie indescriptible dans le Forum en comptant le point décisif vers le milieu de la période finale pour briser l'égalité du score, assurer la victoire, la Coupe Stanley et le championnat du monde au Bleu Blanc Rouge. »

« Le Canadien devenait le premier champion du monde depuis la fin de la guerre, rappelle le journal. C'était suffisant pour que Dick Irvin dans un moment d'enthousiasme s'écrie au milieu de ses joueurs: "Voici le meilleur club de tous les temps" et que plusieurs l'approuvent par des cris de joie. »

4 Depuis 1925, le trophée Lady-Byng, du nom de l'épouse d'un gouverneur général du Canada, est remis au meilleur joueur de la LNH, reconnu pour son talent et son esprit sportif.

CHAPITRE 19

1946

1946-1960

LE ROCKET VS MR. HOCKEY

Lorsque les Red Wings de Détroit se présentent pour la première fois de la saison au Forum de Montréal, le 26 octobre 1946, ils comptent dans leurs rangs plusieurs nouveaux joueurs dont un certain Gordon Howe.

À l'époque, le futur Mr. Hockey n'est pas surnommé « Gordie ». C'est en utilisant son vrai prénom que *La Presse* en parle dans sa page des sports de l'édition du jour.

Toute l'attention médiatique n'est pas dirigée sur lui. Le nom de Howe est mêlé à celui d'autres jeunes joueurs embauchés par le gérant des Wings, Jack Adams. On dit qu'il prend le pari d'apporter un vent de fraîcheur à son équipe.

Ce jour-là, *La Presse* annonce qu'Howe est un joueur d'avenir, tout comme Douglas Baldwin. « Baldwin et Howe sont deux jeunes et brillants joueurs d'attaque [1] à qui tous les experts ont prédit un brillant avenir dans la NHL », dit l'article.

Si les experts ont eu raison avec Howe, Baldwin disparaît rapidement de la planète LNH. Après quatre matchs avec les Wings, il en a joué cinq autres avec les Black Hawks de Chicago l'année suivante avant de passer le reste de sa carrière dans des ligues secondaires [2].

Une longue rivalité

L'arrivée de Gordie Howe dans la LNH marque le début d'une longue rivalité avec l'autre grand ailier droit de cette époque, Maurice Richard. Que de mots, d'épithètes, d'articles ont été employés au fil des ans pour comparer les deux hommes qui ont joué l'un contre l'autre durant quatorze saisons. Le Rocket contre Mr. Hockey. L'instinct contre la technique. La fougue contre la force physique. Le numéro 9 contre le numéro 9 [3].

On pourrait écrire un livre complet sur cette rivalité. Pour la résumer dans les paragraphes suivants, nous allons faire un grand bond dans le temps, jusqu'au 19 mars 1953. La saison régulière achève. Howe, qui a remporté le championnat des compteurs au cours des deux dernières années, vogue vers un troisième titre. Mais il est à la poursuite d'un autre record, celui de 50 buts comptés par Richard durant la saison 1944-1945 [4].

Ce soir-là, Howe compte ses 48 et 49e buts dans une victoire facile des Wings contre les Bruins de Boston.

Le 21 mars, *La Presse* publie un article intitulé « Maurice Richard jouerait à l'aile gauche à Détroit ». La suite dit : « Si Gordie Howe ne réussit pas à briser le record de 50 buts en une seule saison ce soir à Chicago, Maurice Richard sera converti en ailier gauche et aura la tâche de surveiller Howe dimanche. Richard, qui est un ancien ailier gauche, tentera d'empêcher son grand adversaire de compter. »

Contre Chicago, Howe ne réussit pas à faire bouger les cordages. Le dimanche 22 mars, Wings et Canadien se retrouvent donc à Détroit pour le dernier match de la saison régulière. Les esprits sont déchaînés. Le jeu est très serré. Score final : 1-1. Howe est champion compteur. Mais il termine la saison avec 49 buts.

« Le record de Richard reste intact », triomphe *La Presse* au lendemain de ce match nul. Si ce record est protégé, Richard le doit beaucoup au gardien du Canadien Gerry McNeil et à tous ses coéquipiers, affirme le quotidien.

« Maurice Richard ne compte que des amis dans les rangs du Canadien et on en a eu la preuve hier soir, dit *La Presse*, alors que tous ses coéquipiers et Gerry McNeil en particulier se sont donné la main pour empêcher le robuste ailier droit étoile du club Detroit de réaliser le rêve qu'il caresse depuis ses débuts dans le hockey. »

Howe, qui a fait de « remarquables efforts » tout au long du match, est venu bien près d'égaler la marque à sept minutes de la fin de la troisième période. Relisons l'extrait de l'article : « Saisissant une rondelle égarée dans le territoire du Tricolore, il est arrivé seul devant McNeil et il a décoché un

1 Selon le site internet nhl.com, Doug Baldwin était un défenseur et nom un joueur d'attaque.

2 Toujours selon nhl.com, Baldwin a aussi joué quinze matchs durant la saison 1945-1946 avec les Rangers de New York. En 24 matchs dans la LNH, il a récolté une passe.

3 Richard a commencé sa carrière avec le numéro 15 et Howe avec le numéro 17.

4 À ne pas confondre avec 50 buts en 50 matchs. En 1953, les équipes jouaient 70 rencontres.

PLUSIEURS NOUVEAUX JOUEURS AVEC LE DÉT

Un club bien différent de celui de l'an dernier

Fédération des clubs de pêche

Branch Rickey refuse d'accepter la démission de Charlie Dressen

Texas Hanover inscrit dans le free for all ambie à Blue Bonnets

Le McGill triomphe

Sam Chock vs Jacques Larose

Banquet des clubs de baseball

DODGE

The FORUM

RED WINGS vs CANADIENS

Première visite de Gordie Howe au Forum à titre de joueur des Red Wings de Détroit. Évoquant sa venue, le 26 octobre 1946, *La Presse* utilise son réel prénom : Gordon.

30 LA PRESSE, MONTRÉAL, LUNDI 23 MARS 1953

LE RECORD DE RICHARD RESTE INTACT – CHICAGO RENCC

Gordie Howe ne peut atteindre son objectif de 50 buts en une saison

Gerry McNeil et les autres joueurs du Canadien empêchent le compteur étoile d'égaler le record de Maurice Richard. — Joute nulle, 1-1.

Détroit, 23. — Gordie Howe devra attendre une autre année pour tenter d'enregistrer 50 buts en une saison et égaler ainsi le record du meilleur compteur de l'histoire du hockey. Le record de Maurice Richard est resté intact aujourd'hui.

Après avoir disputé sa 70e partie de la saison régulière 1952-53, Howe est demeuré un but en arrière du record mondial établi par l'athlète montréalais lors de la saison 1944-45.

Maurice Richard ne compte que des amis dans les rangs du Canadien et on en a eu la preuve hier soir, alors que tous ses coéquipiers et Gerry McNeil en particulier se sont donné la main pour empêcher le robuste ailier droit étoile du club Détroit de réaliser le rêve qu'il caresse depuis ses débuts dans le hockey.

La tentative de Howe a été le point culminant de la joute Canadien-Détroit, qui s'est terminée par un verdict nul au compte de 1 à 1 hier soir.

Howe, le champion des compteurs au cours des trois dernières saisons, a fait de remarquables efforts, dans la dernière joute qu'il lui restait à disputer cette saison, mais il devait lutter contre Maurice Richard, contre Gerry McNeil et contre tous les autres joueurs du Tricolore.

L'habile compteur du club Détroit a fourni son plus gros effort de la soirée, à la troisième période, alors qu'il restait seulement sept minutes de jeu. Saisissant une rondelle égarée dans le territoire du Tricolore, il est arrivé seul devant McNeil et il a décoché un dur coup de revers, mais le diminutif athlète a bloqué. Gordie Howe a contourné les filets du Canadien en branlant la tête de dégoût.

Tout compte, Howe a lancé à cinq reprises contre McNeil, mais il n'a pas réussi à faire scintiller la lumière rouge.

Gordie Howe est champion

Gordie Howe, des Red Wings de Détroit, n'a pu égaler le record de Maurice Richard mais il a terminé en tête des compteurs de la Ligue Nationale de hockey pour la troisième année consécutive. Howe s'est assuré les honneurs dans tous les domaines. Il a compté le plus de buts, soit 49; et il s'est mérité trois assistances de plus que son coéquipier Alex Delvecchio, qui en a accumulé 43. De plus, Howe a surpassé par 9 points son record de 86 points établi l'an dernier.

Ted Lindsay a terminé deuxième 24 points en arrière de Howe mais 10 en avant de Maurice Richard, du Canadien, qui a compté 28 fois. Richard a maintenant compté 347 buts au cours de sa carrière. Le joueur du Canadien s'est vu décerner deux mineures hier soir à Détroit pour devancer Lindsay par une minute de punition. Wally Hergesheimer, des Rangers, et Delvecchio, ont terminé sur un pied d'égalité en quatrième place avec 59 points chacun.

LES MENEURS

Classement—Détroit, gagnées 36, perdues 16, nulles 18—90 points.
Points—Howe, Détroit—95.
Buts—Howe, Détroit—49.
Assists—Howe, Détroit—46.
Blanchissages—McNeil, Canadien; Lumley, Toronto—10.

PREMIÈRE PÉRIODE

DEUXIÈME PÉRIODE

TROISIÈME PÉRIODE

Sortie de Bocchichio

Paul Meger compte l'unique but du Canadien

Le diminutif ailier gauche PAUL MEGER (à gauche) compte ci-haut le dernier but de la saison régulière du Canadien sur la glace du Forum, alors qu'il déjoue le gardien de buts SUGAR JIM HENRY, des Bruins de Boston, après 11.00 minutes de jeu dans la 3e période samedi soir. Meger a compté l'unique but du Tricolore sur des passes de Billy Reay et du vétéran joueur de défense Emile Bouchard alors que le Boston l'a emporté par 2-1. (Cliché LA PRESSE, par René Bénard)

Le Boston bat le Canadien 2-1 et s'assure la 3e place

Fleming Mackell permet la victoire aux Bruins en comptant son 27e but de la saison. — Meger évite le blanchisage au Tricolore.

Au début de la saison régulière de la N.H.L. qui s'est terminée hier soir, nombreux étaient ceux qui prétendaient que l'instructeur Lynn Patrick avait commis une légère erreur de jugement en tentant de convertir l'ailier droit Fleming Mackell en un joueur de centre. L'ancien porte-couleurs des Maple Leafs de Toronto a convaincu bon nombre d'entre eux qu'il évoluait au poste qui lui revenait depuis et en a donné une nouvelle preuve samedi soir devant 14,481 spectateurs au Forum.

Au centre, Mackell a compté samedi soir son 27e but de la saison pour permettre aux Bruins de Boston de l'emporter par 2 à 1 sur le Tricolore, tout en assurant définitivement à son équipe la 3e position au classement final et le droit de rencontrer le Détroit dans les séries de détail. Alors qu'il portait l'uniforme des Leafs, ce hockeyiste né le 30 avril 1929 à Montréal a compté 23 buts en 182 parties réparties au cours de cinq saisons.

Mackell semble vouloir devenir le légitime successeur du vétéran Milt Schmidt pour infuser la combativité à ses coéquipiers, les stimuler et les mener à la victoire.

De plus, Mackell a le don de compter des buts décisifs et pour la plupart à la suite d'excellentes montées à l'emporte-pièce. Certains diront encore cependant qu'il compte toujours de l'aile droite, qu'il …

Classement final de la Ligue Nationale

Voici le classement final de la Ligue Nationale de hockey pour la saison régulière 1952-53, dont le calendrier régulier a pris fin hier soir à Détroit, New-York et Boston. Les clubs Détroit, Canadien, Boston et Chicago sont assurés de participer aux séries éliminatoires de la coupe Stanley. Le Détroit jouera contre le Boston en semi-finale tandis que le Canadien rencontrera les Black Hawks.

	G.	P.	N.	P.	C.	P.
Détroit	36	16	18	222	133	90
Canadien	28	23	19	155	148	75
Boston	[illegible]	29	13	153	172	69
Chicago	[illegible]	28	15	169	175	69
Toronto	27	30	13	154	167	67
New-York	17	37	16	152	209	50

Toronto lutte courageusement jusqu'à …

Au terme de la saison 1953, Gordie Howe ne peut abaisser le record de Maurice Richard de 50 buts en une seule saison, comme l'annonce *La Presse* du 23 mars.

Maurice Richard

La victoire midget ranime des espoirs

Roy n'a pas d'alibi

DANS L'ALBUM...

Hunter méritait «mieux»

Monsieur Howe

Dans sa chronique dominicale du 12 janvier 1986, Maurice Richard présente cette photo de Gordie Howe qui lui réclame un autographe. La scène a été croquée en juillet 1969 au Pavillon des sports de Terre des Hommes. À remarquer tous ces amateurs heureux autour des deux grands numéros 9.

dur coup de revers, mais le diminutif[5] athlète a bloqué. Howe a contourné les filets du Canadien en branlant la tête de dégoût.»

L'auteur de la chronique «Ici et là dans le sport» publiée ce jour-là multiplie les superlatifs à l'endroit de Gerry McNeil, le qualifiant tour à tour de «muraille», de «protecteur de l'étincelant record» du Rocket, de «héros», de «sensationnel gardien». McNeil, ajoute l'auteur, est «la cause première et principale» de la préservation du record de Richard.

Aucun des deux textes ne dit si Richard a joué à l'aile gauche ou non afin de couvrir son célèbre adversaire...

Si le Rocket n'a jamais remporté le championnat des compteurs, Mr. Hockey n'a jamais réussi à compléter une saison de 50 buts. Avec 49 filets, cette saison 1952-1953 fut sa plus prolifique.

Un grand respect

Redoutables adversaires sur la glace, Richard et Howe se vouent quand même un grand respect l'un l'autre. Dans sa chronique publiée dans *La Presse* durant quinze ans, Richard a souvent parlé de Howe, tantôt pour évoquer des souvenirs, tantôt pour comparer son jeu à celui de joueurs contemporains, tantôt pour le féliciter ou... le critiquer avec son franc-parler habituel!

Par exemple, dans sa chronique du 1er octobre 1989, Richard raconte qu'il revient de Detroit où il a participé à une soirée hommage à Howe. Il écrit: «J'étais tellement heureux de participer à cet événement. Gordie a tellement fait pour le hockey qu'il est plus que temps qu'on lui témoigne de la reconnaissance. [...] En plus d'être un grand joueur de hockey, Gordie Howe a toujours été un vrai gentilhomme. Comme Jean Béliveau, il a toujours le sourire et est affable avec les gens.»

Un mois plus tard, le 5 novembre 1989, le Rocket admet même avoir perdu son seul combat contre Howe. «Quand la bagarre avec Gordie a éclaté, je venais de passer deux bonnes minutes sur la patinoire et j'étais trop épuisé pour me battre. Je me suis laissé tomber sur la glace à plat ventre et Gordie m'a frappé sur la tête et dans le dos. J'ai mangé une volée. J'aurais dû retourner au banc des joueurs plutôt que de me battre.»

Le dimanche 20 décembre 1992, Richard est beaucoup plus sévère à l'égard de son ancien adversaire. Dans sa chronique intitulée «Pauvre Gordie Howe!», il s'en prend à une idée de tournée promotionnelle pour les 65 ans de ce dernier.

«Pour le 65e anniversaire de naissance de Gordie, Colleen veut que son mari soit invité à faire la mise au jeu officielle d'un match de hockey dans 65 villes. Toute une promotion! C'est pathétique, affirme le Rocket. Colleen voudrait évidemment que toutes les dépenses de son mari soient payées et qu'il reçoive un cachet pour chacune de ses promotions. Vous ne trouvez pas que c'est exagéré?»

Un mot gentil pour terminer. Le 8 novembre 1999, le Rocket souhaite prompt rétablissement à Mr. Hockey atteint d'un cancer. «Gordie Howe souffre d'un cancer de la peau, écrit Richard. Il doit se faire opérer prochainement. On assure que ce cancer est bénin et que sa vie n'est pas en danger. Tant mieux. Depuis ma retraite, j'ai toujours eu – à l'occasion – de bons rapports avec mon ancien ennemi. Je lui souhaite bonne chance. À nos âges, nous sommes souvent victimes de bobos et malaises plus ou moins graves. On ne peut pas y échapper, je crois!

5 McNeil mesurait 5 pieds 7 pouces. L'usage de cet adjectif était régulier pour parler des athlètes de petite taille dans les journaux de l'époque.

CHAPITRE 20

SAISON 1950-1951

BERNARD GEOFFRION ET SES LANCERS BOULETS

1950

Décembre 1950. Le Canadien vient de perdre cinq matchs consécutifs. Le directeur général Frank Selke décide de porter un grand coup en rappelant quatre joueurs de ses filiales. Il s'agit de Jean Béliveau, des Citadelles de Québec, Bernard Geoffrion, du National de Montréal, Dick Gamble, des As de Québec et Hughie Currie, des Bisons de Buffalo. Il fait aussi signer un contrat à Tommy Manastersky, joueur des... Alouettes de Montréal[1].

« Jean Béliveau et Bernard Geoffrion joueront pour le Canadien demain », titre *La Presse* sur toute la largeur de sa page des sports du vendredi 15 décembre. À ce moment-là, Geoffrion et Béliveau se disputent le championnat des compteurs de la Ligue junior du Québec. Geoffrion fait déjà parler de son lancer frappé, une technique qu'il a développée. « Ce Montréalais possède l'un des meilleurs lancers dans les rangs amateurs », dit *La Presse*.

Or, si la légende de son lancer frappé précède Geoffrion, l'expression n'est pas encore à la mode. Du moins dans *La Presse,* où l'on préfère parler de ses « lancers boulets ».

Le 16 décembre 1950, le Canadien affronte les Rangers de New York au Forum. Béliveau, Geoffrion, Gamble, Currie et Manastersky sont en uniforme. Béliveau forme la première ligne avec Maurice Richard et Normand Dussault. Geoffrion joue avec Elmer Lach et Dick Gamble.

Battu quelques jours plus tôt par ces mêmes Rangers, le Canadien limite ce soir-là les dégâts et fait match nul, 1-1. Le seul but du Tricolore est compté par... Bernard Geoffrion[2]. Des cinq recrues du Canadien, Geoffrion « était le plus joyeux et le plus ému d'avoir fait le saut dans la Ligue nationale », écrit le quotidien le 18 décembre.

L'auteur cite Geoffrion : « J'étais très nerveux avant la partie et au cours de la première période. À ma première apparition sur la patinoire, je croyais que j'avais les deux pieds dans le même patin. Quand j'ai compté mon point et par la suite, je n'étais plus nerveux. »

1 Nous reviendrons sur Jean Béliveau au chapitre 21. Dick Gamble a mené une longue carrière au hockey, alternant entre la LNH et la Ligue américaine. Quant à Hugh Currie et Manastersky, leur carrière dans la LNH fut très brève. Le premier a joué un seul match avec le Canadien et le second en a joué six.

2 Dans son autobiographie, Geoffrion indique avoir compté sur des passes de Billy Reay et Tom Johnson.

27 janvier 1951

Le 27 janvier 1951, Béliveau et Geoffrion sont de nouveau réunis au sein du grand club où ils remplacent Maurice Richard, victime d'un « charley horse », et le vétéran Billy Reay. Cette fois, ils jouent au sein d'un même trio complété par Claude Robert[3]. Le résultat est probant : tous deux obtiennent un but et une passe. Le Canadien bat Chicago 4-2.

À propos de Geoffrion, *La Presse* dit : « Il a attaqué avec vigueur. Il a fait de nombreuses montées et ses lancers boulets nous rappelaient ceux de Charlie Conacher[4] des Maple Leafs de Toronto d'autrefois. » Dans ce texte, Geoffrion est surnommé Boum-Boum, surnom que lui a donné le journaliste Charlie Boire du *Montreal Star* dans les rangs juniors.

Rangs juniors qu'il est d'ailleurs sur le point de quitter. Car le mercredi 14 février 1951, jour de ses 20 ans, *La Presse* annonce que Geoffrion s'apprête à signer un contrat professionnel avec le Canadien et à faire le saut dans la LNH. Il signe le jour même.

Maintenant membre à part entière du Canadien, Geoffrion joue son premier match le 15 février 1951 contre Toronto. Le match se termine 2-2. Il ne compte pas mais son travail est souligné.

« L'aspect le plus agréable au point de vue des partisans du Tricolore a été le brillant début de Geoffrion, sans doute destiné à devenir l'un des plus populaires membres du club, indique *La Presse*. Geoffrion est un joueur actif sur la glace. Il met de la vie dans son jeu. Ses lancers, il va sans dire, soulèvent de fortes émotions. Ce sont de véritables boulets qu'il dirige vers la cage ennemie. »

En quatorze saisons avec le Canadien et deux avec les Rangers de New York, Geoffrion compta 393 buts dont une multitude, bien sûr, avec son fameux... lancer boulet.

3 Claude Robert joue 23 parties avec le Canadien en 1950-1951, ne comptant qu'un but.

4 Conacher a joué avec les Leafs, les Wings et les Americans de New York entre 1929 et 1941. On l'appelait « The Big Bomber » en raison de son puissant lancer.

JEAN BÉLIVEAU ET BERNARD GEOFFRION JOUERONT P

Le club local tente d'obtenir Dick Gamble des As de Québec

Avec le Canadien demain soir

Joutes de hockey

Charles a été la vedette de la boxe au cours de l'année

Trop long sommeil de Gussie Moran

Béliveau augmente son avance en tête

Le Toronto bat Chicago

HABITS de GALA à LOUER

HArbour 9055

VOTRE COLONIAL

SOYEZ EN SECURITE COMPLETE DURANT L'HIVER

GARAGISTES

Le vendredi 15 décembre 1950, *La Presse* annonce le rappel de Jean Béliveau et de Bernard Geoffrion. Leur photo ainsi que celle de Dick Gamble sont publiées dans la page des sports.

"Une soirée mémorable", Geoffrion

Le joueur du National n'oubliera pas de sitôt son premier but dans la Ligue Nationale. — Grande admiration pour Elmer Lach

A l'entrée dans la chambre des joueurs du Canadien, les journalistes furent accueillis par les paroles suivantes lancées par Frank Selke, gérant-général du Tricolore : "Ne vous inquiétez pas, messieurs les journalistes, le Canadien va se classer dans les éliminatoires. Nous terminerons en troisième position, en avant du Chicago, du Boston et des Rangers."

Surpris par l'optimisme de M. Selke, les journalistes firent pleuvoir une série de questions. M. Selke en avait dit trop et il s'éloigna en souriant vers les cinq recrues Tommy Manastersky, Hugh Currie, Jean Béliveau, Dick Gamble et Bernard Geoffrion, pour les féliciter.

Des cinq, le jeune Geoffrion, populaire athlète de l'Est de la ville, était le plus joyeux et le plus ému d'avoir fait le saut dans la Ligue Nationale.

"J'étais très nerveux avant la partie et au cours de la première période. A ma première apparition sur la patinoire, je croyais que j'avais les deux pieds dans le même patin. Quand j'ai compté mon point et par la suite, je n'étais plus nerveux. Elmer Lach est un fameux joueur de centre. Il ne vous donne pas la rondelle lorsqu'il voit que vous allez être bousculé par un adversaire. Il y a une différence énorme entre la Ligue Nationale et la Ligue Junior. Ici, les joueurs vous donnent des coups d'épaules qui font réellement mal et ne répliquent rien, lorsque vous même vous les attrapez durement. Les joueurs tiennent mieux leur position et ils semblent se débarrasser le plus vite possible de la rondelle. Il faut toujours que vous pensiez à chacun de vos mouvements dans cette ligue."

A SUIVRE SUR LA PAGE 35

Dans *La Presse* du lundi 18 décembre 1950, Bernard Geoffrion exprime tout son enthousiasme à la suite de sa première partie, et son premier but dans les rangs professionnels.

16 AVRIL 1953

V POUR VICTOIRE

LE CANADIEN GAGNE LA COUPE STANLEY

Maurice Richard saute dans les bras de Elmer Lach à la suite du but de ce dernier donnant la Coupe Stanley au Canadien, la première en sept ans, le 16 avril 1953.

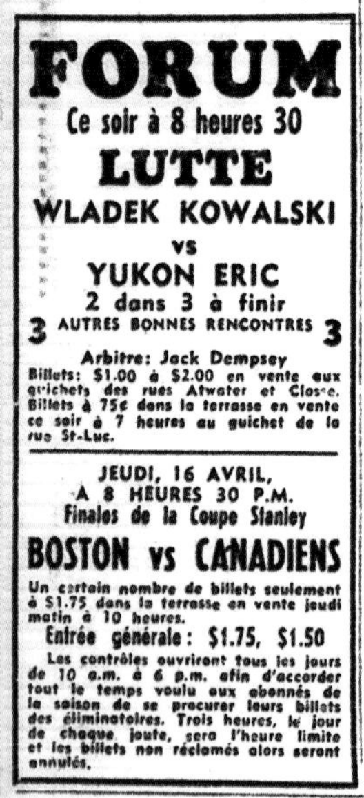

Une publicité du 15 avril 1953

Des 24 Coupes Stanley remportées par le Canadien, celle de 1953 est mémorable grâce à un cliché du photographe Roger St-Jean de *La Presse*.

Cette photo est bien sûr celle de Maurice Richard sautant dans les bras de son coéquipier Elmer Lach qui vient de compter à 1 minute et 22 secondes de la première période de temps supplémentaire lors du cinquième match de la série finale contre les Bruins de Boston. Élevés au-dessus de la glace, les bâtons des deux joueurs du Canadien forment un grand V incliné. V comme dans victoire, puisque ce but donne la Coupe Stanley au Canadien.

La scène se passe le jeudi 16 avril 1953 au Forum. Gagnant du premier match de la série devant ses partisans, le Canadien a cependant perdu le second. À Boston, le Bleu Blanc Rouge s'impose et remporte deux parties. La confiance règne donc pour le cinquième match, présenté au Forum.

Mais les Bruins et leur gardien Sugar Jim Henry sont coriaces. Après trois périodes, c'est 0-0.

Une minute après le début de la première période de temps supplémentaire, Eddie Mazur, joueur du Canadien rappelé des Cougars de Victoria, remporte la mise au jeu. Selon *La Presse*, les choses se passent ainsi :

« Il [Mazur] faisait quelques enjambées puis lançait le disque près du filet du Boston où le joueur de défense Warren Godfrey des visiteurs surveillait étroitement Maurice Richard. L'ailier droit réussit toutefois à frapper le disque pour l'envoyer à Lach qui d'un mouvement rapide et avec force lançait le caoutchouc vers le filet des Bruins. Sur la route du disque, Richard dut faire un mouvement pour éviter d'être frappé et le disque alla se loger dans le coin du filet des visiteurs sans que Henry ait eu le temps ou la chance de faire un seul mouvement pour le bloquer. »

Sous la célèbre photo de St-Jean, on lit : « Dans un grand débordement de joie, deux des plus grandes vedettes du hockey professionnel et du Canadien de Montréal se jettent dans les bras l'un de l'autre. Dans leur élan, où (sic) leurs patins ne touchent même pas la glace. L'heure du triomphe a sonné pour ces deux coéquipiers de toujours, le vétéran joueur de centre ELMER LACH, à gauche, qui a compté le but décisif contre les Bruins de Boston hier soir et le célèbre ailier droit MAURICE RICHARD, à droite, qui lui a fait la passe finale, alors qu'ils se donnent l'accolade devant une foule gesticulante et enthousiasmée de 14,450 spectateurs au Forum. »

Lach n'a rien vu

Dans un autre article, *La Presse* rapporte les échos du vestiaire. « Les journalistes entouraient naturellement Elmer Lach, le grand héros sportif de la soirée et ils inscrivaient dans leurs calepins toutes les paroles du valeureux joueur de centre », dit l'auteur.

Au sujet de son but, Lach déclare : « Maurice Richard a gâté la sauce. Quand il a sauté sur moi pour me féliciter, il m'a empêché de voir scintiller la lumière rouge. Je n'ai rien vu. C'est le Rocket qui m'a dit que j'avais compté. Je suis très heureux d'avoir compté. Il s'agit peut-être du dernier but de ma carrière dans le hockey[1] » [...] J'ai reçu une passe de Richard et sans arrêter la rondelle j'ai laissé partir le disque juste au moment où Richard passait devant les buts pour obstruer la vue d'Henry. Je n'ai pas vu pénétrer la rondelle dans la cage. Richard est sauté (sic) à mon cou et il m'a jeté sur la patinoire. Nous avons ensuite valsé ensemble et il m'a dit : "Elmer, tu as compté". »

Fait à noter : il s'agit de l'unique but de Lach en 12 parties de séries éliminatoires.

Duo McNeil-Plante

Cette domination du Canadien durant les séries est aussi celle de son duo de gardien de but : le vétéran Gerry McNeil et la recrue Jacques Plante, rappelé des Bisons de Buffalo.

Dans la série demi-finales contre Chicago, Plante succède à McNeil pour le sixième match. Le vétéran a perdu la cinquième rencontre et les Black Hawks mènent alors la série 3-2. Or le Canadien remporte le sixième match, 3-0, à Chicago. Plante devient du coup le premier gardien substitut de l'histoire de la LNH à réussir un blanchissage à sa première partie en éliminatoires.

La Presse souligne l'exploit. « Jacques Plante n'a pu tricoter en paix au cours des derniers jours et tout indique que d'ici la fin des activités du

1 Lach joua une autre saison avec le Canadien avant de prendre sa retraite.

club Canadien cette saison, il devra laisser de côté l'assemblage complexe d'une nouvelle tuque», indique un scribe au lendemain de ce match.

Par cette boutade, l'auteur fait allusion au fait que Plante a appris à tricoter dans son enfance et qu'il se confectionnait des tuques qu'il portait alors qu'il jouait dans les rangs juniors.

Plante a remplacé McNeil qui, de son propre aveu, est trop nerveux devant le filet. Pour le septième match, il est de nouveau en poste, car McNeil s'est blessé à l'entraînement. Le Canadien gagne la partie finale 4-1, grâce à deux buts d'Eddie Mazur.

Durant la série finale contre Boston, McNeil reprend le collier après la défaite dans le second match. Il protégera la cage du Canadien jusqu'à la fin de la série. Au terme du match décisif, *La Presse* rapporte sa joie. «Je ne pouvais souhaiter un plus beau cadeau pour mon 27e anniversaire de naissance, dit-il. Je suis né le 17 avril mais c'est aujourd'hui le 16 que je veux célébrer.»

Dickie Moore lève les bras au ciel sur le but de Bernard Geoffrion sur cette photo du 7 avril 1953. Le titre évoque la performance du gardien substitut Jacques Plante.

28 LA PRESSE, MONTRÉAL, MARDI 7 AVRIL 1953

JACQUES PLANTE SERA DE NOUVEAU DANS LES BUTS DU

"Nous éliminerons le Chicago si nous jouons comme nous l'avons fait samedi", dit Irvin

Le gardien régulier Gerry McNeil est blessé à la cheville pendant la pratique d'hier. — MacKay, Mazur, Davis et Mosdell en uniforme.

"Si nous jouons de la même façon que nous l'avons fait samedi soir à Chicago, nous allons triompher des Black Hawks ce soir", a déclaré l'instructeur Dick Irvin. "Jacques Plante sera de nouveau dans le filet et je n'effectuerai aucun changement à la combinaison qui nous a valu de l'emporter par 3 à 0. J'avais songé au cours du voyage de retour à renvoyer Gerry McNeil à son poste, mais un malencontreux accident survenu au cours de la matinée d'hier lors de la pratique ne nous laisse aucune alternative à ce sujet", a ajouté le pilote du Canadien.

McNeil, qui avait cédé sa place à Plante lors de la dernière joute à Chicago samedi soir à cause d'une trop grande nervosité, a été blessé à la cheville sur un lancer de Maurice Richard hier matin. Il n'a pas subi de fracture, mais il devra être au repos pendant plusieurs jours, ce qui confirme la nouvelle à l'effet que Plante occupera le poste de gardien de buts d'ici la fin des activités du club Canadien cette saison.

Calum MacKay, Eddie Mazur, Lorne Davis, Ken Mosdell, qui en étaient tous trois à leur première joute de la série dans l'uniforme du Tricolore samedi soir dans la Ville des Vents, s'aligneront de nouveau ce soir, tandis que Paul Meger, Dick Gamble, Paul Masnick et Bud MacPherson demeureront au repos.

Les deux équipes sont maintenant sur un pied d'égalité avec chacun trois victoires et le club qui l'emportera ce soir s'assurera de rencontrer les Bruins de Boston en finale. Le Canadien est favori pour éliminer le Chicago ce soir et ainsi répéter son exploit de l'an dernier contre le club de Lynn Patrick.

LE HOCKEY A CKAC CE SOIR

Ce soir à 9 h., Michel Normandin, sur les ondes de CKAC, donnera la description de la rencontre Chicago-Canadien. Avec trois victoires, les deux équipes sont sur un pied d'égalité. La joute de ce soir terminera la série semi-finale et le gagnant sera opposé aux Bruins de Boston.

On sait l'importance de cette dernière rencontre pour les deux équipes aussi les sportifs ne manqueront pas de syntoniser CKAC pour connaître les détails de cette joute.

Une nouvelle ligue junior

C'est ce que laisse entendre Frank Byrne au

LE CALME DÉSARMANT DE DOUG HARVEY

Dans le concert des célébrations entourant cette conquête, un joueur du Bleu Blanc Rouge affiche un calme désarmant: Doug Harvey. Relisons ce que *La Presse* écrit sur lui le 17 avril 1953.

«Doug Harvey est un joueur très modeste. Aussitôt après avoir vu Elmer Lach compter le but qui donnait la victoire du Canadien, le joueur de défense a quitté le banc des joueurs pour se retirer dans la chambre de son club. Il n'a pas assisté aux scènes d'enthousiasme de la foule et des joueurs et à la cérémonie de la présentation de la coupe Stanley.

«Dans la chambre, il a enlevé son uniforme sans dire un mot. Il écoutait en souriant les échos des acclamations de la foule, quand la porte de la chambre s'ouvrait.»

«Nous lui avons demandé pourquoi il n'était pas sur la patinoire pour goûter au triomphe et pour se faire photographier avec les autres champions du monde au hockey. Voici sa réponse: "Mon coeur ne me permet pas de telles manifestations. Ce n'est pas de ma faute. Je suis fait ainsi. La joie me fait pleurer et mon cœur saute dans ma poitrine. Je suis mieux de demeurer ici[2]."

«Harvey fut le premier à quitter la chambre, mais non sans avoir serré la main de Lach, McNeil, Richard et Bouchard[3] pour les féliciter.»

2 Plusieurs sources affirment aujourd'hui que Harvey a souffert dans sa vie d'un problème dépressif et d'alcoolisme. Mais il faut lui rendre ce qu'il est: un des plus grands joueurs de défense de toute l'histoire de la LNH.

3 Émile «Butch» Bouchard est alors le capitaine de l'équipe.

POIGNÉE DE MAINS HISTORIQUE ENTRE RIVAUX AMOCHÉS

En avril 1952, le Canadien élimine en demi-finales les Bruins de Boston en sept matchs avant de participer à la finale de la Coupe Stanley contre les Red Wings de Détroit (vainqueurs en quatre parties). Or, une photo célèbre, montrant Maurice Richard serrant la main du gardien des Bruins Sugar Jim Henry, est croquée par Roger St-Jean le soir de l'élimination du Boston.

Si cette photo a traversé les décennies, trois autres clichés, publiés le 9 avril 1952 valent tout autant le coup d'œil, car elles racontent l'histoire de ce match mémorable.

En deuxième période, Richard est atteint d'un coup de bâton de Léo Labine et reste étendu sur la glace. Transporté à l'infirmerie, il reprend conscience, reçoit six points de suture et revient au jeu au milieu de la troisième période. À trois minutes de la fin, il compte le fameux but donnant la victoire au Tricolore.

Sur une autre photo, Henry et Richard, tous deux blessés, se serrent la main. «Le gardien des Bruins montre également une cicatrice attestant que la lutte a été rude pour les joueurs des deux équipes. Mais Henry oublie la rivalité et ne songe plus qu'à l'exploit de l'ailier droit du Canadien», dit la légende.

Les deux autres photos sont prises dans la chambre des joueurs. Elles offrent un contraste saisissant: Richard souriant avec son père Onésime et Richard pleurant en recevant les félicitations du sénateur Donat Raymond, propriétaire et président de l'équipe.

OCTOBRE 1953

JEAN BÉLIVEAU : UNE ARRIVÉE FRACASSANTE

Dans la joute d'étoiles de demain au Forum

ICI et LÀ dans

Atmosphère de la série mondiale

Le 2 octobre 1953, une photo montre Jean Béliveau encadrant Maurice Richard et Eddie Mazur pour la formation d'une ligne d'attaque. Béliveau n'a pas encore signé son contrat avec le CH.

Jean Béliveau n'a pas besoin d'être présenté aux partisans du Canadien lorsqu'il amorce sa première saison avec l'équipe, en octobre 1953. Ils attendent son arrivée avec impatience.

Depuis quelques années déjà, le grand joueur de centre fait la pluie et le beau temps dans les rangs juniors et amateurs avec les Tigres de Victoriaville, les Citadelles et les As de Québec. Il a même fait quelques présences avec le Canadien, comptant six buts en cinq parties !

Le 18 avril 1953, deux jours après la victoire du Canadien en finale de la Coupe Stanley, *La Presse* annonce que le directeur gérant du Canadien, Frank Selke, a bien l'intention de faire signer un contrat à Béliveau. « Le seul important changement susceptible de se produire concerne Jean Béliveau, indique le quotidien. Le directeur-gérant du Forum a en effet admis qu'il espère toujours que l'as de Québec acceptera de devenir professionnel avant l'automne prochain. Il compte même avoir une entrevue avec Béliveau dans quelque temps. »

Au début de l'automne, l'affaire est presque dans le sac. Béliveau est au camp d'entraînement du Canadien. Le vendredi 2 octobre, *La Presse* indique qu'il signera son contrat à temps pour jouer à l'occasion du match des étoiles présenté au Forum le lendemain. À l'époque, les étoiles de la LNH rencontraient l'équipe détentrice de la coupe Stanley. C'est alors la première fois que ce match[1] a lieu au Forum.

Dans l'édition du 3 octobre, on rapporte que le contrat n'est pas encore signé, mais « l'optimisme persiste » au Forum. Selon *La Presse*, Frank Selke déclare : « Ce n'est pas une question d'argent. Il y a quelque chose qui échappe au contrôle immédiat de Béliveau et de moi-même et il veut sans doute en reparler à d'autres. C'est tout ce que je puis dire pour le moment. »

Les choses s'arrangent ce jour-là. Béliveau signe et participe au match des étoiles. Le Canadien perd 3-1 devant une foule de 14 322 spectateurs. Dans son édition du lundi 5 octobre, *La Presse* encense la performance du jeune joueur. On lit :

« Ce qui consolait facilement les partisans du Tricolore, également, c'était la rentrée quasi triomphale mais pacifique de Jean Béliveau, qui avait mis fin à de nombreux commentaires en signant finalement son contrat avec le Canadien, un émule du "Rocket" qui se montra digne des meilleurs champions de la Coupe Stanley. Béliveau n'enregistra pas un seul point, mais son jeu de passes, particulièrement celle qu'il fournit à Richard dans la troisième période et qui amena le Rocket seul devant Sawchuk valait les plus élogieux commentaires. On eût dit deux vieux coéquipiers dont les jeux se complétaient si bien qu'ils étaient faits l'un pour l'autre.

« Avec le sang-froid d'un chevronné, Béliveau déjoua plusieurs joueurs étoiles de la Ligue nationale avec la même facilité qu'il le faisait contre d'anciens rivaux de la Ligue Senior.

« En un mot, le Canadien comptait une autre étoile dans ses rangs. La tenue de Richard lui conservait la place d'honneur qu'il occupe dans l'esprit de tous les connaisseurs du hockey, la performance de Béliveau l'élevait du coup aux rangs des grandes vedettes. L'incomparable Richard était digne d'un Béliveau, mais ce dernier était aussi digne de Richard. »

On annonce également que Béliveau portera le numéro 4.

Quelques livres en trop

La saison du Canadien s'amorce au Forum contre Chicago, le jeudi 8 octobre. Encore une fois, *La Presse* s'intéresse de près au nouveau venu. On annonce qu'il formera le premier trio de l'équipe avec Richard et Bert Olmstead. Bernard Geoffrion, Elmer Lach et Eddie Mazur constitueront le deuxième trio.

Dans ce concert d'éloges, un petit nuage : Béliveau doit perdre du poids.

« Béliveau est encore trop lourd, écrit le journaliste. Il pèse 212 livres. Il sera vraiment un joueur de la NHL quand il pèsera 200 livres. C'est l'opinion d'Irvin. À 212 livres et plus, Béliveau est un as dans la Ligue sénior. Mais pour lutter dans la Ligue nationale contre la crème des joueurs de hockey, il lui faudra réduire son poids à 200 livres. Il sera alors plus vite dans ses mouvements et s'épuisera moins facilement. Il va recevoir de durs coups dans la NHL. Les adversaires vont tenter de le démolir, de lui faire perdre confiance. »

1 Il s'agit de la septième édition du match des Étoiles de la LNH.

MONTREAL, VENDREDI 16 OCTOBRE 1953

PTENT 2 BUTS CHACUN CONTRE LES RANGERS

Jean Béliveau, l'une des grandes vedettes du Canadien à l'attaque

épit d'une surveillance étroite de la part des joueurs des Rangers de New-York, le centre JEAN BELIVEAU a présenté

deux points pour aider le

Un autre reportage, publié le 16 octobre 1953, élogieux à l'égard du nouveau numéro 4 du Canadien.

Après ce premier match, remporté 3-0 par le Canadien, on s'empresse d'analyser le travail du tandem Richard-Béliveau. Avec deux buts, « Richard fournit une sensationnelle exhibition », dit *La Presse*. Pour le quotidien, le Rocket « demeure encore le joueur des grandes circonstances, le hockeyiste (sic) spectaculaire par excellence, le compteur émérite ».

Béliveau ? Évoluant à côté d'un joueur [Richard] dont tous les mouvements, tous les gestes ont quelque chose de sensationnel, Béliveau, il faut en convenir, pouvait difficilement paraître à son avantage. Mais il a bien rempli sa tâche, exécutant de belles passes bien précises, quelques rares mais durs lancers. Sa situation n'était pas enviable. Il évoluait à côté du joueur le plus spectaculaire dans le hockey, il jouait sa première partie régulière, il faisait son apparition sur la glace après une publicité comme jamais un joueur de hockey n'en avait obtenue et devant un public qui guettait tous ses mouvements, tous ses gestes. Dans les circonstances, le début de Béliveau a été satisfaisant. »

Sur cette photo publiée le vendredi 9 octobre 1953, le jeune Jean Béliveau va à la rencontre de Maurice Richard après un but de ce dernier. Ce ne sera pas leur dernière accolade. Quatre ans plus tard, Béliveau obtient une passe sur le 500e but du Rocket.

AH ! LES SALAIRES

Il a souvent été écrit qu'à son embauche avec le CH, Jean Béliveau a signé un contrat de cinq ans lui rapportant un salaire de 20 000 $ par année et des bonis. Une situation qui aurait créé un certain malaise, Maurice Richard recevant un salaire moindre. D'aucuns affirment d'ailleurs que le contrat du Rocket fut revu à la hausse par la suite. Chose certaine, le salaire versé à la nouvelle vedette nourrit rapidement la chronique en ce mois d'octobre 1953. Le 12, au lendemain d'un match à Boston, un journaliste de *La Presse* raconte dans la chronique « Ici et là dans le sport » que les médias de Boston essaient malicieusement de créer la bisbille entre Béliveau et Richard sur cette question salariale[2].

« Les journaux locaux [de Boston] posent comme condition au succès du Canadien, une entente parfaite entre Maurice Richard et Jean Béliveau. Et c'est exactement le contraire qu'ils essaient de créer, c'est-à-dire une division entre les deux hommes », écrit-il.

Puis, il se lance vivement à la défense du Canadien et de ses joueurs. « Nul besoin d'aller plus loin pour comprendre ce qu'on vise, avance le scribe. Il était évident même avant aujourd'hui que les clubs de la Ligue nationale souhaitaient rien de mieux que de créer une atmosphère de jalousie dans le camp du Canadien. C'est Ted Lindsay des Red Wings qui, avant même l'ouverture de la saison, demandait à Richard ce qu'il allait faire pour obtenir de la publicité maintenant que Béliveau était l'homme dont les journaux parlaient. »

Plus loin, il affirme que les chiffres avancés ne sont que pure imagination, que la direction du Canadien garde le secret sur les contrats passés avec les joueurs. « Tous les chiffres mentionnés ne sont qu'une possibilité, une probabilité », dit-il.

« Pour ce qui est de Richard et de Béliveau, les deux hommes sont deux amis, qui s'apprécient, qui veulent le succès l'un de l'autre, enchaîne-t-il plus loin dans son texte. Quant à la publicité qui leur est accordée, nous pouvons dire qu'ils ne l'ont nullement recherchée, qu'elle leur a été accordée parce qu'ils se la sont méritée par leurs exploits. »

2 Dans son autobiographie, Béliveau indique avoir signé un contrat de cinq ans pour 100 000 $ avec le Canadien. Il indique aussi qu'il recevait un salaire de 20 000 $ avec les As, ce qui en a fait « pendant quelque temps », un joueur mieux payé que Gordie Howe et Maurice Richard. « Si la signature de mon contrat avec le Canadien a pu en aider d'autres, tant mieux », dit-il aujourd'hui lorsqu'on lui rappelle cette affaire.

1954

PRINTEMPS 1954 ET 1955

DEUX DÉFAITES CRÈVE-CŒUR EN FINALE

30

UN BUT DE MOSDELL

Gerry McNeil revient au jeu et le Tricolore gagne, 1-0

L'audacieux Dick Irvin remplace Plante par Gerry McNeil et le vétéran blanchit les puissants Red Wings à sa première partie en deux mois.

6e partie de la série au Forum demain

Kenny Mosdell met fin à une grande classique de hockey en comptant le seul but après 5 minutes et 45 secondes de jeu dans la période supplémentaire.

par Marcel DESJARDINS

Détroit, 12. — Dick Irvin est l'homme par excellence dans les situations désespérées. Parce que, selon sa propre admission, il est probablement le plus mauvais perdant que l'on puisse rencontrer dans le hockey, il prend à certains moments des décisions renversantes devant lesquelles reculerait tout autre instructeur. Lui qui, l'an dernier, en face de l'élimination qui menaçait son club au cours des séries semi-finales, remaniait complètement son alignement, mettant de côté des joueurs de valeur reconnue, prouvée, par d'autres presque inconnus du public et venant de circuits mineurs et parvenait par le fait même à conduire les siens à la victoire sur les Black Hawks de Chicago, a eu, hier soir, un autre geste d'audace qui lui a encore réussi à merveille puisqu'il a permis au Canadien de vaincre les Red Wings par le score de 1 à 0 au moment où le club montréalais semblait bel et bien sur la route de la sortie du hockey pour cette saison.

A la suite de l'extraordinaire stratégie de son astucieux instructeur qui n'a pas hésité à remplacer Jacques Plante qui n'avait alloué que 27 buts en 17 parties pendant la saison régulière et 15 depuis l'ouverture des séries éliminatoires par Gerry McNeil, qui n'avait pas évolué une seule fois dans le filet du club depuis son accident subi à la cheville le 11 février à Chicago, le Canadien, loin d'être éliminé, retournait aujourd'hui dans la métropole canadienne en vue de la sixième joute de la série finale pour la coupe Stanley, demain soir, au Forum.

Ce revirement de situation a redonné confiance à une équipe qu'on considérait bien éliminée après ses deux échecs de 3 à 1 et 2 à 0 de jeudi et samedi derniers à Montréal et le Canadien est redevenu un club qui se croit maintenant capable de se remettre sur un pied d'égalité avec son rival demain soir à Montréal et de forcer une septième joute vendredi prochain à Détroit.

S'emparant de la rondelle dans la zone de son propre club où l'avaient lancée les Red Wings, Mosdell s'est lancé à toute vitesse vers le territoire du Détroit pendant que l'instructeur Tommy Ivan changeait sa ligne d'attaque. Favorisé par le fait même, le vétéran s'est avancé dans la zone du Détroit avant de rencon-

Le dimanche 11 avril 1954, le CH évite l'élimination contre Detroit. *La Presse* évoque le génie du gérant Dick Irvin qui a eu l'audace d'envoyer Gerry McNeil devant le filet.

Depuis quelques années, le Canadien connaît une montée en puissance. La Coupe Stanley de 1953 le prouve. Aux vétérans Richard, Lach, Harvey, Bouchard, McNeil se greffent de jeunes prometteurs tels Béliveau, Plante et Geoffrion. Mais sur sa route se dresse un redoutable et puissant ennemi : les Red Wings de Detroit.

Il suffit de comparer les deux équipes en 1953-1954 et 1954-1955 pour comprendre. Chaque fois, Detroit gagne le championnat de la saison régulière, suivi de près par le Tricolore. Chaque fois, les as offensifs des deux équipes prennent les cinq premiers rangs du classement des pointeurs.

Qui s'étonne, au terme de ces deux saisons, de voir Montréal et Detroit s'affronter en finale de la Coupe Stanley ? Chaque fois le Canadien subit deux défaites crève-cœur. En sept matchs.

« La chance a tourné contre moi »

Au printemps 1954, le Canadien traverse la demi-finale contre Boston en quatre matchs consécutifs. Detroit en prend cinq pour envoyer les Leafs de Toronto en vacances. La finale débute à l'Olympia de Detroit le dimanche 4 avril. Les Wings, que *La Presse* qualifie de « puissante machine offensive », remportent ce premier match, 3-1.

Montréal gagne la deuxième partie, mais la liste des joueurs blessés s'allonge. Pour la troisième rencontre, au Forum, Jean Béliveau joue en dépit d'un « charly-horse », dit le journal. Trop fort, Detroit gagne les deux matchs sur la patinoire du Canadien.

Dans les câbles, l'équipe montréalaise évite l'élimination à Detroit en remportant une courte victoire de 1-0. L'instructeur du Canadien, Dick Irvin, apporte un changement dans les buts, y relevant Jacques Plante au profit de Gerry McNeil qui blanchit Howe et sa bande.

La Presse crie au génie. « Dick Irvin est l'homme par excellence dans les situations désespérées, écrit le journaliste Marcel Desjardins[1] le 12 avril 1954. Parce que, selon sa propre admission, il est probablement le plus mauvais perdant que l'on puisse rencontrer dans le hockey, il prend à certains moments des décisions renversantes devant lesquelles reculerait tout autre instructeur. »

Après une brillante victoire de 4-1 du Tricolore à Montréal le 14 avril, Canadien et Wings retournent à Detroit pour la rencontre finale, le vendredi 16. La victoire des Wings est dramatique. Après trois périodes, les deux équipes sont à égalité, 1-1. En première période de temps supplémentaire, alors que le jeu se déroule dans la zone du Canadien, Tony Leswick décoche un tir d'une quarantaine de pieds. Le défenseur Doug Harvey essaie d'intercepter la rondelle avec sa main. Il la touche et elle dévie dans le but. Après 4 minutes et 29 secondes de jeu, c'est la fin des émissions.

Le reportage de *La Presse* du lendemain est sobre. Un long titre en lettres capitales annonce la victoire des Wings. Une photo studio de la coupe Stanley. Une photo officielle de l'équipe gagnante. Quelques textes coiffés de petits titres.

La rondelle déviée par Harvey ? Marcel Desjardins écrit : « Apparemment, Doug Harvey tenta de bloquer le caoutchouc avec sa main. Mais le disque lui échappa, frappa apparemment son épaule et rebondit. McNeil fit un mouvement pour bloquer la rondelle mais il ne s'attendait pas à ce bond et son geste fut inutile car le disque alla se loger dans le fond du filet. ».

Le journaliste Pierre Proulx raconte ce qui se passe dans le vestiaire du Canadien après la partie. Le titre « Déception évidente dans la chambre du Canadien » en dit long sur la suite. Relisons-le : « Un silence brisé seulement par le bruit de l'eau dans la douche règne dans la chambre du Canadien. Les athlètes, ruisselant de sueur et épuisés, exténués par la lutte gigantesque qu'ils ont livré et qui ne s'est pas terminée en leur faveur, demeurent à leurs places chacun avec l'expression qui permet de croire qu'ils sont à revivre les péripéties de la joute qui vient de se terminer il y a à peine quelques minutes.

« Personne n'ose parler, l'instructeur Dick Irvin joue avec un crochet sur l'une des caisses qui contient l'équipement. Gerry McNeil délace lentement ses jambières ; Maurice Richard pleure, Jean Béliveau a le regard fixe sur le mur opposé : Doug Harvey semble se parler à lui-même. C'est un silence comme on n'en a jamais été témoin dans la chambre du Canadien, même après les défaites les plus cinglantes. »

1 Depuis quelques mois, on commence à voir la signature des journalistes sur les reportages.

Proulx raconte que le directeur général Frank Selke tente de remonter le moral de ses joueurs avec des mots d'encouragement. Puis, il rapporte cet échange entre Harvey et McNeil.

« C'est Harvey qui se glisse sur le banc en l'absence d'Émile Bouchard rendu aux douches pour dire à McNeil : "Tu sais, si je n'y avais pas touché, à ce disque, le but n'aurait pas été compté. J'ai cru que je pourrais tenir la rondelle dans les mains et t'éviter ainsi un lancer mais la chance a tourné contre moi."

« Et McNeil de répondre : "Il fallait qu'il en fût ainsi, que veux-tu ?" »

Au représentant de *La Presse*, McNeil se dit convaincu qu'il aurait pu arrêter la rondelle, mais que le geste de Harvey a changé sa trajectoire et qu'il s'est retrouvé hors d'équilibre[2].

Sans le Rocket

L'année suivante, le scénario se répète. Mais cette fois, ce n'est pas une rondelle déviée mais la suspension controversée de Maurice Richard qui coule le Canadien[3].

En demi-finale, le Canadien déclasse les Bruins en cinq matchs et Detroit balaie Toronto, 4-0. Tout est prêt pour la reprise de 1954. Les deux équipes se partagent les six premières parties, chacune gagnant trois fois à domicile. La rencontre finale a lieu le jeudi 14 avril à Detroit. Cette fois, les Wings dominent le Canadien et l'emportent 3-1. Le seul but du Tricolore, compté par Floyd Curry, survient tard en troisième période.

« Le Detroit conserve le championnat mondial au hockey », titre *La Presse* le lendemain. Le journaliste Marcel Desjardins cite le gérant général des Wings, Jack Adams, diplomate : « Un grand club a vaincu un grand adversaire dans une grande série. »

2 McNeil aurait été si affecté par ce but de Leswick qu'il annonce sa retraite et ne joue pas en 1954-1955. Il revient cependant avec le Canadien la saison suivante.

3 Au sujet de l'émeute du 17 mars 1955, voir le chapitre suivant.

« Si cette dernière partie avait été disputée à Montréal, il est bien permis de croire que c'est un résultat tout différent que nous ferions connaître aujourd'hui », analyse Desjardins. Quelques lignes plus loin, il affirme que « l'opposition offerte par le Canadien dans cette série a étonné tous les amateurs de hockey ».

Tout cela n'empêche pas l'instructeur du Canadien Dick Irvin d'exploser de rage. Présent à l'Olympia, le journaliste Pierre Proulx rapporte ses propos : « Vous désirez savoir ce qui a été le point tournant de la série ? Alors je vais vous le dire : Le 17 de mars au Forum de Montréal. C'est alors que tous nos rêves échafaudés au cours de la saison régulière sont venus se briser l'un après l'autre avec la perte des services de Maurice Richard de la joute du 17 mars, ce qui assurait la première place aux Red Wings de Detroit puis la Coupe Stanley ce soir. »

Quelques lignes plus haut, Proulx décrit l'état d'abattement dans lequel se trouve l'instructeur de l'équipe perdante. « Le vétéran instructeur Dick Irvin n'était que l'ombre de lui-même, un homme abattu, déçu, découragé, qui venait de voir une fois de plus le trophée tant convoité lui glisser entre les mains après une série d'efforts surhumains[4]. »

Chez les vainqueurs, c'est l'euphorie. Proulx et Desjardins écrivent : « En entrant dans la salle, le capitaine Ted Lindsay aperçut quelques caisses de liqueur douce. "Mais où est la bière promise si nous étions vainqueurs ce soir ?" s'écria-t-il. Celle-ci n'arriva que plus tard. Les joueurs des Red Wings qui s'étaient félicités sur la glace répétaient les mêmes gestes, les mêmes paroles. »

Ce fut la dernière Coupe des Wings jusqu'à la saison 1996-1997. Dans le cas du Canadien par contre, c'était le début d'un temps nouveau…

4 Ce fut le dernier match d'Irvin avec le Canadien. L'année suivante, il prend un poste à la haute direction des Black Hawks de Chicago.

LES RED WINGS DE DETROIT REMPORTENT LA COUPE STANLEY

Le 17 avril 1954, c'est avec un reportage très sobre qu'est annoncée l'octroi de la Coupe Stanley aux Red Wings de Detroit.

Les Red Wings célèb…

Reportage sur le victoire de Detroit en avril 1955. Sur la photo du bas, quelques épouses et amies de cœur des joueurs du Canadien réunies devant un téléviseur.

CAMPBELL NIE UNE RUMEUR

En marge de la finale de 1955, le président de la LNH doit nier une rumeur envoyant la concession du Canadien aux États-Unis. *La Presse* évoque l'affaire le 11 avril.

« Le président Clarence Campbell de la Ligue nationale a qualifié de ridicule la nouvelle à l'effet que certains clubs américains auraient exprimé le désir que la franchise du Canadien soit transférée dans une autre ville à la suite de la partie inachevée du 17 mars au Forum.

« Il n'a jamais été question de transférer la franchise du Canadien pas plus que le quartier général de la ligue. Pareille idée est inconcevable. Je n'ai jamais entendu parler d'une telle suggestion. »

1955

17 MARS 1955

ÉMEUTE, RUE SAINTE-CATHERINE

LA PRESSE

EDITION FINALE 254,620

DÉFI ET PROVOCATION DE CAMPBELL

Le président après avoir été giflé

Le président n'aurait pas dû aller au Forum

Un appel du maire

Accords ratifiés par Bonn

M. Adenauer

Un député obtient la priorité

Soirée et nuit turbulentes

Destruction et pillage

Manifestation rageuse et désordonnée à Montréal

A l'extérieur

Vandalisme rue Ste-Catherine

Appel de Richard à la population?

Aucun traité entre les E.-Unis et nous au sujet de Formose

Campbell se vante

Signification de la visite de M. Dulles

Yalta a été une erreur, dit R. Nixon

SOMMAIRE

La une de *La Presse* au lendemain de l'émeute, le 18 mars 1955.

Le monde du sport a souvent été le catalyseur de sursauts nationalistes au Québec. On n'a qu'à penser aux commentaires désobligeants du sauteur américain Dwight Stone aux Jeux olympiques de 1976 à Montréal. À qui portera le drapeau canadien aux Jeux olympiques. Ou encore, aux hockeyeurs francophones se faisant traiter de « frogs » sur la glace.

Au hockey, la question nationale se manifeste dès la naissance du Canadien. Chaque sélection, chaque exploit d'un Canadien français est largement salué. En mars 1955, l'expression de ce nationalisme vire à l'émeute avec la suspension infligée par le président de la LNH, Clarence Campbell, à Maurice Richard à la veille des séries éliminatoires. Mais cette colère n'est pas uniquement canadienne-française. Elle est montréalaise.

Dans sa couverture des événements, article après article, page après page, *La Presse* fait état du mécontentement collectif des Montréalais, des amateurs de hockey du Québec et d'ailleurs. Ce n'est pas tant un antagonisme francophone-anglophone mais davantage un ressentiment frôlant la haine contre le président Campbell qui est illustré.

Quant à l'état-major, anglophone, du Canadien, il jette le blâme sur les journalistes des autres villes comptant une équipe de la LNH. Pour les Selke, Irwin et autres, il n'y a pas de doute que les scribes ont monté l'affaire en épingle contre le Rocket.

Un dimanche soir sanglant

Tout commence le dimanche soir du 13 mars 1955 alors que le Canadien rend visite aux Bruins, au Garden de Boston. La fin de la saison régulière approche. Avec quatre matchs à jouer, le Canadien est en tête du classement des équipes, quatre points devant les Red Wings de Detroit. Richard mène la course au championnat des pointeurs, suivi de ses coéquipiers Bernard Geoffrion et Jean Béliveau, avec respectivement deux et trois points de retard. Héros du public depuis plus de dix ans déjà, Richard n'a jamais remporté ce titre [1].

Le 13 mars donc, nous sommes à la 14e minute de la troisième période lorsque Richard reçoit un coup de bâton au visage de son ancien coéquipier, Hal Laycoe. Saignant abondamment, Richard rapplique et frappe sévèrement Laycoe d'un coup de poing à l'oeil droit. Alors que le juge de ligne Cliff Thompson essaie de retenir Richard, qui veut poursuivre l'altercation, il est repoussé et frappé par le fougueux ailier droit. Richard reçoit une punition d'inconduite de partie, ce qui entraîne une amende de 100 $. Le Canadien perd le match 4-2.

Le lendemain, l'envoyé spécial de *La Presse*, Paul-Émile Prince, témoigne de la perte de sang-froid du Rocket. « L'impétueux et spectaculaire Maurice Richard, atteint à la tête par le bâton de Hal Laycoe, des Bruins de Boston, s'est révolté hier soir et a soudainement fait explosion pour déclencher une furieuse bataille qui a marqué cette joute que le club avait déjà gagné au moment de l'échange des coups », écrit-il.

Prince décrit l'état de furie dans lequel le numéro 9 était plongé. « Il était facile de constater que Richard avait complètement perdu son sang froid, qu'il était hors de lui-même, écrit-il. Il est parvenu à atteindre Laycoe avec un bâton et son poing pour le blesser au-dessus de l'oeil. »

Le texte annonce que l'affaire a été soumise au président Campbell. Richard en est à ses troisièmes démêlés avec des officiels. Le 29 décembre 1954 à Toronto, il avait lancé un de ses gants à la figure d'un juge de lignes. Quelques années plus tôt, il avait saisi un arbitre au collet dans le lobbye d'un hôtel de New York. Dans les deux cas, il avait été puni d'une amende.

Attente et spéculations

Dans son édition du mardi 15 mars, *La Presse* rappelle ces incidents. Elle donne des détails sur la rencontre prévue le lendemain au bureau de Campbell, dans l'édifice Sun Life à Montréal. Tous les acteurs de l'affaire ont été convoqués. On soupèse les sanctions possibles.

Le 16 mars, la tension est forte à l'intérieur et autour du bureau de Campbell, où Richard et son entraîneur, Dick Irvin, sont attendus à 10 h. *La Presse* rapporte, comme s'il s'agissait d'un tapis rouge, l'ordre d'arrivée des principaux protagonistes au

1 Il ne le remportera jamais. Après la suspension de Richard, Bernard Geoffrion le rattrape et le dépasse d'un point (75 vs 74) au terme de la saison.

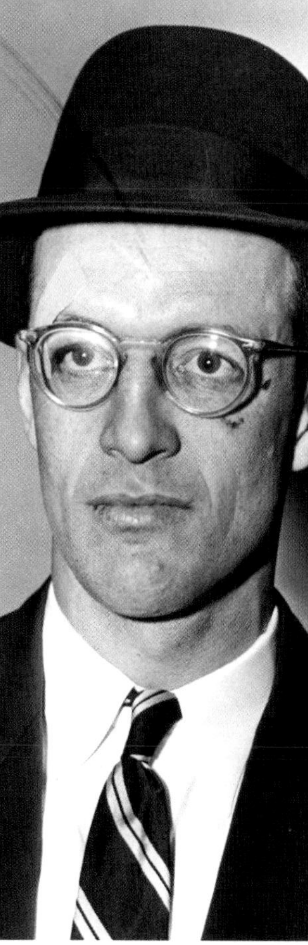

Cliff Thompson, Hal Laycoe et Maurice Richard au moment de passer au bureau de Campbell, le 16 mars 1955 .

LE CANADIEN REDOUBLERA D'EFFORTS POUR REMPORTER LE CHAMPIONNA

La sévérité de la décision du président Campbell stimulerait les joueurs locaux

Sportifs mécontents

Approbation de Smyth

Lourde perte pour Richa

ICI et LA dans LE SPORT

"Richard chanceux de s'en tirer ainsi", dit Lindsay

La partie Detroit-Canadien à CKAC

PEEL-WINDSOR GARAGE

ANNONÇANT

nos fameux paletots à un nouveau bas prix!

= 49.50

Pontiac 55

harry gold

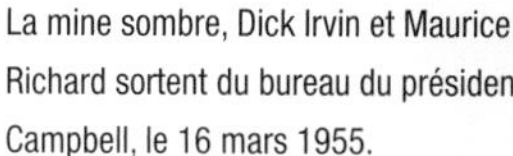

La mine sombre, Dick Irvin et Maurice Richard sortent du bureau du président Campbell, le 16 mars 1955.

bureau du président. Des photos de Thompson, Laycoe et Richard sont publiées en page 3.

« En entrant dans le bureau de Campbell, le spectaculaire ailier droit a serré la main que lui a tendue le président de la NHL et l'enquête a débuté quelques instants plus tard », indique l'article. Dans sa dernière édition, le quotidien annonce qu'à 16 h, le président Campbell n'a pas encore rendu sa décision, attendue depuis la mi-journée. À défaut d'un verdict, *La Presse* rapporte des échos de la rencontre, tenue derrière des portes closes.

« Comme on le prévoyait, la séance d'enquête a été orageuse, affirme-t-on. Des journalistes, dans une suite voisine, pouvaient entendre des éclats de voix, particulièrement celle de l'instructeur Dick Irvin du Canadien, un farouche défenseur de Richard[2]. » Plus loin, on lit que Richard « est sorti silencieux et grave » de la réunion qui a duré deux heures et demie.

La punition jugée trop forte

La décision, finalement, est rendue plus tard en après-midi. Maurice Richard est suspendu pour les trois parties restantes de la saison régulière ET les éliminatoires. Le lendemain, 17 mars, la nouvelle est publiée à la une. Deux textes résument les événements.

L'article du chroniqueur de sports Marcel Desjardins résume l'impression générale : « La punition jugée trop forte ». Le journaliste cite le maire Jean Drapeau selon qui une telle décision risque de « tuer le hockey » dans la métropole.

« Il me paraît évident, à la veille des séries éliminatoires, que la décision atteint encore beaucoup plus tout le hockey et tout le club Canadien que Maurice Richard lui-même », dit le maire qui souhaite une révision du verdict. « Il est à souhaiter que les responsables ou les dirigeants du hockey professionnel trouveront moyen de remédier à une situation aussi regrettable, car il ne faudrait pas beaucoup de décisions comme celle-là pour tuer le hockey à Montréal. »

L'autre article rapporte que le gérant général du canadien, Frank Selke, ne portera pas la décision en appel. On ajoute que le président Campbell entend, comme à son habitude, assister au match du Canadien, le soir même, au Forum, contre les Red Wings.

Le président de la LNH a « définitivement » l'intention d'assister au match et d'occuper le même siège que de coutume, ceci en dépit de menaces de mort proférées par des inconnus au téléphone. « Je n'ai pas l'intention de demander de protection », déclare-t-il.

Ce n'est cependant pas cette histoire qui fait la manchette. C'est plutôt la décision des États-Unis de rendre public les documents secrets de la conférence de Yalta tenue durant la Seconde Guerre mondiale. On y rapporte l'irritation de Winston Churchill face à cette décision. Les deux textes sur Richard sont joués en milieu et en bas de page.

2 Dans son autobiographie *Ma vie bleu-blanc-rouge*, Jean Béliveau évoque que les relations ont longtemps été tendues entre Irvin et Richard.

Le Maire Jean Drapeau à son bureau en 1955.

Toujours le 17 mars, dans les pages intérieures, une quinzaine d'articles couvrent la décision de Campbell sur tous les angles: incidents durant la carrière du Rocket, réaction du public et des joueurs, texte de la décision de Campbell, détails sur les menaces contre Campbell, Tout y passe!

Dans un commentaire, Ted Lindsay, un des ennemis jurés de Richard sur la glace, estime que ce dernier est chanceux de s'en tirer ainsi. Dans d'autres sports, Richard aurait été banni à vie, affirme le capitaine des Red Wings.

Le journaliste Paul-Émile Prince recueille les commentaires de plusieurs personnalités du monde des sports et de partisans, unanimes à trouver la décision exagérée. « C'est là une décision injuste à la Campbell, dit par exemple Jean-Paul Hamelin, ancien président par intérim de la Commission athlétique de Montréal et ancien conseiller municipal de la Ville. Il ne faut pas oublier que le juge de lignes Cliff Thompson a projeté Richard deux fois sur la glace, dimanche dernier. J'ai lu les versions de l'arbitre et des deux juges de lignes et elles sont toutes contradictoires. Pour le bien du hockey, c'est Campbell qui devrait s'en aller. »

De son côté, Marcel Desjardins sonde l'humeur de l'état-major du Canadien. C'est un mélange d'étonnement et de colère. « La direction du Canadien appréhendait une punition à Maurice Richard à la suite de l'incident de Boston, écrit-il. Elle était même prête à l'accepter sans mot dire. Mais jamais elle n'avait prévu une décision aussi sévère que la suspension de son joueur. [...] Non seulement les dirigeants du Tricolore considèrent exagérée la suspension de Richard mais ils comprennent encore moins le fait que Hal Laycoe, du Boston, qui a précipité les événements de dimanche, à Boston, s'en soit tiré sans aucune suspension ou amende. »

La faute à Campbell

Le soir du 17 mars, Clarence Campbell, se présente au Forum. Il est accompagné de sa secrétaire Phyllis King[3]. Tous deux prennent place à leurs sièges une dizaine de minutes après le début de la première période. Très vite, les choses dégénèrent.

Campbell est copieusement hué. Les spectateurs lui lancent toutes sortes d'objets. Un jeune homme, prétendant vouloir le féliciter, le gifle violemment avant d'être repoussé.

Quelques minutes après, c'est l'explosion d'une bombe lacrymogène. À la demande du chef des pompiers, le Forum est évacué. Le match est arrêté et la victoire concédée aux Wings qui menaient 4-1. Selon ce que rapporte *La Presse*, les choses se passent dans le bon ordre. Mais dehors, rue Sainte-Catherine, il y a de la casse.

Des projectiles sont lancés. Des vitrines fracassées. Des biens volés. Des voitures renversées. La police arrête des dizaines de manifestants.

L'émeute fait la manchette de *La Presse* du 18 mars. En fait, presque toute la une est consacrée à cette histoire.

3 Les deux deviendront époux plus tard.

6
5
4

Le titre principal est sans équivoque quant au responsable de cette bisbille : « Défi et provocation de Campbell ».

Le président n'aurait pas dû aller au Forum, disent le maire Drapeau et des habitués des lieux. « Le premier magistrat de la métropole a exprimé l'avis toutefois, que, tout inexcusable qu'il est, le fracas a été provoqué par la présence de M. Campbell au Forum », écrit-on.

Outre le texte principal, quatre textes secondaires et une photo de Roger St-Jean, montrant le président, replaçant son feutre après avoir été giflé, sont à la une. Un des articles affirme qu'il s'agit de la pire manifestation à survenir à Montréal depuis les émeutes anticonscriptionnistes, autre événement à caractère nationaliste.

Le même texte témoigne de la violence des manifestants. « Les tramways étaient à peu près immobiles dans la région du Forum. Les voyageurs devaient se coucher sur les bancs ou sur le plancher pour éviter d'être atteints par les morceaux de glace et les bouteilles qu'on y lançait à travers les vitres. [...] La populace était incontrôlable. Des kiosques de journaux ont été renversés pendant que le feu était mis à d'autres. Les montres de plus de 50 magasins ont été fracassés [...] Campbell, objet de la furieuse manifestation, fut atteint d'un coup de poing à la figure par un partisan et enseveli sous une avalanche de caoutchoucs [couvre-chaussures], de pistaches, de programmes, d'oeufs, de tomates et de cents. »

UNE CERTAIN JOHN GOMERY...

Dans le concert des réactions recueillies et publiées par *La Presse* au lendemain de la suspension de Richard, on remarque celle d'un certain John Gomery. Or il s'agit bel bien du même John Gomery, futur juge, ayant présidé la commission d'enquête sur le scandale des commandites !

Selon les propos rapportés par le journaliste Paul-Émile Prince, John Gomery, résidant du chemin Ainslie à Montréal-Ouest[5] estimait qu'une punition de deux matchs aurait été suffisante. La décision de Campbell a été « trop sévère pour un joueur de son calibre », dit-il. « Je crois que son tempérament qui en fait un joueur aussi remarquable est en partie responsable de ses sautes d'humeur et de sa nature aussi changeante », ajoute M. Gomery, alors étudiant en droit à l'Université McGill.

Lorsque nous lui avons téléphoné pour lui demander s'il était bien l'auteur de ces commentaires, M. Gomery a dit ne pas s'en souvenir. Par contre, l'adresse est celle de la maison familiale. « Je demeurais chez mes parents, dit-il, fort amusé. C'était [l'émeute] un an avant que je me marie. »

Il se dit étonné d'avoir fait ce commentaire. Par contre, il se souvient de sa réaction personnelle face à la suspension du Rocket. « J'étais un grand amateur des Canadiens à cette époque-là. Je pensais que c'était la meilleure équipe au monde et je les suivais. Maurice Richard était une grande vedette, un homme remarquable. »

5 On publiait alors les adresses complètes des gens exprimant leur opinion.

On insiste pour dire que les actes de vandalisme n'ont pas été commis par les habitués du Forum mais par de jeunes écervelés en colère. Un autre article rapporte que Campbell s'est vanté d'avoir obtenu l'appui de gouverneurs de la ligue et qu'il n'entend pas démissionner. Enfin, un court texte dit que Maurice Richard a offert au Canadien d'appeler la population au calme par le truchement de la radio et de la télévision. Ce qu'il fera le soir du 18.

En éditorial

Comme la veille, plusieurs autres articles sont publiés dans les pages intérieures. *La Presse* signe également un éditorial intitulé « Des excès à réprimer » où l'on souhaite que « pareil spectacle n'ait plus de lendemain ». L'auteur affirme : « Il y a eu exagération d'un côté comme de l'autre ; cependant, en départageant les responsabilités des brutalités qui ont accompagné la rencontre Canadien-Boston, dimanche dernier, et en les plaçant peut-être plus lourdement qu'il ne fallait sur les seules épaules de Richard, on a attisé un profond sentiment qui, malheureusement, s'est traduit par les violences dramatiques que l'on sait. »

Le 19, on dit que l'affaire Richard a été plus largement rapportée dans les journaux d'Ottawa que la visite du secrétaire d'État américain, John Foster Dulles, dans la capitale nationale.

Gérard Champagne, journaliste présent au camp d'entraînement des Dodgers de Brooklyn[4], envoie un texte depuis Vero Beach, en Floride. Il affirme que l'affaire Richard-Campbell a eu de grands échos jusque dans cet État.

C'est aussi le samedi 19 que le Canadien joue sa dernière partie de la saison à Montréal, contre les Rangers de New York. Le Tricolore gagne 4-2. *La Presse* rapporte que quelque 500 policiers ont été dépêchés au Forum et dans ses environs. Mais la rencontre est une des plus calmes de l'année. Il faut dire que cette fois, Clarence Campbell n'y a pas assisté.

Par contre, Maurice Richard est là, en spectateur. Au journaliste Pierre Proulx, il dit : « J'ai éprouvé des émotions diverses. » Proulx, qui suit Richard toute la soirée, est témoin d'une conversation entre l'ailier droit et son ancien coéquipier Elmer Lach. « À chaque mouvement effectué par l'un de mes coéquipiers, c'est tout comme si je faisais moi-même l'effort, dit-il. Je ressens le coup d'épaule reçu, j'applique moi aussi le *body-check*, je me retrouve à la mise en échec, puis, autour des buts. »

Plus loin, Proulx rapporte que le défenseur des Cataractes de Shawinigan, Jean-Paul Lamirande, prêté au Canadien, s'est tordu le genou et ne jouera plus de la saison. Apprenant la nouvelle en même temps que ses patrons, Richard demande le plus sérieusement du monde à Frank Selke s'il peut s'aligner avec les Cataractes. Sa question fait éclater tout le monde de rire.

4 Équipe du baseball majeur dont les Royaux de Montréal est le club-école.

CHAPITRE 25

1950

ANNÉES 1950 ET 1960

ANDRÉ TRUDELLE : PETIT TRAIN VA LOIN

Journaliste durant cinquante ans, André Trudelle a passé la majeure partie de sa carrière à *La Presse*. Engagé en 1953, il rêve de travailler à la section des sports.

Rien de plus normal pour un jeune qui, alors étudiant en philosophie à l'Université de Montréal, couvre les activités des Carabins, équipe de hockey universitaire, pour le journal *Quartier latin*.

À *La Presse*, Trudelle joint l'équipe des sports formée de Marcel Desjardins, Paul-Émile Prince, Pierre Proulx et Gérard Champagne. À l'automne 1955, il prend le *beat*, autrement dit la couverture régulière, du Canadien. Son premier voyage l'amène à Chicago.

On imagine un peu l'excitation du jeune reporter à côtoyer les Richard, Béliveau, Bouchard, Plante, Harvey et autres à bord du train vers la Ville des Vents. Il ne tarde cependant pas à se rendre compte pourquoi ses collègues lui cèdent volontiers leur place.

« Dans ces années-là, il y avait beaucoup de *home and home*[1] dit-il. Chicago était tellement loin que dès la fin du match du samedi soir au Forum, nous prenions le train, vers 23 h. À Fort Huron, dans le Michigan, nous prenions un train spécial pour Chicago où nous arrivions vers 18 h. Et le match commençait vers 19 h 30 ! »

Épuisante équipée donc. Et le retour, le lundi, est encore plus long, autour de 21 heures.

Or le lundi est jour de congé. Mais comme le journaliste a passé toute la journée avec les joueurs du Tricolore, il est fréquent que Marcel Desjardins, patron des sports, demande au scribe de pondre un papier pour le journal du mardi. Ce qu'il fait à son arrivée à Montréal, le lundi soir. « En général, notre texte était publié sous la rubrique "Ici et là", genre de billet ou commentaire des journalistes, tous signataires à la même enseigne », dit Trudelle.

Comble de chance, son arrivée coïncide avec celle de Toe Blake au poste d'entraîneur du Canadien. Il y remporte huit Coupes Stanley en treize ans.

André Trudelle se souvient de deux Toe Blake, l'homme intense dans le vestiaire et celui, beaucoup plus décontracté, une fois le match oublié.

« Avec Blake, c'était une religion, dit-il. Après une défaite, tu arrivais dans la chambre du Canadien et c'était comme un salon mortuaire. D'ordinaire, nous étions quatre journalistes, deux francophones, celui de *La Presse* et Jacques Beauchamp du *Montréal-Matin*, et deux anglophones, Pat Curran de *The Gazette* et Red Fisher du *Montreal Star*. Le premier gars qui posait une question était à peu près sûr de se faire engueuler par Toe. Mais c'était un bon gars lorsque le stress était retombé. À l'étranger, on allait à sa chambre d'hôtel. Il racontait de bonnes histoires. Malheureusement, c'était trop tard pour mon heure de tombée. »

Les jambes lourdes de Dickie Moore

Un jour, lors d'un voyage en avion, Trudelle et Red Fisher sont en route pour Detroit où le Canadien affronte les Red Wings. Leur appareil doit cependant atterrir à Cleveland. Les deux journalistes prennent un bus entre les deux villes. En route, Fisher raconte à Trudelle que l'ailier gauche du Canadien Dickie Moore a mal aux jambes, qu'il lui arrive la nuit d'allonger celles-ci sur un mur, pour soulager son mal.

« Arrivé à Detroit, je me rends dans ma chambre d'hôtel et je m'endors, se remémore Trudelle. Lorsque je me réveille, la partie est commencée. J'arrive à temps pour le début de la deuxième période. C'était 0-0. Finalement, le Canadien remporte ce match 1-0 grâce à un but de Dickie Moore. À l'époque, nous écrivions deux textes, le compte rendu de la partie et un "Ici et là". Pour décrire ce match, c'était pas trop pire. Mais pour le billet, j'étais mal pris. Je me suis dit *Primo Vivere* [la vie d'abord] et j'ai tout écrit ce que Fisher m'avait raconté. Il était fâché. Il ne m'a pas parlé durant je ne sais trop combien de temps », raconte l'ancien journaliste en riant.

Aujourd'hui à la retraite, Trudelle reconnaît avoir commis une faute professionnelle. « Mais quand tu es mal pris, tu ne veux pas te noyer », philosophe-t-il.

Durant les années 1960, Trudelle s'est davantage tourné vers la couverture des courses de chevaux à Montréal. Mais son souvenir des années passées sur la route avec le Canadien est impérissable. « Je prétend avoir vu l'âge d'or du hockey », dit-il.

André Trudelle

1 Deux mêmes équipes s'affrontent deux soirs de suite, une fois dans chaque ville.

1955

8 JUIN 1955

UN AILIER GAUCHE DERRIÈRE LE BANC

"TOE" BLAKE, INSTRUCTEUR DU CANADIEN

L'ancien ailier gauche signe un contrat d'un an

Le poste d'instructeur du Royal offert à Elmer Lach

ICI et LÀ dans LE SPORT

Le record de Toe Blake

Les prédécesseurs de Hector Blake

Fructueuse carrière de Toe Blake comme joueur

La favorite au Canada pour le jeu

Sisman Scampers

gohier

VENEZ NOUS VOIR POUR UNE MEILLEURE TRANSACTION

LIVRAISON IMMÉDIATE

Oldsmobile

sedan Holiday

ENTIÈREMENT NOUVELLE 2 PORTES • 4 PORTES

LOUEZ une AUTO POUR VOS VACANCES

$11.90

TILDEN RENT-A-CAR

FORUM

LUTTE

EXPORT Molson's ALE

Le 8 juin 1955, jour de l'embauche de Toe Blake au poste d'instructeur du CH, *La Presse* lui consacre une page de textes et photos. Sur la photo de gauche, il signe son contrat sous le regard du directeur général Frank Selke. À droite, il est en compagnie de son épouse Betty et de ses enfants Jean, Mary Jane et Bruce.

Le nom d'Hector «Toe» Blake est à jamais associé à l'histoire du Canadien. Treize années comme joueur. Treize années comme entraîneur. Et plusieurs autres dans l'entourage de l'organisation.

Ailier gauche de l'inoubliable «Punch Line», Blake remporte seulement deux Coupes Stanley à titre de joueur. Mais lorsqu'il passe derrière le banc, le Canadien entre dans la plus glorieuse période de son histoire, remportant huit Coupes Stanley en 13 ans.

Appelé à remplacer Dick Irvin à la suite du départ de celui-ci pour les Black Hawks de Chicago, Blake est l'homme derrière les cinq conquêtes consécutives de la Coupe Stanley, de 1955-1956 à 1959-1960.

Pour revoir sa carrière d'entraîneur, nous avons retenu trois événements.

L'embauche

Mercredi, 8 juin 1955. Après quelques semaines d'hésitation chez le Canadien et de spéculations chez les amateurs et les médias, le gérant général de l'équipe Frank Selke annonce l'embauche de Blake au poste d'instructeur. C'est la grande nouvelle de la section des sports de *La Presse*. Trois articles, deux brèves, un tableau de statistiques résumant sa carrière et deux photos sont publiés dans l'édition du jour.

Les deux photos de Roger St-Jean montrent Blake signant son contrat et l'autre où il est entouré des membres de sa famille. Son épouse et ses trois enfants ont l'air ravi.

L'article principal mentionne que Selke a jonglé avec trois noms: Blake, Billy Reay et Roger Léger. D'autres noms ont circulé mais ont été éliminés. Tel celui du capitaine Émile Butch Bouchard qui a décidé de jouer une saison de plus[1].

«Sam Pollock, mentionné au début, était trop jeune dans l'opinion de la direction, qui le considère toutefois comme un futur candidat au poste», indique *La Presse*. Pollock ne deviendra jamais instructeur de l'équipe et succédera à Frank en 1963!

Parlant de Selke, relisons sa déclaration pour le moins étonnante faite au moment de l'embauche de Blake: «Si j'étais seul à faire le choix, Blake serait mon homme. Je crois qu'il est tout désigné pour ce poste: il est Canadien français, il s'exprime très bien en français et en anglais et il est catholique[2].»

Quant à Blake, il formule les commentaires suivants, rapportés dans la chronique «Ici et là dans le sport»: «Ce qu'il faut avant tout au sein d'une équipe, c'est l'harmonie! Il faut que les athlètes soient heureux, satisfaits de leur sort, gais et décidés à fournir le meilleur rendement. C'est ce qui fait surtout le succès d'un club, quel que soit le sport. [...]

«Il est bon de posséder au sein d'une équipe, une combinaison de jeunes athlètes et de vétérans. Elle vaut son pesant d'or. [...] Il faut les jeunes, qui sont les "jambes" et les vétérans qui sont le "cerveau" pour une combinaison gagnante et heureuse. [...]

«Le vide créé par le départ de Dick Irvin est grand. Il ne sera pas facile de lui succéder car ce dernier était d'un calibre à part. Même s'il me faut deux ans pour réussir, je pourrai croire que j'ai effectué mon travail au meilleur de mes connaissances.»

La retraite

Le samedi 11 mai 1968, le Canadien remporte sa 15e Coupe Stanley contre les Blues de St. Louis. Tout de suite après les célébrations, Blake annonce son départ. De sorte que l'édition du lundi 13 mai porte autant sur la victoire de l'équipe que la démission de son entraîneur.

«Blasé après sa huitième Coupe Stanley, Toe Blake annonce sa retraite», dit le titre traversant

1 La saison 1955-1956 sera la 15e et dernière de Butch Bouchard.

2 Dans le même article, *La Presse* fait part d'un froid survenu quelques années plus tôt entre les deux hommes. Dans son autobiographie, Jean Béliveau va plus loin. Selon lui, Blake n'était pas le choix de Selke. Ce dernier préférait Joe Primeau, ancien joueur de Toronto. Le propriétaire du Canadien, le sénateur Donat Raymond, penchait pour l'embauche de Billy Reay. Les médias moussaient la candidature de Roger Léger, un francophone. Toujours selon Béliveau, l'assistant de Selke, Kenny Reardon, qui était le gendre du sénateur Raymond (!), a menacé de démissionner si Blake n'était pas engagé.

Le 11 mai 1968, le Canadien remporte sa 15e Coupe Stanley et c'est la fin d'une époque avec l'annonce de la retraite de Toe Blake. On le voit ici avec le gardien Lorne « Gump » Worsley.

Blasé après sa 8e coupe Stanley, Toe Blake annonce sa retraite

"Il est impossible de remplacer Blake" – Molson

Sports

Un stade bien silencieux... comme l'attaque des Expos

Toe Blake: 1912-1995

Les mémorables parties de cœur...

La Presse du 18 mai 1995, au lendemain de la mort de Toe Blake.

tout le haut de la page principale des sports. Une photo de Pierre McCann montre Blake, feutre sur la tête, visiblement ému sous le regard du gardien de but « Gump » Worsley.

« Le décor se prêtait aux célébrations de la fin d'une longue saison. C'est la fin d'une longue carrière qui devait prendre la vedette », écrit le journaliste Gilles Terroux. Plus loin, il dit : « Le champagne trempait encore ses lèvres lorsque Blake a devancé la question des journalistes. Les larmes aux yeux, il a dit : "Oui messieurs. C'est la fin. J'abandonne. C'est devenu trop difficile pour moi. Il est temps que je laisse à un autre le soin de diriger cette formidable équipe." »

« Blake ne pouvait tout simplement plus supporter la tension des matchs importants », ajoute Terroux. Il cite à nouveau Blake qui remarquait sa nervosité croissante, allant jusqu'à trembler à quelques heures du début d'une rencontre.

Dans un second texte, Terroux donne la parole au président du Canadien, David Molson, qui déclare : « Nous ne remplaçons pas Toe Blake. C'est impossible. Nous devons tout simplement lui trouver un successeur. Si notre prochain instructeur est aussi consciencieux et aussi ambitieux que Blake, les amateurs de hockey seront servis à souhait pendant plusieurs saisons. »

La mort

Toe Blake meurt le 17 mai 1995, à 82 ans. Il souffrait de la maladie d'Alzheimer. *La Presse* publie la nouvelle à la une et dans le cahier Sports.

Signé par le journaliste Pierre Ladouceur, l'article principal donne la parole à Jean Béliveau. Ce dernier se souvient d'un « entraîneur très disciplinaire ». « Mais nous l'aimions bien car il était honnête avec les joueurs, poursuit l'ancien numéro 4. Quand il décidait de garder un joueur dans son alignement, il était le premier à le défendre face à des critiques malhonnêtes. Il était très respecté des joueurs. Ce n'était pas toujours facile de diriger un groupe de joueurs étoiles comme celui-là. Tout le monde voulait jouer à profusion, faire partie des attaques massives. Mais Toe avait cette capacité de choisir les bons joueurs dans les circonstances déterminantes. Et c'est cet instinct qui nous a fait gagner plusieurs Coupes Stanley. »

Plusieurs anciens joueurs et membres de l'organisation commentent le décès. Émile Bouchard, qui a succédé à Blake au poste de capitaine[3], dit : « Le hockey était sa religion. C'était un grand coach et comme tous les grands coachs, il était un mauvais perdant. »

D'aucuns confirment comment l'homme haïssait perdre.

Dans un texte intitulé « Les mémorables parties de cœur... », le journaliste André Trudelle rend un bel hommage à Blake, évoquant les innombrables parties de cartes jouées en sa compagnie, celle d'autres journalistes et membres du Canadien.

Trudelle raconte que lors de son premier voyage avec l'équipe, à Chicago, à l'automne 1955, Blake l'a attendu dans le hall du Chicago Stadium après le match. Le quartier n'étant pas sûr, l'entraîneur est rentré à l'hôtel en autobus avec le scribe.

« Je garderai de Toe un excellent souvenir, conclut Trudelle. N'a-t-il pas joué pour moi un peu le rôle de père ? »

3 Blessé à une cheville, Blake met fin à sa carrière de joueur durant la saison 1947-1948. Le gardien Bill Durnan assure l'intérim au poste de capitaine. Bouchard devient le porteur du C au début de la saison 1948-1949.

CHAPITRE 27

1956

1956-1960
UNE DOMINATION INÉGALÉE

LA PUISSANCE DU CANADIEN ÉCLATE DANS UN RALLIEMENT VICTORIEUX

NOUS AVOUONS CECI

POUR ÊTRE CERTAIN

LE SPORT

POULIOT

Le 2 avril 1956

LA CONFIANCE RÈGNE DANS LES CAMPS DU CANADIEN ET DU BOSTON

LE SPORT

VOLKSWAGEN

Le 6 avril 1957

De 1956 à 1960, le Canadien de Montréal, mené par les Richard, Béliveau, Geoffrion, Moore, Harvey, Plante et autres, remporte cinq Coupes Stanley, un record inégalé dans la LNH.

Les victimes du Bleu Blanc Rouge sont Detroit en 1956 (5 matchs), Boston en 1957 (5 matchs) et en 1958 (6 matchs), Toronto en 1959 (5 matchs) et en 1960 (4 matchs).

Au-delà de la description chronologique de ces cinq années de gloire, nous avons choisi de les faire revivre par le biais d'anecdotes et de photos publiées dans *La Presse* à l'occasion des demi-finales et des finales auxquelles les Glorieux ont participé.

1956

Red Kelly, homme masqué

Le samedi 31 mars 1956, à l'occasion du premier match de la série finale présenté au Forum, un joueur des Red Wings, Red Kelly, porte un drôle de masque protégeant sa mâchoire. Cela attire l'attention du photographe Roger St-Jean, dont le cliché est publié dans *La Presse* du 2 avril. « Kelly porte ce protecteur depuis qu'il a reçu la rondelle au visage lors de la série Detroit-Toronto », indique-t-on dans la légende en guise d'explication.

Du sang, svp

Le vendredi 6 avril 1956, *La Presse* publie un court article à propos de certains embêtements provoqués par la finale Detroit-Montréal. L'entrefilet indique que des partisans du CH résidant à Toronto sont mécontents du fait que la partie du 3 avril n'ait pas été retransmise sur les ondes de Radio-Canada dans la Ville Reine. Mais à Montréal, c'est tout le contraire! « En effet, écrit-on, on attendait 600 donneurs de sang à une clinique tenue à la Légion canadienne, et seulement 300 se sont présentés. J.-C. Gilbert, vice-président de la Légion pour le Québec, a déclaré que la télédiffusion de la joute Canadien-Detroit avait retenu à la maison plusieurs donneurs éventuels. »

Enthousiasme retenu

Le Canadien ne met que cinq matchs pour remporter la Coupe Stanley devant les Wings. La partie finale est gagnée, 3-1, devant 14 152 spectateurs réunis au Forum le mardi 10 avril. Or, le lendemain, dans *La Presse*, le journaliste André Trudelle note que la foule n'a pas été exaltée.

« La foule n'a pas été déçue; elle a peut-être déçu! , écrit-il. Pour ceux qui croient en la psychologie des foules dans les moments solennels, l'explication est sans doute assez simple: les amateurs, tellement certains de la victoire de "leur" Canadien, n'ont pas manifesté outre mesure devant le fait accompli. »

Certes, dit Trudelle, l'ovation et les applaudissements nourris ont éclaté au son de la sirène annonçant la fin du match. « Mais dans l'ensemble, l'enthousiasme des spectateurs n'était pas continu, on avait l'impression d'assister à une joute régulière de la saison. »

1957

Geoffrion dans l'intimité

Le samedi 6 avril 1957, jour du premier match de la série finale contre Boston, *La Presse* consacre deux photos et quelques lignes à Bernard Geoffrion, alors meneur des pointeurs des séries éliminatoires. Le topo le présente à la maison en train de border sa fille Linda, 4 ans, pour la nuit et regardant un combat de boxe à la télévision avec son épouse Marlene[1].

À propos de la fillette, on lit: « Sa mère, Marlene, nous a confié que Linda demandait chaque soir, dans sa prière, que son père compte au moins un but dans la joute suivante. » Quant à la boxe, Geoffrion déclare: « Je trouve parfois que ce sport n'est pas humain. »

Autre soirée mémorable du no 9

La première partie de la finale Canadien-Bruins se termine 5-1 en faveur du Tricolore. Maurice Richard compte quatre buts. Ce qui fait dire au journaliste Marcel Desjardins que le résultat de la partie n'est qu'un « simple détail, alors qu'un joueur a tourné cet événement fiévreusement attendu [...]

1 Rappelons que l'épouse de Geoffrion est la fille d'Howie Morenz.

en un grandiose succès personnel». «Est-il nécessaire, poursuit Desjardins, de mentionner le nom de cet incomparable joueur, car tous n'auront-ils pas reconnu en ce merveilleux athlète, le seul apparemment susceptible d'un tel exploit dans une telle circonstance, c'est-à-dire Monsieur Hockey lui-même, le vétéran Maurice Richard.»

La pluie d'éloges se poursuit sur des paragraphes...

La rondelle ne roulait pas...

On connaît l'expression voulant que «la rondelle ne roulait pas» pour tel joueur ou tel club. Cette expression ne date pas d'hier. On la retrouve dans un article publié le 15 avril 1957 à la suite d'une défaite du Canadien, 2-0, aux mains des Bruins.

«La rondelle, qui avait roulé continuellement en faveur des Canadiens jeudi dernier, voyageait cette fois sur la glace pour les Bruins», constate le journaliste Marcel Desjardins.

1958

Plante joue malade

Des cinq séries finales disputées entre 1956 et 1960, celle de 1958 est la plus difficile pour le Canadien, qui triomphe en six rencontres. Le dernier match, joué le dimanche 20 avril à Boston, est tout à l'honneur du gardien Jacques Plante. Relisons ce que rapportent les «envoyés spéciaux» de *La Presse*. «Le gardien de buts Jacques Plante a été à son poste, hier, en dépit d'une violente crise d'asthme. Il était si épuisé, à la fin de la rencontre, qu'il dut être soutenu jusqu'à la chambre de son équipe.

«Il pleurait.

«"Jamais je n'ai trouvé une partie aussi longue", nous disait Jacques après avoir quitté ses vêtements imbibés de sueur.

«"Je me suis éveillé avec un malaise assez marqué", nous a-t-il raconté. "On m'a donné des injections, mais je ne filais pas."

«"J'ai pris des pilules toute la journée. Malgré cela, je me suis senti comme grippé durant toute la rencontre."

«"Il y a des arrêts que j'ai faits et dont je ne me souviens même pas. Comme par instinct."»

1959

Pas de cachette pour une blessure

Aujourd'hui, les équipes protègent jalousement les informations au sujet de leurs joueurs blessés, plus particulièrement durant les séries éliminatoires. Ce ne fut pas toujours le cas. Il suffit de relire ce passage d'un texte publié le 3 avril 1959, durant la demi-finale Canadien-Black Hawks, pour se rappeler que les relations joueurs-journalistes avaient alors un tout autre sens. L'article évoque une blessure subie par le joueur Dickie Moore.

«Tout juste à côté de lui[2], le Dr Lawrence Hampson se penchait près d'un autre athlète et, tout en touchant les muscles de l'épaule gauche de celui-ci, lui parlait à voix basse. Nous approchant du joueur lorsque le Dr Hampson l'a quitté, nous lui avons demandé s'il était blessé et Dickie Moore a répondu: "Oui, encore une fois à l'épaule gauche. Je me suis blessé de façon stupide lorsque je suis tombé au centre de la glace dans la dernière minute de jeu de la partie."»

Arbitre attaqué

La série demi-finale Canadien-Hawks se termine dramatiquement le soir du 4 avril. En troisième période, la foule de Chicago manifeste violemment son mécontentement à l'égard de l'arbitre (Montréalais) Red Storey qui refuse de donner une punition au joueur Albert Langlois pour un geste à l'endroit de Bobby Hull[3].

Le journaliste Marcel Desjardins rapporte que cela déclenche «une pluie de papiers puis de jeux de cartes, de sous, d'une quinzaine de bouteilles, une chaise et quelques pièces de bois sur la glace». Pis encore, trois spectateurs sautent sur la patinoire dans le but de s'en prendre à Storey.

Desjardins raconte:

2 Les paragraphes précédents parlent du joueur Marcel Bonin.

3 Quelques instants plus tard, avec moins de deux minutes à faire en troisième période, Claude Provost compte le but donnant la victoire 5-4 au CH. Le président de la LNH Clarence Campbell blâme publiquement Storey pour ne pas avoir puni Langlois. Storey démissionne et n'arbitrera plus jamais un match de la LNH.

LE CANADIEN ÉLIMINE LE DÉTROIT EN QUATRE JOUTES CONSÉCU

À sa 1,000e partie, Maurice Richard co

trois buts et donne la victoire au Cana

Gare aux punitions lorsque vous rencontrez le Bleu Blanc Rouge!

Le 3 avril 1959

ÉDITION FINALE

A PRESSE

Révolte matée en Bolivie

Vague d'agitatior en Amérique latin

De la coupe aux lèvres...

Torpilles achetées du Canada

Les QUATRE d'accord sur l'offre à Moscou

Québec préféré à San Francisco?

Christian Hert succède à Dull

"Pas de démocratie quand le peuple a faim" (Castro)

Le FLN boycotte les élections en Algérie

Octroi de $1,000,000 l'Institut de cardiolo

Grève autorisée par les chauffeurs de locomotive

Le 20 avril 1959

Après la 5e conquête, Toe Blake prédit
"Nous garderons la coupe Stanley pendant au moins 2

SPORTS

Selon les observateurs, le Canadien dominera longtemps

Vaincu, Punch Imlach avoue:
"Comment vaincre une équipe au formidable que celle du Canadien

Frank Selke du Canadien dit:
"Je n'ai jamais dirigé une équipe aussi forte"

ICI LA LE SPORT

Opinions féminines

OUVERTURE
Cet après-midi
à 2 h 15

10 COURSES

ROULEZ SKO

295.00 COMPTANT

Le 16 avril 1960

« Le premier a réussi à verser son verre de bière dans le cou de l'officiel avant que celui-ci puisse lui appliquer une solide prise de lutte. [...] Le second a trébuché peu après s'être avancé sur la glace et s'est empressé de se retirer. Le troisième, moins chanceux, se dirigeait à toute vitesse vers Storey et s'apprêtait à lui asséner un coup lorsque Ab McDonald, du Canadien, attira l'attention de l'arbitre juste à temps pour permettre à ce dernier de se retourner et de faire culbuter l'amateur par-dessus lui. C'est alors que Doug Harvey asséna un coup de bâton sur la tête de l'individu, le blessant au front et au cuir chevelu. Le gaillard, Jean Rey, n'attendit pas davantage pour se précipiter vers la première sortie et quitter la patinoire en se tenant la tête. Il a fallu six points de suture pour refermer la plaie. »

Plante portera un masque

À travers le brouhaha des célébrations de la Coupe de 1959, le gardien Jacques Plante dit à qui veut l'entendre qu'il compte porter un masque à tous les matchs réguliers à compter du début de la saison 1959-1960. « La saison prochaine, je porterai un masque à chacune des parties du Canadien », dit-il au journaliste Pierre Proulx.

Ce dernier rapporte que Plante est en négociation avec la compagnie Fiberglass pour le port d'un masque moulé à son visage. Plante ajoute : « Il est impératif aujourd'hui qu'un gardien de but soit plus protégé qu'il l'est présentement. Les mêlées qui se produisent fréquemment devant le filet ont pour résultat de nous causer plusieurs blessures. Combien de lancers sont dirigés vers nous sans que nous puissions voir la rondelle venir. »

L'instructeur Toe Blake est réticent à donner son accord à ce projet mais s'y pliera finalement à la suite d'une blessure subit par Plante le soir du 1er novembre 1959[4].

1960

Fausse rumeur

Au printemps 1960, le Canadien balaie tout. Une série demi-finale remportée en quatre matchs contre Chicago et une Coupe Stanley après quatre rencontres contre Toronto.

Auteur de deux blanchissages contre Chicago, Jacques Plante se trouve au coeur d'une rumeur avant la présentation du troisième match de la finale, à Toronto. Dans le lobby de l'hôtel Royal York, où logent les Glorieux, on raconte qu'il a été victime d'un accident d'auto. Mais le journaliste Gérard Champagne ne tombe pas dans le panneau. Pour une bonne raison.

« Quelques instants à peine avant d'entendre cette rumeur pour la première fois, nous venions tout juste de jaser quelque peu avec le vainqueur du trophée Vézina au cours des cinq dernières années... nous empêchant ainsi de nous lancer à la poursuite de ce qui aurait pu s'avérer facilement la nouvelle la plus spectaculaire de toutes les séries éliminatoires de la Coupe Stanley ce printemps. »

Le dernier but du Rocket

Le tout dernier but de sa carrière et son 82e en séries éliminatoires, Maurice Richard le compte au cours du troisième match de la finale contre Toronto. Ainsi le décrit Gérard Champagne dans *La Presse* du 13 avril 1960 :

« Vers le milieu du dernier engagement, Maurice Richard a marqué son 82e but dans le détail et rarement un but fut-il aussi mérité. Après avoir vu [Johnny] Bower bloquer six de ses lancers, Maurice a profité d'une mêlée devant les buts pour compter sur un lancer de revers. Le but de Maurice Richard, son premier dans les éliminatoires cette année, a été longuement applaudi par les Torontois, qui savent reconnaître un bel exploit et un grand champion. »

4 Voir le chapitre 30

En 1960, Le Canadien remporte sa cinquième Coupe Stanley consécutive. Posant fièrement avec la coupe (de gauche à droite) : Marcel Bonin, Henri Richard, Dickie Moore et Jacques Plante.

1957

19 OCTOBRE 1957

1... 325... 500 BUTS

MAURICE RICHARD DEVIENT LE MEILLEUR COMPTEUR DE L'HISTOIRE DU HO

MAURICE les dépasse tous!

La couverture de *La Presse* du 325e but de Maurice Richard, le 10 novembre 1952. Sur la photo de gauche, il reçoit les félicitations de Jean Béliveau, alors avec les As de Québec, sous le regard d'Elmer Lach. Au centre, il est félicité par un missionnaire, le père Roméo Guilbeault. À droite, l'arbitre Red Storey lui remet la rondelle de ce nouvel exploit.

« Il a une vitesse qui rappelle un peu celle de Morenz. Il est agile comme un chat et ses élans ont quelque chose de spectaculaire qui tient la foule dans une joie constante. Le point qu'il a enregistré hier fut l'un des plus enlevants que nous ayons vus sur la glace du Forum en quelques saisons. »

L'auteur de cet article, publié dans *La Presse* du lundi 9 novembre 1942, résume avec justesse la carrière naissante de Maurice Richard.

La veille, Richard a marqué son premier but dans la LNH. Dix ans plus tard, jour pour jour, il compte son 325e but en saison régulière. Il éclipse ainsi le record du plus grand nombre de buts comptés en carrière, détenu par Nelson Stewart. Cinq ans plus tard, le 19 octobre 1957, le Rocket fait encore la manchette avec son 500e but.

Trois buts, trois dates charnières. Revoyons-les.

8 novembre 1942

Richard impressionne tout le monde lorsqu'il compte son premier but, ce soir-là, dans un match remporté 10-4 par le Canadien contre les Rangers de New York.

Le lendemain, *La Presse* écrit : « Richard pour sa part s'est signalé par un point sensationnel et une tenue de vétéran tout le cours de la joute. [...] Prenant la rondelle à sa propre défense, Richard se lança tête baissée vers les buts des Rangers, déjoua tous ses adversaires par des vire-voltes excitantes et seul devant Buzinski[1], il fit une feinte qui complétait son exploit. L'ovation qu'il reçut fut formidable. »

8 novembre 1952

Dix ans plus tard, les exploits du Rocket alimentent chaque jour les chroniques sportives. Et il s'approche du record de 324 buts en carrière de Stewart[2].

Le samedi 8 novembre 1952, le Canadien affronte les Black Hawks de Chicago au Forum. À 9 minutes et 29 secondes de la deuxième période, Richard fait une passe à Elmer Lach qui compte le 200e but de sa carrière. À peine 32 secondes plus tard, le Rocket reçoit une passe du défenseur Émile « Butch » Bouchard et fait bouger les cordages. C'est l'explosion.

« Maurice Richard devient le meilleur compteur de l'histoire du hockey – L'heure du triomphe a sonné pour la plus grande vedette du hockey moderne », est le titre coiffant toute une page consacrée à cette soirée, publiée le 10 novembre.

L'auteur écrit : « Il est virtuellement impossible de décrire les scènes d'enthousiasme et les applaudissements de la foule, qui ont ébranlé littéralement l'édifice de la rue Sainte-Catherine Ouest, lorsque la lumière rouge a scintillé derrière les filets du gardien de buts Al Rollins, dix minutes et une seconde après le début de la deuxième période. (...) Richard est parti en trombe et est allé chercher la rondelle dans le fond du filet et l'a lancé avec force sur la patinoire[3]. »

Outre le texte principal, on peut lire des extraits d'une entrevue donnée par Richard au commentateur sportif Émile Genest[4] à CKAC. Un court texte dit que la rondelle de ce 325e but sera plaquée en or et envoyée à la reine Élizabeth.

19 octobre 1957

Le 17 octobre 1957, les Maple Leafs de Toronto sont en ville avec leur nouvel instructeur, Billy Reay, natif de Montréal. Retour difficile pour Reay, car le Canadien massacre les Leafs, 9-3. Richard compte ses 498e et 499e buts. Son frangin Henri en compte trois et obtient trois passes.

« Décidément, le mot RICHARD continuera à semer la terreur dans la Ligue nationale au cours de plusieurs autres années », prédit le journaliste Gérard Champagne.

Dans un autre texte, le journaliste André Trudelle fait un « gentil » reproche à Richard de ne pas avoir compté son 500e but, qui aurait ainsi coïncidé avec un autre de ses tours du chapeau.

1 Steve Buzinski n'a joué que neuf parties dans la LNH. Il a donné 55 buts, soit une moyenne de 6,11 buts par match, ce qui lui a valu le surnom de « The Puck Goes Inski ».

2 Surnommé Nels, Stewart joua pour les Maroons, les Bruins et les Americans de New York au cours d'une carrière de 15 saisons (1925-1940) dans la LNH.

3 On peut voir cette scène sur le site des Archives de Radio-Canada. On remarque que Richard n'est pas allé chercher la rondelle dans le filet mais l'a reçue des mains d'un officiel.

4 Qui, comme chacun sait, a par la suite mené une carrière de comédien et de diplomate.

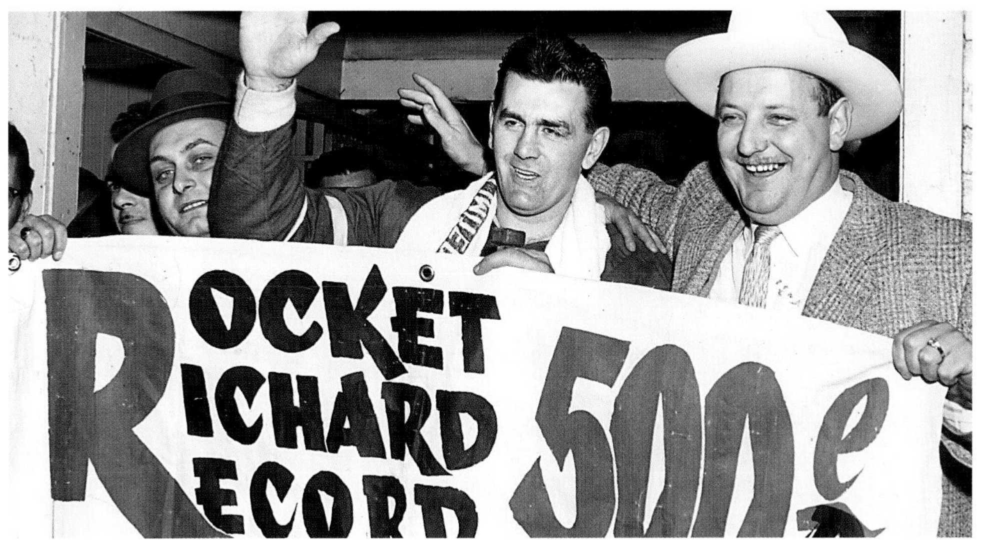

En ce 21 octobre 1957, le 500e but du Rocket fait l'objet d'une importante couverture dans le plus grand quotidien français d'Amérique.

« L'atmosphère était si propice à ce 500e but!, écrit-il. Mme Richard qui surveillait tous les mouvements de son mari, de son siège qui surplombe la glace, derrière le banc des visiteurs, a bien cru que ça y serait. "Il a bien failli..." a-t-elle déclaré immédiatement après la joute, encore sous l'effet des courses spectaculaires de son époux. »

Le samedi 19 octobre, le Rocket obtient enfin son 500e but. Après 15 minutes et 52 secondes de la première période, Richard reçoit une passe de Jean Béliveau et déjoue le gardien Glen Hall, des Black Hawks de Chicago [5]. *La Presse* consacre deux pages à l'événement.

« Quand, dans sa joie trépidante, Maurice Richard est tombé dans les bras de Jean Béliveau, l'a étreint de toutes ses forces pour cacher une émotion difficile à contrôler après son but historique, la foule de 14 405 spectateurs a fait entendre un cri délirant à l'unisson, relate Gérard Champagne. Les clameurs de la multitude de compatriotes se sont prolongées jusqu'au moment où le "Rocket" est allé de sa propre initiative prendre place au banc, parmi ses coéquipiers. »

Le journaliste Pierre Proulx écrit d'une jolie façon la réaction de la foule. « Déclic formidable au moment du but, la foule de 14 405 spectateurs laissait un nombre identique de sièges vides. Debout, les fervents du hockey rendaient hommage à Monsieur Hockey, celui dont la carrière aura côtoyé celle du célèbre Bambino [6] dans le baseball. »

Proulx rapporte aussi les propos de Jean Béliveau: « Si vous pouviez savoir combien je suis fier d'avoir été celui que Dame Chance a destiné pour faire cette passe à Rocket. Cela me vaut bien des buts car c'est une passe que je n'oublierai pas de sitôt. »

On publie également plusieurs statistiques. Dans une colonne, on détaille le nombre de buts comptés par Richard, au Forum et à l'étranger, contre chacun des 30 gardiens qu'il a déjoués. Plus loin, on recense les dates et les endroits de chacun de ses tours du chapeau ainsi que les villes où il a compté ses buts. La compagnie Molson achète une publicité pour féliciter Richard et où un lecteur patient peut compter... 500 rondelles.

5 Dickie Moore obtient aussi une passe sur ce but.

6 Un des surnoms de Babe Ruth, joueur étoile des Yankees de New York au baseball majeur.

LYRISME FACE À L'EXPLOIT

À la suite de 325e but compté par Richard, la chronique « Ici et là dans le sport » du 10 novembre 1952 relate avec verve et lyrisme l'atmosphère régnant dans le vestiaire après la rencontre:

« La chambre du Canadien respirait un élan de réalisme qui semblait bondir hors des murs pour tisser les dernières mailles d'un rêve longtemps caressé. De cette cohue humaine, ce tumulte, cette confusion naturelle, spontanée et sincère, apparaissait un Maurice Richard encore plus dynamique, plus souriant et peu changé de ses premiers jours sous la grande tente.

« Au milieu de cette scène indescriptible tant elle était grouillante, gesticulante, Maurice Richard et son célèbre coéquipier de jeu Elmer Lach campaient à merveille les plus légendaires héros d'un roman dû à la plume d'un Alexandre Dumas. »

QUAND LE ROCKET PRÉDIT 500 BUTS À GORDIE HOWE

Une semaine avant de compter son 500e but, alors que les joueurs du Canadien se trouvent à bord d'un train les ramenant de Chicago, Maurice Richard confie aux journalistes qu'il croit Gordie Howe capable d'atteindre le plateau des 500 buts. Ses commentaires font la manchette de la chronique « Ici et là dans le sport » du 19 octobre.

« Toujours modeste, Maurice Richard refuse d'admettre que son record de 500 buts ne sera jamais égalé », écrit l'auteur. Selon ce dernier, Richard aurait déclaré: « Howe est encore jeune. Il ne célébrera son 30e anniversaire de naissance qu'au mois de mars prochain et il a déjà marqué 354 buts. Il pourra encore jouer pendant cinq ou six saisons et s'il n'est pas handicapé par des blessures, je ne vois pas pourquoi il ne réussirait pas à compter 500 buts dans les joutes régulières de la Ligue nationale. »

Plus loin, le journaliste écrit: « Maurice Richard est également d'avis que son record de 50 buts en une saison sera également éclipsé. "J'ai compté 50 buts en 50 joutes et on réussira probablement à marquer 70 buts en 70 joutes", a dit Richard. »

Visionnaire, ce Rocket!

CHAPITRE 29

1909-2008
LES COMPTEURS DE PLUS DE 50 ET DE 500 BUTS

Dispute à Ottawa sur le nombre de chômeurs

la presse

Réouverture des écoles

Pas de solution miracle

On connaîtra ce soir le successeur de Robarts

La CSN cherche une solution à l'occupation

"Ce n'est pas le temps d'augmenter les taxes"
— Bourassa

meteo

Jean Béliveau sourit pour le photographe Pierre McCann de *La Presse* à la suite de son 500e but, le 11 février 1971.

Sur cette photo de Réal St-Jean de *La Presse*, Bernard Geoffrion reçoit l'accolade de Gilles Tremblay à la suite de son 50e but compté le 16 mars 1961.

BERNARD GEOFFRION ÉGALE LE RECORD DE MAURICE RICHARD

Ce que Blake et Imlach ont dit

"Un exploit que je n'oublierai jamais"

PIGEON & FILS

GRANDE OUVERTURE

MONTRÉAL CHRYSLER PLYMOUTH

Un bel hommage à Geoffrion dans *La Presse* le 17 mars 1961 pour souligner son 50e but.

Auteur de 50 buts durant la saison 1944-1945 et de 544 buts en saison régulière, Maurice Richard a ouvert la voie vers ces deux sommets à plusieurs autres joueurs du Canadien.

Après le Rocket, Jean Béliveau, Frank Mahovlich et Guy Lafleur ont franchi le cap des 500 buts. Et outre Richard, Bernard Geoffrion, Guy Lafleur, Steve Shutt, Pierre Larouche et Stéphane Richer ont atteint le plateau de 50 buts en saison.

Revoyons leur exploit par ordre chronologique.

Bernard Geoffrion (50 buts en 1960-1961)

« Un peu comme au théâtre, où, au dernier acte les intrigues se dénouent, la joute d'hier, sur la scène du Forum, a prouvé que le Canadien connaissait les règles du jeu. Il a su respecter les unités, d'action, de temps et de lieu. Et un peu comme à l'opéra où le rideau tombe toujours au plus poignant du drame, c'est sur le 50e but de Bernard Geoffrion qu'a pris fin la victoire de 5-2 du Tricolore sur les Maple Leafs de Toronto, écartant la dernière entrave à son quatrième championnat consécutif. »

C'est ainsi que le journaliste André Trudelle commente le 50e but de Bernard Geoffrion dans *La Presse* du vendredi 17 mars 1961. Le Canadien doit encore disputer deux matchs à cette saison qui en compte 70, mais Geoffrion ne réussira pas à ajouter un autre but et à éclipser le record établi par Richard en 1944-1945[1].

Dans un autre texte, le journaliste Gérard Champagne rapporte l'ambiance euphorique régnant dans le vestiaire après la rencontre. « Entre les questions et les éclairs de magnésium, Geoffrion buvait du jus d'orange et hochait la tête en répétant souvent : "C'est comme un rêve. Je n'aurais jamais pensé que je réussirais à compter 50 buts dans une même saison." »

Le héros du jour déclare : « Quand j'ai vu la lumière rouge s'allumer, j'ai eu l'impression que quelqu'un venait de m'enlever un lourd fardeau sur les épaules. Je suis tombé à genoux et j'ai écou-

1 Richard a réussi 50 buts en 50 matchs. Geoffrion a réalisé son exploit en 64 rencontres. Outre Gilles Tremblay, Jean Béliveau a aussi obtenu une passe.

té les cris et les applaudissements des spectateurs. C'est le but qui m'a donné la plus forte émotion depuis que je joue au hockey. »

Jean Béliveau (500e but)

Le grand numéro 4 du Canadien a failli prendre sa retraite au terme de la saison 1969-1970. Mais Sam Pollock l'a convaincu de jouer un an de plus. Sage décision qui a permis à Béliveau d'atteindre le cap des 500 buts en carrière.

L'exploit survient le jeudi 11 février 1971. Le 500e but de Béliveau est aussi son troisième de la soirée alors que le Canadien bat les North Stars du Minnesota 6-2.

Mahovlich compte ce but historique le 21 mars 1973 dans un match disputé au Forum contre les Canucks de Vancouver.

Yvon Pedneault raconte comment Mahovlich compte son but dans des conditions inusitées. Son tir vers Dunc Wilson, gardien des Canucks, est totalement raté. Mahovlich chute. Wilson rate son déplacement et la rondelle glisse lentement dans le filet. « Un but historique. Il demeurera gravé longtemps dans ma mémoire parce qu'il a une double signification », dit l'ailier gauche.

Il fait allusion au cap des 500 buts et au championnat de division remporté par le CH ce soir-là.

Mais ce championnat est bien secondaire aux

Lafleur: "j'ai lancé pour défoncer le filet"

la presse

LE PLUS GRAND QUOTIDIEN FRANÇAIS D'AMÉRIQUE

20 CENTS

MÉTÉO

Da Nang tombée, la pression s'étend aux villes côtières

Ce n'est pas le premier ni le dernier exploit de Guy Lafleur dans la LNH mais le moment est important. Ses 50e et 51e buts comptés en saison font la une du 31 mars 1975.

Cette scène, croquée dans le vestiaire du CH, le 11 février 1971, en dit long sur l'intérêt médiatique soulevé par le 500e but de Jean Béliveau en carrière.

« Je suis heureux que tout cela soit terminé, avoue le Grand Jean, dans un texte signé par Michel Blanchard. Content, parce que c'est venu beaucoup plus rapidement que je le croyais. »

Puis, il se lance dans une explication technique sur la façon dont il s'y est pris pour enfiler son tour du chapeau. « J'ai remarqué que le gardien des North Stars, Gilles Gilbert, avait tendance à "mordre" sur une feinte exécutée à sa droite. Outre mon premier but, qui a été le résultat d'un lancer frappé, les deux autres ont été marqués de façon presque identique. »

Frank Mahovlich (500e but)

Frank Mahovlich passe plusieurs saisons avec les Maple Leafs de Toronto et les Red Wings de Détroit avant de passer au Canadien au milieu de la saison 1970-1971. En trois saisons et demie avec le club montréalais, il enfile 129 de ses 533 buts dans la LNH [2]. Dont son 500e.

yeux de tous, fait remarquer Pedneault. Le Canadien est alors tellement puissant... Après le match, comme le titre de son article l'indique : « On ne parlait que du Grand "M" ».

Guy Lafleur (50 buts en 1974-1975)

Guy Lafleur connaît six saisons consécutives, de 1974-1975 à 1979-1980, avec 50 buts ou plus. En 1974-1975, il termine l'année avec 53, éclipsant la marque de Maurice Richard et de Bernard Geoffrion.

Son 51e but, Lafleur le réussit le dimanche 30 mars 1975 à Boston, avec l'aide de Guy Lapointe et Yvon Lambert. Réjean Tremblay assiste à la rencontre. Le début de son texte est publié tout en haut de la page une du 31 mars. Le titre : « Lafleur : "j'ai lancé pour défoncer le filet" ».

L'amorce de Tremblay est : « Guy Lafleur a expédié aux archives le record de 50 buts de Maurice Richard et de Bernard Geoffrion avec les Canadiens de Montréal en marquant pour une 51e fois de la saison hier soir à Boston [3]. »

la presse

Malgré le championnat

On ne parlait que du Grand "M"

On va se reposer

Statu quo entre les Wings et les Sabres

Reportage sur le 500e but de Frank Mahovlich publié le 22 mars 1973. La photo de Pierre Côté montre le Grand "M" (numéro 27) en déséquilibre au moment où il déjoue Dunc Wilson.

2 Après la saison 1973-1974, Mahovlich se joint à l'AMH où il accumule 89 buts en quatre saisons régulières avec les Toros de Toronto et les Bulls de Birmingham.

3 Le Canadien et les Bruins font match nul, 2-2.

Tremblay évoque ce 51e but pour la forme. Il s'attarde davantage au 50e but de Lafleur compté le samedi 29 mars au Forum contre les Scouts de Kansas City[4].

« Les 17 000 personnes qui avaient envahi le Forum de Montréal étaient venus beaucoup plus pour voir Guy Lafleur marquer son 50e but de la saison que pour assister à un semblant de confrontation entre les Canadiens et les Scouts de Kansas City », écrit-il.

Sur ce but, Lafleur a battu le gardien Denis Herron. Il déclare : « J'ai lancé pour défoncer le filet, un bon lancer des poignets pour profiter de l'écran formé par les joueurs devant Herron. »

«Ce n'est pas normal d'être surveillé comme je le suis à 32 ans»
— Guy Lafleur

■ EAST RUTHERFORD, N.J. — Guy Lafleur admet qu'il a changé d'attitude depuis quelque temps, surtout depuis une rencontre avec son directeur général Serge Savard, la semaine dernière, au cours de laquelle Savard lui a demandé de s'intégrer danvantage au sein de la jeune équipe.

BERNARD BRISSET

Depuis ce temps, Lafleur semble toujours de bonne humeur et surtout, il semble assumer son rôle de leader avec plus d'entrain.

«C'est certain que les vétérans ont un rôle spécial à jouer auprès des jeunes, déclare l'ailier droit. C'est à nous de les conseiller, de les aider, de les encourager et de les motiver, mais les jeunes joueurs doivent aussi prendre leurs responsabilités.

«L'équipe est en reconstruction et c'est difficile à accepter pour chacun de nous qui sommes ici et qui avons beaucoup gagné au cours de notre carrière. Ca été frustrant pendant longtemps, mais maintenant, on s'est replacé et on est devenus plus positifs.»

Lafleur admet que la nouvelle administration a tout fait pour l'aider. Il joue plus souvent puisque il passe de deux à trois minutes de plus sur la patinoire à chaque match. On est allé chercher le joueur de centre dont il rêvait. Sur le plan personnel, on a finalement acquiescé à sa demande qui date de plusieurs années déjà, à savoir de ne plus lui imposer un compagnon dans sa chambre, en voyage.

Mais Guy reconnait néanmoins que sa situation est plus difficile que jamais au cours de carrière.

sion et veillance

n'ai jamais eu à supporter t de pression, dit-il. J'ai ession de toujours avoir ponsabilité des succès ou succès de cette équipe et en sera ainsi tant qu'un ne poussera pas derrière attirer vers lui les regards

ge. Des fois je me demande ce qui serait survenu si on avait repêché Denis Savard. S'il a été capable de faire marquer 50 buts à Al Secord, il ne nous aurait certes pas fait de tort.

«Mais il va falloir encore attendre un certain temps avant d'avoir une excellente équipe. Il va falloir compter sur de nouveaux jeunes car nous avons encore certaines faiblesses.»

Lafleur estime qu'un grand pas dans la bonne direction a été fait, mais qu'il faut encore quelques bons jeunes joueurs.

«Qu'arrivera-t-il dans deux ans quand je ne serai plus là, quand Bob Gainey, Larry Robinson et Steve Shutt seront partis? Je plains un gars comme Mario Tremblay.

«Je plains même Chris Chelios avec toute la pression qu'on lui a mis sur les épaules avant d'arriver. On a tellement dit de bien de lui que s'il déçoit, je ne serais pas surpris qu'il se fasse huer à son deuxième match.»

La grande différence, dit-il encore, c'est qu'il accepte maintenant la situation et qu'il cherche comme ses patrons à tirer le meilleur d'une position difficile. Même s'il a une saison qui s'annonce encore bien moyenne, l'ailier droit se console à la pensée que personne ne s'est encore imposé comme meilleur que lui au sein de l'équipe.

«C'est certainement pas normal d'être couvert comme je le suis à 32 ans, fait-il remarquer.

Jamais au cours de ma carrière, je n'ai été l'objet de tant de surveillance sur la patinoire. Je ne reviens pas encore de l'attitude des Blues qui me couvraient à deux joueurs samedi, même dans un match de 6-3. C'est comme s'ils avaient été plus intéressés à m'empêcher de réussir mon 500e qu'à gagner le match!»

LAFLEUR A BIEN RÉFLÉCHI ET A FAIT SON CHOIX

«Montréal, c'est ma ville; le Canadi c'est mon équipe, je veux rester ici»

■ C'est le Canadien qui décidera si oui ou non Guy Lafleur poursuivra sa carrière après la saison prochaine.

Son contrat de 10 ans viendra alors à échéance et c'est l'équipe et non pas Lafleur lui-même qui aura l'option de renouveler l'entente pour une autre saison ou non. Le Tricolore doit faire connaître sa réponse au joueur de 32 ans avant le mois d'août 1984, sinon il deviendra un joueur libre, capable d'offrir ses services à quiconque sans aucune forme de compensation.

«Même si je n'ai pas le dernier mot dans la poursuite de ma carrière à ce moment-là, je ne compte pas aller jouer ailleurs, révèle celui qui visait son 500e but, hier soir. J'ai bien réfléchi et je n'ai pas l'intention d'aller ailleurs qu'à Montréal. Je veux rester ici.»

Lafleur change beaucoup d'idée depuis quelque temps. Il est comme tous ceux qui, à un moment ou un autre de leur vie, conna périodes noires.

le célèbre ailier droit a choisi. Il n'est plus question non plus d'aller s'établir à Québec une fois sa carrière terminée, que ce soit dans un an ou plus tard.

«J'aimerais mieux rester à Montréal pour toujours, lance-t-il. C'est devenu ma ville, mon chez nous. Si j'allais ailleurs, je m'ennuierais du Forum. J'y ai vécu plus qu'à la maison et je ne vois pas comment je pourrais m'en passer même après ma carrière.»

Le poste de Béliveau

Guy ne cache plus ses ambitions d'avenir. Après avoir rêvé à un poste chez Molson, il se voit maintenant remplir les fonctions de Jean Béliveau, soit celle de vice-président aux affaires publiques du Forum.

Béliveau, on le sait, parle de retraite depuis déjà un an. Il veut «finalement jouir de la vie et de ma famille» d'ici quelques années. Il en a parlé à Lafleur qui avoue son intérêt pour le poste.

«Je rêve de rester associé hockey dans une fonctio conque, mais pas directionnelle.

comme instructeur ni comme éclaireur, mais je me verrais bien remplir des fonctions de représentations publiques comme celles de Jean. Il y a bien Marius Fortier qui m'a promis un poste avec les Nordiques si jamais j'en avais besoin, mais je préférerais demeurer avec le Canadien. C'est mon équipe.»

Ses sorties tapageuses

Lafleur reconnait par contre, qu'il a beaucoup pourfendu le Canadien sur la place publique et que celà pourrait lui jouer un tour. Mais, dit-il, «je l'ai toujours fait dans l'intérêt de l'équipe, de mes coéquipiers et jamais dans le but d'attirer un bénéfice personnel.»

«Certes, je devrai apprendre à être diplomate si je veux devenir un représentant de l'équipe, mais je suis ainsi fait. J'aime que les choses soient claires.»

Lafleur a fait plusieurs sorties publiques depuis quelques années. Il a d'abord dénoncé le dirigisme qu'on exerçait auprès de Bernard Geoffrion en demandant à la directi

pos de l'ailier étoile la maine dernière en é clairement qu'à titre neur il ne pouvait fair hommes qu'il désirait

Lafleur a égalemen l'utilisation restrictive sait Claude Ruel de se ce qui créait un mau d'équipe. Ce jour-là, il, «plusieurs gars éta me voir pour que je p me j'étais le seul à faire, je n'ai pas hésité je n'avais pas à m puisque j'avais toute que je voulais».

Du leadership

«Je sais que j'ai bea tiqué, mais je l'ai to pour aider l'équipe, ra fleur. Et je suis certa gens l'ont compris. Ils puyé et ils ne m'en ont sinon ils n'auraient pa rière moi comme ils l' cours des deux dern au Forum.»

Lafleur assim position au le lait d

Steve Shutt (50 buts en 1976-1977)

Comme toute l'équipe du Canadien, Steve Shutt connaît une saison de rêve en 1976-1977. À l'image de l'équipe qui remporte 60 de ses 80 parties, Shutt compte 60 buts. Il termine troisième au classement des compteurs derrière Guy Lafleur (champion) et Marcel Dionne.

Il réalise son 50e but le mardi 1er mars 1977 contre les Islanders dans une victoire de 5-4 du Canadien. Son exploit est signalé dans un encadré, à la une de *La Presse* du lendemain. Dans le cahier des Sports, le texte est menu, écrasé entre deux publicités et une photo montrant Yvan Cournoyer et Lorne Henning, des Islanders se disputer la rondelle.

Le 50e but de Steve Shutt en saison est annoncé entre deux publicités et une photo d'Yvan Cournoyer, le 2 mars 1977.

C'est à nouveau Réjean Tremblay qui signe l'article. Il indique que Shutt, modeste et peu friand de statistiques, n'est même pas au courant que le record de 58 buts par un ailier gauche (Bobby Hull) en une saison est à sa portée.

L'homme se fait philosophe. Il déclare : « Comme le chante si bien Frank Sinatra, c'est une bonne année pour moi... un bébé, mon premier, l'équipe d'étoiles pour la première fois et une saison d'au moins 50 buts. Pas mal... »

Pierre Larouche (50 buts en 1979-1980)

L'ancienne vedette des Éperviers de Sorel connaît une saison de 53 buts en 1975-1976 avec les Penguins de Pittsburgh. Puis, après une période creuse, il revient en force en 1979-1980 en comptant 50 buts au cours des 73 rencontres auxquelles il participe avec le Canadien.

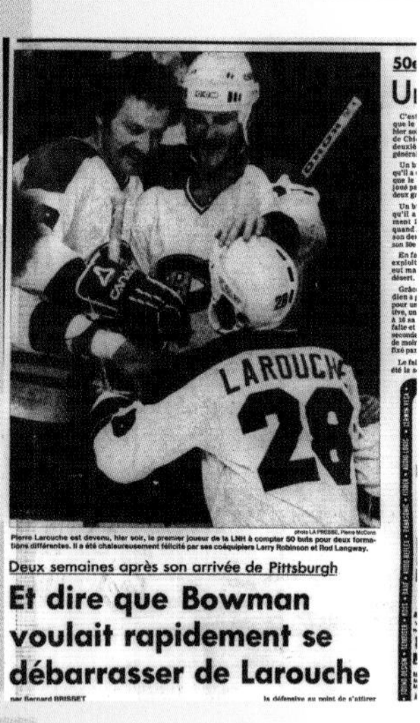

Pour son 50e but au cours de la saison 1979-1980, Pierre Larouche reçoit les félicitations de Larry Robinson et de Rod Langway, comme en témoigne cette photo de Pierre McCann.

Il devient ainsi le premier joueur de la LNH à compter 50 buts pour deux équipes différentes. Or, la date de son exploit, le mardi 25 mars 1980, tombe on ne peut plus mal. Car l'actualité est en feu. À Québec, Jacques Parizeau présente son budget. À Ottawa, des députés du Parti libéral s'apprêtent à sauter dans la campagne référendaire. Au Québec, l'imprimerie Beauchemin ferme ses portes. Aux États-Unis, Ted Kennedy remporte deux primaires démocrates contre Jimmy Carter. De plus, le 24 mars, monseigneur Oscar Romero est assassiné au Salvador. Tous ces sujets sont à la une de *La Presse* du mercredi 26 mars, repoussant Larouche et ses 50 buts dans le cahier des Sports.

Le journaliste Bernard Brisset remet ce but de Larouche dans le contexte où il n'a jamais été dans les bonnes grâces de l'ancien instructeur du Canadien, Scotty Bowman. « Scotty Bowman, malgré tout son génie, n'a jamais été doté de l'infaillibilité pontificale, écrit-il. Chose certaine, il s'est royalement trompé dans son évaluation de Pierre Larouche. »

Brisset raconte comment Bowman, deux semaines après l'échange de Larouche contre Pete

4 La franchise des Scouts survit deux saisons. Au total, l'équipe remporte 27 de ses 160 parties. Elle déménage ensuite à Denver (Rockies du Colorado) puis au New Jersey (Devils).

SON 400e, SHUTT AUSSI ÉCRIT UNE PAGE D'HISTOIRE

Guy l'obtient enfin son 500e

Steve Shutt sourit. Il vient d'enfiler son 400e but.

Deux gars soulagés

Lafleur, le 10e de l'histoire

Une cérémonie pour ces buts historiques

Mahovlich, en novembre 1977, tente de convaincre le DG Sam Pollock de l'échanger à nouveau. Irving Grundman, qui a convaincu Pollock d'obtenir Larouche, l'en dissuade.

Guy Lafleur (500e)

Une superbe photo à la une, la page frontispice du cahier des Sports, deux pages de textes à l'intérieur. Le 500ᵉ but de Guy Lafleur ne passe pas inaperçu dans l'édition de *La Presse* du mercredi 21 décembre 1983. La veille, le Canadien a déclassé les Devils de New Jersey 6-0. Le Démon blond est l'auteur du dernier but du match, sur des passes de Pierre Mondou et Bob Gainey. Le gardien des Devils, Chico Resch, n'a vu que du feu. Plut tôt dans le match, un autre Canadien, Steve Shutt, réussit son 400ᵉ but en carrière. Belle soirée...

« Ti-Guy l'obtient enfin son 500ᵉ », est le titre coiffant l'article de Bernard Brisset. Il fait part de la réaction des joueurs du CH après le but : « Sur le coup, tous les joueurs du Canadien se sont levés à leur banc pour applaudir le héros. Bobby Smith qui était au banc des pénalités a tapé du bâton sur la bande et la foule pourtant déçue de la tenue de ses porte-couleurs, s'est levée d'un bond pour réserver à Lafleur l'ovation qu'il mérite aux cris de "Guy, Guy". Comme au Forum. »

Les commentaires de Lafleur ? « C'est toute une sensation. J'avais hâte qu'il vienne car tout le monde semblait capable de marquer ce soir et Chico m'avait frustré en quelques occasions. [...] J'aurais préféré marquer ce but à Montréal, devant un public qui le mérite bien, mais l'important, n'est-ce pas, c'est qu'il soit compté. Le Démon blond aura réussi l'exploit sur le terrain des Devils. »

Brisset consacre aussi deux articles sur la pression que subit Lafleur au sein de l'équipe. « Je n'ai jamais eu à supporter autant de pression, dit le numéro 10. J'ai l'impression de toujours avoir la responsabilité des succès ou des insuccès de cette équipe et qu'il en sera ainsi tant qu'un jeune ne poussera pas derrière pour attirer vers lui le regard des gens. »

Il est aussi question d'avenir, car le contrat de Lafleur arrive à terme. Ce dernier dit avoir réfléchi et fait son choix. « Montréal, c'est ma ville ; le Canadien c'est mon équipe, je veux rester ici. »

Douze mois plus tard, Lafleur prend sa première retraite.

Stéphane Richer (50 buts en 1987-1988)

Samedi, 2 avril 1988. Après une absence de cinq matchs en raison d'une blessure, Stéphane Richer revient au jeu pour les deux dernières parties du calendrier régulier contre les Sabres de Buffalo. Il a alors une fiche de 45 buts. Ce soir-là, il en marque trois. Le lendemain, à Buffalo, il en enfile deux autres. Total : 50.

« J'ai prouvé que j'ai du caractère », dit Richer aux journalistes, propos que rapporte André Turbide dans *La Presse* du mardi 5 avril[5].

Le numéro 44 tient bien sûr à rendre hommage à ses coéquipiers. Il s'attarde aussi sur le fait qu'il a réussi ces buts sur des tirs du poignet et non des lancers frappés. « Je suis pas mal fier de ça parce qu'on ne dira plus que je peux marquer des buts simplement avec mon lancer frappé. »

« À Montréal ou ailleurs, 50 buts, c'est un chiffre magique et c'est bien plaisant de vivre cette étape, dit-il plus loin. Hier, à Buffalo, c'était vraiment spécial. Il n'y a pas grand chose dans ma vie qui m'a fait plus plaisir que de scorer ce 50ᵉ but. »

Deux saisons plus tard, il en comptera 51.

5 *La Presse* n'est pas publiée le lundi 3 avril 1988, lendemain de Pâques.

Le 500ᵉ but de Guy Lafleur est l'occasion d'un long reportage, le 21 décembre 1983.

Une fête des neiges sur le Saint-Laurent

la presse

LE GOUVERNEMENT DÉFAIT EN COMITÉ PLÉNIER
Brian Mulroney demande la tenue d'élections générales

LE 500e BUT DE GUY LAFLEUR

Plusieurs projets de loi resteraient sur le carreau

Guy Lafleur, un but historique à la une de *La Presse* du 21 décembre 1983

Aujourd'hui

S 3 STÉPHANE RICHER

Stéphane Richer a atteint en fin de semaine, contre Buffalo, la marque des 50 buts. Les Whalers l'auront dans les jambes demain, lors du début des séries éliminatoires.

Stéphane Richer est le dernier joueur du CH à compter 50 buts en une saison. L'exploit est souligné à la une du quotidien de la rue Saint-Jacques le 5 avril 1988.

1959

1er NOVEMBRE 1959

LE MASQUE DE JACQUES PLANTE

Jacques Plante, le gardien de but masqué tel qu'il est apparu devant les partisans du Forum le 5 novembre 1959.

LA PRESSE, MONTRÉAL, LUNDI 2 NOVEMBRE 1959

SPORTS

PLANTE FORCE DE JOUER A L'HALLOWE'EN — Le gardien de buts JACQUES PLANTE, du Canadien, a été durement atteint au visage par une rondelle dans la première période hier soir à New-York. Le populaire athlète montréalais a décidé de porter son masque protecteur en plastique et cela ne l'a pas empêché de se distinguer en tenant les Rangers à un seul but dans la victoire de 3-1. Ici, DOUG HARVEY et CLAUDE PROVOST ceinturent RED SULLIVAN devant le filet de Plante.

Les Red Wings surprennent de nouveau

Une 2e joute nulle du Détroit au Forum

par Marcel Desjardins

Boston déclasse Toronto

FORUM CE SOIR

Jean-Guy Gendron compte trois buts

Le masque porté par Jacques Plante contre les Rangers de New York fait sensation dans *La Presse* du 2 novembre 1959.

C'est le 1er novembre 1959, au lendemain de l'Halloween, que le gardien du Canadien Jacques Plante porte, pour la première fois, son fameux masque au cours d'une partie régulière. Ce soir-là le Canadien dispute la victoire au Rangers, à New York.

Présent à ce match, le journaliste de *La Presse* Gérard Champagne s'amuse à faire ce rapprochement. Dans son article du lendemain, il signale que l'événement « est entré dans la grande atmosphère de l'Halloween ».

La photo accompagnant le texte va dans le même sens. On y voit Plante, debout, le visage masqué, avec une forte circulation devant son filet. La légende est titrée : « Plante forcé de jouer à l'Halloween ».

Le gardien a expérimenté le masque lors d'entraînements. Mais jamais ne l'a-t-il porté au cours d'une rencontre, n'étant pas convaincu des résultats. Ce dimanche soir-là, tout change.

Au tout début de la partie, Plante est atteint au côté gauche du visage par un lancer d'Andy Bathgate. « Il est tombé comme un sac sur la glace, rapporte Champagne. Lorsqu'il s'est relevé, la glace était maculée de son sang. Sept points de suture furent nécessaires pour refermer la plaie du côté gauche du nez. »

Son gardien à la clinique, le coach du Tricolore, Toe Blake, s'enquiert auprès des Rangers s'ils ont un substitut à prêter au Canadien. Car à l'époque, les équipes n'ont pas toutes des gardiens de réserve assis au bout du banc des joueurs.

Finalement, ce n'est pas nécessaire. Encore à la clinique, Plante supplie et convainc Toe Blake de le laisser jouer avec son masque. À son retour sur la patinoire, il est encore chancelant. L'organiste des Rangers joue *For He's A Jolly Good Fellow*, rapporte *La Presse*.

Une fois la partie reprise, Plante retrouve son aplomb. Les joueurs du Canadien le protègent bien et le Tricolore l'emporte par la marque de 3-1, sa huitième victoire de la saison.

Inspiré, Gérard Champagne écrit : « Le détenteur du trophée Vézina aurait probablement obtenu un blanchissage s'il avait été aidé par les sourires de Dame Chance à la troisième période. Camille Henry a été le seul à le déjouer alors qu'Albert Langlois était au cachot sans barreau. »

Dans l'édition du lendemain, Champagne signe deux textes : un papier général où il décrit la partie et un article secondaire où il s'attarde, avec maints détails, à la blessure de Plante. L'amorce de son texte principal est éloquente, audacieuse, voire visionnaire :

« L'histoire prouvera si tous les gardiens de but ont aujourd'hui raison de démontrer leur gratitude à Jacques Plante, le premier homme qui ait eu le courage de porter un masque pendant une joute régulière de la Ligue nationale. »

« Une blessure très douloureuse, qui aurait pu être beaucoup plus sérieuse a incité Jacques Plante à retourner devant sa forteresse en portant un masque dont il est l'inventeur et à écrire une nouvelle page d'histoire dans le hockey majeur. »

« L'expérience de Plante s'est révélée un succès complet. Évoluant avec courage et avec dextérité, l'athlète de Shawinigan a aidé le Canadien à remporter une victoire de 3 à 1 aux dépens des Rangers de New York hier soir. »

Portera, portera pas

Il y a beaucoup de spéculations à savoir si Plante va porter son masque au prochain match, au Forum. Toe Blake, impressionné par sa performance et convaincu que le masque n'affecte pas la vision du gardien, dit qu'il lui revient de prendre sa décision.

Le soir du 5 novembre au Forum, Plante porte son masque et le Canadien déclasse les Rangers 8-2. « Je porterai toujours mon masque », déclare-t-il au terme de la rencontre.

Le gardien indique avoir reçu l'assurance du directeur-gérant du CH, Frank Selke, de porter son masque comme bon lui semble. En bon observateur, le journaliste Gérard Champagne note : « Plante a alloué seulement trois buts en deux parties depuis qu'il joue la figure masquée. »

Durant plusieurs jours, *La Presse* continue à suivre l'histoire. La nouveauté prête à quelques savoureuses lignes dans les reportages. Ainsi, dans l'édition du lundi 9 novembre 1959, faisant le compte rendu du match (nul) du samedi soir contre Chicago, le journaliste Marcel Desjardins lance : « Il y a eu un spectaculaire duel de gardiens de but entre le masqué Jacques Plante et le non masqué Glenn Hall. »

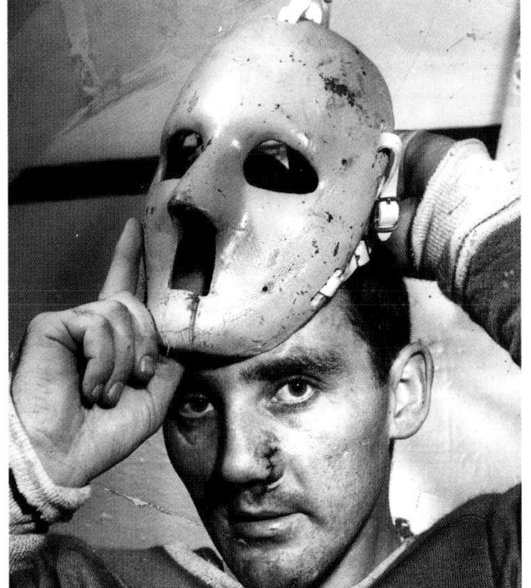

Ce n'est pas un caprice de Jacques Plante de porter un masque, indique *La Presse* dans son édition du 4 novembre 1959. Le numéro 1 du CH enfile son masque au profit du photographe René Ménard.

CLINT BENEDICT, LE PRÉCURSEUR

Près de trente ans avant Jacques Plante, au cours de la saison 1929-1930, le gardien des Maroons de Montréal Clint Benedict porte un masque de cuir durant quelques parties. Et comme dans le cas de Plante, tout commence à la suite d'une blessure au visage.

Le 7 janvier 1930, au cours d'un match contre le Canadien, Benedict reçoit un puissant lancer d'Howie Morenz en plein visage. Le nez cassé, il revient au jeu le 20 février. Avec un masque.

Lorsque les Maroons jouent contre Chicago au Forum, le 25 février, *La Presse* fait part de ce changement. « Benedict masqué », indique un des sous-titres de l'article. À la toute fin du reportage sur cette partie, l'auteur écrit : « Clint Benedict a fait sa première apparition au Forum depuis qu'il a été blessé par un lancer de Morenz il y a plus de six semaines. Il portait un masque en cuir dans la figure. »

Le 4 mars contre Ottawa, le gardien est à nouveau blessé au visage « malgré le protecteur qu'il portait », dit *La Presse*. Ce fut son dernier match dans la LNH.

…SE, MONTREAL, JEUDI 12 NOVEMBRE 1959

SPORTS

photos Réal St-Jean, LA PRES…

…S MAYER CONSULTE JACQUES PLANTE — La mâchoire fracturée à … endroits, GILLES MAYER désire retourner au jeu avec le Cleveland de … gue Américaine, mais avec un masque. Aussi est-il venu à Montréa… consulter JACQUES PLANTE au sujet de la fabrication d'un masqu… ble au sien. Plante lui a donné tous les renseignements et lui a mêm… de lui prêter un de ses deux masques.

Une offre à Alf Pik…

Winnipeg, (PC) — L'instru… teur Alf Pike des Warriors … Winnipeg a déclaré qu'il ava… reçu une offre pour gérer l… Rangers, mais que rien n'ava… été défini. Le nom de Pike … été mentionné comme succes… seur possible à Phil Watson.

"Tout le monde semble mieux renseigné que moi dans cette affaire. Tout ce que je sais, c'est que je suis encore instructeur du Winnipeg", a dit Pike. Jack Perrin, gérant géné… ral du Winnipeg de la Ligu… de hockey de l'Ouest a déclar… qu'il n'empêchera pas Pike d… signer avec les Rangers si l… poste lui est offert."

Si Pike devient le succe… de Watson, le nouveau … des Warriors de Wi… Bill Mosienko, v… étoile de la Li…

…E GARDIEN …

Le masque de Jacques Plante suscite l'intérêt durant plusieurs jours. Sur cette photo du 12 novembre 1959, le gardien de but Gilles Mayer, des Barons de Cleveland de la Ligue Américaine de hockey, consulte le maître. Il se remettait alors d'une quintuple fracture à la mâchoire à la suite d'un lancer. Il fut le premier gardien de la LAH à porter le masque.

UNE SITUATION RIDICULE...

Ce n'est pas tant l'exploit de Plante que la question des gardiens substituts qui retient l'attention de Marcel Desjardins dans la colonne « Ici et là dans le sport » du 3 novembre et intitulée : « Une situation ridicule : mais comment la résoudre ? ».

Il remarque que sans le retour de Plante après sa blessure, le Canadien était condamné à un piètre gardien substitut. « Le Canadien est venu près d'être forcé de terminer la partie avec un gardien de but quelconque dans son filet, un homme de 33 ans qui a déjà évolué dans la Ligue métropolitaine de New York et qui participe maintenant aux pratiques des Rangers. »

Il enchaîne : « Le problème ne pourrait être résolu que si tous les clubs voyageaient avec un gardien substitut, nous déclarait un officiel hier. Mais non seulement ce serait une politique coûteuse, mais rares sont les clubs qui voudraient garder avec eux un bon gardien de but qui ne jouerait que dans les cas d'urgence.

« Ce serait tout simplement risquer de ruiner la carrière d'un athlète prometteur. Un joueur ne peut s'améliorer, ne peut se maintenir en forme à moins de jouer régulièrement. [...] Nous ne sommes pas encore arrivés à l'époque où les clubs paraissent vouloir alterner de gardiens de but. On ne voit pas par exemple un club Canadien ou un club Detroit alternant Jacques Plante avec un autre ou Terry Sawchuk avec un autre. Il y aurait même risque que les partisans de ces clubs protesteraient contre une telle politique. [...] Voilà le tableau. Il n'est pas beau. Mais les perspectives de lui donner un meilleur aspect ne sont guère brillantes. »

15 SEPTEMBRE 1960

LE ROCKET ACCROCHE SES PATINS

5¢ LA PRESSE ÉDITION PROVINC

Le ROCKET ne jouera plus

L'Union nationale choisit un autre ch

Des négociateu à l'arrière-scèn

"Un petit cand selon M. Sauv

Au chapitre des spéculations, MM. Prevost, Talbot, Johnson

Grâce aux Ghanéens de l'ONU...

Lumumba sauvé du lynchage aux mains de ses soldats

Deux-Montagnes veut garder l'Institut agricole d'Oka

QUEBEC est à reviser l'enseignement agricole dans toute la province

Une tournée contremandée

Huit victimes de polio d'un village gaspésien transportées à Montré

La une de *La Presse* du 16 septembre 1960. Un moment important dans l'histoire du sport au Québec.

« Maurice Richard ne jouera plus au hockey !

« On est tenté de citer Bossuet : "Ô nuit désastreuse ! Ô nuit effroyable, où retentit tout à coup, comme un éclat de tonnerre, cette étonnante nouvelle..."

« Le Rocket ne soulèvera plus les foules, il n'électrisera plus son équipe, il ne médusera plus ses adversaires, il ne terrorisera plus les gardiens de but ! Mais il restera la légende qu'il est devenu de son vivant, tout comme, dans d'autres domaines, un Camilien Houde et quelques rares autres, comme un Babe Ruth aux États-Unis, que leurs contemporains considèrent comme des sortes de demi-dieux. »

Cet élan lyrique, poétique, romantique, les lecteurs de *La Presse* le doivent à Georges Langlois. Le 16 septembre 1960, l'éditorialiste commente ainsi l'annonce faite la veille par Maurice Richard de prendre sa retraite du hockey professionnel.

L'édition du jour comprend également une annonce à la une et plusieurs textes à l'intérieur.

La surprise n'est pas totale. Depuis deux ou trois ans, la perspective de la fin de carrière de Richard, ralenti par les blessures, est évoquée. Mais l'annonce fait quand même sursauter. D'autant plus qu'à ce moment-là, le Québec a les yeux tournés vers le parti de l'Union nationale dont le chef, Antonio Barrette, a démissionné avec fracas le soir du 14 septembre.

Le jeudi 15, en avant-midi, Richard participe à une pratique du Canadien au cours de laquelle il marque quatre buts et signe trois passes. De quoi chasser les rumeurs. Et pourtant, le soir même, devant un groupe de journalistes médusés, réunis dans un salon de l'hôtel Le Reine Élizabeth, il annonce sa décision. Les scribes ont été convoqués à une conférence de presse bidon, soit-disant pour obtenir plus de détails sur le match des étoiles présenté à Montréal.

Richard explique le canular par son désir d'annoncer sa décision à tout le monde en même temps. *La Presse* publie le texte de son allocution dont voici un extrait : « Vous admettrez avec moi que cette décision ne fut pas facile à prendre. Ça fait déjà deux ans que j'y songe, presque jour et nuit, et vous devinez donc que ces deux dernières saisons ont été très dures pour moi. »

Chargé du texte principal, le journaliste Marcel Desjardins écrit : « Celui qui a décidé de l'issue de tant de mémorables rencontres sportives sous les assourdissants applaudissements de foules frénétiques de joie, a lui-même scellé le sort de la joute la plus difficile qui lui ait jamais été donné de livrer, celle de décider quand mettre fin à ses jours comme joueur, en annonçant lui-même hier soir dans le calme d'un salon de l'hôtel Reine Elizabeth la fin de sa carrière.

« N'eurent été les brillantes lumières, les appareils de télévision et les efforts des multiples photographes à qui prendrait le meilleur cliché, la scène aurait été sans doute la plus calme de la carrière de celui que l'on a surnommé Monsieur Hockey. En termes aussi sobres que son complet foncé, sa cravate bleue et sa chemise blanche, Richard a tenu à remplir la promesse qu'il avait faite il y a longtemps à plusieurs d'entre nous [1]. »

Tondre la pelouse

Pendant ce temps, le journaliste Gérard Champagne est dépêché au domicile des Richard où il surprend son épouse Lucille « dans la quiétude de son foyer ». Il cite longuement madame Richard qui raconte comment s'est passée la journée à la maison :

« Maurice s'est rendu à la pratique comme d'habitude au cours de l'avant-midi [...] En revenant, il m'a dit qu'il ne pouvait pas croire que c'était sa dernière pratique. Il n'a presque pas parlé de la journée de sa décision. Il a soupé avec toute la famille, puis il a travaillé à tondre la pelouse. Il a ensuite aidé notre fils aîné [2] et Normand à faire ses devoirs. Vers 9 h [21 h] il s'est levé, m'a embrassé et m'a dit "bonsoir". Il semblait très ému. Je l'étais plus que lui, mais j'ai réussi à ne pas pleurer. Je suis certaine que si je l'avais accompagné, j'aurais éclaté en sanglots et lui aussi. »

1 Celle d'annoncer sa retraite à tout le monde en même temps.

2 Maurice Jr est l'aîné des garçons. Le couple a eu sept enfants, deux filles et cinq fils.

LA PRESSE, MONTRÉAL, VENDREDI 16 SEPTEMBRE 1960

Les adieux de Richard

Ma décision est prise... J'y ai longtemps pensé... Ce fut pénible... Je deviens ambassadeur.

Fin de la phénoménale carrière de Monsieur Hocke[y]

par Marcel DESJARDINS

Liste des records

Opinion

Une des pages de *La Presse* du 16 septembre 1960 consacrée à l'annonce de la retraite du Rocket.

Dans la chronique « Ici et là dans le sport », Paul-Émile Prince encense le Rocket. « Tenace, fougueux, l'ailier droit du Canadien revenait chaque fois au jeu avec la même détermination, le même enthousiasme, le même désir de réussir. Ces qualités maîtresses, à la base de tout succès, Richard les possédait à un degré supérieur et c'est peut-être là plus que toute son adresse, son habileté qui sont à la source de sa fructueuse carrière sportive. »

Sous le titre « Un seul Rocket ! », le journaliste Pierre Proulx dit : « Même en le connaissant bien pour l'avoir vu à la tâche, au foyer, en public et dans l'intimité, avoir vécu de nombreuses heures palpitantes à ses côtés, on conserve tout de même l'impression que le Dr Alexis Carrel, en intitulant son oeuvre : *L'homme cet inconnu*, aurait pu tout aussi bien voulu parler de lui. »

Ouf ! Le journaliste savait-il dans quel tortueux sentier il s'aventurait ici ? Prix Nobel de médecine, spécialiste des sutures et précurseur de la conservation des organes vivants, Carrel a causé toute une controverse avec cet ouvrage prônant l'eugénisme et ouvrant la porte à l'élimination des plus dangereux criminels et déséquilibrés dans les chambres à gaz[3].

Laissons plutôt le dernier mot à l'éditorialiste Georges Langlois dont le texte soulignant le départ de Richard s'intéresse à « ce phénomène de psychologie collective qu'est la vedette ». « Il y en a dans la politique, au théâtre, au cinéma, en littérature comme dans les sports, dit-il. Et il y a, occasionnellement, la supervedette pour qui la foule se passionne, surtout quand cette vedette est sortie de ses rangs, comme c'est le cas de Maurice Richard. »

3 Carrel était aussi un ami proche de l'aviateur Charles Lindbergh dont la sympathie pour l'Allemagne nazie avant la Seconde Guerre mondiale fut décriée.

Le journaliste de *La Presse* Gérard Champagne, debout, s'invite au dîner du 18e anniversaire de mariage de Maurice Richard pour lui demander s'il prendra sa retraite. Les deux hommes étaient de bons amis. La photo est publiée le 13 septembre 1960.

« DEVINE QUI VIENT DÎNER... »

Le 12 septembre 1960, Lucille et Maurice Richard célèbrent leur 18e anniversaire de mariage dans un restaurant chic de Montréal avec trois couples d'amis. Or, soudain, qui apparaît ? Le journaliste de *La Presse* Gérard Champagne ! « C'était supposé être un dîner intime bien calme, lance Richard. Pose ta question », lance-t-il à Champagne qui se demande s'il va prendre sa retraite. Le Rocket lui répond que sa décision n'est pas prise. Il avertit aussi le journaliste qu'il ne sera pas à l'entraînement du Canadien, le lendemain, ayant un engagement à Toronto. Ce qui ne signifie pas qu'il a abandonné sa carrière. Un photographe est présent et le journal publie une photo de Richard et Champagne échangeant un sourire alors que Lucille Richard semble interloquée par la présence du scribe.

CHAPITRE 32

1963

1963-1978

SAM POLLOCK, LE PARRAIN, LE GÉNIE

Une photo du Parrain, Sam Pollock, prise par Paul-Henri Talbot et publiée le 18 novembre 1972.

36/LA PRESSE, MONTREAL, SAMEDI 16 MAI 1964

Le Canadien décide de faire place aux jeunes

par André TRUDELLE

Le sénateur Hartland de M. Molson a donné hier en l'hôtel Reine Elizabeth une leçon de savoir-faire et de courtoisie que nombre d'hommes d'affaires d'expression anglaise auraient avantage à imiter. Le sénateur Molson s'est adressé en français d'abord à la conférence de presse qu'il avait convoquée dans le but d'annoncer aux chroniqueurs et commentateurs sportifs les chambardements apportés à la direction du Canadien.

Et après avoir répété en anglais son court texte de présentation, c'est en français que le sénateur a dévoilé les nouveaux titulaires des postes de son organisation, soit le Forum et le club Canadien.

Il n'y a pas, à proprement parler, de véritables surprises. On a décidé de faire place aux jeunes, à des jeunes de 40 ans ou moins : David Molson, Maurice Richard, Sam Pollock et Frank Selke, fils.

La tâche à laquelle ces hommes s'attaqueront n'est pas facile en raison du succès fabuleux de Frank Selke, père, au cours de son règne de 18 ans. Quelqu'un faisait remarquer, et c'est bien vrai, que les nouveaux titulaires étaient tous bilingues. Une fois encore, il faut voir là la diplomatie de la famille Molson. En Maurice Richard, elle ne pouvait trouver un meilleur représentant du hockey, une figure plus attachante à la majorité, à la grande majorité des amateurs de hockey.

A Sam Pollock, la famille Molson confie la tâche de poursuivre le travail abattu avec clairvoyance par Frank Selke. Pollock est de la même école. Il cherche depuis quelques années à apprendre le français et il se débrouille mieux chaque jour dans cette langue.

Frank Selke, fils connaît bien les problèmes des journalistes,

Les nominations

Voici le nouvel exécutif de l'organisation du Canadien à l'issue des changements dévoilés hier :

— J. David Molson, 35 ans : président du Canadien et de la Canadian Arena Company (Forum) ;

— Maurice Richard, 42 ans : adjoint du président du club Canadien et directeur des relations extérieures ;

— Sam Pollock, 38 ans : gérant général du club Canadien ;

— Frank Selke, fils, 34 ans : vice-président, responsable du Forum (Canadian Arena Co.)

— Howard Hamilton, 46 ans : vice-président, responsable des finances et de l'administration ;

— Toe Blake, 51 ans, revient comme instructeur pour une 11e année consécutive.

Quittent leurs postes :

— le président Hartland de M. Molson

— le gérant général Frank Selke, père.

Le Canadien annonce de grands changements à son état-major. Le 16 mai 1964, *La Presse* dresse la liste des nominations.

Le vendredi 15 mai 1964, un vent de jeunesse souffle sur le Forum de Montréal.

À l'extérieur, des centaines de jeunes attendent l'ouverture des guichets, car c'est jour de vente des billets pour le spectacle des Beatles qui doit avoir lieu le 8 septembre.

À l'intérieur, on prépare de grands changements au deuxième étage, où loge l'état-major. Dans une conférence de presse[1], le président du club, Hartland de M. Molson, et le directeur général Frank Selke père annoncent qu'ils quittent leurs fonctions pour faire place à la relève. Les nouveaux acteurs de la haute direction s'appellent J. David Molson, Maurice Richard, Frank Selke fils, Howard Hamilton et Sam Pollock. À 38 ans, ce dernier devient directeur général.

L'homme est prêt, croit le chroniqueur Marcel Desjardins. Le samedi 16 mai 1964, il écrit : « Pollock est l'élève de M. Selke. C'est un homme qui, s'il l'eut voulû, eut pu occuper divers postes avec certains autres clubs de la Ligue Nationale. Il est l'homme dont on dit qu'il connait mieux les règlements du circuit que qui ce soit, qu'il est une véritable encyclopédie en ce qui a trait aux jeunes joueurs des systèmes de fermes[2] des diverses équipes. »

Les observations de Desjardins se vérifieront tout au long de la carrière de Pollock qui occupe le poste de DG de 1964 à 1978. D'aucuns l'ont affublé du surnom de Parrain. D'autres l'ont qualifié de génie. Tous se sont inclinés devant son immense talent et son ardeur au travail.

Pollock joint le Tricolore après la Deuxième Guerre mondiale. Il occupe tour à tour les fonctions de dépisteur, entraîneur du Canadien junior et directeur du personnel.

Aujourd'hui, on se souvient de lui comme l'homme aux manœuvres diaboliques, qui savait mieux que tous tirer les ficelles pour obtenir les meilleurs espoirs au repêchage. Sous sa gouverne, le Canadien repêche les Mario Tremblay, Marc Tardif, Bob Gainey, Larry Robinson, Steve Shutt, Pierre Bouchard, etc. Et bien sûr, Guy Lafleur.

Revoyons quelques extraits d'articles publiés dans *La Presse* et qui donnent une idée de l'importance de Pollock dans l'histoire de l'organisation.

Un appel aux joueurs

Lorsqu'il devient DG de l'équipe, les médias connaissent depuis longtemps la valeur de Pollock et son sens du hockey. Par exemple, dans son édition du 23 mars 1953, *La Presse* évoque la discipline qu'impose Pollock, alors entraîneur du Canadien junior, à ses joueurs.

Un soir, à l'occasion d'un match du Canadien, il se trouve sur la galerie de presse. Le représentant de *La Presse* fait l'observation suivante : « L'instructeur Sam Pollock, du Canadien junior, a l'habitude d'appeler tous ses joueurs au téléphone, la veille d'une joute et samedi soir, assis sur la passerelle des chroniqueurs sportifs, il n'a pas dérougi à la règle, parlant aux Richard, Rousseau, Hodges, Pilon, Vinette, McCord et autres, tantôt en français, tantôt en anglais... »

Craint au repêchage

C'est à l'approche de la séance annuelle de repêchage que Pollock est le plus craint et le plus respecté. Il est précédé de sa propre légende.

Son coup le plus fumant fut bien sûr le repêchage de Guy Lafleur. En mai 1970, le DG échange deux joueurs du Canadien aux Seals de la Californie contre leur choix de premier tour de 1971, année où Lafleur est éligible au repêchage. Mais lorsqu'il constate, à l'automne 1970 que les Kings de Los Angeles risquent de terminer dans la cave de la LNH, il envoie le joueur de centre Ralph Backstrom à Los Angeles. Avec lui, les Kings remontent la côte et les Seals terminent dernier. Le plan de Pollock a marché et lui permet de cueillir Guy Lafleur[3].

Un an plus tard, à la veille de la séance annuelle de repêchage, tenue à Montréal, le journaliste Yvon Pedneault louange le DG du Canadien. « Encore une fois, Pollock jouera un rôle de premier plan, écrit-il

1 La conférence de presse a lieu à l'hôtel Reine-Élizabeth.

2 C'est ainsi qu'on nommait les clubs-écoles, les filiales, à l'époque.

3 Voir le chapitre 39. En 1971, une autre grande vedette québécoise est disponible : Marcel Dionne. Ce dernier est repêché, juste derrière Lafleur, par les Red Wings de Detroit. Le choix de deuxième tour du Canadien (20e au total) cette année-là est un certain... Larry Robinson.

Sam Pollock photographié au Forum le 6 septembre 1978.

le 5 juin 1972. Il n'est pas osé de prétendre qu'il sera l'homme le plus épié au cours des congrès. Depuis qu'il a accédé au poste de directeur général du Canadien, Pollock est rapidement devenu l'homme le plus en évidence de la Ligue nationale. »

Il faut dire qu'en 1972, Pollock se présente aux assises avec quatre choix (!) de premier tour en poche : ceux des Seals, des Kings, des Penguins et bien sûr du Canadien.

« En somme, l'on verra de nouveau Sam Pollock en meilleure forme que jamais. Les assises de la Ligue nationale, c'est un peu son propre spectacle », conclut Pedneault. Le lendemain, Pollock choisit Steve Shutt, Michel Larocque, Dave Gardner et John Van Boxmeer.

Un autre King est mort

Après neuf Coupes Stanley, Pollock quitte l'organisation du Canadien en 1978 pour se recycler dans le monde des affaires. En 1995, il revient au sport comme président du conseil d'administration et chef de la direction des Blue Jays de Toronto de la Ligue américaine de baseball. Il y reste jusqu'en 2000. Il meurt à Toronto le 15 août 2007, à 81 ans.

Le lendemain, dans le cahier des Sports de *La Presse*, les hommages recueillis par le journaliste Hugo Fontaine sont nombreux et respectueux.

Ainsi, l'ancien instructeur Scotty Bowman déclare : « C'était un travailleur infatigable, ce qui explique son succès. »

L'ancien joueur du Canadien Yvon Lambert, se remémore sa haine viscérale de la défaite. « Un soir en 1972-1973, on avait fait match nul au Forum et il avait piqué une crise dans la chambre des joueurs. J'étais tellement impressionné. J'avais dit à Guy Lapointe : "Ça va être *tough* quand on va en perdre une ! ? »

Un des plus beaux hommages vient de Réjean Tremblay. Ce jour-là, il est à Memphis avec Marcel Aubut pour la commémoration du trentième anniversaire de la mort d'Elvis Presley. Il consacre une chronique complète à Pollock.

« J'avais d'excellentes relations avec lui, écrit-il le 16 août. Je ne baragouinais que quelques mots d'anglais, appris en trois jours chez Berlitz avant de partir avec le Canadien, et Pollock avait eu la gentillesse et le respect de toujours me parler en français. [...]

« Il aimait passionnément ses joueurs. Et le hockey. Pendant les matchs, il serrait et mordillait un mouchoir pendant les trois périodes. Il suait, il transpirait et il suffoquait quand le Canadien était en danger. Après les parties, gagne ou perd, Scotty Bowman devait dénicher une cabine téléphonique pour faire un rapport exhaustif de ce qui s'était passé. Même si Sam avait écouté le match à la radio. [...]

« Pendant les séries, la suite de Pollock servait de point d'ancrage aux journalistes et aux célébrités qui accompagnaient l'équipe. On discutait et jouait aux cartes jusqu'aux petites heures du matin. On se faisait raconter comment il avait trafiqué quelques échanges pour être certain d'aller repêcher Guy Lafleur et on allait se coucher aux petites heures du matin. [...]

« C'est un grand qui est parti. Un très grand. Un King qui vient de mourir... »

UNE PEUR BLEUE DE L'AVION

Tous ceux qui ont gravité dans l'orbite de Sam Pollock savent qu'il avait une peur bleue de prendre l'avion. Pour voyager, Pollock avait un chauffeur qui le conduisait sur les routes nord-américaines, de Montréal à Toronto, New York, St. Louis, etc.

Le journaliste Gilles Terroux se souvient d'une exception. C'était après un match de finale pour la Coupe Stanley à St. Louis. « Les joueurs l'ont convaincu de revenir avec eux en avion. Il a passé le vol à mâchouiller son mouchoir et son chapeau », se remémore Terroux en riant.

1965

FINALES DE 1965 ET 1966

CINQ ANS, C'EST LONG !

MM. les magnats de la LHN, où aviez-vous la té

ENTRE NOUS

Abel prévoit des changements à Détroit

Détroit ne désespère pas d'obtenir les Olympiques

Défilé en l'honneur du Canadien, demain

CLUB DE GOLF CARTIERVILLE

Dans *La Presse* du 7 mai 1966. Quelques scènes de joie chez les joueurs du CH à leur retour à Montréal après avoir remporté la Coupe Stanley contre les Red Wings de Detroit. À gauche, le gardien Lorne Worsley et ses trois enfants, Jean-Claude Tremblay répondant à une question d'un journaliste de CKAC et Jean Béliveau embrassant l'épouse de Terry Harper !

Entre le printemps 1956 et celui de 1973, le Canadien remporte onze Coupes Stanley. Onze en 18 ans ! Dans ce contexte, attendre cinq ans avant de reconquérir le précieux trophée représente une éternité. C'est à ce purgatoire qu'est soumis le Tricolore entre avril 1960 et mai 1965.

On ne s'étonne donc pas de lire un ENFIN ! en très grosses lettres capitales dans *La Presse* du lundi 3 mai 1965, deux jours après que le Bleu Blanc Rouge eut conquis son 13e titre.

Doublement méritoire

En 1965, le Canadien termine au deuxième rang du classement des équipes, derrière Detroit. En demi-finales, il sort les Leafs de Toronto en six matchs alors que Detroit se fait surprendre par Chicago en sept parties. En finale, les deux équipes se partagent les six premiers matchs. La septième et dernière partie est présentée à Montréal le samedi 1er mai.

Ce jour-là, Marcel Desjardins observe que la série ne passera pas à l'histoire. « Celle se terminant ce soir en a été une jusqu'ici bien ordinaire, qui n'a offert aucun trait spécial et qui est destinée à être rapidement oubliée excepté par ceux qui y prennent part », dit-il.

Pour lui, il faudra que les Black Hawks offrent « un rendement supérieur à celui des parties précédentes », s'ils veulent espérer une victoire. À la lumière du dernier match, l'analyste fait mouche. Le Canadien l'emporte 4-0. Il compte tous ses buts en première période. Jean Béliveau est le premier récipiendaire du trophée Conn-Smythe remis au meilleur joueur des séries.

La Presse donne peu de détails sur ce qui s'est passé sur la patinoire au cours de ce dernier match. On s'intéresse plutôt à la joie de Maurice Richard dans son nouveau rôle d'adjoint au président Molson, à l'heure de gloire du gardien Lorne Worsley, gagnant de sa première Coupe après treize ans dans la LNH, et au fait qu'il s'empresse de téléphoner à sa femme et à ses enfants et aux propos du jeune joueur Noël Picard consignés dans un « Carnet d'une recrue ».

De la série, les journalistes de *La Presse* retiennent le jeu défensif de Claude Provost qui a tenu le redoutable Bobby Hull en échec. À ce sujet, on cite Worsley. « Ce dernier [Hull] a marqué deux buts en sept joutes contre nous et Provost n'était pas sur la patinoire », dit-il.

Marcel Desjardins obtient une entrevue avec l'instructeur du CH, Toe Blake. S'il n'utilise pas le terme de plombiers, épithète à la mode aujourd'hui, Blake reconnaît que son équipe n'est pas celle de la seconde moitié des années 1950 qui a tout dominé dans la LNH. Ce qui rend cette victoire « doublement méritoire ».

« Ce n'est pas un super-club comme le Canadien d'il y a quelques années, concède Blake et justement parce que ce n'est pas une équipe fourmillant de grandes étoiles, de noms célèbres, de joueurs d'extraordinaire réputation, sa conquête de la Coupe Stanley n'est que plus méritoire. Ce succès, c'est le résultats d'efforts sans cesse répétés, d'une dépense d'énergie extraordinaire, d'une détermination inouïe. »

Autre triomphe d'équipe

Ce triomphe d'équipe, le Canadien le réédite en 1966. Cette fois, le club montréalais remporte le championnat de la saison régulière. En demi-finales, les hommes de Toe Blake liquident Toronto en quatre matchs. En finale, ils affrontent les Wings.

À nouveau, on salue le génie de Blake qui, après avoir vu les siens perdre les deux premiers matchs à Montréal, va battre les Wings deux fois de suite à l'Olympia. Ce « génie » s'exprime entre autres lorsque l'entraîneur cloue au banc le centre Ralph Backstrom en troisième période du quatrième match, disputé le 1er mai. Renvoyé dans la mêlé après plusieurs minutes d'attente, Backstrom marque le but donnant l'avance 2-1 et la victoire au Canadien.

À Gérard Champagne, le joueur de centre commente : « Assis, sur le banc des joueurs, je croyais que Blake n'était pas satisfait de ma tenue. J'ai compris par la suite que Blake avait eu une inspiration. Quand j'ai sauté sur la glace, j'étais bien décidé à lui prouver qu'il avait commis une erreur. Je suis tombé encore une fois dans son piège de sorcier. »

Champagne encense aussi le travail de Jean Béliveau d'une curieuse façon : « La France s'honore de présenter BB. Mais le Canadien est fier de

CHAPITRE **33**

1965-1966

Au lendemain d'une autre conquête de la Coupe Stanley, réalisée le 6 mai 1966.

La coupe Stanley reste à Montréal

"Le soir de triomphe de Blake et de ses joueurs" — Pollock

Blake n'a pas décidé de partir

Y a pas d'erreur, les Canadiens sont là!

La Brasserie Molson

UN COUP DE POING MARQUANT

Battus 5-1 dans la quatrième rencontre contre les Hawks, les joueurs du Canadien renversent la vapeur, l'emportant 6-0 dans le cinquième match de la série de 1965. L'événement marquant de cette rencontre est la spectaculaire raclée administrée par John Ferguson, le policier du Canadien, à Éric Nesterenko.

Au début de la première période, ce dernier donne un coup de bâton sur la nuque de Ferguson. Mauvaise idée. La description des secondes qui suivent, faite par Gérard Champagne dans *La Presse* du mercredi 28 avril 1965, donne froid dans le dos. « Le robuste joueur d'attaque a laissé tomber son bâton et a frappé l'athlète italien[1] avec un coup de poing foudroyant. Nesterenko est tombé comme un sac de sable sur la glace. Ce fut ensuite une pluie de coups. Les coups de poing de Ferguson semblaient soulager tous les joueurs du Canadien, qui ont ensuite joué au hockey sans rancoeur. Quand Nesterenko s'est relevé, deux grands taches de sang maculaient la glace. »

Au lendemain de l'élimination des Hawks, André Trudelle raconte que le coup de poing de Ferguson fut sans doute un des faits marquants de la finale. « Ce coup de poing, on en parlera longtemps, écrit-il. Plusieurs, le pilote Toe Blake compris, voient là le point tournant de la série. »

1 Nesterenko n'avait rien d'italien. Il est né à Flin Flon (Manitoba) de parents d'origine ukrainienne.

John Ferguson et le Canadien knockoutent les Black Hawks de Chicago

Une femme s'infiltre dans le vestiaire du

VENTE 26e anniversaire

LA MAISON AU 1,000,000 DE TUILES

VINYL

Contraste saisissant que celui entre ces deux photos publiées le 28 avril 1965. À gauche, le premier ministre canadien Lester B. Pearson félicite le gardien du Canadien Charlie Hodge tandis qu'à droite, le joueur des Hawks Eric Nesterenko, se remet de la leçon de boxe que vient de lui servir John Ferguson.

Reportage du 4 mai 1966 après une joute de la série finale de la Coupe Stanley.

VISION D'AVENIR

La conquête de la Coupe Stanley de 1966 est saluée en page éditoriale de *La Presse*. Le 7 mai, dans un texte intitulé "Au lendemain d'un grand soir", l'auteure Renaude Lapointe multiplie les références pour décrire cette conquête. Affirmant que pour la majorité des Canadiens français « le hockey est une religion dont ils connaissent à fond les rites et l'hagiographie », elle ajoute que remporter la Coupe représente pour les partisans « autant d'importance qu'en attachaient jadis à la possession du saint Graal les chevaliers de la Table ronde ».

Puis, elle se fait plus critique : « Peut-on vraiment parler de championnat mondial quand s'affrontent deux pays seulement et six équipes en tout et partout ? »

De là, elle aborde la piètre performance des joueurs juniors canadiens. Ceux-ci n'arrivent plus à battre Russes et Tchèques, qui se disent amateurs, lors de tournois internationaux.

« Il serait certes plus intéressant que les équipes russes et tchèques se déclarent professionnelles et viennent se mesurer à celles du continent américain, écrit-elle. D'aucuns affirment catégoriquement que nos "Canadiens" les enfonceraient alors cent milles à l'heure, ce qui met un baume sur la blessure au flanc que constitue pour notre orgueil la piètre tenue des équipes canadiennes d'amateurs qui vont jouer en Europe. »

Nous sommes alors six ans avant la Série du siècle.

PAS DE CHAMPAGNE !

Décidément, la partie finale de la Coupe Stanley de 1966 se termine par une victoire bien étrange pour le Canadien. Après avoir rapporté le trophée au vestiaire, les joueurs du Tricolore n'y trouvent qu'une seule bouteille de champagne.

« La coupe Stanley avait une place de choix dans la chambre, mais les joueurs ont dû se contenter de la palper, de la caresser, car le champagne était rare, lit-on dans un des articles. On y a versé une seule bouteille et Terry Harper, se servant le premier, s'est servi comme l'aurait fait un homme qui trouve un oasis dans le désert. »

compter aujourd'hui sur la formation BBB (Blake, Béliveau, Backstrom). Inutile de spécifier qui est cette BB française ! »

Les Red Wings de Detroit ne se remettent pas de ces deux défaites à domicile. Ils sont déclassés 5-1 lors du cinquième match joué le 3 mai à Montréal, et concèdent la Coupe Stanley deux jours plus tard en perdant 3-2 en prolongation devant leurs partisans.

Après la victoire de 5-1 à Montréal, le journaliste Champagne y va d'une autre formule choc pour amorcer son texte : « Le bazou du club Detroit a tout simplement manqué d'essence. »

Au sixième match, l'issue de la série est scellée avec un but de Henri Richard après 2 minutes et 20 secondes de temps supplémentaire. Il s'agissait de son tout premier but de la série !

À ce sujet, Toe Blake déclare à Gérard Champagne : « Je ne veux pas me vanter mais lorsque j'ai envoyé Henri sur la glace, je lui ai dit : "Vas-y Henri, tu vas obtenir le but décisif..." Je suis aussi bien d'abandonner le hockey après une prédiction aussi heureuse. »

Desjardins remarque que le gardien du Canadien Lorne Worsley a piqué l'amour propre des Wings en déclarant à un journaliste que le club de Detroit ne pouvait gagner en raison de ses vieux joueurs. « Les vieux joueurs ont fourni un effort désespéré hier soir et ils ont bien failli causer une désagréable surprise au Canadien », philosophe Desjardins.

Le quotidien rapporte également la confusion qui règne après le but de Richard. Des centaines de personnes sautent sur la glace. Dans la cohue, le président Clarence Campbell ne peut se rendre au centre de la patinoire pour présenter la coupe aux joueurs du Canadien. Mais il est là plusieurs minutes plus tard, devant des gradins désertés, pour présenter le trophée Conn Smythe au gardien des Wings, Roger Crozier.

De quoi faire rager le journaliste André Trudelle. Dans l'édition du samedi 7 mai, il lance : « Ce n'était pas le 1er avril, mais la saison de hockey de la ligue nationale s'est terminée en queue de poisson, jeudi soir, à Detroit. C'est le moins que l'on puisse dire ! »

AVRIL-MAI 1967

UNE FINALE DU CENTENAIRE

« La Coupe Stanley : une finale du Centenaire ». Difficile de trouver mieux pour titrer l'article du journaliste Marcel Desjardins du 19 avril 1967. La veille, les Maple Leafs de Toronto ont éliminé les Black Hawks de Chicago pour accéder à la finale de la Coupe Stanley contre le Canadien.

Or 1967 est le centenaire de la Confédération canadienne. Mieux encore, la série s'amorce le jeudi 20 avril au Forum, une semaine avant l'ouverture officielle d'Expo 67 ! « Le hasard a bien fait les choses », écrit Desjardins.

À Montréal, tout le monde souhaite et prédit la coupe au Canadien. La confiance règne. Le Tricolore a remporté le trophée au cours des deux dernières années. En demi-finales, il a éliminé les Rangers de New York en quatre matchs.

Les vétérans ont gain de cause

Partout, on estime que les jeunes du Tricolore déclasseront les vétérans des Leafs. Or, justement, les vétérans gardiens du Toronto, Johnny Bower et Terry Sawchuk, font la différence.

Après une raclée de 6-2 infligée par le Canadien aux Leafs dans le premier match, Sawchuk est remplacé par Bower. Ce dernier blanchit le Bleu Blanc Rouge, 3-0, au deuxième match. La troisième rencontre, à Toronto, se termine dramatiquement par une victoire des Leafs 3-2, en deuxième période de prolongation. Au quatrième match, le 27 avril Bower est blessé lors de l'échauffement. Sawchuk le remplace et se fait bombarder : 6-2 Montréal. La série est égale, 2-2.

« La défensive torontoise croule devant les élans à l'emporte-pièce des Béliveau, Richard et Backstrom », titre *La Presse* le lendemain.

Le sous-titre de l'article de Gilles Terroux est : « Sawchuk joue comme un Junior "B" et Rogatien Vachon comme un pro ». C'est un petit clin d'oeil à l'entraîneur des Leafs Punch Imlach. Au début de la série, Imlach avait prédit que le Canadien ne pouvait l'emporter avec un gardien de calibre junior B devant le filet. Issu des rangs juniors, Vachon avait fait ses débuts avec le Canadien en février...

Encore Sawchuk

Le mardi 2 mai, Montréal rend les armes. Sawchuk a eu le dessus. Après avoir battu le Canadien, 4-1, au Forum, lors de la cinquième rencontre, il reste solide au sixième match et conduit les Leafs à la victoire décisive, 3-1, devant leurs partisans. Pour ce dernier match, Vachon est remplacé par Gump Worsley devant le filet. Mais l'offensive du Canadien est muselée.

Dans le cahier des Sports, le nom de Sawchuk revient partout. « S'il fallait graver les noms des joueurs dans un autre ordre qu'alphabétique, celui du gardien de but Terry Sawchuk figurerait en tête de liste », écrit Gilles Terroux.

Dans un autre texte, il rapporte les commentaires des joueurs du Canadien. Dont l'analyse du capitaine Jean Béliveau. « Sawchuk a fait les arrêts-clés dès le début, dit-il. Et il n'a pas faibli par la suite. Il faut lui donner crédit. En toute autre occasion, plusieurs de ces lancers auraient trouvé le fond du filet. Pas ce soir. »

Terroux prévient aussi que les joueurs des Leafs seront de retour dans les prochains jours à Montréal. « Ils voulaient visiter l'Expo 67, une activité qu'ils avaient placée sur leur programme si la série finale s'était prolongée à sept matchs. Ils devront patienter pendant quelques jours, mais leur attente sera récompensée. Car lorsqu'ils visiteront le pavillon de l'Ontario, ils revivront des heures de dur labeur en apercevant la coupe Stanley installée à la vue de tous les visiteurs. »

La coupe Stanley: une finale du Centenaire

ENTRE NOUS

CH 34 - ICONO 1 - 19 AVRIL 1967
La finale rêvée en cette année du centenaire de la confédération canadienne. C'est ce qu'annonce *La Presse* le 19 avril 1967.

Ce que nos confrères pensent de la série finale

Le Canadien devrait l'emporter en six matches

ENTRE NOUS

Le 20 avril 1967, *La Presse* publie les pronostics des journalistes de médias montréalais.

L'OPINION DES CONFRÈRES

Au diable, la concurrence ! Le jeudi 20 avril, jour du premier match Canadien-Leafs, *La Presse* sonde l'opinion des chroniqueurs sportifs des autres médias sur l'issue de cette finale. Le journaliste Gilles Terroux recueille les commentaires de René Lecavalier (Radio-Canada), Rhéaume Brisebois (CJMS), Pierre Proulx (CFTM), Marcel Desjardins (*La Presse*), Jacques Beauchamp (*Montréal-Matin*, avant son acquisition par *La Presse*) et Louis Chantigny (*La Patrie*). Ils prédisent unanimement la victoire du CH. « La jeunesse aura raison des vieilles jambes du Toronto en six matchs », dit Beauchamp. « Les amateurs de hockey peuvent s'attendre à de la casse. La série sera dure et longue. Mais à l'issue du sixième match, le Canadien devrait sabler le champagne », ajoute Chantigny.

CHAPITRE 35

LES ANNÉES 1960 — SOUVENIRS DE GILLES TERROUX

LES GRANDES DÉCOUVERTES DE L'EXPANSION

Sur cette photo de Pierre McCann de *La Presse*, les journalistes Red Fisher, alors au *Montreal Star*, et Gilles Terroux remettent le trophée Bill-Masterton au premier récipiendaire, Claude Provost, du Canadien. Le trophée, décerné par les journalistes couvrant le hockey professionnel, récompense le joueur ayant démontré le plus de persévérance et d'esprit d'équipe.

Avec l'ouverture de six nouvelles franchises dans des villes américaines à l'aube de la saison 1967-1968, la LNH permet aux joueurs et à leur suite de voir du pays. Et la Californie, avec ses nouvelles équipes à Los Angeles (Kings) et à Oakland (Seals) est l'endroit par excellence à découvrir. Parlez-en à Gilles Terroux, journaliste sportif à *La Presse* de 1960 à 1971.

Terroux est du premier voyage du Canadien sur la côte ouest en novembre 1967 et au cours des trois saisons suivantes. Une bonne affaire, puisqu'il est un mordu... de golf!

« Dans l'équipe, il y avait quelques amateurs. Mais l'instructeur Toe Blake ne voulait pas que ses joueurs jouent durant la saison, de crainte qu'ils prennent trop de soleil avant un match. Certains ont cependant dérogé à la règle, notamment Robert (Bobby) Rousseau[1] », se rappelle-t-il.

Un jour, alors que le Canadien est à Oakland, Terroux et Rousseau louent une voiture et vont visiter le prestigieux Olympic Club de San Francisco. Là, Rousseau fait toute une découverte.

« En entrant dans le *pro shop*, il y avait un gros baril avec toutes sortes de bâtons usagés, comme il y en a souvent dans ces boutiques, se souvient Terroux. Rousseau est parti comme une balle. Il avait remarqué un fer droit (*putter*) Wilson 8303 ou 8301, je crois. C'est une pièce de collection. Il savait que c'était un *putter* recherché. »

Terroux se souvient aussi avoir joué avec Dick Duff sur le Riviera, parcours des riches et célèbres en banlieue de Los Angeles. « Duff était alors devenu un joueur des Kings[2]. Notre *caddy* était celui de l'acteur Dean Martin. »

Les arrêts à Los Angeles ont aussi permis au scribe de découvrir... Las Vegas. Et encore là, il y a fait des escapades avec des membres du Canadien. « John Ferguson et Serge Savard étaient de bons petits parieurs, se remémore-t-il. Nous pouvions prendre un vol de soirée depuis Los Angeles pour quelque chose comme 30 dollars aller-retour. Incluant 10 dollars de jetons. »

Un jour, ils se font prendre. « Après une nuit passée à Las Vegas, nous sommes revenus à notre hôtel de Los Angeles. Le portier a reconnu Savard et Ferguson. Il leur a dit que la pratique avait été devancée. À notre arrivée à la patinoire, elle était presque terminée. Alors que Savard et Ferguson se dépêchaient d'enfiler leur équipement, je me suis approché de la bande. Quand Toe Blake m'a vu, il m'a engueulé. Il m'a dit que j'avais entraîné ses joueurs. Je lui ai répondu qu'ils étaient des adultes. Plus tard, Toe s'est excusé mais comme j'avais été le premier qu'il avait aperçu, j'avais reçu le savon », s'esclaffe l'ancien journaliste.

1 Bobby Rousseau croit que c'est plutôt Claude Ruel, qui interdisait le golf. Mais la consigne ne fut pas toujours suivie. Car en mai 1969, plusieurs joueurs du Canadien, dont Rousseau, jouent une partie au club Westwood, en banlieue de St. Louis, entre le 3e et le 4e match de la finale.

2 L'ailier gauche du Canadien a été échangé aux Kings durant la saison 1969-1970.

À TABLE AVEC...

Toe Blake invitait souvent les journalistes à sa table. Et payait toujours la note. « Toe détestait manger seul au restaurant, raconte Gilles Terroux. Il me demandait souvent si j'étais prêt à aller manger un hamburger, jouer une partie de billard avec lui. » En mai 1968, lors de la finale Canadien-Blues, Red Fisher (*Montreal Star*), Pat Curran (*The Gazette*) et Terroux se doutent qu'il s'agit de la dernière série de l'entraîneur. Ils décident de l'inviter au Chesshire Steakhouse, son restaurant préféré à St. Louis. « Nous savions que nous lui ferions plaisir en l'amenant là, dit Terroux. Nous nous étions entendus pour séparer la facture. Mais Toe était offusqué. Il n'était pas question qu'il se fasse payer le lunch par ses amis journalistes. Il a lancé l'argent par terre et dit à la serveuse de ne pas le prendre. Fisher lui a expliqué calmement que c'était notre façon de lui dire merci, que nous avions apprécié le côtoyer et que nous aurions dû le faire bien avant.

Il a finalement accepté mais nous en avons entendu parler durant quelques jours [*rires*]. »

CHAPITRE 36

1968

FINALES DE 1968 ET 1969

BALAYAGES CONTRE ST. LOUIS

Au début de la saison 1967-1968, la LNH vit une importante transformation avec l'arrivée de six nouvelles équipes : Los Angeles, St. Louis, Pittsburgh, Minnesota, Philadelphie et les Seals de la Californie.

Ces nouveaux clubs sont regroupés au sein de la division Ouest de la LNH. Les six anciennes équipes demeurent dans la division Est. Le déséquilibre est évident. Les anciennes équipes cèdent peu de bons joueurs aux nouvelles venues où tout est à construire.

Ce déséquilibre s'exprime au terme de la saison régulière. Dans l'Est, le Canadien remporte le championnat, et le trophée Prince de Galles, avec 42 victoires en 74 matchs. Dans l'Ouest, les Flyers de Philadelphie décrochent le même honneur, et le trophée Clarence Campbell, avec seulement 31 victoires et 32 défaites[1] !

En finale, Montréal affronte les Blues de St. Louis, forts de seulement 27 victoires (27-31-16) en saison régulière. Des Blues qui seront aussi de la finale de 1969 contre le Canadien. Dans un cas comme dans l'autre, le Tricolore triomphe en quatre rencontres[2].

Sous les pavés, la coupe

Mai 1968. La France est secouée par une série de grèves et de manifestations. Ces bouleversements trouvent écho au Québec où ils font la une des journaux, dont *La Presse*. C'est dans ce contexte que se dispute la finale de la Coupe Stanley.

Le Canadien joue et gagne en équipe. Bien qu'on ne retrouve aucun joueur du Tricolore dans les dix premiers rangs du classement des pointeurs, le club domine la LNH avec 94 points. En série, le Canadien écarte Boston en quatre matchs et Chicago en cinq parties.

Les deux premières rencontres de la finale ont lieu à St. Louis. Contre toute attente, les hommes de Scotty Bowman tiennent tête à ceux de Toe Blake durant trois périodes. C'est 2-2 à l'issue des soixante minutes de temps réglementaire. Un but de Jacques Lemaire sur un lancer frappé après 1 minute 41 secondes de temps supplémentaire donne la victoire au Tricolore.

« Les Blues de St. Louis se montrent plus revêches que les Bruins et les Hawks », titre *La Presse* dans son édition du lundi 6 mai. Dans son analyse de la rencontre, Marcel Desjardins affirme que les Blues « ont choisi la seule stratégie plausible » : appliquer une défensive hermétique.

« Le Canadien venait de se trouver en présence d'un adversaire qui, contrairement au Boston et au Chicago, n'a pas tenté de rivaliser en vitesse, dit Desjardins. Le St. Louis n'a pas couru audevant de la défaite. Il s'est défendu contre elle du mieux qu'il a pu. »

C'est ainsi jusqu'à la fin de la série. Le Canadien remporte aussi les trois autres matchs par la marge d'un seul but : 1-0, 4-3 en temps supplémentaire et 3-2. Après le quatrième et ultime match, le samedi 11 mai à Montréal, c'est davantage l'annonce de la retraite de l'instructeur Toe Blake que la conquête du trophée qui retient l'attention[3]. Quant au hockey lui-même, Marcel Desjardins retient le jeu d'ensemble... des Blues.

« Il faut être reconnaissant au St. Louis d'avoir rendu cette finale beaucoup plus intéressante et serrée qu'on l'avait pensé. Il est celui qui récoltait

1 La fiche complète du Canadien est de 42 victoires, 22 défaites et 10 matchs nuls. Celle des Flyers est de 31-32-11.

2 Les Blues accèdent aussi à la finale de 1970 contre les Bruins de Boston avec le même résultat : ils sont battus en quatre matchs consécutifs.

3 Voir le chapitre 26.

la presse

Le Canadien et la coupe Stanley accueillis par des milliers de personnes en liesse à Dorval

Le but de Ferguson cloue le cercueil des Blues à St-Louis

Quand les champions parlent de leurs projets de vacances

Édition du 5 mai 1969. Vainqueurs de la Coupe Stanley, les joueurs du CH reviennent à Dorval.

les sports

Si la coupe Stanley pouvait parler

Une des plus belles pages de l'histoire de la coupe Stanley

Les records de la coupe Stanley

Un reportage sur l'histoire de la Coupe Stanley publié dans l'édition du 19 avril 1968.

Nouvellement élu chef du Parti libéral du Canada, Pierre Elliott Trudeau devient premier ministre du Canada le 20 avril 1968. Huit jours plus tard, il est dans le vestiaire du Canadien saluant Jean Béliveau. Le CH vient d'éliminer les Black Hawks de Chicago et est en route pour la finale de la Coupe Stanley.

Seul moment de défaillance de Glenn Hall

Serge Savard avait prévu son bu

Reportage sur la deuxième rencontre de la finale Canadien-Blues publié le 8 mai 1968.

les fleurs pour son opposition, pour avoir prévenu que cette finale soit un spectacle ridicule comme on l'avait tellement redouté. »

Tout simplement trop fort

Un an plus tard, le scénario est pratiquement identique. Le Canadien termine champion de la division Est avec 46 victoires (46-19-11). En séries, il élimine les Rangers de New York en quatre rencontres et Boston en six matchs. La finale contre St. Louis semble une formalité. Et ce, même si les Blues sont premiers de leur division avec une fiche de 37-25-14.

Lorsque la série s'amorce, le 27 avril, d'aucuns prédisent un balayage du Canadien. Dont le journaliste Gilles Terroux de *La Presse*. « Dans le public, on parle d'une série "anticlimax", écrit-il dans l'édition du 26 avril. On répète qu'en toute logique, la coupe Stanley aurait dû être présentée au Canadien à la suite de sa victoire de jeudi soir [24 avril] à Boston. » Les Blues, dit Terroux, n'ont qu'un seul atout : leurs deux gardiens vétérans Jacques Plante et Glen Hall.

L'instructeur Claude Ruel, successeur de Toe Blake, refuse de prendre la série à la légère. « La saison dernière, le Canadien ne devait faire qu'une bouchée des Blues, dit-il. Et pourtant, ces derniers leur ont offert une forte résistance. Ils ont perdu en quatre matchs consécutifs, d'accord, mais chaque fois par la faible marge d'un but, dont deux fois en surtemps. »

Comme prévu, Montréal remporte les deux premiers matchs à domicile. Le jeudi 1er mai, jour de la présentation de la troisième rencontre, l'article de Gilles Terroux est intitulé « Vaincre le Canadien : une obsession dans le camp des Blues de St. Louis ».

Après une victoire de 4-0 du Tricolore lors de ce troisième match, Terroux écrit que dans le vestiaire du CH, on parle davantage des vacances que de la quatrième rencontre. « Il n'y a pas que les spectateurs (et les journalistes) qui ont hâte que cette longue saison de hockey prenne fin, écrit-il. Les joueurs aussi. Du moins, ceux du Canadien qui semblent accroître leur supériorité aux dépens

ALMANACH AVANT SÉNATEUR

Serge Savard a conservé le surnom de Sénateur pour les raisons que l'on sait. Mais à sa première saison[5], 1967-1968, dans la LNH, Savard est parfois surnommé « Almanach » par ses coéquipiers.

C'est ce que rapporte Gilles Terroux dans *La Presse* du 8 mai 1968. La veille, le CH remporte une courte victoire de 1-0 lors du deuxième match de la série finale contre les Blues de St. Louis. Le seul but de la rencontre est celui de la recrue Savard, sur une passe de Claude Provost. Le jeune défenseur donne la victoire à son équipe au cours d'un désavantage numérique au début de la troisième période.

« Lorsqu'ils veulent se moquer de Serge Savard, les joueurs du Canadien le surnomment "Almanach", écrit Terroux. Et avec raison, ce Savard donne souvent l'impression de tout connaître. Il ne cesse jamais de se renseigner sur quelque sujet que ce soit. Et parfois, il se permet même des pronostics ou des observations à point. »

C'est ainsi que durant la rencontre, Savard aurait dit au gardien du Canadien Rogatien Vachon que les joueurs d'avant des Blues risquaient de se faire prendre à contre-pied en avantage numérique parce qu'ils tardaient à se replier. Or c'est exactement ce qui est arrivé avec le but de Savard contre le vétéran Glen Hall !

5 Savard avait joué deux parties pour le Canadien en 1966-1967.

Les joueurs du Canadien accueillis par les membres de leurs familles

Une saison est à peine terminée qu'on pense déjà à la suivante

Rosburg à l'omnium canadien

Du champagne de St-Louis

La coupe Stanley

Beryl Rodrigues brise 3 records

Le public et les autorités de Montréal ont acclamé le Canadien

Des figures réjouies... Cherchez la femme!

Scènes de la célébration à la suite de la conquête de la Coupe Stanley du Canadien, le 4 mai 1969.

Reportage sur la parade de la Coupe Stanley publié dans *La Presse* du 6 mai 1969.

des Blues de St. Louis à mesure que la série finale progresse. »

Deux jours plus tard, le dimanche 4 mai, c'en est fait. Le Canadien bat St. Louis 2-1 grâce à des buts de Ted Harris et John Ferguson en troisième période. Comme le match est présenté en après-midi, les joueurs du Canadien reviennent à Montréal en début de soirée. Ils sont accueillis par une foule en liesse à Dorval. On estime à 8000 le nombre de partisans présents.

« Jamais dans l'histoire du Canadien, une telle manifestation spontanée n'avait marqué une conquête de la Coupe Stanley, relate Gilles Terroux. En jetant un regard vers le hall d'entrée de l'aéroport de Dorval, l'ancien instructeur Toe Blake[4] disait: "Cela me rappelle les foules qui venaient nous accueillir à la gare Centrale". [...] Certains [joueurs] ont dû signer des centaines d'autographes avant de pouvoir s'éloigner du public pour la première fois depuis plus de huit mois. » D'autres doivent jouer du coude pour monter à bord de leur voiture.

Dans un second article, Terroux détaille ce que chaque joueur entend faire durant ses vacances.

Comme l'année précédente, un défilé a lieu dans les rues du centre-ville, le lundi 5 mai. Dans l'article de *La Presse*, signé par le journaliste Jacques Barrette, on estime à 70 000 le nombre de badauds venus saluer les vainqueurs.

« Hier, écrit-il, la direction du Canadien, très fière (avec raison!) de son équipe championne, a tenu à "prêter" ses joueurs à la population entière de Montréal. Elle lui a en quelque sorte rendu ses héros, pour qu'elle puisse lui témoigner sa reconnaissance, sa grande joie. »

Après deux saisons, la fiche du Canadien contre les Blues est de seize victoires et deux parties nulles en 18 rencontres du calendrier régulier et des séries. On peut appeler ça une domination!

4 Après sa carrière, Toe Blake demeure dans l'entourage du Canadien. Durant ses années comme joueur et presque toutes celles à titre d'instructeur, le Canadien voyage en train.

MAUVAIS DÉBUT DE SAISON

Blessé au genou, Jean Béliveau ne peut participer au premier voyage du Canadien dans l'Ouest. Comme le laisse voir cette photo de Michel Gravel publiée le 11 novembre 1967, il est confiné au repos à la maison avec son chien Lucky.

La victoire du Canadien lors de la finale de 1968 a sans doute fait oublier l'atroce mauvais début de saison de l'équipe. Après les 14 premières parties, le Canadien présente une fiche de 5 victoires, 5 défaites et 4 parties nulles.

Ça n'allait pas s'améliorer au cours des matchs suivants alors que l'équipe, privée de Jean Béliveau blessé, poursuit un long périple sur la route. Ce voyage conduit les troupes de Toe Blake pour la première fois sur la côte californienne pour affronter les Seals de la Californie et les Kings de Los Angeles. Deux matchs, deux défaites!

« Et la dégringolade du Canadien se poursuit à une allure alarmante, écrit alors Gilles Terroux qui accompagne l'équipe. Vaincu la veille par les Seals d'Oakland, le Tricolore a quitté la Californie avec une défaite de plus à son dossier. Les Kings de Los Angeles, choix des experts pour terminer au dernier rang de la nouvelle division, l'ont non seulement emporté par 4-2, mais ils se sont moqués de leur adversaire plus réputé. »

Le Canadien est revenu de son voyage avec une fiche de 6-7-4 en 17 parties.

CHAPITRE 37

1970

AVRIL 1970

ABSENT DES SÉRIES ÉLIMINATOIRES

sports

Pour Ruel, un suspense de 48 heures

Staehle, Bateman et Fairly ont fait oublier les déboires de Collins et Brand chez les Expos

Miroir des Sports

De la neige pour les Expos et la tension pour le Canadien!

L'inquiétude se lit sur le visage de Claude Ruel sur cette photo du 4 avril 1970.

« Le Canadien ne participera pas aux éliminatoires pour la première fois en 22 ans». À la une de *La Presse*, le lundi 6 avril 1970, le titre en dit long sur la consternation et la déception frappant l'équipe. La veille, au dernier match de la saison régulière, le Tricolore est assommé 10-2 par les Black Hawks de Chicago et le gardien Tony Esposito.

Une douce revanche pour cet ancien joueur du Canadien que Sam Pollock avait offert au repêchage l'année précédente...

La dramatique fin de saison du Canadien survient alors que le Québec est en campagne électorale. Le chef du Parti libéral, Robert Bourassa, vient de promettre la création de 100 000 emplois, ce qui a fait la manchette de *La Presse*. Dans la Ligue nationale, la lutte est si serrée que toutes sortes de scénarios peuvent marquer l'issue de la saison régulière.

Égalité au 4e rang

Le Canadien dispute le quatrième rang de la division Est aux Rangers de New York. Le dimanche 5 avril en matinée, les Rangers gagnent 9-5 contre les Red Wings de Detroit. Ils terminent la saison avec une fiche de 38 victoires, 22 défaites et 16 matchs nuls.

Le même soir, le CH dispute son dernier match contre Chicago. Sa fiche est de 38-21-16. S'il gagne, les Rangers sont éliminés. S'il perd, il y a égalité. Il est décidé que dans cette éventualité, l'équipe ayant marqué le plus grand nombre de buts en saison sera des séries.

Avec leurs neuf buts en après-midi, les Rangers en ont 246. Avant son match contre Chicago, le Canadien en compte 242. Donc, même s'il perd ce dernier match, le CH sera des séries s'il réussit à compter cinq buts. Ce qu'il est incapable de réaliser, et ce, même si Claude Ruel retire son gardien à la faveur d'un sixième attaquant, à mi-chemin en troisième période.

Le 6 avril, le journaliste Gilles Terroux témoigne de la lourdeur régnant à bord de l'autobus ramenant les joueurs à l'aéroport après cette amère défaite. Il cite le capitaine Jean Béliveau: «Cela fait une drôle de sensation. Depuis 17 ans c'était presque une affaire de routine que de participer aux séries éliminatoires. C'est une expérience dont je me passerais volontiers.»

Claude Ruel a la rage au coeur. «Une année de frustration parce que je n'ai pas obtenu les efforts collectifs auxquels j'étais en droit de m'attendre, dit-il dans le même article. D'accord, nous avons été touché par les blessures. Mais ce n'est pas une excuse valable. Il aurait fallu redoubler d'efforts. Ah, il y en a quelques-uns qui ont tout donné d'eux-mêmes du début à la fin de la saison mais hélas, il y en a un trop grand nombre qui ont travaillé avec ardeur seulement quand bon leur semblait.»

Quelques pages plus loin, un article raconte que pendant ce temps-là, à Montréal, les grands patrons du Canadien qui n'ont pas fait le voyage à Chicago, sont réunis au Forum pour la première partie de la série finale entre le Canadien Jr et les Marlboros de Toronto. Les Sam Pollock, Toe Blake, Ronald Caron et Phil Wimmer n'ont pas la tête à la partie qui se joue devant eux. «Ils détachaient difficilement leurs yeux du tableau de pointage situé à une extrémité de l'enceinte», lit-on dans le texte.

Le Canadien Jr remporte cette partie mais tout le monde garde le silence. «Pourtant vainqueurs, les porte-couleurs du Canadien Jr évitaient ostensiblement de parler de leurs grands-frères...», conclut le texte.

ODEUR DE COLLUSION

Les 9 buts comptés par les Rangers de New York contre les Red Wings de Detroit dans l'après-midi du 5 avril font jaser. Car les Wings ont utilisé leur gardien substitut et reposé leurs meilleurs joueurs. D'aucuns détectent là une odeur de collusion.

À l'époque, les journalistes du cahier des Sports de *La Presse* signent parfois un billet appelé «Actualité-express». Celui du 7 avril, écrit par Gilles Terroux, est virulent. Sans excuser la performance du Canadien, Terroux s'en prend à la conduite «scandaleuse» des Red Wings.

«Il est regrettable qu'une fin de saison qui s'annonçait tellement contestée ait pris une telle tournure tout simplement parce qu'une équipe, déjà assurée de sa place dans les séries, a "fait le mort" devant près de 18 000 spectateurs et de millions d'autres téléspectateurs, dit-il. [...]

«Il faudra trouver le moyen d'éviter que de telles scènes se reproduisent. Nous garderons un goût amer des derniers moments de la saison 1969-1970.»

1970

SAISON 1970-1971

LE PRINTEMPS DE KEN DRYDEN

« Vous avez vu le match comme moi. Pouvez-vous me dire de quelle façon il s'y est pris pour me priver de deux buts certains à la première période ? »

Celui qui parle est Phil Esposito, des Bruins de Boston, champion compteur de la saison 1970-1971 avec 76 buts. Celui dont il parle s'appelle Ken Dryden. Recrue du Canadien, ce gardien de seulement 23 ans n'en finit plus d'étonner depuis son rappel des Voyageurs de Montréal[1], un mois plus tôt.

Nous sommes le 12 avril 1971. Les Bruins de Boston viennent de remporter leur deuxième victoire de la série quarts de finale de la Coupe Stanley contre le Canadien. La série est égale 2-2. Les performances de Dryden sont de toutes les conversations.

Les propos d'Esposito sont rapportés dans *La Presse* du 13 avril. Éberlué, il raconte en détails comment Dryden a effectué un arrêt sur un but certain. « Esposito est debout, raconte l'article. Une dizaine de journalistes l'entourent. Il a acté la scène. Son lancer et le geste rapide de Dryden. ... Le grand Phil s'éponge le front. Garde un long moment de silence. Puis, en levant la tête : "Sans doute le meilleur arrêt réussi à mes dépens depuis que je chausse les patins." »

La main heureuse de MacNeil

Des histoires sur ce jeune prodige, on ne les compte plus dans *La Presse* depuis l'arrivée de Dryden. Ses performances font les manchettes. Son calme désarçonne. Sa volonté de poursuivre ses études intrigue. Il relègue dans l'ombre Rogatien Vachon et Philippe Myre, les gardiens réguliers qui, depuis des semaines, offrent des résultats en dents de scie.

« Le hockey et les études vont de pair pour Dryden », titre *La Presse* le 10 mars 1971 en annonçant son rappel. Dans le texte, Dryden, étudiant en droit à l'Université McGill, explique que ce passage à la grande ligue lui facilitera la vie. « Avec le Canadien, dit-il, l'horaire est mieux établi. Les exercices ont toujours lieu le matin, tandis que chez les Voyageurs, cela varie. [...] Les voyages qui se font tous par avion me donneront plus de temps pour étudier. »

Le dimanche 14 mars, Dryden bat les Penguins de Pittsburgh 5-1 à son premier match dans la LNH. Le journaliste Pierre Terroux conclut à une bonne décision de l'entraîneur Al MacNeil. Dans son article du lendemain, Terroux dit qu'en dépit de « quelques gestes de nervosité », Dryden a « les gestes d'un excellent gardien de but ».

À l'issue du match, le gardien commente son travail avec flegme. « Dans le vestiaire, Dryden est différent de ses nouveaux coéquipiers, constate Terroux. Il parle à voix basse. Calmement. En pesant chacun de ses mots. »

Le dimanche 28 mars, le Canadien gagne 2-1 contre Chicago. Terroux est de nouveau impressionné. Indiquant que le jeune gardien ne s'attend pas à jouer durant les séries, il ajoute : « Mais de la façon dont Dryden se comporte lui-même devant le filet, il pourrait bien avoir plus de travail qu'il ne le prévoit présentement. »

Pauvre Canadien !

Malgré ces éloges, Terroux ne croit pas aux chances du Tricolore en série. D'autant plus qu'il affronte les puissants Bruins de Boston (57 victoires en 78 matchs en saison, contre 42 pour le Canadien) au premier tour. À la une du 5 avril, il écrit : « Pauvre Canadien ! Il ne pourra guère faire mieux que de remporter une victoire. Et sûrement pas sur la patinoire des Bruins. Donc, les Bruins en cinq matchs ! »

Le reste fait partie de l'histoire. Les arrêts spectaculaires de Dryden. La remontée phénoménale du Canadien lors de la deuxième rencontre. La victoire ultime du CH à Boston...

« Bravo Ken Dryden... et les autres », titre *La Presse* en haut de la page des sports du 19 avril. « Dryden devient le centre d'attraction. Et c'est bien normal, écrit Gilles Terroux. Mieux que quiconque, il est parvenu à arrêter la "grosse machine jaune et noire" de Boston. Les Bruins l'ont mis à l'épreuve de toutes les façons. De tous les angles. 280 fois au total. Dryden a affectué 254 arrêts. De toutes les façons. De tous les angles. »

Sauver des vies... et gagner la Coupe

Le Canadien remporte la série suivante, 4-2, contre

Un rêve réalisé pour Dryden

la presse

LE JOURNAL DES JEUX OLYMPIQUES

Circulez, circulez messieurs du Canadien!

Le hockey et les études vont de pair pour Dryden

Une première pour les Kings

Un jeune Ken Dryden publié dans *La Presse* du 10 mars 1971.

1 Club de la Ligue américaine affilié au Canadien. Il prend le nom de Voyageurs de la Nouvelle-Écosse durant la même année.

Le Canadien devra vaincre et les Black Hawks et l'instructeur Al MacNeil

Le Canadien joue un petit jeu dangereux

Le film du match

Selon Mikita, la série se terminera dimanche

Hull et ses couvreurs!

Le 14 mai 1971, *La Presse*, sous la plume de Michel Blanchard, fait état de la brouille entre Henri Richard et l'instructeur Al MacNeil.

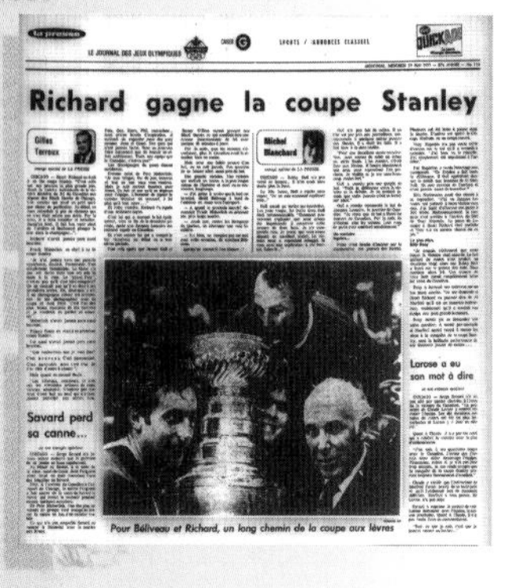
Richard gagne la coupe Stanley

Savard perd sa canne...

Pour Béliveau et Richard, un long chemin de la coupe aux lèvres

Le 19 mai 1971 dans le cahier des sports de *La Presse*.

téléphoto AP

Le gagnant du trophée Smythe

les North Stars du Minnesota. Les Black Hawks de Chicago sont ses adversaires pour la grande finale. La série débute le 4 mai à Chicago. Le Canadien perd 2-1 en deuxième période de prolongation. Pendant ce temps au Québec, un terrible glissement de terrain engloutit une partie du village de Saint-Jean-Vianney au Saguenay, faisant 31 morts. La tragédie survient un peu avant 23 h. On croit que la partie de hockey a sauvé quelques vies, des habitants étant restés éveillés plus tard que d'ordinaire.

Au cours des six premiers matchs, chaque équipe gagne à domicile. À l'issue du cinquième match, le jeudi 13 mai, remporté 2-0 par Chicago, Henri Richard pète les plombs à l'endroit de Al MacNeil qu'il qualifie du « pire entraîneur à m'avoir dirigé ».

Le jeune journaliste Michel Blanchard rapporte les propos de Richard : « On remporte deux matchs à Montréal et pour je ne sais quelle raison, il chambarde toutes les lignes. Je suis déçu d'être dirigé par un tel incompétent. »

« Il existe une éthique professionnelle chez les journalistes qui veut qu'on s'abstienne de révéler les confidences faites par certains joueurs, écrit-il. Mais je crois qu'il n'est pas manquer à cette éthique que de dire que la majorité des joueurs du Canadien pense de cette façon », écrit Blanchard plus loin. Il ajoute qu'à son avis, MacNeil ne reviendra pas derrière le banc du Canadien après la saison[2].

La septième rencontre a lieu le 18 mai à Chicago. Le Canadien y remporte la Coupe Stanley de façon dramatique. Tirant de l'arrière 2-0, le Tricolore réussit à remonter la pente grâce à Henri Richard, auteur des buts égalisateur et victorieux. Le trophée Conn-Smythe, remis au meilleur joueur des séries, revient à Dryden.

« Le Canadien triomphe », titre *La Presse* à la une de son édition du 19 mai. Le texte est flanqué d'une photo de Richard souriant, entouré de partisans en liesse à l'aéroport de Dorval.

Gilles Terroux recueille les commentaires de Richard, qui en est à sa 10e Coupe Stanley. « C'est celle qui me procure la plus grande joie, disait la vedette individuelle de la victoire décisive de 3-2 du Canadien aux dépens des Black Hawks de Chicago. Une victoire qui revêt un petit quelque chose de particulier. Au début, on nous accordait si peu de chances que ce n'en était même pas drôle. Par la suite, il a fallu batailler et batailler. Jusqu'au bout. Il fait bon venir ainsi de l'arrière et finalement plonger la tête dans le champagne... »

Michel Blanchard va voir les vaincus, séchant leur larmes dans ce qu'il qualifie de « vestiaire lugubre ». « Point n'est besoin d'insister sur la physionomie des joueurs des Hawks, écrit-il. Plusieurs ont été lents à passer sous la douche. D'autres ont quitté le Chicago Stadium en un temps record. »

Blanchard cite l'entraîneur des Hawks, Billy Reay, qui lâche cette phrase assassine : « Je me demande si Henri Richard va pouvoir dire de Al MacNeil qu'il est un mauvais instructeur, maintenant qu'il a conduit son équipe aux plus grands honneurs. »

A chaque jou
nous dévoile u

Gilles Terroux

envoyé spécial de LA PRESSE

CHICAGO — Il faudra plus que les **présentes séries éliminatoires pourtant** **interminables, pour connaitre à fond** **l'histoire du gardien de but Ken Dryden.**

Chaque jour, une nouvelle facette de vie ou de sa carrière est mise à r par une question d'un journaliste rencontre pour la première fois.

nme le confrère de Détroit qui sait mille et une questions, hier, ıne qui a piqué notre curiosité.

ırquoi te tiens-tu ainsi appuyé tâton lorsque le jeu est arrêté, demandé le journaliste.

stion amusante... qui me-nse amusante, a dit Dry-rt des autres gardiens ent les mains sur les haut des jambières. que mes jambières sont trop basses et qu'ainsi, je risque de souffrir de courbatures..."

Certes, il était intéressant de connaitre la raison de ce geste qui parait tellement instinctif chez Dryden, chaque fois que le jeu est arrêté. Mais il était encore plus intéressant d'étudier son état d'esprit à quelques heures du dernier match de la saison.

Dryden se rend compte de l'importance et de l'enjeu de ce septième et dernier match de la série finale contre les Black Hawks de Chicago.

Mais il faut croire que lorsqu'on a passé avec succès la première étape contre les Bruins de Boston, on ne s'énerve pas facilement à la pensée que du résultat du match de ce soir, dépend la direction que prendra la coupe Stanley.

Ou plutôt faut-il croire que lorsque l'on s'appelle Ken Dryden, on ne s'énerve pas? Tout simplement...

"N'allez surtout pas croire que je ne ressens pas une certaine tension. Mais à date, c'est moins fort que la veille du septième match à Boston. Je n'aurais jamais dû regarder la télévision ce soir-là. J'avais alors revu les faits saillants de la série... J'avais revu les buts des Bruins... et je vous assure que ce n'était pas beau à voir."

2 MacNeil avait remplacé Claude Ruel au milieu de la saison alors que le Canadien n'allait nulle part. Il fut effectivement envoyé au Voyageurs de la Nouvelle-Écosse après l'embauche de Scotty Bowman. Voir le chapitre 45.

ÉVITEZ LES COURBATURES

Le 18 mai, joueur du septième match de la série finale Montréal-Chicago, *La Presse* consacre deux textes à Ken Dryden en page D1. Dans l'un d'eux, la nouvelle coqueluche des fans et des médias explique pourquoi il tient les bras croisés sur son bâton lors des pauses. « La plupart des autres gardiens de but s'appuient sur les genoux ou sur le haut des jambières. Vous comprendrez que mes jambières sont trop basses et qu'ainsi, je risque de souffrir de courbatures... »

1970-1971

MONTREAL, ...

en Dryden
utre secret

atin, Dryden a pris un est allé prendre une et a déniché un coin il a pu feuilleter quel- n épais volume.

in de s'enlever de l'es- Hull, Stan Mikita, Den- Pappin avec lesquels il l'occasion de renouer n soirée.

e qui fait que Ken Dry- autant d'aisance sup- tension qui augmente e?

lorsque les séries ont pas commencé à me uis qu'une recrue... cela mais on comprendra rs". J'ai adopté une at- en me disant que c'é- prouver qu'ils pouvaient

rtout grâce à la mer- e de Ken Dryden si le n mesure d'aspirer à la Il suffit de se rappeler devant les Bruins de convaincre que la sai- prendre fin beaucoup

Par la suite, les Frank Mahovlich, Yvan Cournoyer, Pete Mahovlich, Jean Béliveau et les autres lui ont accordé leur appui.

"Je suis bien flatté que vous qualifiez de merveilleuse ma petite histoire", ajoute Dryden, mais elle ne sera merveilleuse que si nous gagnons le prochain match."

L'affaire est entre les mains de Dryden... et des autres!

Ce n'était pas le 1er lancer

Contrairement à ce qui a été écrit hier, Frank Mahovlich n'a pas obtenu, dimanche après-midi, le premier lancer de punition de l'ère moderne des séries éliminatoires.

Les statistiques avaient oublié quelque part un incident identique, survenu le 25 mars 1937.

Les Bruins de Boston étaient les adversaires des Maroons de Montréal en série quart de finale.

Lionel Conacher avait été désigné pour effectuer le lancer de punition et, comme l'a fait Tony Esposito, dimanche, Tiny Thompson avait réussi l'arrêt.

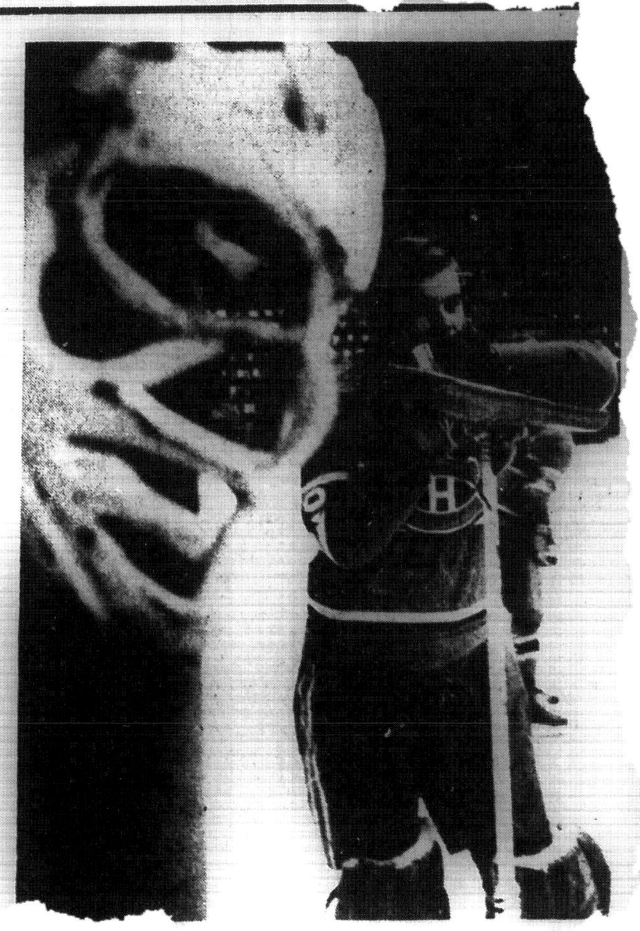

photo Antoine

Un reportage sur Ken Dryden publié le 18 mai 1971.

Bravo Ken Dryden...et les autres

"Une question de fierté"—Ferguson

Les dates de la série

Le film du match

Selon Johnson, le gardien Dryden a fait la différence

Aucun doute, Ken Dryden est l'artisan de la victoire contre Boston, laisse entendre cette page du 19 avril 1971.

DES HIPPIES POUR LE BLEU BLANC ROUGE

Tout de suite après la conquête de la Coupe Stanley, les joueurs du Canadien rentrent à Montréal. À leur arrivée au milieu de la nuit à l'aéroport Dorval, ils sont accueillis par une foule bruyante. Sur les lieux, le journaliste de *La Presse* Guy Robillard constate le nombre élevé de jeunes, plus identifiés à la clientèle des Expos du parc Jarry qu'au Canadien du Forum.

« Parmi ces quelques 2000 fanatiques, écrit le journaliste, un nombre étonnant de jeunes filles en "pantalons chauds[3]" pour la plupart. Une quantité également surprenante d'éléments habituellement affublés du nom de hippies. Comme quoi tous les cheveux longs ne sont pas nécessairement des intellectuels méprisant le sport. »

3 Les *hot pants (*ou *hotpants)* sont alors très à la mode.

VENDRE LE CH À L'ÉTAT !

Dans son commentaire intitulé « Au fil des sports » publié au lendemain de la conquête de la Coupe Stanley, le chroniqueur André Trudelle dit que la victoire du Canadien, aussi spectaculaire soit-elle, n'en efface pas moins les cicatrices des derniers mois. Car la direction de l'équipe a coupé les ponts avec la base.

« L'image du Canadien est flétrie, affirme Trudel. Non pas sur papier, dans le livre des records où les joueurs l'ont maintenue. Mais au niveau de la direction. »

Le propriétaire Dave Molson, dit-il, se barricade dans son bureau et n'est pas ouvert aux suggestions. Il doit faire face à la musique : vendre ou changer son attitude. Or, Trudelle lance l'idée de vendre le Canadien à... l'État !

« Le Canadien est devenu au Québec une affaire nationale, dit-il. L'État peut débourser les millions qu'il faut pour devenir propriétaire d'un club professionnel de hockey. L'État peut former une compagnie dont les profits seraient versés aux loisirs et aux sports de la jeunesse du Québec. Cette compagnie pourrait être formée de gens qui ont fait leurs preuves déjà dans le hockey organisé et qui réussissent présentement dans le monde des affaires. »

Quelques mois plus tard, les Molson vendent le club à Edward et Peter Bronfman. Quant à l'État dans le sport professionnel, ce ne sera pas la dernière fois qu'on en entendra parler au Québec !

1971

9-10 JUIN 1971

DU GRAND JEAN À TI-GUY...

Béliveau remet son voyage de pêche à plus tard

A-côtés du repêchage

MacNeil remplacé par Scotty Bowman

Pour Elise Béliveau, la vie commence enfin

Fiche à vie de Béliveau

Imlach avait l'intention de repêcher Béliveau...

Et le dossard no 4...

Fortin aux Bears

Jean Béliveau a remis son voyage de pêche. Et pour cause! Il vient d'annoncer sa retraite. En ce 10 juin 1971, *La Presse* publie plusieurs petits textes sur la nouvelle du jour.

Les 9 et 10 juin 1971, trois événements majeurs surviennent dans l'histoire du Canadien de Montréal: la retraite de Jean Béliveau, l'embauche de Scotty Bowman au poste d'instructeur et le repêchage de Guy Lafleur.

Ces changements ne sont pas inattendus. Béliveau songeait à la retraite. Bowman cherchait une nouvelle équipe. Lafleur, on le sait depuis des semaines, est le choix de Sam Pollock au repêchage. Devant Marcel Dionne.

Le 6 avril précédent, alors qu'il rencontre les journalistes à Boston, où le Canadien amorce la série quarts de finale contre les Bruins, Pollock lance: «J'avoue que je ne détesterais pas voir Guy Lafleur accompagner l'équipe à Boston ce soir.»

Propos rapportés dès le lendemain par le journaliste Gilles Terroux. Son texte commence ainsi: «Ne vous demandez plus quel sera le premier choix du Canadien lors du repêchage des joueurs juniors en juin prochain.» Il ajoute qu'au cours d'un récent voyage à Québec, Pollock a acheté une photo de Lafleur, ce qui en dit long quant à son intérêt pour l'as compteur des Remparts.

Au lendemain du repêchage du 10 juin, le journaliste Jean-Marc Desjardins cite Lafleur: «C'est un rêve d'enfance que je réalise. Il serait faux de dire que je ne m'y attendais pas, mais je suis tout de même très soulagé que ce soit terminé, fini, bâclé.»

Lafleur, souligne l'auteur, était «vêtu d'un élégant veston sport et arborait un sourire timide», lorsque les journalistes recueillent ses commentaires dans le Grand Salon de l'hôtel Reine Elizabeth où a lieu la séance de repêchage.

«Si je peux, j'aimerais m'aligner au centre, puisque c'est vraiment là où je me sens le mieux, confie l'ex-capitaine des Remparts. D'ailleurs, c'est comme joueur de centre que j'ai débuté au hockey et ce n'est que lorsque je suis arrivé à Québec qu'on m'a fait évoluer à l'aile droite.»

Pressé de questions sur le chandail qu'il portera, il dit ne pas tenir au numéro 4. «Il y aura suffisamment de pression sans qu'on ajoute ce symbole sur mon dos, dit-il. Les gens vont s'attendre à ce que je devienne un second Béliveau... je ne suis pas sûr que j'y parviendrai.»

Voyage de pêche annulé

L'allusion de Lafleur à Béliveau n'est pas fortuite. La veille, mercredi 9 juin, le grand numéro 4 a annoncé sa retraite. Il devient vice-président et directeur des relations publiques du Canadien. Le jour même, il se présente au parc Jarry pour une soirée hommage. Les Expos rencontrent les Giants de San Francisco. Béliveau fraternise avec Willie Mays, une de ses idoles. Une photo des deux hommes, tout sourire, est publiée à la une de *La Presse*.

Dans la section des sports, plusieurs articles sont consacrés au Grand Jean. Gilles Terroux raconte que Béliveau avait dit à ses amis qu'il devait remettre à plus tard son voyage de pêche prévu dans la semaine du 9 juin. Il serait trop occupé cette semaine-là.

Terroux poursuit: «Et à la place d'aller taquiner le poisson, Béliveau s'est présenté devant une meute de journalistes et leur a dit, tout simplement: «Messieurs, j'ai connu de nombreuses satisfactions depuis le début de ma carrière. Mais vient un temps où il faut faire le bilan passé et futur. Ce que je viens de compléter. Et ainsi, j'ai décidé de me retirer du hockey...»

Plus loin, Béliveau déclare: «Je peux dire que c'est une journée nuageuse pour moi. Ce n'est que ce matin, au réveil, que je me suis rendu compte de la portée de mon geste. Ça m'a fait une drôle de sensation. Tu te réveilles et tu te dis: "C'est aujourd'hui le grand jour..." Au fond, j'aurais souhaité que ce jour n'arrive que beaucoup plus tard.»

Au terme de son annonce, la centaine de journalistes et les 200 curieux présents l'applaudissent à tout rompre, ajoute le scribe.

Dans un autre article, Jean-Marc Desjardins rapporte les propos d'Élise Béliveau, épouse du numéro 4, selon qui une nouvelle vie s'ouvre devant le couple. «La décision lui appartenait et je ne voulais pas intervenir, cependant je ne suis pas fâchée de la tournure des événements», dit-elle.

Évoquant la fin des longs voyages pour Béliveau, le journaliste écrit: «Pour lui, ce sera dorénavant les pantoufles en rentrant le soir, les petits plats préparés au foyer et la veillée devant l'appareil de télévision, comme tous ses voisins de Longueuil.»

CHAPITRE **39**

1971

Le 11 juin 1971, dans *La Presse*, des échos du repêchage de la LNH. Comme tout le monde s'y attend, Guy Lafleur joint les rangs du Canadien de Montréal.

Dans la chronique « Au fil des sports », André Trudelle commente le départ de Béliveau qui arrive « ni trop tôt, ni trop tard ». Béliveau a l'habitude de prendre des décisions avec classe et après consultation, dit le chroniqueur. Cette fois encore, il a visé juste. De plus, sa transition vers le deuxième étage du Forum est une bonne chose pour l'image du club. « Sa nomination au poste de vice-président survient à un moment critique de l'histoire du Canadien, écrit Trudelle. Non pas au niveau des joueurs, mais au niveau de la direction qui a totalement négligé l'entretien de ses relations extérieures depuis trop d'années. »

LES AUTRES CHOIX DU CANADIEN

Dans un entrefilet paru le 11 juin, *La Presse* publie le nom des autres joueurs acquis par le Canadien au repêchage de 1971. Outre Guy Lafleur, il y a deux autres choix de premier tour : Chuck Arnason et Murray Wilson. Viennent ensuite un certain Larry Robinson (20e rang), le gardien Michel Deguise, le défenseur Terry French, Jim Cahoon, Ed Sidebottom, Greg Hubick, Mike Busnluk, Russ Butler et Peter Sullivan. Ce jour-là, Robinson est inconnu et ne fait pas beaucoup parler de lui. Ce n'est que partie remise !

CHAPITRE 40

1972

JUILLET 1972

DÉFECTION CHEZ LE CANADIEN

Sports

Tremblay avec les Nordiques

"Le Canadien a assez exigé de moi"

Orr jouera même sur une jambe!

Au tour de Vadnais...

Opinion de Yvon Pedneault

Tremblay a été déçu de l'offre de Pollock

"Tremblay parti, il ne faut pas prendre panique"

Défi pour Goyette

Tremblay inéligible

Le 21 juillet 1972, *La Presse* consacre pratiquement une page au départ de Jean-Claude Tremblay du Canadien pour joindre les Nordiques de Québec.

Maurice Richard devient le premier instructeur des Nordiques de Québec

la presse

Urgence médicale sans médecin à Maisonneuve

Ulster: des protestants

Maurice Richard, premier instructeur des Nordiques, annonce *La Presse* du 27 juillet 1972. C'est ce jour-là, à midi, que le Rocket signe son contrat devant l'hôtel de ville de la Vieille Capitale. Son passage sera court, deux matchs, avant qu'il ne quitte. L'organisation du Canadien a eu le temps de lui retirer ses billets de saison...

La saison 1971-1972 est à peine terminée, avec la victoire de Boston contre New York en finale de la Coupe Stanley, que l'on parle déjà de l'année à venir. Et pour cause!

La LNH s'apprête à accueillir deux nouvelles franchises: les Islanders de New York et les Flames d'Atlanta. La Série du siècle est en préparation. Et une nouvelle ligue, l'Association mondiale de hockey (AMH), voit le jour.

Le 3 juin 1972, dans *La Presse*, le journaliste Yvon Pedneault avertit que les fondateurs de la l'AMH, Dennis Murphy et Gary Davidson, ont l'intention de marauder dans les équipes de la LNH pour attirer des joueurs de prestige. Et ils sont prêts à y mettre le prix.

Mais jusque-là, leurs efforts rapportent peu. Dans son texte, intitulé «Pauvre récolte de l'Association mondiale», Pedneault écrit: «Les fantaisistes propriétaires de l'AMH qui avaient pris la résolution d'embaucher des joueurs bien établis font jusqu'à maintenant rire d'eux. Seuls Bernard Parent, Rick Ley, Brad Selwood et Larry Pleau représentent une certaine valeur [1].»

Dans les semaines suivantes cependant, quelques noms s'ajoutent: Bobby Hull, Derek Sanderson, Gerry Cheevers, Ted Green, John McKenzie [2].

Vadnais, Tremblay

Au Québec, on suit ce qui se passe avec les Nordiques de Québec et leur tentative d'attirer des joueurs francophones. Les résultats se font attendre. Leurs espoirs d'attirer Gilbert Perreault et Phil Goyette sont vains. Le 12 juillet, toujours sous la plume de Pedneault, *La Presse* dit: «Les Nordiques jouent le tout pour le tout avec J.-C. Tremblay et Carol Vadnais.»

1 Parent quitte les Leafs de Toronto pour les Blazers de Philadelphie. Il y joue une saison et revient dans la LNH avec les Flyers. Ley et Selwood quittent aussi les Leafs pour les Whalers de la Nouvelle-Angleterre. Pleau passe du Canadien aux Whalers.

2 Hull s'aligne avec les Jets de Winnipeg. Sanderson joue huit matchs avec les Blazers de Philadelphie et retourne aux Bruins. Cheevers quitte les Bruins pour les Crusaders de Cleveland. Green passe des Bruins aux Whalers. Enfin, McKenzie largue les Bruins pour les Blazers.

Les deux défenseurs, le premier jouant avec le Canadien de Montréal et le second avec les Bruins de Boston, représentent leurs derniers espoirs d'une plus-value francophone, dit l'auteur.

Rapportant des propos de Jean-Claude Tremblay, le journaliste dit qu'il est loin d'être sûr qu'il quitte le CH. «Il ne faudrait pas croire que l'agile défenseur du Tricolore a déjà accepté la proposition du club Québec. Bien au contraire. Les Nordiques ont fait une offre alléchante à Tremblay mais ce dernier attend de rencontrer le directeur-général Sam Pollock du Canadien.»

Il ajoute que Tremblay et Pollock doivent se parler dans les jours qui viennent et que les Nordiques, s'ils veulent acquérir le numéro 3 du Canadien, sont mieux de faire vite. Tremblay cherche la sécurité et les négociations avec Pollock «vont bon train également», dit-il.

Une semaine plus tard, le vent tourne en faveur des Nordiques, annonce *La Presse*. «Pollock tente l'impossible, mais le million des Nordiques aura raison de J.-C. Tremblay», lit-on dans le cahier des Sports. On parle d'une «offre très alléchante» des Nordiques, soit un million de dollars sur cinq ans [3]. On évoque la possibilité que Tremblay devienne joueur-instructeur.

Le lendemain, l'affaire est réglée. Jean-Claude Tremblay signe un contrat avec Québec.

«Ma vie n'appartient pas éternellement au Canadien. J'ai passé 14 saisons dans cette organisation. Il était temps de prendre une décision aussi importante car le Tricolore a assez exigé de moi», déclare Tremblay dans l'article principal du 21 juillet.

Plus loin, il affirme que sa décision lui permet de planifier sa carrière à plus long terme. «Mon avenir était incertain avec le Canadien, dit-il. Depuis quelques saisons, mon nom a été maintes fois mentionné dans des rumeurs d'échange. Je suis convaincu que j'aurais été échangé, peut-être pas cette saison, mais sûrement avec la venue de l'expansion en 1974-1975.»

Tremblay restera avec l'organisation durant les sept ans d'activités de l'AMH.

3 Aujourd'hui, diverses sources indiquent que Pollock avait offert 60 000 $ à Tremblay alors que les Nordiques lui ont consenti un salaire annuel de 140 000 $.

C
E

SEPTEMBRE 1972

LES SOVIÉTIQUES : TROIS VICTOIRES, QUATRE DÉFAITES, UN MATCH NUL

la presse

M. le premier ministre...

A Ottawa

Le "document" sème la consternation

"Les journalistes ne m'auront pas vivant" - Marchand

Un jeu de drôle de société

Les maires ruraux refusent la "suggestion" du ministre Tessier

météo

Le 19 septembre, l'article de Michel Blanchard et la caricature de Girerd reviennent sur le comportement de certains joueurs de l'équipe canadienne en Suède.

C'est la prédiction annoncée par le journaliste Michel Blanchard dans *La Presse* du samedi 2 septembre 1972, jour du premier match de la confrontation Canada-URSS, la Série du siècle, comme d'aucuns l'appellent déjà.

Même s'il possède une meilleure équipe et de meilleurs joueurs, le Canada, qui réunit six porte-couleurs du CH (Ken Dryden, Yvan Cournoyer, Serge Savard, Guy Lapointe et les frères Mahovlich), ne pourra remporter cinq victoires, annonce le journaliste. Il cerne deux facteurs déterminants.

« Les Soviétiques sont en bien meilleure condition que leurs adversaires de ce soir, dit-il. Si l'on devait comparer la forme physique des deux belligérants, on pourrait facilement dire que la forme des Russes fait deux fois celle des Canadiens.

« L'autre facteur est tout aussi important. Il s'agit du jeu d'ensemble et de la très grande coordination de chacune des pièces de la machine rouge.

« L'équipe soviétique, c'est connu, forme un tout bien homogène. Pas de joueurs étoiles mais des joueurs qui travaillent ensemble. C'est une machine bien huilée qui peut palier les plus grands défauts. »

Au contraire, dit Blanchard, les joueurs canadiens s'entraînent depuis à peine deux semaines. « On ne forme pas une équipe en aussi peu de temps avec des joueurs qui n'ont jamais joué ensemble. »

L'avenir allait lui donner raison...

Montréal : la honte (2 septembre 1972)

Le réveil des Montréalais est brutal en ce samedi 2 septembre 1972. La veille, trois individus allument volontairement un incendie au bar Café Blue Bird dans le centre-ville de la métropole. Il y a 37 morts et plusieurs dizaines de blessés.

C'est dans ce contexte qu'est présenté le premier match Canada-URSS au Forum. Les Canadiens enfilent deux buts rapides au grand plaisir des spectateurs. Puis, la machine soviétique se met en route. La gardien du Canada, Ken Dryden, en a plein les bras.

La sirène sonnant la fin de la troisième période met fin au supplice : URSS 7, Canada 3. Les joueurs canadiens quittent la patinoire sans féliciter leurs adversaires.

« Les Canadiens se montrent bien mauvais perdants », titre *La Presse* du lundi 4 septembre. Au terme de la rencontre, les Russes se sont rassemblés au centre de la patinoire pour serrer la main des Canadiens. En vain. « Harry Sinden a déclaré que ses joueurs ne connaissaient pas la coutume de leurs rivaux. Ils sont bien les seuls », dit le texte.

Analysant le match, Blanchard revient sur ce qu'il avait dit précédemment : un conditionnement physique optimum et une coordination de longue date entre les joueurs soviétiques ont fait la différence. La participation de Bobby Orr (blessé) ou encore des Bobby Hull et Jean-Claude Tremblay[1] n'aurait pas amélioré le sort du Canada.

Toronto : Cournoyer sauve les meubles (4 septembre 1972)

Après la gifle de Montréal, les joueurs canadiens se ressaisissent et gagnent 4-1 à Toronto, le 4 septembre. Le 5, *La Presse* salue le travail des représentants du Tricolore au sein de l'équipe. « Les joueurs du Canadien de Montréal ont réussi trois des quatre buts des vainqueurs, soit Frank et Pete Mahovlich, de même qu'Yvan Cournoyer qui a réussi le but gagnant », lit-on dans la légende accompagnant une photo du Roadrunner déjouant Vladislav Tretiak.

Michel Blanchard constate que les joueurs canadiens ont joué avec rudesse, souvent à la limite de la légalité[2], ce qui a ralenti les Soviétiques. Yvon Pedneault rapporte une déclaration de Ken Dryden qui ne joue pas[3]. « Il faut être réaliste. Ils (les Soviétiques) ont dominé sur tous les plans durant la première période. Ils se sont toutefois heurtés à Tony Esposito qui a bloqué toutes les ouvertures. Nous nous sommes imposés par la suite. »

Winnipeg : match nul (6 septembre 1972)

Le troisième match de la série, disputé à Winnipeg, se termine avec un verdict nul de 4-4. Les joueurs soviétiques reviennent trois fois de

1 La LNH refuse d'inviter les joueurs passés à la naissante Association mondiale (AMH).

2 On ne compte plus les incidents disgracieux qui ont marqué cette série.

3 Dryden regarde le second match depuis les estrades. Tony Esposito garde le filet. Son substitut est Eddie Johnston.

1972

À la une de *La Presse* au lendemain de la défaite de 7-3 au Forum. La photo de Robert Nadon en dit long sur qui sont les mauvais perdants...

l'arrière. Michel Blanchard est ébloui. « Les Soviétiques ont conquis mon cœur de Canadien, écrit-il. Ils sont beaux, nobles et je les aime...

« Comment peut-on rester indifférent devant ce super-spectacle qu'ils nous offrent, cet esprit de combativité sans pareil, cet effort de tous les instants, cette superbe forme, ce grand travail de cohésion, cette précision et ce magnétisme ? [...]

« Les dieux du stade, ce sont eux ! »

De nouveau écarté du jeu, Ken Dryden formule ses commentaires, relayés par Yvon Pedneault. « Il serait superflu d'ajouter quoi que ce soit sur la condition physique des Soviétiques, disait Dryden. Il y a cependant un autre aspect qu'on semble oublier. L'opportunisme de ces gars-là. Ce soir, nous avons été en possession du disque plus souvent qu'eux. Mais ils ont réussi à niveler le pointage en profitant de toutes les occasions. Les Soviétiques ont cette qualité d'attaquer à un moment précis et si l'ouverture se crée, ils marqueront. » « Théorie plutôt simple mais combien réaliste », ajoute Pedneault.

Vancouver : la honte, bis (8 septembre 1972)

Dryden revient devant les buts pour le match de Vancouver. Le Canada perd 5-3.

« J'en ai assez vu », lance Michel Blanchard, un brin dégoûté par le travail des joueurs canadiens sur la glace et les caprices de certains substituts. Ceux-ci menacent de quitter le navire si Harry Sinden[4] ne les fait pas jouer davantage.

« Le Canada ne remportera aucun match à Moscou, croit alors Blanchard. C'est à peine s'il parviendra à faire bonne figure contre la Suède et la Tchécoslovaquie[5]. [...] Une équipe si bonne soit-elle ne peut espérer remporter de victoires lorsqu'il y a carence d'esprit d'équipe. »

Yvon Pedneault fait part de la colère de joueurs canadiens, fâchés d'entendre les spectateurs les huer. Dont Pete Mahovlich, du Canadien : « Mais quel public dégueulasse. N'ont-ils pas compris qu'il ne s'agissait pas d'une équipe de la Ligue nationale... mais bien d'une équipe qui représentait leur pays. Nous avons droit à leur encouragement. »

Moscou : de 1-4 à 5-4 (22 septembre)

Au premier match de la série à Moscou, le Canada domine les Soviets durant les deux premières période avant de s'effondrer en troisième. L'avance de 4-1 fond et les Russes se sauvent avec une victoire de 5-4. Depuis Moscou, Michel Blanchard écrit :

« Harry Sinden est désarmé. Il ne sait plus trop. À ses côtés, un John Ferguson qui bougonne et qui a toutes les misères du monde à se contenir.

« À la sortie du Palais des sports de Loudjini, près de 3000 Canadiens frustrés, déçus et qui ont peine à y croire.

« La merveilleuse fête qui avait bien commencé se terminera dans la nuit froide et lugubre de Moscou. Silencieusement.

« Le bar de l'Intourist Hotel est désert. On a préféré prendre une bonne nuit et oublier. »

Moscou : Dryden se réveille (24 septembre)

Enfin une victoire ! Le 24 septembre, le Canada bat l'URSS 3-2 grâce à une belle performance de Ken Dryden. « Il est certain que Dryden a été l'étoile individuelle du Canada », écrit Blanchard.

Il donne la parole au géant gardien du CH : « Je n'avais rien à perdre. Je me suis dit qu'un changement de style me serait salutaire. C'est pourquoi vous m'avez vu demeurer à l'entrée de mon filet durant tout le match. J'ai finalement compris que face aux Soviétiques, à cause de leurs nombreuses passes, c'était la seule chose à faire... »

« Dryden était l'homme le plus malheureux du monde lorsqu'il a vu la défensive du Canada s'écrouler lors du premier et du quatrième matchs, rappelle le journaliste. Mais il ne s'est jamais permis d'élever la voix. Il a préféré redoubler d'ardeur. »

Moscou : vers le match du siècle (26 septembre)

En dépit de la domination, reconnue de tous, des Soviétiques, le Canada remporte le septième match, 4-3. Avec trois victoires de chaque côté et un match nul, le dernier match est capital.

« De l'avis de tous, ce match revêt beaucoup plus d'importance qu'un match final de la Coupe Stanley ; de la petite bière à côté du match de demain, nous a-t-on confié », relate Blanchard. [...]

« Comment expliquer les deux dernières victoires du Canada ? Les joueurs sont définitivement plus conscients de leur défensive. Ils ont réalisé qu'il était impensable de vaincre les Soviétiques sans fournir un effort constant. L'équipe du Canada

Attentat arabe à Munich

Wagner a dit "oui"

la presse

Désarroi chez les athlètes

Yvan Cournoyer sauve l'honneur du Canada

AUJOURD'HUI

Pour la dernière fois peut-être, Terre des Hommes ferme ses portes

Pour les élèves, la rentrée c'est demain

Siffre fait surface après 7 mois

SOMMAIRE

meteo

À Toronto, le 4 septembre 1972, Yvan Cournoyer sauve l'honneur du Canada. Dans la défaite, le gardien Vladislav Tretiak est la grande vedette du camp soviétique.

4 Instructeur des Bruins de Boston, Sinden avait quitté son poste après la conquête de la Coupe Stanley de 1970. Pour cette série, l'ancien joueur du Canadien John Ferguson est son adjoint.

5 L'équipe canadienne s'est arrêtée en Suède avant de se rendre à Moscou. Elle gagne un match 4-1 et fait partie nulle 4-4. Elle a joué un match (3-3) à Prague après la série contre l'URSS.

Les Soviétiques: trois victoires, quatre défaites, un match nul

la presse

Nos excuses MM. les Expos mais...

Six fois, les bâtons se sont levés...

La Ligue des droits de l'homme dénonce:
Des "mesures de guerre" permanentes au Québec

AUJOURD'HUI

Élections 72

SOMMAIRE

Les architectes s'en prennent à Drapeau et poursuivent Taillibert

Au lendemain de la victoire finale du 28 septembre 1972 à Moscou, *La Presse* trouve un moyen original de rappeler la justesse de la prédiction de Michel Blanchard.

À leur retour de Russie, le 1er octobre 1972, les joueurs de l'équipe canadienne sont accueillis par plusieurs partisans.

joue présentement du très bon hockey.

« Aussi, est-il assez difficile de prédire le vainqueur du match de demain.

« Il est cependant certain que si le Canada avait joué de cette façon lors des quatre premiers matchs, il n'aurait pas à disputer, demain soir, ce match crucial. »

Moscou : *La Presse* plastronne (28 septembre)

Le jeudi 28 septembre 1972, un but de Paul Henderson avec 34 secondes à jouer en troisième période donne une quatrième victoire (6-5) au Canada. Tout a été dit et écrit sur ce match marqué par divers incidents[6] et où la victoire était à la portée de l'équipe soviétique, en avance 5-3.

Le titre de *La Presse* à la une du 29 septembre ? Le même que celui ayant coiffé le texte de Blanchard du 2 septembre. On ne se gêne pas de rappeler la justesse de sa prédiction.

« Les Soviétiques ont perdu le huitième match et la série par leur faute, par leur propre faute, écrit l'envoyé spécial du journal. [...] Fiers d'une avance de 5-3, les Soviétiques ont opté pour la stratégie défensive. Ça aurait pu fonctionner. Mais les chances étaient contre eux. »

Les joueurs canadiens, poursuit l'auteur, ont commencé sérieusement à jouer lorsqu'ils ont compris qu'ils avaient beaucoup plus à perdre qu'une série de hockey.

« Ils ont compris qu'ils avaient grand avantage à demeurer les meilleurs joueurs de hockey au monde, exprime Blanchard.

« Cette suprématie, ils n'ont pu la prouver hors de tout doute. Mais les trois victoires enregistrées au cours des trois derniers matchs effacent toute la splendeur démontrée par les Soviétiques en territoire canadien. »

6 Le joueur Jean-Paul Parisé menace de frapper un arbitre avec son bâton, Allan Eagleson manque de provoquer une émeute en voulant parler au juge de buts qui a refusé d'allumer la lumière sur un but, etc.

« J'AI HONTE D'ÊTRE CANADIEN »

Quelques jours avant la présentation du premier match Canada-URSS à Moscou, les joueurs canadiens font un arrêt à Stockholm pour deux matchs contre les étoiles suédoises. Une façon aussi de s'habituer aux patinoires européennes, plus grandes que celles d'Amérique.

Leur passage vire à la foire. Non seulement les Canadiens jouent mal, mais ils se comportent sauvagement. Michel Blanchard rapporte que Vic Hadfield casse le nez d'un adversaire. Wayne Cashman tente de s'en prendre à l'instructeur des Suédois et bouscule un policier qui s'interpose.

Dans un texte intitulé « J'ai honte d'être Canadien », Blanchard écrit : « Comment ne pas être gêné de dire que vous êtes Canadien lorsque votre équipe s'est comportée de façon aussi dégoûtante, aussi honteuse et qu'elle a fait preuve de si peu de savoir-vivre, de si peu de civisme et de bien piètre intelligence[7]. »

Le lendemain, il en rajoute dans une lettre ouverte au premier ministre Trudeau publiée en première page. Il écrit : « On n'envoie pas une meute de loups enragés en terre étrangère sans leur enseigner auparavant à quel point il est important pour eux, et pour le Canada tout entier, de bien se conduire. [...] Le mal qui a été fait demeure fait. Il est irréparable. Faudra prendre les mesures nécessaires pour que ce cauchemar ne se répète jamais plus. »

7 D'autres chroniqueurs montréalais présents à Stockholm expriment aussi leur dégoût.

VICTORIAVI

1972

MERCI À LA VIE, MERCI À *LA PRESSE*...

Michel Blanchard

PAR MICHEL BLANCHARD

Été 1972. Parmi les centaines et les centaines d'articles publiés dans les différents journaux canadiens, en prélude à la Série du siècle dont le premier match aura lieu le samedi 2 septembre, ce n'est pas la prédiction étonnamment juste de *La Presse* qui est extraordinaire, ce qui est extraordinaire c'est que dans un pays comme le Canada, là où le hockey a été bercé, là où le hockey a grandi et mûri, amateurs et supposés experts ont tout eu faux.

Huit victoires en huit matchs pour le Canada avançaient les plus optimistes ; sept victoires, assurément six, prédisaient les plus pessimistes.

Comment les Canadiens, presque tous les Canadiens, ont-ils pu se laisser berner à ce point ? L'équipe soviétique, à chaque championnat du monde, n'avait-elle pas coutume de nous en mettre toujours plein la vue ?

Incroyable, obnubilés pour les grandes vedettes du temps, les Bobby Orr, Phil Esposito, Paul Henderson, Serge Savard, Ken Dryden et compagnie, les Canadiens n'ont jamais vu l'énorme locomotive rouge foncer sur eux ?

Déjà à cette époque pourtant, juste à les regarder jouer, patiner, s'entrecroiser, on réalisait bien que les Soviétiques, comme les Tchèques et les Suédois d'ailleurs, étaient techniquement infiniment supérieurs aux nôtres, infiniment mieux dirigés, plus rapides, plus mobiles et présentaient un jeu d'ensemble d'une cohésion encore jamais vue. Les Soviétiques et les Tchèques surtout.

Autre chose qui aurait dû allumer les nôtres, le régime soviétique ne rigolait pas avec l'image projetée par leurs athlètes à l'extérieur du pays. Comment les Canadiens ont-ils pu ignorer le fait que si les dirigeants de la Fédération de hockey soviétique, après des années de tergiversation, avaient finalement accepté d'affronter les hockeyeurs professionnels canadiens dans une série de huit rencontres, quatre au Canada, quatre à Moscou, c'est qu'ils avaient la certitude de pouvoir l'emporter. Et qu'ils étaient prêts. Drôlement prêts. Et infiniment mieux préparés.

Le reste, vous le connaissez. Il tient presque du burlesque. L'entraîneur Bobrov à son arrivée en territoire canadien : «Vous savez, nous sommes venus ici pour apprendre.»

Réveil brutal, choc énorme

Fin août. Premier entraînement soviétique au Forum de Montréal. Je suis assis aux côtés de Marcel Dionne et de Jacques Plante, le plus grand gardien de tous les temps et l'été mon coéquipier à la crosse avec le National. Surprise. Les joueurs de l'équipe soviétique sautent sur la patinoire du Forum en tenue débraillée. Plusieurs joueurs portent des bas de différentes couleurs. Ils ont l'air d'une bande de joueurs d'une quelconque ligue de garage. Leurs lancers au but sont faibles et imprécis et ils s'entraînent dans un tel désordre que Marcel Dionne[1] ne peut s'empêcher de sourire : « Ça va être effrayant. »

Pendant une heure, les Soviétiques continuent d'en « mettre plein la vue » aux joueurs du Canada et aux journalistes venus assister à leur entraînement. Dans le camp canadien, la vie est belle. On sort du Forum en sifflant. Ce sera un massacre.

Je rentre aussitôt à *La Presse*. Je ponds un texte dans lequel je dis que Jacques Plante et les autres n'ont rien compris. C'est l'évidence même, les So-

1 Dans la LNH depuis un an, Dionne ne faisait pas partie de l'équipe canadienne.

SANS LE COUP SOURNOIS DE BOBBY CLARKE...

Plus de 35 années se sont écoulées depuis cette fabuleuse confrontation entre les deux géants du hockey, la plus grande rencontre sportive, tous sports confondus, jamais survenue au Canada, celle qui a soulevé le plus de passion et suscité le plus d'intérêt.

Une certitude, les Soviétiques formaient et de loin la meilleure des deux équipes. Mais le travail des officiels a été lamentable. Ils n'ont jamais osé sévir à chaque fois qu'un joueur de l'équipe canadienne usait à outrance de l'intimidation. Et puis, que les plus vieux avouent, n'eût été du coup sournois et délibéré de Bobby Clark porté à la cheville de Valery Kharlamov, le meilleur joueur des deux camps, un coup de hache d'une rare barbarie qui lui a fait rater les deux derniers matchs, les Soviétiques l'auraient facilement emporté.

viétiques se sont délibérément entraînés en Zoulous afin de gonfler davantage l'énorme confiance et l'ego déjà démesurément gros des joueurs canadiens. Le réveil allait être brutal, mes amis, le choc, énorme.

Premier match. Le Canada marque deux buts rapides mais s'incline 7-3 devant une équipe soviétique rodée au quart de tour et dominante dans tous les aspects du jeu. Humiliés, les joueurs canadiens sortent leurs gros bras et l'emportent 4-1 lors du deuxième match à Toronto.

Le troisième match a lieu à Winnipeg et se termine par un verdict nul de 4-4. Les Soviétiques viennent deux fois de l'arrière. Je suis ébloui. Alors que de partout les pires âneries sont dites et écrites au sujet des Soviétiques — on les accuse notamment de se servir de leurs lames de patins pour lacérer les jambes de leurs adversaires-, je coiffe mon texte d'un cri du cœur : « Ils sont beaux, ils sont nobles et je les aime. »

C'en est trop. Un appel à la bombe est logé à *La Presse*. En page éditoriale, des lecteurs outrés répliquent et « Bobrov Blanchard » en mange toute une…

Défaite écrasante du Canada lors du quatrième match disputé à Vancouver malgré le jeu sournois et carrément hors norme affiché par les Canadiens. Dégoûté, j'avoue en avoir assez vu. Et je demande aux lecteurs de *La Presse* si quelqu'un muni d'un visa pour la Russie ne pourrait pas, toutes dépenses payées, assurer à ma place la couverture des quatre derniers matchs.

Des médecins, des avocats, des professionnels pour la plupart, répondent à mon invitation et offrent de me remplacer. Hi! Hi! À la page une du journal, *La Presse* publie une photo des nombreuses lettres reçues et assure les lecteurs que son journaliste, tel que convenu, se rendra bel et bien à Moscou…

Avec Orr au sauna

Mais avant Moscou, il y a Stockholm. Et les deux matchs hors concours que l'équipe canadienne doit disputer à l'équipe de la Suède. C'est là que ça se gâte. Frustrés, les joueurs canadiens se comportent en tristes sires. Vic Hadfield casse le nez d'un adversaire. Wayne Cashman veut s'en prendre à l'entraîneur de l'équipe suédoise et bouscule un policier. Empoignades inutiles, charges vicieuses, coudes levés et bâtons élevés, coups salauds, l'équipe canadienne fait pitié à regarder. La foule est consternée. Dans une lettre envoyée au premier ministre Trudeau et publiée à la une de *La Presse*, accompagnée d'une caricature de Girerd, surgit un autre cri du cœur : « J'ai honte d'être Canadien. »

Le lendemain, à Stockholm toujours, question de relaxer et de tenter d'évacuer le surplus de stress, je me rends au sauna de l'hôtel. Oups! Je ne suis pas seul. Des joueurs de l'équipe canadienne s'y prélassent déjà. Les regards sont tendus. Un peu coincé, je m'assois. Je suis tout petit. Un à un, mes amis quittent les lieux. Seul Boby Orr[2] reste. Sur un ton poli, respectueux, Orr me parle doucement, longuement, mais mon anglais étant quelque peu déficient, je ne saisis pas très bien ce qu'il me dit. Mais par la magie des sons et le ton amical de sa voix, je vois bien qu'il me demande d'être avec eux et non contre eux. J'en prends bonne note…

Lors du premier match disputé à Moscou, les Soviétiques effacent un déficit de 1-4 et l'emportent 5-4. Sinden est désarmé, Ferguson bougonne et dans le camp canadien la confusion la plus totale s'installe. C'est à la suite de cette défaite que les joueurs du Canada vont finalement réaliser que c'est bien plus qu'une série de rencontres qu'ils sont en train de disputer. S'ils ne se ressaisissent pas, c'est la réputation du Canada tout entier en tant que suprématie du hockey qui y passera. Les joueurs n'ont plus le choix. Leur avenir et les gros salaires assurés en dépendent. Le jeu des Canadiens se resserre, leur défensive aussi et, à grands coups de gueule, d'intimidation et d'efforts aussi, ils finissent après bien des misères par imposer leur loi.

La série est égale. Huitième et dernier match. Les Soviétiques mènent 5-3 en troisième. Contre toute attente, dans un match d'une rare intensité, John Ferguson lance une chaise sur la patinoire et Alan Eagleson crée tout un émoi en forçant ses joueurs à venir le soutirer des mains des quelques policiers venus tenter de calmer l'énervé. Les Soviétiques entament le troisième vingt sur les talons. Du jamais vu ça non plus. Mal leur en prit. Ils perdent le match 6-5 et la série. Après tout, peut-être les Soviétiques étaient-ils vraiment venus pour apprendre...

la presse

Il était gran

SÉRIE CANADA•URSS avec Michel Blanchard envoyé spécial de LA PRESSE

MOSCOU — Victoire pour le moins originale et inorthodoxe du Canada...

Une victoire capable de faire jeter par-dessus bord toutes les belles théories soviétiques, y compris les 28 livres du maître Anatoly Tarasov, monumentale thèse sur le hockey et bible de l'équipe rouge.

Comment expliquer qu'une équipe puisse remporter un match lorsqu'elle joue à court d'un homme durant 17 minutes et 9 secondes.

Comment expliquer la victoire d'une

suis dit qu'un changement de style me serait salutaire. C'est pourquoi vous m'avez vu demeurer à l'entrée de mon filet durant tout le match. J'ai finalement compris que face aux Soviétiques, à cause de leurs nombreuses passes, c'était la seule chose à faire...

N'eût été de ce changement d'attitude, il est certain que Valeri Kharlamov aurait égalé le compte à la fin de la deuxième période.

Les Soviétiques profitaient d'un avantage numérique de deux hommes

Pour présenter les textes de Michel Blanchard durant la Série du Siècle, *La Presse* avait utilisé cette signature particulière.

LE PLUS BEAU SOUVENIR

Souvenance : Moscou. 19 h. Le sixième match commence dans une demi-heure. Planté sous la pluie devant l'hôtel Intourist, j'attends un taxi. Pressé de rentrer à la maison à temps pour le début du match, aucune voiture ne s'arrête. Les minutes s'écoulent. Je suis un peu désemparé. Un policier qui a tout vu s'avance au milieu de la rue et fait signe au premier taxi qui surgit de s'arrêter. Il intime l'ordre au chauffeur de me conduire à l'aréna. Le chauffeur maugrée mais s'exécute. Et je me dis que le régime communiste a quand même ses bons côtés…

Souvenance : À la fin du huitième match, mon texte finalement acheminé à *La Presse*, du stade Loudjini je décide de rentrer à pied à l'hôtel. Une neige douce tombe sur Moscou. Je franchis un court pont. Sous lui coule la Volga. Je suis à Moscou. La nuit est douce et magique et sur elle tombe la première neige. C'est complètement surréaliste. J'ai 28 ans. À droite, la Place Rouge. Tout à côté, se dresse le Kremlin, avec son toit doré en forme de goutte d'eau. Dans la nuit blanche, je décompresse enfin. Et réalise l'énorme privilège que j'ai eu de couvrir cet événement qui changera à jamais et pour le mieux notre façon de jouer au hockey.

De loin, le plus beau souvenir de mes 40 ans de carrière.

Merci à la vie et merci à *La Presse*.

2 Sélectionné, Orr n'a pu participer à la série. Il se remettait d'une importante chirurgie. Mais il a accompagné l'équipe.

CHAPITRE 43

1972

24 NOVEMBRE 1972

UNE GIFLE POUR LES JOURNALISTES

Déçu, abattu, Savard veut oublier

Le film du match

Caricature de Girerd, publiée le 30 novembre 1972, sur l'incident Richard-Savard.

A-t-il joué son dernier match ?

Henri Richard gifle Serge Savard

Première défaite du Canadien à l'étranger

Triomphateur, Reay se moque de Bowman

Le film du match

Le 27 novembre 1972, l'article de *La Presse* rapporte la querelle qui a éclaté dans le vestiaire du CH, mais se questionne aussi sur l'avenir d'Henri Richard.

La fiche du Canadien est éclatante en cette fin de novembre 1972. Après 22 rencontres, le CH compte 15 victoires, deux défaites et cinq matchs nuls.

La dernière victoire est remportée facilement contre les Canucks, 9-1, le vendredi 24 novembre à Vancouver.

Le dimanche 26, le Canadien perd son premier match de la saison sur la route, 3-2, à Chicago. Mais ce qui fait la manchette du lendemain, c'est la gifle servie par Henri Richard à Serge Savard dans le vestiaire après le match contre les Canucks.

« Une gifle de Richard et la dissension éclate », titre *La Presse* à la une. « Le capitaine du Canadien, Henri Richard, s'est rebellé vendredi soir, quand le pilote Scotty Bowman et certains autres joueurs de l'équipe ont décidé de fermer la porte aux journalistes... en dépit d'une victoire de 9-1 contre les Canucks », dit-on.

Richard aurait insisté pour qu'on ouvre la porte, comme le stipule le règlement de la LNH et parce que les journalistes ont un travail à faire. C'est alors que Savard lui aurait dit: « Pourquoi ne couches-tu pas avec les journalistes si tu les aimes tant? » « Henri Richard s'est aussitôt dirigé vers Savard et lui a appliqué une formidable gifle », ajoute-t-on.

Le capitaine n'a pas joué contre les Hawks et remet son avenir de joueur en question, note Yvon Pedneault.

Ce dernier explique que l'affaire a éclaté à la suite de la publication d'un article du journaliste Tim Burke dans *The Gazette*. Dans son texte, publié le 24 novembre, Burke racontait que tout de suite après le match à Vancouver, l'équipe irait passer la nuit à Seattle. Il affirmait que la direction de l'équipe voulait ainsi soustraire les joueurs aux charmes de Vancouver, la « nouvelle Babylone du Pacifique ».

Durs moments pour Savard

Le jour de la publication de cette histoire de gifle, Richard rencontre Bowman et Sam Pollock. Les choses se tassent. Pour le capitaine du CH, l'affaire est close. Il retourne à l'entraînement. Le lendemain, Yvon Pedneault rapporte ses commentaires. « J'espère qu'un incident du genre ne se reproduira plus. Dans mon cas, je le répète, l'affaire est oubliée. [...] À tout événement, personne ne pourra changer mon caractère et personne ne pourra changer celui de Serge Savard. »

Michel Blanchard écrit un commentaire sévère envers Savard. « La tête visiblement plus grosse que les bourdes qu'il se plaît à commettre depuis quelques semaines sur la glace (... et dans le vestiaire) Savard a tenté d'amener ses coéquipiers sur les sentiers de la guerre qu'il était à livrer à quelques membres (... les mauvais) de la presse parlée et écrite. »

La Presse publie aussi les commentaires du vice-président aux relations publiques de l'équipe, Jean Béliveau. Ce dernier déplore que le conflit entre deux personnes soit illustré comme une guerre de clans. Le journaliste André Trudelle le cite. « Il est malheureux que l'incident soit devenu public. Il est malheureux qu'un conflit indéniable de personnalité entre deux joueurs prenne dans la presse écrite ou parlée les proportions d'une mésentente au sein de l'équipe, a dit Béliveau. »

Le 28 novembre, les joueurs participent à un exercice à l'auditorium de Verdun. « Richard et Savard se sont échangé... des sourires! » est le titre de l'article d'Yvon Pedneault. « Henri Richard était là. Savard aussi. Ils se sont amusés ensemble... pour les besoins des photographes, écrit le journaliste. [...] À la fin de l'exercice, les deux hommes ont signé des autographes, l'un à côté de l'autre avec un sourire large comme ça. »

Le mercredi 29 novembre, le Canadien joue contre les Bruins de Boston au Forum. Compte final: 3-3. La réaction de la foule suscite plus d'intérêt que la partie.

« Les spectateurs qui ont assisté au match nul de 3-3 entre les Bruins de Boston et le Canadien, hier, au Forum, ont été "bien corrects", écrit Michel Blanchard. Au lieu de huer Savard et nuire du même coup aux chances du Canadien de vaincre les Bruins de Boston, les gens ont préféré réserver une chaleureuse ovation au capitaine Henri Richard lorsqu'à la fin de la première période, il a fait sa première présence sur la patinoire... et c'est bien ainsi! »

Il reste que Savard est « déçu » et « abattu » selon Blanchard. Il veut oublier toute l'affaire.

Au terme de cette saison-là, Richard et Savard remporteront la Coupe Stanley pour une dernière fois ensemble.

CHAPITRE 44

1973

8 FÉVRIER 1973

APPELEZ-MOI... PLASSE

Le Forum, temple exclusivement masculin? Belle occasion pour Lise Payette d'aller montrer qu'une femme peut aussi y avoir sa place.

Le 8 février 1973, répondant à une invitation des joueurs du Canadien de Montréal, elle enfile plastron, protecteurs, jambières et tout l'attirail[1] du gardien de but Michel Plasse pour participer à un exercice très particulier du Tricolore sur la glace du Forum.

Comment s'est-elle retrouvée là? Lorsqu'on lui pose la question 35 ans plus tard, les souvenirs sont clairs. «À l'émission *Appelez-moi Lise*, un de nos recherchistes était André Rufiange du *Journal de Montréal*[2], dit Mme Payette. Il avait plusieurs contacts dans le sport. De temps à autre, nous invitions un joueur du Canadien. [...] Vous savez qu'ils ne sont pas bavards, souvent intimidés par ce genre d'entrevues. Alors, je leur proposais toujours de faire quelque chose qu'ils savaient faire. Certains ont chanté, d'autres ont fait autre chose. Dans le cas de Jacques Lemaire, Rufiange lui avait écrit un poème qu'il a lu.»

Lemaire accepte le défi. Mais en contrepartie, il invite Mme Payette à se rendre au Forum pour faire démonstration de ses talents sur glace. Pari tenu! L'animatrice et son équipe se présentent donc à l'amphithéâtre. Sa visite est enregistrée pour diffusion à son émission. Le 10 février, *La Presse* consacre sa photo de une à la rencontre.

L'événement est axé sur l'humour, la bonne humeur et les coups pendables. Ceux qui ont vu ce reportage à la télévision se souviennent sans aucun doute de cette séance de rasage de moustache infligé par les Lapointe, Cournoyer, Tardif, Houle, Lemaire, Savard et autres Glorieux aux deux assistants de l'animatrice, Jacques Fauteux et François Cousineau.

La journaliste de *La Presse* Liliane Lacroix raconte que Fauteux et Cousineau «ont dû sacrifier au divertissement puéril des joueurs l'ornement qui leur poussait sous le nez»!

À Mme Payette, les joueurs font prendre une douche glacée. «À la suite d'un caucus qui ne laissait nullement deviner les intentions des trois joueurs, Houle, Lemaire et Tardif se dirigeaient à toute allure vers le but, s'arrêtant brusquement devant Lise pour lui faire avaler le plus de neige possible», écrit Lacroix.

«J'ai été sur la glace pendant trois heures. Nous en avons conservé sept ou huit minutes pour l'émission, se remémore Mme Payette. Au tout début, les joueurs faisaient très attention. Mais au fur et à mesure, ils ont oublié. Ils ont vraiment commencé à lancer de façon plus sérieuse. Ça les amusait, ils trouvaient ça drôle. Mais ça devenait un petit peu inquiétant[3]. Quand nous avons terminé, le réalisateur Jean Bissonnette m'a dit qu'il ne l'aurait pas fait.»

Dans son article intitulé «Ce n'est pas Lise qu'on a torturée», Liliane Lacroix assure que l'animatrice n'a pas laissé passer toutes les rondelles dirigées vers elle. «Sur la glace, Lise Payette arrivait tout de même à se débrouiller, dit-elle, stoppant quelques lancers et attrapant même une rondelle avec sa mitaine.»

Dans l'article, l'animatrice déclare: «J'ai toujours aimé le hockey. Je ne cesse de crier lorsque je regarde un match à la télévision. Mais je reviens tout juste de réaliser ce que peut être le travail d'un gardien de but. Toute cette glace devant vous, et les joueurs qui s'avancent sans que l'on sache exactement de quel côté l'attaque va survenir... vous savez, ces gardiens forcent l'admiration.»

La réaction des gens? Très bonne, lance-t-elle aujourd'hui. «D'abord, il y a bien des gars qui m'ont dit qu'ils ne l'auraient pas fait, que cela prenait un certain courage.»

Quant aux femmes, elles appréciaient voir l'animatrice poser des gestes pour prendre la place, ouvrir des portes. «C'était une attitude que j'affichais et qui était porteur de message, dit-elle. Les femmes aimaient ça se faire représenter de cette façon-là. C'est vrai pour le hockey et ce l'était pour beaucoup d'autres choses. Toute ma carrière est basée là-dessus.»

Au terme du singulier exercice, Liliane Lacroix constate que Mme Payette est sortie «trempée de sueur». Elle la cite à nouveau: «Je suis harassée, déclare-t-elle, mais je me suis amusée autant que les joueurs.»

1 Sauf les patins qu'elle n'a portés, de mémoire, que durant une trentaine de minutes.

2 Le réputé chroniqueur est décédé en 1988.

3 Mme Payette se souvient entre autres d'un dur lancer de Jacques Lemaire lui ayant sifflé près de l'oreille gauche.

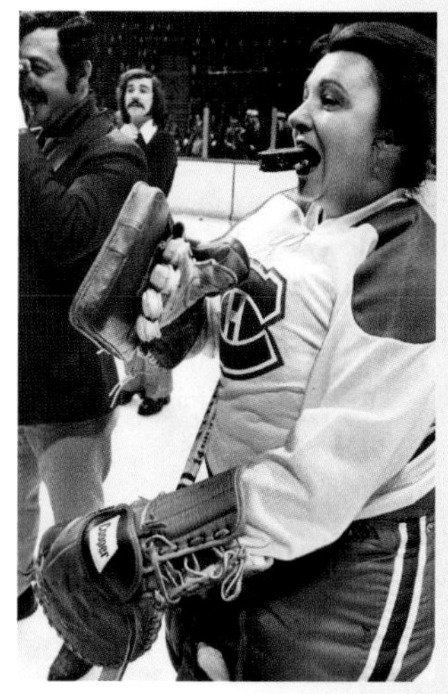

Un des clichés du photographe de *La Presse* Jean-Yves Létourneau publiés dans l'édition du 10 février 1973.

sports

la presse

B

C'est d'elle qu'on riait... mais Lise Payette s'amusait autant que les joueurs.

Boxe ou hockey à Vancouver?

A l'exercice du Canadien

Ce n'est pas Lise qu'on a torturée

Quand la routine devient réflexe

Victoire du National au Forum

Miller fait patienter joueurs et proprios

Sanderson revient et Schmidt part

Le 8 février 1973, toute l'équipe de l'émission *Appelez-moi Lise* se déplace au Forum pour un exercice singulier. Ici, l'animatrice reçoit l'aide des défenseurs Serge Savard et Guy Lapointe.

CHAPITRE 45

1971-1979

SCOTTY BOWMAN : D'UNE ENTRÉE DISCRÈTE À UNE SORTIE FRACASSANTE

Tout a commencé par une petite question

Gilles Terroux

Dionne se réjouit pour Lafleur, mais...

Bowman sait ce qu'il veut et surtout ce qu'il doit faire

ENTRE NOUS

6 petits malheurs d'auto...

que vous pouvez éviter avec les linges CHIFFONS J* dans votre coffre à gants.

La Presse du 11 juin 1971. Sur la photo de gauche, Scotty Bowman reçoit les félicitations de son prédécesseur Al MacNeil. À droite, il participe à sa première séance de choix au repêchage à titre d'instructeur du CH en compagnie de Claude Ruel.

Il existe un lien commun entre l'annonce de l'embauche de Scotty Bowman à la barre du Canadien de Montréal et celle de son départ, huit ans plus tard : toutes deux ont eu lieu à l'hôtel Reine-Élizabeth de Montréal.

Pour le reste, le contraste est frappant !

Entre la retraite de Jean Béliveau et le repêchage de Guy Lafleur, l'annonce de l'embauche de Bowman, en remplacement d'Al MacNeil, est pour le moins discrète dans l'édition de *La Presse* du 10 juin 1971. Le texte du journaliste Gilles Terroux se retrouve parmi sept autres textes en page B2 où il est beaucoup question de la retraite de Béliveau et un peu de repêchage.

Tout à l'opposé, son départ, le 11 juin 1979, a quelque chose de fracassant. Pas tant en nombre d'articles que dans le poids des mots utilisés par Bowman à l'endroit de la direction du Canadien et du directeur général Irving Grundman.

Durant cette période de huit ans un jour, Bowman entretient une relation douce-amère avec la confrérie journalistique. Voici quelques extraits d'articles parus à son sujet dans *La Presse*.

L'embauche (10 et 11 juin 1971)

« Affaire classée ! »

Voilà l'amorce du texte de Gilles Terroux au sujet de l'embauche de Bowman, qui vient de quitter les Blues de St. Louis, en remplacement du mal-aimé Al MacNeil. Ces deux mots indiquent que l'annonce ne surprend personne. La rumeur court depuis des semaines.

Le lendemain, 11 juin, Terroux raconte en détail la genèse de l'affaire. Il dit que c'est avant le cinquième match de la finale Canadien-Black Hawks, disputé à Chicago, que Bowman a eu une conversation avec Sam Pollock, directeur général du Canadien. Il voulait lui demander conseil sur les offres reçues depuis son départ de St. Louis. « Au beau milieu de la conversation, Pollock a posé une question à Bowman. [...] : "As-tu déjà songé à venir à Montréal ?" »

Dans un second texte publié le même jour, le journaliste Marcel Desjardins trace le portrait de Bowman. Il rapporte que ce dernier, natif de Montréal, insiste pour parler français.

À propos des joueurs, Bowman déclare : « J'agirai de façon à commander leur respect et je veux leur respect. [...] Je suis un instructeur qui aime faire preuve d'honnêteté envers mes joueurs. Cela veut dire que lorsque quelqu'un joue mal, c'est mon devoir de le lui dire. Comme cela l'est également lorsqu'il joue bien. »

Un portrait (9 février 1973)

Bowman est le sujet d'un portrait dans *La Presse* du 9 février 1973. Le journaliste André Trudelle, auteur du texte principal, multiplie les exemples pour montrer à quel point toute sa vie tourne autour du hockey. Trudelle résume bien le fond de son exposé avec le paragraphe suivant :

« Au volant de sa voiture, en rangeant les ordures le long du trottoir face à la maison, en feuilletant un journal, en avalant une bouchée, Scotty Bowman songe au match de la veille en fonction du match du lendemain. »

Un beau geste (14 mai 1977)

Alors que le Canadien s'apprête à remporter une troisième Coupe Stanley depuis l'arrivée de Bowman, ce dernier reçoit le trophée Jack-Adams du meilleur entraîneur de l'année au cours d'un banquet, le 13 mai 1977, à Boston.

Dans son article du lendemain, Réjean Tremblay raconte que Bowman s'est montré généreux. « Bowman a accepté le trophée avec une belle humilité qui semblait tout à fait sincère, écrit-il. Quant au chèque de 1000 $ qui accompagnait le trophée, il en a remis 500 $ à Claude Ruel et des parts de 250 $ aux deux soigneurs du club, Eddy Pelchack et Pierre Meilleur. »

Un peu plus loin, pour montrer toute la pression que subit Bowman en séries éliminatoires, Tremblay ajoute : « Pour la première fois en six semaines, j'ai eu une conversation intéressante avec Bowman. Il serait plus juste de dire que pour la première fois en six semaines, Bowman était "parlable" hier soir. Il admet d'ailleurs qu'il est épuisé physiquement. Il a mal aux jambes, au dos et il attend avec anxiété le temps des vacances. »

La comparaison (3 mai 1979)

Deux ans plus tard, Glorieux et Oursons sont de nouveau face à face, cette fois en demi-finale de la Coupe Stanley. L'occasion est bonne de tracer le portrait de Don Cherry, coloré entraîneur des

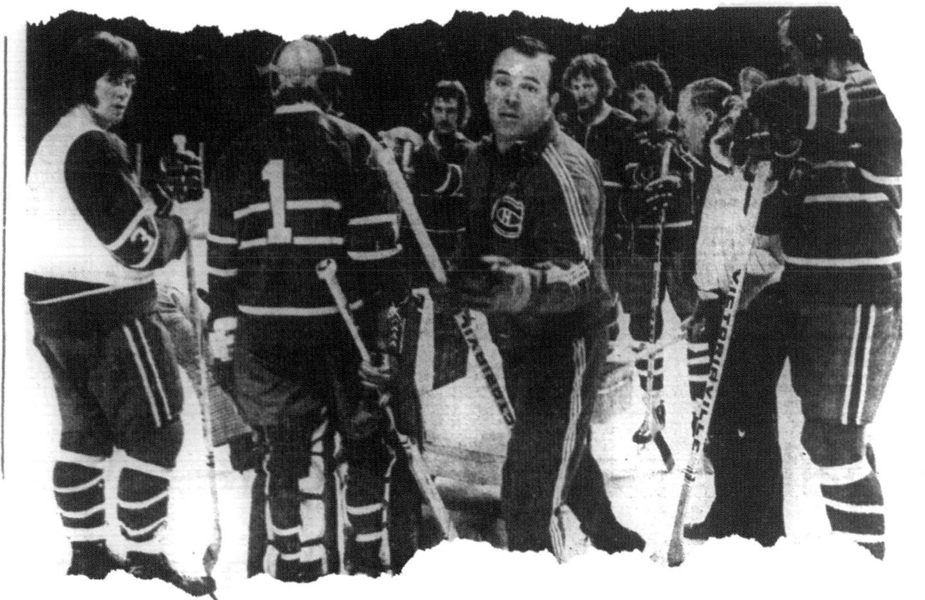

Les relations entre Bowman et les médias sont souvent tendues. Selon la légende de cette photo publiée le 27 avril 1973, l'instructeur du Canadien menace de briser l'appareil du photographe Paul-Henri Talbot de *La Presse* qui voulait prendre un cliché d'une... machine à lancer des rondelles. Un gros secret d'État...

Bruins de Boston. Le journaliste Bernard Brisset le compare à Bowman.

Sur le plan du hockey, Bowman, écrit-il, impose un exercice rigoureux à ses joueurs à la veille d'un match, alors que Cherry le fait rarement. Il cite Cherry: « Le jeu doit rester un jeu. Quand ça devient trop sérieux, c'est moins bon. »

Quelques paragraphes plus loin, Brisset évoque les deux hommes dans la vie de tous les jours. « Sur le plan personnel également, Cherry est fort différent de Bowman, observe-t-il. Extroverti, il aime parler de lui, de ses sentiments, de ses réactions face à telle ou telle question. Bowman semble davantage limité au hockey. Il parle constamment de chiffres, de statistiques. »

La sortie (11 juin 1979)

En marge de ses succès, Bowman souhaite occuper une autre fonction. Et il ne s'en cache pas. Son vœu le plus cher: devenir directeur général d'une équipe. Mais ce n'est pas à Montréal que ça risque de se produire. Ses relations avec le DG Irving Grundman et le reste de la direction sont tendues. Le 11 juin, il annonce son départ pour les Sabres de Buffalo.

« Chez le Canadien personne n'a pleuré », annonce un texte de *La Presse*. « Aucun des joueurs du Canadien n'a été surpris d'apprendre le départ de Scotty Bowman. Et aucun n'a semblé regretter ce départ, écrit le journaliste François Béliveau.

« Par contre, comme pour une oraison funèbre, chacun a eu de bon mots pour celui qui s'en va. »

En chronique, Réjean Tremblay indique que tous les journalistes – incluant lui-même – couvrant les activités du Canadien, sont d'accord sur une chose: « Le gars qui va le remplacer a besoin d'être fort! ».

Mais ce sont les déclarations de Bowman à propos du Canadien et des Grundman qui sont les plus percutantes. Alors que la conférence de presse est terminée et qu'il ne reste qu'un petit groupes de scribes montréalais autour de lui, Bowman laisse aller son amertume. Selon ce que rapporte Tremblay, il déclare: « Il n'y avait pas de place pour Irving Grundman et moi au sein de la même équipe. [...] J'étais persuadé d'avoir la compétence pour être directeur général... or je ne pouvais tolérer la façon dont Grundman dirigeait le club. »

Il avait du respect pour Grundman comme homme d'affaires. « Mais je n'ai aucun respect pour lui comme homme de hockey. »

La consécration (24 novembre 1984)

Fin novembre 1984. Redevenu entraîneur avec les Sabres de Buffalo, Bowman est sur le point de fracasser le record du plus grand nombre de victoires pour un coach de la LNH[1] en carrière.

À nouveau, Réjean Tremblay lui consacre un long portrait. Le temps est à l'hommage, à la consécration. Tremblay dit: « Haï, détesté, admiré, vénéré, contesté, discuté, mais toujours gagnant, Scotty Bowman est déjà un monument. Il ne lui manque plus que la retraite pour qu'il devienne à son tour une légende. »

Bien loin de la retraite à ce moment-là, Bowman allait gagner quatre autres Coupes Stanley à titre d'entraîneur avec Pittsburgh (1992) et Detroit (1997, 1998, 2002).

1 Le chiffre magique est alors de 692 victoires détenues par Dick Irvin Sr. Aujourd'hui, Bowman occupe toujours le premier rang avec 1244 victoires en saison régulière.

Scandale du dragage: lourdes peines à cinq hommes d'affaires
Trois ans de prison à Jean Simard

la presse

LE PLUS GRAND QUOTIDIEN FRANÇAIS D'AMÉRIQUE

Bowman choisit les Sabres

Seize patients en danger de mort
La situation s'aggrave dans les hôpitaux

Marché

le monde
- L'Europe centriste
- Le Nicaragua en guerre
- L'Iran puritain

John Wayne
La fin de la chevauchée fantastique

Le goût des fl

édito
- Pourquoi pas un gouvernement mondial?

Les élus du Jet set
Une CIA...

sommaire

Inspection des autobus et formation des chauffeurs
Nouvelles normes de sécurité

Le départ de Scotty Bowman est annoncé à la une de *La Presse* du 12 juin 1979.

COMME SIMONE DE BEAUVOIR...

Dans son ouvrage *Le Deuxième Sexe*, la philosophe Simone de Beauvoir affirme: « On ne naît pas femme, on le devient. » Une formulation, adaptée au hockey, que l'on retrouve un jour dans la bouche de Scotty Bowman.

C'est dans *La Presse* du 11 juin 1971. Nommé entraîneur des Glorieux la veille, Bowman donne une entrevue au journaliste Marcel Desjardins. Il lui dit: « On peut devenir joueur défensif à force d'efforts. On naît compteur mais on ne naît pas joueur défensif. On le devient. »

Sartre aurait aimé...

1972

SÉRIE FINALE 1972-1973

DES BUTS, DES BUTS, DES BUTS...

la presse

Arrêt des combats libano-palestiniens

Difficile victoire des Hawks

La libération des trois: Bourassa adopte la position de Choquette

Duplessis et son temps

SOMMAIRE

Drapeau, Edgar Hoover et le crime organisé

Le jeudi 3 mai 1973 à Chicago, les Hawks remportent la troisième rencontre de la série, 7-4 contre le Canadien. Ici, Ken Dryden en action devant Stan Mikita.

sports

Le film d'une 16e coupe Stanley

Ils l'ont gagnée la Coupe, en vers et contre tous

Reportage du 11 mai 1973 sur la victoire du Canadien en six matchs contre les Hawks de Chicago. On peut lire un poème composé par le journaliste de *La Presse* André Trudelle pour saluer cette nouvelle conquête de la Coupe Stanley par les Glorieux.

D'abord, les scores: 8-3, 4-1, 4-7, 4-0, 7-8, 6-4. Ensuite, les faits. Printemps 1973. Montréal contre Chicago. Un seul des six matchs par la marge d'un but. Aucun en période de prolongation. Sommes-nous bien en finale de la Coupe Stanley?

Que si! Une finale pour le moins échevelée. Où les gardiens Tony Esposito et Ken Dryden, ex-coéquipiers de la série Canada-URSS, ne brillent pas.

Les deux premières rencontres ont lieu à Montréal. Deux victoires faciles du CH, 8-3 et 4-1.

Après la première partie, le journaliste Michel Blanchard écrit: «Tony Esposito est un gardien de deuxième ordre». Ce que d'autres ont dit avant lui, rappelle-t-il.

«Pour être méchant, disons que les meilleurs arrêts d'Esposito ont coïncidé avec les mauvais tirs des hommes de Bowman, poursuit le scribe. Et si les Hawks espèrent emporter la série, ils devront protéger leur gardien de meilleure façon, empêcher les joueurs adverses d'effectuer de francs lancers quoi!»

Chicago a pourtant pris les devants, 2-0, après seulement 62 secondes de jeu. Esposito prend le blâme, rapporte Yvon Pedneault. «J'ai gardé les buts d'une façon pitoyable... comment voulez-vous gagner ce match lorsque vous accordez huit buts à l'adversaire», murmurait-il.

Le score du deuxième match est plus serré, 4-1 Le dernier but du CH est marqué dans un filet désert. Mais la performance des Hawks demeure anémique. Leurs meilleurs joueurs, Stan Mikita, Keith Magnuson, Doug Jarrett sont blessés. «Ken Dryden n'a reçu que 19 lancers! Et parmi ceux-ci, un ou deux seulement étaient dangereux», constate le journaliste Guy Robillard.

Yvon Pedneault salue le travail de Pierre Bouchard qui marque un but et joue un match solide à la défense. Pedneault lui trouve, «toutes proportions bien gardées», des similitudes à Bobby Orr. Il écrit: «Pierre Bouchard ne paraissait-il pas le général à la ligne bleue du Canadien, hier soir? Pensez-y bien. Il se propulsait devant les lancers des Hawks. S'occupait de la lourde circulation devant la cage de Ken Dryden [...] Quand je dis que Bouchard m'a fait penser à Orr, hier soir, c'est qu'il donnait l'impression d'être parfaitement détendu, sûr de lui-même, que l'adversaire ne lui causait aucun souci.»

Il ne peut en dire autant de Chicago. «Encore une fois, on aurait dit que les Hawks souffraient d'un complexe d'infériorité devant une machine qui a disputé un match ordinaire... mais suffisamment efficace pour enrayer l'ennemi... si faible dans les circonstances.»

La victoire de 7-4 remportée par Chicago le jeudi 3 mai cache une autre réalité. Menant 5-1 au début de la troisième période, les Hawks voient le CH enfiler trois buts de suite. Deux buts dans un filet désert font la différence en leur faveur.

Les mots d'Yvon Pedneault sont durs. «Pitoyables à tous les points de vue, incohérents dans leurs passes, et probablement animés d'une trop grande confiance, les joueurs de Scotty Bowman ont sombré dans l'abîme au cours du premier vingt, accusant un gênant retard de 4-0.»

Chez les gagnants, on a eu chaud. Certains ont craint assister à une remontée spectaculaire du Canadien, comme celle réalisée contre Boston, deux ans plus tôt, en quarts de finale[1]. Le joueur de centre Hubert «Pit» Martin est de ceux-là, comme le rapporte le journaliste Jean-Marc Desjardins. «J'espère que cela nous servira de leçon, professait Pit Martin assez fort pour que ses coéquipiers l'entendent et qui, voyant qu'il s'était adressé à moi en français, l'a répété plus fort en anglais...»

Les Hawks s'effondrent à nouveau au quatrième match, remporté 4-0 par Montréal. Yvon Pedneault badine sur le fait qu'Yvan Cournoyer et Jacques Lemaire, qui ont lancé une école estivale de hockey, ont profité du match pour enseigner l'ABC du jeu et que les joueurs des Hawks, «élèves dociles», les ont regardés faire.

Le texte, ironique et descriptif, se poursuit avec Lemaire et Cournoyer dans le rôle d'instructeurs. Pedneault relate: «Dans le but de ne pas entraver le travail des instructeurs, les Hawks n'ont pas voulu toucher à la rondelle de l'après-midi. Pour être plus justes, disons que les professeurs du Canadien ne leur en ont pas offert l'opportunité. C'est aussi simple que ça.»

Chez les perdants, le défenseur Pat Stapleton compare Yvan Cournoyer au Roadrunner. «Il donne l'impression de filer constamment en ligne droite à environ 200 miles à l'heure, dit-il dans

1 Voir le chapitre 38.

CHAPITRE 46

1972-1973

Pierre Côté, alors jeune photographe de La Presse, prend ce cliché de Tony Esposito lors de la défaite du Canadien, 8-7 contre les Black Hawks de Chicago, le 8 mai 1973 au Forum. Il s'agit du cinquième match de la série finale entre les deux équipes.

un texte de Jean-Marc Desjardins[2]. Vous savez, le dessin animé, l'espèce d'oiseau qui fait Beep-Beep et qui disparaît dans un nuage de poussière... Comprenez-vous quelque chose ? »

Deux records de buts

Avec une avance de 3-1 dans la série, d'aucuns voient le Canadien en finir avec les Hawks le mardi 8 mai, au Forum. C'est sans compter la faiblesse des deux gardiens qui accordent 15 buts sur 60 lancers (29 par Chicago et 31 par Montréal) dans une défaite de 8-7 du CH.

Yvon Pedneault évoque « un match où la défensive des deux équipes n'existait absolument pas ».

Pourtant, il se refuse à jeter totalement le blâme sur les défenseurs, dont Serge Savard, Larry Robison et Guy Lapointe, respectivement sur la glace pour sept, quatre et trois buts des Hawks.

« Il faut élargir les horizons, écrit-il. Pensez aux joueurs d'attaque qui ne voyaient que le filet adverse. Un Ken Dryden chancelant et un Tony Esposito pitoyable. »

Le CH scelle la conquête de la Coupe au sixième match. Or, encore une fois, Chicago prend à nouveau les devants, 2-0. Mais un but d'Henri Richard avec 12 secondes à faire en première période fait tourner le vent. « Pour plusieurs, il s'agira du fait saillant du match », indique Michel Blanchard.

Au début de la troisième période, c'est 4-4. « C'est un lancer frappé de Jacques Lemaire qui permettra à Yvan Cournoyer de briser cette égalité, poursuit Blanchard. La rondelle a touché la baie vitrée avant de bondir devant le filet des Hawks. Cournoyer n'en demandait pas tant. Il s'agit de son 15e but des séries et d'un nouveau record[3].

2 L'article est intitulé « Bip Bip... Cournoyer est passé ! »

3 Le temps avait fait oublier les 17 buts de Newsy Lalonde en 1919. Le record actuel est de 19. Chose certaine, Cournoyer remporte le trophée Conn-Smythe au terme des séries.

LE YOGA COMME ARME SECRÈTE

Avant le début de la série Montréal-Chicago, les journalistes de *La Presse* signent plusieurs prépapiers sur l'allure que pourrait avoir la finale.

Pierre Foglia, qui a suivi la demi-finale Black Hawks-Rangers[4] affirme que Chicago est maintenant une équipe sans étoile. Le club ne s'est pas rendu en finale « grâce à Esposito ou Mikita ou Dennis Hull, mais précisément parce que depuis le départ de Bobby Hull [pour l'AMH], elle s'est efforcée de devenir une équipe, autant sur la patinoire qu'en dehors ».

Le lendemain, il raconte qu'un confrère journaliste supplie le coach des Hawks, Billy Reay, de faire jouer Keith Magnuson. Blessé, ce dernier est insupportable sur la galerie de presse.

Foglia évoque aussi le nom du troisième gardien des Hawks, John Jarrett, trop heureux d'aller à Montréal, même s'il n'a aucune chance de jouer, parce que le Forum a les meilleurs hot dogs!

Yvon Pedneault signe un texte savoureux le samedi 28 avril, à la veille de la première rencontre. Son titre : « L'arme secrète du Canadien : le yoga ! »

Pedneault y raconte que Scotty Bowman a invité un professeur de yoga, Madan Bali[5], à rencontrer les joueurs..

« On pourra toujours reprocher à la direction du Canadien d'être trop conservatrice sur les bords... mais elle est parfois avant-gardiste », lance l'auteur.

Il poursuit : « Pas question de faire des exercices, comme les jambes derrière le cou durant plus d'une heure. » En fait, Bowman souhaite que Bali enseigne aux joueurs l'art de respirer.

Serge Savard salue l'initiative. « Je crois au yoga, affirme le défenseur Serge Savard. Bien des gens critiquent Bowman mais je trouve l'idée excellente. »

4 Les Rangers sont éliminés en cinq matchs.

5 M. Bali a encore son école, Yoga Bliss, à Montréal. Nous lui avons parlé et il se souvient très bien de cet épisode. Il nous a entre autres dit que Ken Dryden était un bon élève. « Il était plus contemplatif que les autres... »

CHAPITRE 47

ANNÉES 1970

YVON PEDNEAULT : ÉPOQUE FASCINANTE, GENS FASCINANTS

Yvon Pedneault, en 1972.

La création de l'AMH, la Série du siècle, l'arrivée des Bowman, Lafleur et Robinson avec le Canadien, un Henri Richard en verve et toujours là pour les grandes occasions.

Parti du *Montréal-Matin*, Yvon Pedneault est arrivé à *La Presse* au début des années 1970, quelques mois à peine après l'incroyable conquête de la Coupe Stanley de 1971. Une époque incroyable, des gens extraordinaires, « fascinants » pour reprendre son expression. « Il se passait toujours quelque chose. Il n'y avait jamais de calme plat », dit-il.

En parallèle, c'était aussi une époque de bouillonnement dans le cahier des sports de *La Presse*. Il donne le crédit de cette effervescence à Michel Blanchard, alors directeur du cahier.

« C'était une époque spectaculaire. Michel Blanchard était avant-gardiste, dit-il. Le cahier était très varié. Nous faisions des choses qui sortaient de l'ordinaire. Je pense par exemple aux "Flashs[1]" du journaliste Guy Robillard. »

Revenons à ces « gens fascinants » dont il parle. D'abord, une impression générale, à laquelle adhèrent tous les anciens journalistes du *beat* du Canadien. Voyager avec les joueurs et la direction de l'équipe, alors que les caméras de télévision étaient absentes, valait son pesant d'or. La communication était tellement plus simple. Les conflits joueurs-journalistes, rares. « Les relations étaient plus amicales, mais nous étions quand même en mesure de faire notre travail, dit Pedneault. Quand venait le temps de critiquer un joueur, on le faisait. »

Il poursuit : « Les joueurs savaient aussi se servir de nous. C'était de bonne guerre. » Un exemple : Frank Mahovlich. « Un jour, en revenant de l'étranger, j'étais assis dans l'avion avec Mahovlich, dit Pedneault. À un moment, il se met à me dire que les Toros de Toronto, de l'AMH, lui avaient fait une grosse offre pour aller jouer avec eux. Je lui ai demandé : "Sommes-nous "*on*" ou "*off*" the record ? " Il m'a dit que nous étions "*on*" et a déballé toute l'histoire. Évidemment, il souhaitait qu'en publiant cela, le Canadien fasse une contre-offre[2]. »

1 Une colonne de nouvelles en bref.

2 Mahovlich a quitté le Canadien pour les Toros après la saison 1973-1974.

Bowman : le maître

Encore plus que les joueurs, l'entraîneur Scotty Bowman savait utiliser les médias pour passer ses messages, se remémore le journaliste et chroniqueur. Bowman avait une relation amour-haine avec les journalistes. Les scribes de *La Presse* ont eu leur part de démêlés avec lui.

Yvon Pedneault sourit lorsque nous lui rappelons la chose. « Scotty était imperméable à la critique. Mais par contre, il avait une manière très raffinée de critiquer un joueur en se servant des médias. Il savait que ce qu'il disait allait fouetter la personne visée. Lorsqu'il est devenu directeur général des Sabres de Buffalo, il a constaté qu'il n'y avait qu'un journal quotidien dans la ville. Lorsque nous l'avons revu, il nous a déclaré qu'il avait perdu une âme importante. »

Cela voulait tout dire...

« Ce n'est pas pour rien si Bowman est devenu le plus grand entraîneur de la LNH, poursuit Pedneault. Oui, c'est vrai, il avait un bassin de grands joueurs de hockey avec le Canadien. Mais il savait tirer le meilleur d'eux. »

Le phénomène est le même avec les changements dans la culture et les règlements du hockey professionnel. Bowman fut, par exemple, selon Yvon Pedneault, le premier entraîneur à bien utiliser ses temps d'arrêt. « Il reposait ses meilleurs éléments avant de les renvoyer jouer. »

Savard : l'ami

Après *La Presse*, Yvon Pedneault est retourné au *Montréal-Matin*. À la fermeture du quotidien, il est allé faire de la radio, à CKAC. Il a roulé sa bosse, touché à tout. Il a commenté les matchs du Canadien durant dix ans à RDS et continue sa chronique dans *Le Journal de Montréal*.

Tout au long de ces années, il a continué à côtoyer certains joueurs et membres de l'organisation du CH. Bowman et lui siègent sur le comité de sélection du Temple de la renommée.

Mais s'il y en a un avec qui il a entretenu de solides liens d'amitié, c'est Serge Savard. Il en parle avec admiration. « Serge est tout un *self-made man*. Il a fait fortune tout seul. Mais il a toujours été d'une grande générosité. Je sais qu'il n'aime pas que j'en parle, mais combien de fois a-t-il aidé d'anciens compagnons du Canadien et ce, dans la

Yvon Pedneault, entouré de Guy Lafleur et de Denis Brodeur, en 1976.

discrétion. C'est le cas avec le prof Caron et Doug Harvey, pour ne nommer que ces deux-là. »

L'admiration s'étend aussi au directeur général que fut Savard. « On a toujours dit que Sam Pollock fut le plus grand directeur général du Canadien. Pour moi, c'est Savard. À la différence de Pollock, il n'avait pas le privilège de choisir les deux meilleurs joueurs francophones. En plus, il a occupé le poste à l'époque où la compétition était féroce avec les Nordiques de Québec. Ce qui ne l'a pas empêché de remporter deux Coupes Stanley et de se rendre en finale à une autre occasion. »

Pedneault affirme avoir donné le surnom de « Sénateur » à Savard. « Lorsqu'il s'est fracturé une jambe, on l'a revu avec une canne. Un jour, je lui ai dit : « Serge, t'as l'air d'un sénateur avec ta canne. Ça lui est resté. »

Lafleur, Gainey

À *La Presse*, Pedneault a suivi les débuts de Guy Lafleur avec le Canadien. Le journaliste classe l'ancien numéro 10 dans ces gens plus grands que nature qu'il a côtoyés. « Il était incroyable. Chaque année, il établissait des standards de plus en plus hauts. Son nombre de buts comptés augmentait d'année en année. »

Si Lafleur, en raison de ses exploits dans les rangs juniors, était déjà connu avant même son arrivée dans la LNH, il n'en est pas de même pour Bob Gainey, premier choix au repêchage du Canadien en 1973. Pedneault évoque en riant une anecdote à ce sujet. « J'avais écrit que tout ce qu'on savait de Gainey, ce n'était que quelques statistiques avec son équipe junior (Peterborough). Mais Claude Ruel avait mis sa tête sur le billot pour l'obtenir. »

Tretiak et les Russes

Avec Michel Blanchard, Yvon Pedneault couvre la Série du siècle. De Montréal à Vancouver, il sillonne le pays durant la portion canadienne de la confrontation. Puis, il joint le Canadien pour couvrir les activités du camp d'entraînement pré-saison alors que Blanchard suit les deux formations en Europe. À ses yeux, la série Canada-URSS demeure unique en son genre.

« Pour moi, cette série représente l'éclosion du sport de hockey à l'échelle planétaire, dit-il. Et avec l'affrontement entre deux systèmes politiques, ça allait au-delà du sport. Elle a représenté un tournant ; elle a apporté des choses nouvelles, que ce soit sur le plan de la condition physique des joueurs, de la tactique, des systèmes de jeu. Ce fut un moment magique. »

Il se rappelle le retour de Vladislav Tretiak à Montréal pour le fameux match du 31 décembre 1975 ou encore des tentatives (avortées) faites par Serge Savard et le ministre libéral des Sports Jacques Olivier pour aligner Tretiak avec le Canadien après les Jeux olympiques d'hiver de Sarajevo en 1984. « Les discussions étaient avancées mais Iouri Andropov est mort. Cela a tout mis sur la glace durant des mois. Après, il était trop tard[3]. »

Écrire : une grande passion

Entre la radio, la télévision et l'écrit, Yvon Pedneault favorise le clavier. « Écrire est une vraie passion, assure-t-il. À l'écrit, tu peux t'exprimer plus facilement, tu peux dire des choses que tu n'as pas le temps d'expliquer en deux ou trois minutes en ondes. »

Grand-père, il dit comprendre ses petits-enfants de vivre à l'heure d'Internet. Mais il défend farouchement l'existence du journal écrit, ce média qui, intimement, se glisse dans le quotidien, dans la maison des gens. Le contact est unique.

Lorsque l'entrevue se termine, au bout d'une heure, Yvon Pedneault se lève, sourire aux lèvres, visage illuminé. « Merci de m'avoir fait revivre tous ces souvenirs », dit-il.

Nous venions de ramener le compteur à ses 26 ans. Une belle époque.

Une époque fascinante, des gens fascinants.

3 Le CH avait causé la surprise en repêchant Tretiak en 1983. Au sujet d'Iouri Andropov, précisons que l'ancien dirigeant de l'URSS est mort le 9 février 1984, au lendemain de l'ouverture des Jeux de Sarajevo.

Un bien drôle de match...

Défaite du Canadien 7-4

Robinson voulait pourtant bien faire...

J'espère que ça nous servira de leçon – Martin

Les Black Hawks n'ont pas compris!

Dryden fait son acte de contrition

Pollock, le grand tragédien

Échos des séries

« Robinson voulait pourtant bien faire... » Yvon Pedneault signe cet article lors des séries éliminatoires, le 4 mai 1973.

CHAPITRE 48

1955

1955-1975

ONZE FOIS 16

Vingt saisons, 358 buts et 1046 points en saison régulière, 49 buts et 80 passes en 180 matchs des séries, une fougue inoubliable, quelques déclarations intempestives et surtout, SURTOUT, onze Coupes Stanley, record que d'aucuns qualifient d'inatteignable.

Sans s'être imprégnée avec autant d'acuité dans la mémoire collective des Québécois que celle de son frère Maurice, la carrière d'Henri Richard avec le Canadien de Montréal fut flamboyante. Revoyons-en quelques moments, surtout axés sur les conquêtes de la Coupe Stanley, qui lui ont permis d'écrire son nom dans l'histoire du hockey professionnel.

"BEAUCOUP DE CHEMIN À FAIRE AVANT LE SUCCÈS FINAL", TOE BLA

Les joueurs se montrent optimistes mais prudents dans leurs opinions

Spectaculaire exhibition de Carpentier et Rougeau

André Roy en vedette

Invitation

FORD EDSEL

GARAGE FORTIER

AU PRIX DU GRO

HEMBLEY'S

EXCURSION POUR HOCKEY À BOSTO

CANADIEN vs BRUINS de BOS

Optimisme à l'approche de l'ouverture de la saison des courses à Blue Bonnets

LA LIGNE VERTICALE

89^{50}

SAUVÉ FRÈRES

6554-56, rue ST-HUBERT

OUVERTURE D LA NAVIGATIO

CANADA STEAMSHIP LINES LTD

Le jeune Henri Richard n'a beau avoir que 22 ans sur cette photo publiée le 10 avril 1958, il est en voie de remporter sa troisième Coupe Stanley avec le Canadien de Montréal. Cette année-là, il obtient 1 but et 7 passes en 10 matchs des séries.

Le Canadien triomphe

la presse

Du vin et du cidre dans les épiceries

Tour d'horizon politique de cinq heures entre Trudeau et Kossyguine

Rose était-il présent à la mort de Laporte?

Rome fait l'inventaire de ses objets d'art

Une 10e coupe pour Richard

sommaire

meteo

Après avoir vertement critiqué l'entraîneur Al MacNeil (voir chapitre 38) à la suite du cinquième match de la finale de la Coupe Stanley de 1971, Henri Richard donne la victoire et la coupe aux siens avec deux buts dramatiques enregistrés lors de l'ultime match disputé le 18 mai 1971 à Chicago. Sur cette photo de Pierre McCann, Richard est accueilli en héros à l'arrivée de l'équipe à l'aéroport Dorval. La légende dit qu'il « a bien failli se faire broyer par ses admirateurs tellement ceux-ci voulaient l'approcher ».

sports — la presse — E

Le Canadien élimine les Flyers 5-3

Mon pire match des séries – Richard

Les Flyers n'avaient plus de munitions...

Pas d'animaux savants au Forum

Schultz était cinq!

Sévère, exigeant, Henri Richard l'est aussi envers lui-même. Comme dans ce reportage du 25 avril 1973, à la suite de l'élimination des Flyers de Philadelphie en demi-finale. Première étoile du match, Richard affirme être épuisé et avoir joué son pire match des séries. Au sujet de cette première étoile, il lance : « Ça, c'est ridicule. Ça ne veut rien dire. On m'a donné la première étoile parce que j'ai réussi le but gagnant. »

L'INDUSTRIE DES DÎNERS-BÉNÉFICE

la presse

Lévesque remet en question le droit de grève illimité dans les hôpitaux

Henri Richard — Le Temple de la Renommée

Juste un honneur de plus

Henri...

Fiat doit remettre $3,240

Parizeau évalue les demandes à 53 p.c.

Des agents de sécurité sont expulsés de Sorel

Nouvel honneur pour le Pocket Rocket. Le mardi 12 juin 1979, quatre ans après sa retraite, on annonce son admission au Temple de la Renommée du hockey. Nouvel article à la une de *La Presse*. Le regretté journaliste François Béliveau y rapporte les propos de Richard selon qui, il s'agit du dernier des grands honneurs.

LA PRESSE

A tout seigneur, tout...

renade: 1 mort, 6 blessés
personnes sont interrogées

La Bourse dégringole à New York

Lesage se fâche: le marasme n'existe que dans l'esprit de ceux qui veulent le faire survivre

Tous les hommes pourront un jour devenir grands

Le rapport Parent ferait disparaître les commissions au niveau élémentaire

Gérin-Lajoie précise: une fois le taux normalisé atteint, la taxe n'augmentera plus

SOMMAIRE

Flanqué du capitaine Jean Béliveau, Henri Richard déguste le champagne de la victoire à la suite du triomphe du Canadien contre Detroit en finale de la Coupe Stanley de 1966. Le but compté par Richard (son seul des séries) durant la première période de temps supplémentaire du 6e match, le 5 mai, permet au Canadien de conserver le précieux trophée.

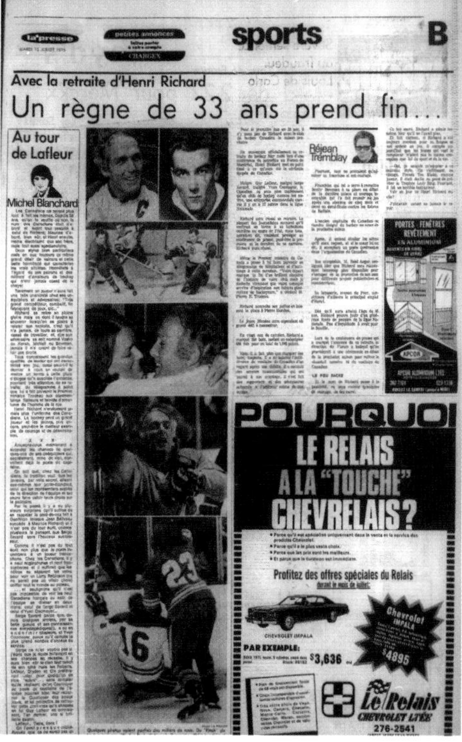

la presse — sports — B

Avec la retraite d'Henri Richard

Un règne de 33 ans prend fin...

Au tour de Lafleur

Michel Blanchard

Réjean Tremblay

La retraite du « Pocket » est finalement annoncée le 14 juillet 1975. *La Presse* lui consacre un article à la une ainsi qu'un grand reportage dans le cahier des Sports. Au jeune journaliste Réjean Tremblay, le numéro 16 fait ces déclarations fascinantes à propos de son avenir : « Je ne peux pas le savoir, je n'ai jamais pensé à autre chose que le hockey. Je ne connais pas Henri Richard en dehors du hockey... Faut d'abord que j'apprenne à me connaître, à savoir ce que j'aime. »

MOLSON
JOFA
JOFA
JOFA
СССР
JOFA
TITAN
JOFA
PRO

1975

31 DÉCEMBRE 1975

UN MATCH INOUBLIABLE

Les souvenirs de la série de 1972 sont encore présents dans la mémoire des amateurs lorsque deux équipes de l'Union soviétique, l'Armée rouge et les Ailes de Moscou, entament une tournée de huit matchs contre des clubs de la LNH en décembre 1975.

À Montréal, la rencontre Canadien-Armée rouge du 31 décembre est de toutes les conversations. À tel point que le défenseur Pierre Bouchard exprime son agacement après une victoire à l'arraché du Canadien contre les North Stars du Minnesota, le 27 décembre. « Les joueurs pensent trop aux Soviétiques présentement », déclare-t-il dans *La Presse* du 29.

Dans sa couverture de l'événement, le quotidien de la rue Saint-Jacques propose un dialogue — même jour, même page — entre les chroniqueurs Michel Blanchard et Pierre Foglia. L'analyse, la taquinerie et l'humour s'y entremêlent.

Blanchard, le 27 décembre: « Seuls les Flyers et les Canadiens peuvent escompter remporter quelques succès. Bref, Foglia, t'en regagnes pas. Tes joueurs gros-gras-bien-nourris-et-adulés vont en prendre pour leur rhume. C'est la décadence du hockey qui arrive avec cette Super-Série. Ce ne sera plus nous les meilleurs et cette fois il n'y aura aucune équivoque. »

Foglia réplique: « Les Soviétiques ne gagneront pas plus de quatre matchs. [...] Je les regardais patiner hier, au Forum, où ils ont tenu des exercices interminables [...]. Et ce n'étaient pas tous des Kharlamov, j'en ai vu plusieurs là-dedans dont le standing social souffrirait beaucoup d'être exposé à la libre concurrence de la Ligue nationale. »

Le 31, jour du match du Forum, l'échange Blanchard-Foglia se poursuit.

« C'est ce soir que Foglia fera un fou de lui », écrit Blanchard. À propos de l'offensive explosive des Soviets, il lance: « On pénètre à trois dans la zone adverse, suivi bientôt des défenseurs. Le tourbillon s'accentue. Ce n'est plus du hockey mais plutôt un électrisant ballet-poème. »

« C'est ce soir que Blanchard va faire un fou de lui », répond Foglia. [...] Le Canadien ne peut pas perdre parce que c'est leur job que les Dryden, Lafleur, Bouchard, Cournoyer, Lemaire défendent ce soir. Je ne sais pas si vous avez remarqué que c'est Serge Savard, l'homme d'affaires de l'équipe, qui s'est le plus démené pour motiver ses coéquipiers. Savard est certainement celui qui sait le mieux, qu'une défaite, ce soir, serait une très mauvaise affaire pour les joueurs. »

Une question de gros sous, en somme.

38 lancers contre 13

On connaît la suite. Fougueuse, intense, la rencontre se termine par un match nul de 3-3. « Un match splendide » est le titre de l'article de Michel Blanchard publié à la une de l'édition du 2 janvier 1976. « Tout à fait éblouissante la performance du Canadien, mercredi, écrit-il dans son texte flanqué d'une photo de Pete Mahovlich, Vladislav Tretiak et Yvan Cournoyer saluant la foule. Ils ont joué avec beaucoup de classe, comme si leur bourse en dépendait. Pas de gestes futiles et disgracieux, pas de coups sournois. Ne le répétez pas, mais eux aussi avaient quelque chose de Beau et Noble. » Blanchard estime que le Tricolore a complètement paralysé le système de jeu des Soviétiques. « Les joueurs du Canadien étaient partout sur la patinoire, observe-t-il. Ils ont joué un match superbe. Tous sans exception. »

À ses yeux, la dernière fois où le Canadien avait aussi bien joué remonte à la fameuse série quarts de finale contre les Bruins de Boston, en 1971.

Pour Blanchard, le gardien Vladislav Tretiak a fait la différence, repoussant 35 des 38 tirs du Canadien. Si Dryden n'a reçu que 13 tirs, doit-on dire qu'il a été faible? Il croit que non. « La marque de commerce des Soviétiques n'est-elle pas de lancer que lorsqu'il y a une chance de marquer? demande-t-il. Et un gardien peut difficilement être dans la partie lorsqu'il est mis à l'épreuve aussi peu souvent. »

Dans le cahier des Sports, Foglia partage l'avis de Blanchard sur Tretiak, « indiscutable première étoile du match ». Mais il souligne les erreurs de Dryden, « extrêmement nerveux, jouant bien en-dessous de sa valeur, fautif sur le premier et le troisième buts des Soviétiques ».

Quant à l'entraîneur du Canadien, Scotty Bowman, toute son analyse du match se résume dans le titre de l'article de Foglia: « 80 matchs comme celui-là? Jamais de la vie ».

Au terme de la tournée, les Soviets gagnent cinq matchs, en perdent deux et annulent une fois.

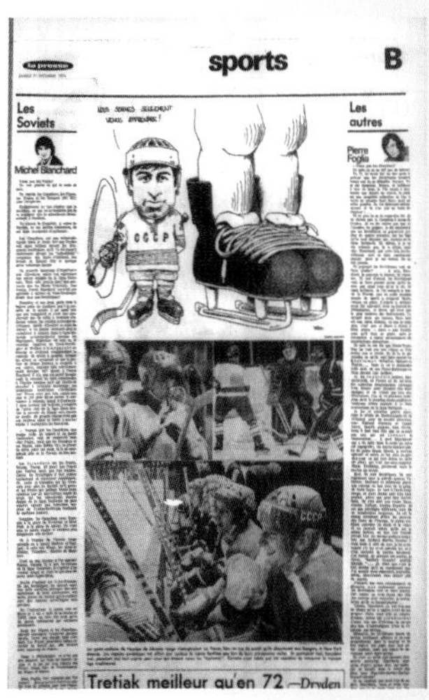
sports B

Les Soviets

Michel Blanchard

Les autres

Pierre Foglia

Tretiak meilleur qu'en 72 — Dryden

Le 27 décembre 1975, à quelques jours de la confrontation Canadien-Armée rouge au Forum, *La Presse* consacre plusieurs reportages à l'événement. Michel Blanchard et Pierre Foglia entretiennent une correspondance endiablée.

Les Jeux: 132 jours de travail

SOMMAIRE

Journal intime de 1944-45

Pete Mahovlich, Vladislav Tretiak et Yvan Cournoyer croqués par le photographe Pierre McCann au terme du célèbre match du 31 décembre 1975. La photo est publiée à la une de *La Presse* du 2 janvier 1976.

1976

MAI 1976

VAINCRE LE SYSTÈME

la presse

25 CENTS

METEO

Les mesures anti-inflation

Le CTC, prêt à la grève générale

l'automobile

Il y a plus de Cadillac que de Vega à Montréal

Otages libres et manifeste diffusé

NABET: la décision sera révisée

ÉCONOMIE & FINANCES

CANNES 76

Le dernier Rohmer, un succès

La CEQ échange des hypothèses avec Bienvenue

le monde

Ottawa veut quand même acheter les 18 "Orion"

Accueil triomphal pour les Glorieux

Un premier jugement de Cour

Ottawa a eu raison de Ste-Scholastique

SOMMAIRE

Le capitaine du Canadien Yvan Cournoyer et ses coéquipiers sont accueillis à l'hôtel de ville de Montréal par le maire Jean Drapeau en ce 17 mai 1976, au lendemain de la conquête de la Coupe Stanley. La photo de Paul-Henri Talbot fait la une du mardi 18 mai.

En 1967, les Maple Leafs de Toronto ravissaient la Coupe Stanley au Canadien, brisant le rêve de plusieurs de voir l'équipe montréalaise être couronnée championne en cette année de l'Expo. En 1976, année des Jeux olympiques de Montréal, le Tricolore se retrouve en finale contre les intimidants Flyers de Philadelphie, champions des deux dernières saisons grâce au Système, mélange de principes de hockey nord-américain et soviétique, établi par l'entraîneur Fred Shero. Cette fois, le Canadien ne se laisse pas surprendre. Il balaie les Broad Street Bullies en quatre matchs et ramène la coupe à Montréal, deux mois avant le début des Jeux.

En quarts de finale et en demi-finales, le Canadien écarte les Black Hawks de Chicago et les Islanders de New York, 4-0 et 4-1. À la suite de la troisième victoire du CH contre les Islanders, Réjean Tremblay résume l'esprit qui soude les joueurs montréalais dans un texte intitulé « "L'Équipe" a faim d'un bol de soupe... »

Dans l'édition du 8 mai 1976, Tremblay donne le Canadien en six matchs. Parce que le club, dit-il, entretient une hargne viscérale contre les Flyers. « Cette hargne ne pourra faire autrement que pousser le Canadien jusqu'à ses limites. Et en jouant à la limite de ses capacités, le Canadien est supérieur aux Flyers. »

Michel Blanchard n'est pas d'accord. Il donne les Flyers, « moins talentueux, certes, mais mieux inspirés », en six matchs. « La victoire va toujours à la formation la plus homogène, là où l'esprit est le meilleur. Et à ce niveau, les Flyers sont tout fin seuls », dit-il.

Pierre Foglia suggère de ne pas essayer de battre le Système de Shero mais de le dérégler. « Une des façons de la dérégler est de forcer les Flyers à prendre des punitions en bousculant Clarke[1] par exemple. Les Flyers ne se sont pas adoucis au point de permettre qu'on touche à Clarke... »

Revoyons les matchs un après l'autre...

Dimanche 9 mai : Montréal 4, Philadelphie 3

Alors que la manchette de *La Presse* du lundi 10 mai concerne l'interdiction faite par Air Canada d'utiliser le français dans la cabine de pilotage des avions, la photo principale, signée Robert Nadon, est consacrée à la victoire du CH, 4-3, après avoir tiré de l'arrière 2-0.

Les défenseurs Larry Robinson, Guy Lapointe, Serge Savard et Pierre Bouchard sont en bonne partie responsable de cette victoire, analyse Tremblay. Ils ont décoché 18 des 36 tirs contre le gardien Wayne Stephenson.

Pour lui, le système des Flyers a été « mis en pièces » par les défenseurs. « Sur les quatre buts du Canadien, trois l'ont été lors de descentes à deux contre un... et l'on ne parle pas des autres échappées à deux contre un impliquant un défenseur qui se lançait à l'attaque[2]. »

Guy Lapointe apporte une explication : « Puisque les Flyers "forechekent" constamment, il leur arrive de se faire piéger ; c'est ce qui est arrivé lorsque j'ai marqué mon but. J'ai crié à Steve Shutt pour qu'il m'envoie la rondelle au centre et j'ai foncé vers Stephenson. »

Mardi 11 mai : Montréal 2, Philadelphie 1

En première page, une photo de Jean Goupil montrant un Jacques Lemaire sautant de joie après avoir enfilé un but annonce une autre victoire, 2-1. Dans le cahier des Sports, Réjean Tremblay dit que les joueurs de Scotty Bowman ont « exécuté presque à la perfection » le plan de match. « Mise en échec solide et échec avant constant », décrit-il.

Ce jeu a déstabilisé les hommes de Fred Shero. « Passes dangereuses, passes arrière en territoire offensif, mauvais déblaiements... la pression exercée par les avants du Canadien et le brio des défenseurs à sortir la rondelle du territoire du Tricolore ont encore porté fruit », ajoute-t-il.

Il cite Guy Lafleur, auteur du but gagnant : « C'est vrai que les Flyers vont être stimulés par leur public à Philadelphie, mais si on patine comme ce soir, ils ne nous toucheront pas. »

Jeudi 13 mai : Montréal 3, Philadelphie 2

En huit saisons avec le Canadien, le défenseur Pierre Bouchard a compté seulement 19 buts,

1 Bobby Clarke, capitaine des Flyers.

2 Un des principes de Shero était de ne jamais se faire prendre en surnombre en zone défensive.

1976

Jacques Lemaire saute de joie après avoir enfilé le premier but du Canadien dans une victoire de 2-1 au deuxième match de la série finale contre les Flyers de Philadelphie, le 11 mai 1976. La photo de Jean Goupil laisse bien comprendre que pour le gardien Wayne Stephenson, il est trop tard.

la presse

Dans les cabines de pilotage

Air Canada interdit le français

sport

Le Système vaincu

CHINE

Une certaine abnégation

Des profits de $2 millions

Au tour des infirmières de débrayer

le monde

SOMMAIRE

Une nouvelle vie

dont trois en séries éliminatoires. Or Bouchard réalise un de ces trois buts au milieu de la troisième période du match du 13 mai, donnant la victoire à son équipe.

« J'ai pensé que mon cœur arrêterait de battre », lance Bouchard aux journalistes après la rencontre. Un cri du coeur qui coiffe la page du cahier des Sports de *La Presse* du lendemain.

Dans son article, Réjean Tremblay rapporte les propos de Bouchard : « Je ne suis pas un collectionneur de souvenirs et il faut que l'on soit plusieurs gars pour que j'arrive à me remémorer les bons moments de ma carrière. Mais ce but, je vais m'en souvenir longtemps quand je me chaufferai les pieds sur la tablette du poêle... »

Le journaliste Ronald King est aussi à Philadelphie. Après la rencontre, il est dans le vestiaire des Flyers et s'intéresse aux propos du défenseur André Dupont. Fasciné par le travail de Bob Gainey et de Larry Robinson, ce dernier déclare :

« Gainey doit patiner au moins à 100 milles à l'heure. C'est lui qui nous a battus ce soir. Je n'ai jamais vu un gars jouer comme ça, il se reposait trente secondes et on le voyait apparaître de nouveau, la face toute rouge, et il patinait encore à 100 milles à l'heure.

« Et puis Robinson, il a des bras qui mesurent neuf pieds. Pas moyen de s'en débarrasser. Ils sont vraiment forts les Canadiens, surtout à la défense. »

Dimanche 16 mai : Montréal 5, Philadelphie 3

Un but de Guy Lafleur en troisième période donne la victoire et la Coupe Stanley au Canadien. « Les Glorieux sont champions », titre *La Presse* dans un article publié à la une du 17 mai et où l'on voit Jacques Lemaire, riant aux éclats, au moment de son accueil à l'aéroport de Dorval.

Dans le cahier des sports, Réjean Tremblay souligne autant la joie que l'émotion étreignant les joueurs. « Qu'un jeune poulain comme Mario Tremblay braille à fendre l'âme, ça se comprend et ça n'émeut pas trop... mais de voir un vieux routier comme Jim Roberts, sanglotant comme un enfant absolument incapable de refouler ses larmes, ça vous remue les tripes », écrit le journaliste.

Analysant cette dernière rencontre, il dit : « Cette quatrième victoire du Canadien était toute taillée à l'image de l'équipe et de la saison qu'elle a connue. Malgré un but de Reggie Leach[3], vainqueur du trophée Conn-Smythe, après 41 secondes de jeu, le Canadien s'en est tenu à son style de jeu, solide, prudent et constant. »

Chez les perdants, Ronald King constate un certain stoïcisme. « La défaite leur est venue comme un compte à payer que l'on attend depuis une semaine et qui apparaît finalement dans la boîte aux lettres... Ça leur a donné un coup qu'ils ont vite surmonté pour parler d'autre chose. »

3 L'ailier droit obtient le trophée grâce à une performance de 19 buts et 5 passes en 16 matchs.

LES ENFANTS DE SCOTTY

À la suite de la seconde victoire du Canadien en finale, les journalistes badinent un peu avec l'entraîneur Scotty Bowman, au sujet du prénom de ses enfants. Réjean Tremblay fait part de la scène avec humour. Bowman, dit-il, raconte aux scribes avoir eu de la difficulté à s'endormir après le premier match. Il a réussi à le faire en allant recoucher son fils Stanley, 3 ans, éveillé au milieu de la nuit.

« Le fils de Bowman s'appelle Stanley et vous devez deviner pourquoi, écrit Tremblay. Il est né le 28 juin 1973... la dernière année où le Canadien a remporté la Coupe Stanley.

« On s'était dit ma femme et moi, si nous remportons la coupe, on appellera le bébé Stanley.

« -Et si c'avait été une fille ?

« Bowman reste bouche bée... quelqu'un glisse : "Pourquoi pas Lady Bing[4] ?" Mais les Bowman ne sont pas au bout de leurs peines. Madame Bowman est encore enceinte... et cette fois, elle attend des jumeaux pour septembre... Toujours pas pour appeler les bébés Art Ross et Conn Smythe ! »

Outre Stanley, les Bowman ont quatre autres enfants : Alicia, David, Bob et Nancy.

4 Ce trophée est remis annuellement au joueur de la LNH ayant conservé le meilleur esprit sportif tout en connaissant de très bonnes performances sur la glace.

CHAPITRE 51

SAISON 1976-1977

DOMINATION, INTIMIDATION, FÉLICITATIONS

Mesrine, vedette de Paris

l'extrême gauche au Québec

la presse

25 CENTS

METEO

le sport

Le tournoi de la désolation

Les Sept s'entendent pour faire la lutte au chômage

Trudeau pirouette au Palais

sommaire

Les commissions scolaires, déjà à l'heure de la Charte

le monde

INTER-LOTO

Deux pirouettes dans *La Presse* du 9 mai 1977 : celle du premier ministre Trudeau à Buckingham Palace et celle de Mario Tremblay (page de droite), saisie par le photographe Pierre Côté, au Forum de Montréal.

Samedi 7 mai 1977. À Londres, où les chefs d'État des sept pays les plus industrialisés sont réunis pour le sommet du G7, le premier ministre du Canada Pierre Elliott Trudeau exécute une pirouette dans le dos de la reine Élizabeth II, du prince Charles et de plusieurs autres dignitaires dans un salon de Buckingham Palace. La scène est croquée par un photographe de La Presse canadienne.

À Montréal, le Canadien et les Bruins de Boston disputent le premier match de la finale de la coupe Stanley. L'ailier droit Mario Tremblay compte deux buts dans la victoire, 7-3, du Canadien. Un photographe de *La Presse*, Pierre Côté, croque une photo où Tremblay se retrouve dans une position proche de la pirouette en tentant de freiner le défenseur des Bruins, Brad Park.

Les deux photos, Trudeau à la une et Tremblay à la une des Sports, se retrouvent dans l'édition du lundi 9 mai 1977. « Un grand soir pour le petit Mario... », titre l'article de Réjean Tremblay faisant le bilan de cette rencontre. Ce gain du CH est à l'image de la saison régulière. Avec 60 victoires, 8 défaites et 12 matchs nuls, un mot vient à l'esprit pour évoquer ce bilan : domination.

Intimidation

En quarts de finale, le Canadien élimine les Blues de St. Louis en quatre matchs. En demi-finales, il rencontre l'opposition des Islanders de New York, vaincus en six parties.

Si le premier match de la série finale contre Boston est sans histoire, il n'en va pas de même du deuxième, disputé au Forum le 10 mai. Le Canadien l'emporte 3-0 mais la rencontre tourne à la foire d'empoigne en troisième période, lorsque les Bruins s'en prennent à Guy Lafleur.

C'est le cas du défenseur Mike Milbury. Pour répliquer, l'entraîneur du Canadien, Scotty Bowman, envoie le robuste défenseur Pierre Bouchard jouer à l'aile gauche. Bouchard ne rate pas l'occasion de faire un mauvais parti à Milburry. Il le frappe « avec la force d'un train qui rentre dans une Volks », évoque Réjean Tremblay.

Laissons ce dernier décrire les événements.

« Si vous êtes un partisan (ou mieux un joueur) des Bruins, vous devez alors rêver à la grande revanche des oursons demain soir au Garden.

« Vous devez souhaiter de tout votre petit cœur bien méchant que Guy Lafleur se fasse fendre le crâne, que Rick Chartraw sera décapité et que Pierre Bouchard y laissera à jamais son beau sourire...

« Et pourquoi tant de haine alors que le sport est censé rapprocher les hommes ?

« Là, ça dépend qui parlait après la foire de la troisième période du match d'hier. Les Bruins prétendent que c'est la faute à Guy Lafleur qui aurait lancé volontairement la rondelle dans les parties dites sensibles de Mike Milbury... tandis que les Glorieux proclament bien fort qu'ils n'ont fait que défendre Lafleur qu'on pourchassait partout sur la glace. »

Le journaliste Ronald King cueille les commentaires des perdants. Dont ceux du très coloré entraîneur des Bruins, Don Cherry, qui dénonce l'arbitrage.

« Inutile de vous répéter les mots très vilains qu'il a employés dans la langue de Ronald MacDonald, écrit King, ils sont bien connus et manquent un peu d'originalité. »

Il cite Cherry : « Les séries finales de la Coupe Stanley sont une farce. Si la Ligue veut absolument que la coupe Stanley aille à Montréal, qu'elle la donne aux Canadiens tout de suite. Je n'ai aucun respect pour eux. [...] Aucune équipe, si bonne soit-elle, ne peut subir une seule défaite en 40 matchs à domicile. Toutes les équipes de la Ligue savent que lorsqu'elles jouent au Forum, elles seront punies tant que le Canadien ne prendra pas une avance de trois ou quatre buts. Tout le monde le sait depuis longtemps, maintenant vous pouvez l'écrire dans les journaux. »

Le 12 mai, jour du troisième match, l'heure est à l'intimidation. Depuis Boston, Ronald King relaie la déclaration de John Wensink, un dur à cuire des Bruins : « Lafleur ne sortira pas vivant du Garden si je me trouve sur la glace en même temps que lui. »

Les déclarations guerrières des Bruins sont si nombreuses que King s'attend plutôt à une rencontre tranquille. « Les Bruins ont donc beaucoup parlé, résume-t-il. Ils ont peut-être même trop parlé et il se pourrait bien que ce soir on assiste à un match très calme, comme il se produit souvent quand tout le monde se respecte et se surveille. »

Et c'est exactement ce qui survient !

Les joueurs se concentrent sur le hockey et Guy Lafleur est le grand artisan de la victoire du CH.

« C'est Lafleur qui a tonné ! » titre *La Presse* à la une de son édition du vendredi 13 mai.

Réjean Tremblay écrit que la crainte de recevoir un coup sournois a beaucoup énervé le numéro 10 dans les heures précédant le match. Une bonne nervosité, faut-il croire...

« Hier après-midi, Lafleur était tellement nerveux à cause de toutes ces histoires gonflées autour de son nom qu'il n'arrivait même plus à jouer convenablement aux machines à boules », écrit-il.

« 14 597 personnes avaient envahi le Garden hier soir pour assister à l'exécution de Guy Lafleur... Une pancarte géante et criarde affirmait même : "Wensink eats frogs"... Ces 14 597 personnes ont quitté le Garden après avoir contemplé la mise à mort des Bruins par ce même Guy Lafleur, qui a terminé le match avec deux buts et deux passes, participant à tous les points des siens dans la victoire de 4-2 du Canadien. »

Plus loin, Tremblay affirme que les déclarations des joueurs des Bruins « ont coûté cher à l'équipe ». L'arbitre Bob Myers n'a rien laissé passer et le Canadien a marqué trois fois en avantage numérique en première période.

Dans le vestiaire des Bruins, Ronald King constate le changement d'attitude. « Pauvres Bruins de Boston, lance-t-il. Ils se sont fait clouer le bec de façon sévère hier soir par ce Diable blond de Guy Lafleur. Des nonos qu'ils avaient l'air les pauvres Bruins. »

Parlant de Lafleur et de John Wensink, King ajoute : « Une véritable leçon de patinage qu'il [Lafleur] leur a servie. John Wensink, celui qui avait promis aux partisans du Boston la tête de Lafleur au bout de son bâton, n'a presque pas joué. Et lorsqu'il était sur la glace, on le trouvait tellement ridicule que Cherry l'a vite caché. [...]

« Nous avons demandé à Wensink s'il regrettait ses paroles. Il a dit non, évidemment, en adoucissant sa position avec un éloge à l'endroit de Lafleur : "C'est le meilleur au monde..." »

Félicitations

Le scénario se répète au quatrième match, remporté 2-1 par le Canadien en prolongation. Une passe de Lafleur à Jacques Lemaire scelle la rencontre, la série et la saison.

Lafleur remporte le trophée Conn-Smythe remis au joueur par excellence des séries. Le lundi 16 mai, c'est aux exploits du numéro 10 que le quotidien de la rue Saint-Jacques consacre sa une. L'auteur Réjean Tremblay évoque l'épuisement du jeune joueur. « Même les dieux ont leur moment de fatigue », lance-t-il.

L'entraîneur du Canadien, Scotty Bowman, pas très porté sur l'expression des sentiments et les félicitations, se laisse aller. « C'est la plus grande équipe du sport professionnel », dit-il.

Réjean Tremblay ajoute : « Étranglé par l'émotion, bousculé par une foule dense qui emplissait le vestiaire du Canadien, Scotty Bowman venait de lâcher le plus grand compliment qu'il pouvait trouver à l'égard de ses équipiers. »

Même les vilains Bruins félicitent les joueurs du Canadien. Relisons un passage du texte de Ronald King : « Wayne Cashman était dans le vestiaire du Canadien à allumer le cigare de Serge Savard, et Cheevers à bavarder avec son vieil ami Pete Mahovlich. »

Réjean Tremblay assiste aussi à la scène et note le regard incrédule du fils de Cashman, Scott, invité à serrer la main de Serge Savard. Tremblay demande à Cashman comment on peut oublier si vite les coups mesquins. « On n'oublie pas, mais on accepte, répond le capitaine des Bruins, lui [Savard] comme moi sommes des professionnels, lui comme moi savons qu'il faut tout donner pendant la compétition... Viens-t-en Scott, on a tout l'été à nous-autres maintenant. »

"La police ne sera pas le bras du pouvoir"

la presse

25 CENTS

METEO

74 NORD

Le "J.E. Bernier II" repart...

Valcartier

Un obus explose: 2 morts

Retour de la Pasionaria en Espagne

Les gars du Canadien ont bien l'intention de protéger Lafleur

l'extrême gauche au Québec

Notre-Dame, microcosme

pleins feux Quatrième article sur le sommet économique

Emportée par une crise cardiaque

Les débats impatientent Trudeau au Conseil de l'Atlantique Nord

sommaire

Guy Lafleur coincé entre les Bruins Gary Doak et Mike Milbury lors de la rencontre du 10 mai.

la presse

25 CENTS

METEO

Dans une "sainte colère"

Lévesque s'en prend aux "saboteurs" d'Ottawa

C'est Lafleur qui a tonné!

Indépendance ou pas: une élection devrait décider

— Jean-Charles Bonenfant

l'extrême gauche au Québec

vendredi 13

brrr...

Textile: 231 firmes fraudaient le fisc

Une capsule contraceptive dont l'effet peut durer 10 ans

le monde

C'est Lafleur que les joueurs des Bruins de Boston menaçaient mais c'est Lafleur qui a tonné, comme l'annonce *La Presse* du 13 mai 1977, au lendemain d'un autre victoire du CH en finale de la Coupe Stanley.

SAISON 1977-1978

LES GANTS TOMBENT

Délégué des tuteurs battu dans une taverne

la presse

25 CENTS

METEO

le monde

Les municipalités auront leur propre champ de taxation

O Doucet, qu'est-ce que tu nous chantes là?

Ottawa lève la taxe de vente dans 11,000 cas

Une loto des secrets du grenier

«On veut Lupien . . . on veut Lupien»

La crise de la salade est bel et bien finie

sommaire

LA PALESTINE

Feu vert à la colonisation

édito

OU L'EXIL CHEZ SOI

Cette photo de Robert Nadon, publiée à la une de *La Presse* du 24 mai 1978 résume l'atmosphère régnant durant le match Canadien-Bruins présenté la veille au Forum.

sports

C

«Ah! si j'avais le talent d'un Lapointe ou d'un Lafleur...»

Bouchard tombe avec dignité

... et vive le sport et l'esprit sportif

En supplémentaire...

Le 21 mai 1978 à Boston, Pierre Bouchard amorce le combat avec Stan Jonathan des Bruins. Sur cette photo, le policier du CH semble avoir le dessus. Mais cela n'allait pas durer. Et à qui sont ces patins que l'on aperçoit à la droite de la tête de Bouchard?

En mai 1977, la série finale Canadien-Boston se termine dans la camaraderie et un esprit sportif qui font beau à voir. Un an plus tard, tout cela est chose du passé.

Au terme des trois premières rondes des séries, Canadien et Bruins se retrouvent de nouveau pour la grande classique printanière. Et cette fois, les Oursons croient en leurs chances.

Les trois premiers matchs se déroulent sans trop de casse. Le CH gagne les deux premières parties à domicile, 4-1 et 3-2 en prolongation. Boston remporte le troisième match, chez-lui, 4-0.

« Les Glorieux... culbutés! » titre *La Presse* dans son édition du vendredi 19 mai. « Ils étaient presque beaux les Bruins, avec leurs gestes saccadés et gauches, leurs passes à l'aveuglette et leurs petits coups salauds, écrit l'envoyé spécial Ronald King.

« C'est avec leurs muscles qu'ils ont gagné et avec un jeu défensif serré qui est l'idéal sur la petite patinoire du Garden. Ils ont rudoyé le Canadien du début à la fin du match, malgré la présence constante de [Pierre] Bouchard et [Gilles] Lupien. »

Bouchard tombe avec dignité

Au quatrième match, les gants tombent pour de bon. D'aucuns se souviennent de la furieuse bagarre entre Pierre Bouchard et Stan Jonathan, des Bruins, au terme de laquelle le policier du Canadien sort vaincu et le visage couvert de sang[1].

Une photo du combat fait la une de *La Presse* du 22 mai. « Bouchard tombe avec dignité », lit-on. « Hier soir, le Tout-Montréal ne parlait que de la défaite de Pierre Bouchard, le doux géant qui n'avait jamais perdu une bataille et qui est tombé hier soir sous les coups du petit Jonathan. Un combat d'une rare violence... mais entre deux gentlemen », indique la légende.

Dans les pages intérieures, le journaliste Ronald King décrit ainsi le duel : « Bouchard et Jonathan se frappent plusieurs fois au visage. Bouchard s'écroule, sans doute inconscient pour quelques secondes. Sous l'empilade, l'une de ses énormes mains paraît. Elle est ouverte et le poignet tordu comme celui d'un épileptique, ses doigts se raidissent et se referment. Il se relève et le sang coule abondamment de son visage et de celui du juge de ligne [John] d'Amico. Le sang est partout, sur la glace, sur les visages, sur les chandails. »

Dans le vestiaire, il constate que « Pierre Bouchard était l'objet des tendres attentions d'un peu tout le monde ». « Il était triste mais ne s'impatientait pas malgré le manque de tact de certains, poursuit King. [...] On aurait eu envie qu'il quitte ce grand cirque et donne son énergie à la coopérative d'agriculteurs dont il est si fier, et à la terre dont il parle interminablement quand on la mentionne. »

Chez les Bruins, Jonathan n'a pas le cœur à ergoter, ajoute King. « Lorsque certains lui ont demandé de raconter la bagarre, Jonathan ne s'est pas gêné, lui, pour leur rappeler qu'il n'y a rien de plaisant là-dedans, avant de leur tourner le dos et de se taire. »

Le match ? Ah oui ! Le Canadien perd 4-3 en prolongation, lorsque « Bobby Schmautz, se servant de Robinson comme écran, a déjoué un Dryden pas très alerte », dit le journal.

« Des frustrés... »

Les bagarres pimentent encore la cinquième rencontre, présentée au Forum le 23 mai et remportée 4-1 par le Canadien. En troisième période, la foule scande « Lupien, Lupien » afin que l'autre homme fort de l'équipe se porte au secours de ses camarades pris à partie par ceux des Bruins. Bouchard, lui, ne joue pas.

Après la rencontre, Réjean Tremblay recueille les commentaires des joueurs du CH, visiblement irrités. Guy Lafleur déclare : « Ils ne sont pas capables de frapper convenablement... rien que des coups traîtres et sournois... c'est une maudite bande de frustrés... des mauvais perdants qui essaient volontairement de blesser... »

Jacques Lemaire lance : « C'est pas du hockey, c'est des tentatives de meurtres. »

Le journaliste cite aussi Mario Tremblay qui « le cœur aussi grand que son lac Saint-Jean natal », s'est battu contre le terrifiant John Wensink. Le joueur numéro 14 déclare : « J'ai pas trop mal paru ? Tenir Wensink, c'est comme sortir une grosse ouananiche du lac, t'en as au bout du bras pis y faut pas lâcher... mais, que pouvais-je faire, dans ce temps-là, t'as pas le choix... »

1 Les amateurs de bagarres peuvent revoir ce combat sur YouTube.

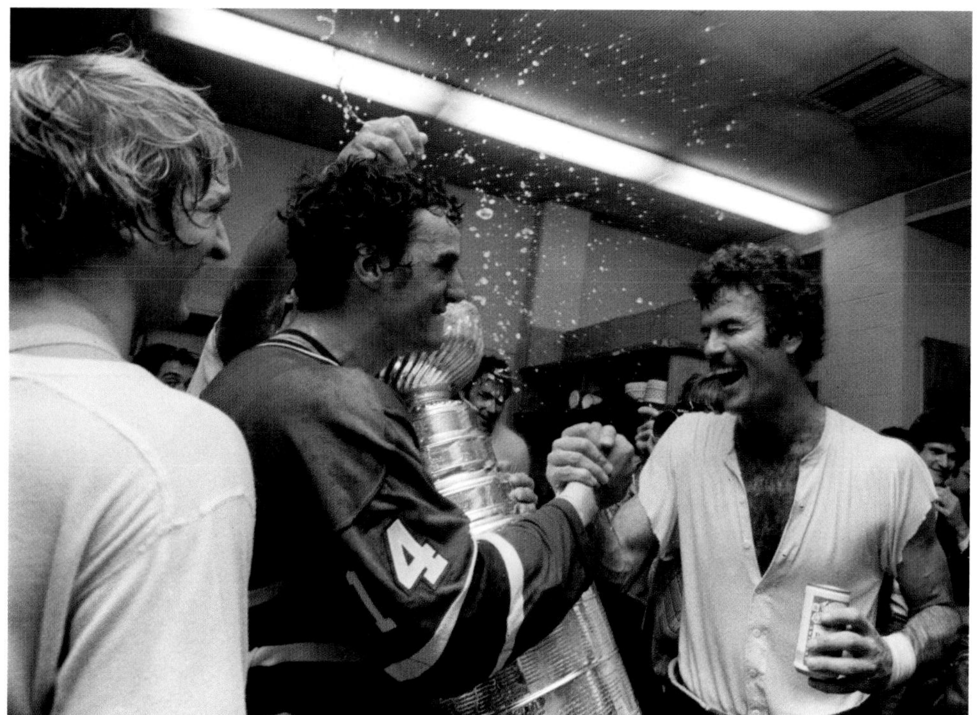

CHAPITRE 52

1977-1978

Mario Tremblay reçoit les félicitations d'Yvon Lambert (à droite) et de Pierre Mondou (à gauche) à la suite de la conquête de la Coupe Stanley, le 25 mai 1978.

« Côté hockey, puisqu'il s'en est joué quelques minutes à travers toutes ces cochonneries, le trio de défenseurs Robinson-Lapointe-Savard a encore une fois démontré qu'il représentait la clé de voûte du Canadien, écrit Tremblay plus loin. [...] Le duo Bob Gainey-Doug Jarvis a été très bon, Gainey s'illustrant à tous les points de vue. Et Ken Dryden, pour une fois, a été à la hauteur de sa grande réputation. »

Les points du Bleuet

Après ses poings au cinquième match[2], Mario Tremblay se distingue grâce à ses... points au sixième. Avec deux filets, il donne la victoire (4-1) et la coupe Stanley à son équipe.

« Lui qui a subi un véritable martyr tout l'hiver en n'étant employé que très sporadiquement, lui qui a le sang chaud de son père Gonzague, lui qui foncerait tête première dans un mur de ciment si cela pouvait aider son club à gagner une partie de hockey, écrit Réjean Tremblay. Et c'est lui le Bleuet qui a marqué le but vainqueur et assommé les Bruins en portant l'avance du Canadien à deux buts en milieu de match ! »

Le journaliste salue aussi le travail de Réjean Houle. « Cet humble maillon, comme il se plaît à se qualifier, a joué un des meilleurs matchs de sa carrière dans cette victoire ; patrouillant le flanc droit sur un trio complété par Jarvis et Gainey, Houle a foncé dans les coins avec une témérité qu'on ne lui reconnaissait pas, patinant avec une fougue et un acharnement qui auraient fait mourir Maurice Filion d'envie[3].

Guy Lafleur, plus effacé que l'année précédente, a cependant un mot savoureux, que rapporte Tremblay. Dans le vestiaire des vainqueurs, Lafleur, constate le scribe, se rasait en faisant très attention. En palpant son visage tuméfié, endolori, le célèbre numéro 10 déclare : « J'ai plus de points dans la face que dans la colonne des compteurs... je suppose que c'est la rançon de la gloire... la gloire, on la paye... »

2 En plus de sa bagarre contre Wensink, Tremblay s'est battu contre Bobby Schmautz.

3 Houle a joué trois saisons, de 1973-1974 à 1975-1976, avec les Nordiques de Québec.

ŒIL AU BEURRE NOIR, CŒUR INTACT

Le 22 mai 1978, au lendemain de sa bataille perdue contre Stan Jonathan, Réjean Tremblay va visiter Bouchard à sa ferme de Verchères. D'aucuns disent alors que cet événement sonne la fin de sa carrière avec le Tricolore[4]. « Bouchard n'a rien de brisé, même pas le cœur », dit le quotidien à la une de son édition du lendemain.

À la première page des Sports, Tremblay raconte : « Dans l'atmosphère lourde à couper au couteau du Forum hier, le coup de poing de Stan Jonathan sur le nez de Pierre Bouchard prenait des proportions gargantuesques.

« Tellement que je m'imaginais le pauvre Pierre, honteux, en train de se cacher le visage quelque part à Montréal.

« Non, Pierre n'a pas honte. Non, il ne se cache pas. Oui, il a le nez enflé et l'œil au beurre noir. Il reste le même bon vieux Pierre, tout doux, terriblement conscient du rôle qu'il joue dans ce cirque un peu spécial où les clowns sont parfois les seuls à garder la tête froide. [...]

« S'il est sorti de son combat avec le faciès pas mal amoché, en-dedans, dans le cœur et dans la tête, il n'y a rien de brisé. »

Tremblay cite Bouchard : « Je vais jouer ce soir si on me le demande... et je ne courrai pas après Jonathan pour assouvir une faim de vengeance... mais si, pour aider l'équipe ou à cause des circonstances, je me retrouve face à lui, on recommencera... c'est simple. »

4 La saison suivante, Bouchard n'est pas protégé et est réclamé par les Capitals de Washington qui l'échangent illico aux... Canadiens. La transaction est refusée par la LNH. Avant d'être échangé, Bouchard doit être soumis au ballottage. Après presqu'une saison à la retraite, il joint les Capitals et joue deux saisons complètes. Il termine sa carrière par une saison avec les Bears de Hershey dans la Ligue américaine de hockey.

LAROUCHE
28
23
LEMAIRE
25
BERT
11

1924

1924-2008

AFFRONTER LES BIG BAD BRUINS

Le 30 novembre 1925, le caricaturiste de *La Presse* illustre ainsi la première confrontation de l'année entre le Canadien et les Bruins.

On aime bien les détester. Et les vaincre! Question d'histoire, sans doute. Après 85 ans de duels, les Bruins de Boston sont les rivaux naturels du Canadien. Un constat qui perdure aujourd'hui, même si l'intensité n'est plus ce qu'elle était... Afin de témoigner de la rivalité Montréal-Boston, revoyons quelques événements rapportés dans *La Presse*.

Le premier match

Les Bruins de Boston font leur entrée dans la LNH à l'automne 1924. Ils disputent leur tout premier match contre les Maroons de Montréal[1] qu'ils battent 2-1. Une semaine plus tard, le 8 décembre, Bruins et Canadien s'affrontent pour la première fois de leur histoire, à Boston. Comme pour donner le ton à cette rivalité naissante, la rencontre est âprement disputée. Trois buts d'Aurèle Joliat permettent à Montréal de l'emporter 4-3.

Dans son compte rendu, *La Presse* raconte que le Canadien, champion en titre de la Coupe Stanley[2], a rencontré une forte résistance de la nouvelle formation dirigée par Art Ross.

« La lutte n'a pas été inégale, loin de là, lit-on. La première période s'est terminée avec un score de 2 à 2. À la fin de la deuxième, Boston était en avant, le score étant de 3 à 2. À ce moment, le club local paraissait le vainqueur probable. Son jeu rude était effectif bien que la joute d'hier soir ait été la moins brutale jouée jusqu'ici par le club Boston. »

Joliat compte deux de ses trois buts en troisième période pour sauver le Canadien. L'autre marqueur du Tricolore est Howie Morenz.

Selon le représentant de *La Presse*, quelque 5000 personnes ont assisté à ce match et sont retournées enchantées à la maison.

Première rencontre au Garden

Le 20 novembre 1928, Canadien et Bruins s'affrontent pour la première fois au mythique Garden de Boston[3]. Les Bostonnais font cette ouverture avec classe si on se rapporte à l'article du 21 novembre publié dans *La Presse*. « Avant la partie, la fanfare de Weymouth donna plusieurs sélections, dit-on. En l'honneur des Canadiens, le drapeau anglais[4] flottait à l'est du Garden et le drapeau américain flottait à l'ouest. »

Avec deux secondes à faire en fin de deuxième période, Georges Mantha compte le seul but de la rencontre. Score final : 1-0 Montréal.

Meilleur scénario

La rivalité est intense au cours de la saison 1932-1933, si on se réfère à un article publié le 18 mars 1933. Ce soir-là, Canadien et Bruins se rencontrent au Forum. Cette partie marque la fin de la saison locale du Canadien. Dans le quotidien de la rue Saint-Jacques, on se réjouit :

« Pour clore sa saison à Montréal, le Bleu Blanc Rouge ne pouvait mieux offrir à ses amis et partisans qu'une partie contre ses irréductibles rivaux de Boston, écrit-on. S'il existe une grande rivalité entre certains clubs du circuit majeur, c'est bien celle qui semble grandir entre les Bruins et les Canadiens [...]. Depuis longtemps, les deux clubs qui se font la lutte ce soir ont accoutumé leurs partisans à des parties fertiles en manœuvres houleuses et en incidents de toutes sortes. »

Finalement, après trois périodes et dix minutes de temps supplémentaire, les deux équipes font match nul, 0-0.

Carrière sur le dos des Bruins

Le 1er mai 1979, alors que le Canadien mène 2-0 en demi-finale, dans une autre lutte épique contre les Big Bad Bruins[5], le journaliste Bernard Brisset consacre un long papier au gardien Ken Dryden. Selon l'auteur, le célèbre numéro 29 du CH adore les Bruins. Il se sent bien lorsqu'il joue au Garden, « ce vieux poulailler de Causeway Street ».

Brisset écrit : « S'il y a un homme qui a fait mal aux Bruins, qui les a bafoués, piétinés, et finalement repoussés du revers de la main comme de vieux déchets, c'est bien Dryden. Il s'est fait une carrière (et quelle carrière!) sur le dos de cette équipe. »

1 Les Maroons constitue aussi une nouvelle équipe.

2 Voir le chapitre 10.

3 Le dernier événement présenté au Garden est un match préparatoire, contre le Canadien, le 28 septembre 1995.

4 En 1928, la filiation avec la Grande-Bretagne est très présente. Le drapeau du Canada est le Red Ensign.

5 Voir le chapitre 53.

Raymond Bourque met en échec Brian Skrudland du Canadien.

Les placiers sur le qui-vive

Le jeudi 14 février 1991, le journaliste Michel Marois expose ce à quoi il faut s'attendre lorsque les Oursons, et leurs partisans, sont en visite au Forum:

« Chaque fois que les Bruins de Boston s'amènent à Montréal, les placiers du Forum se préparent pour une soirée difficile, écrit-il. Les partisans des Bruins, voyez-vous, voyagent souvent avec leur équipe et ils sont un peu remuants.

« Au Forum, il y a quelques années, ils étaient tous assis dans la même section des "bleus", tout en haut des gradins, et ils se livraient à une entreprise d'intimidation qui se terminait souvent par des bagarres. Les dirigeants du Forum ont résolu une partie du problème en partageant les visiteurs dans plusieurs sections des gradins. »

Rivalité et respect

Rivalité signifie aussi une rage de vaincre. L'entraîneur des Bruins, Brian Sutter, en fait part dans un article de Ronald King publié le 20 avril 1994 alors que Montréal et Boston s'affrontent en première ronde des séries[6]. Il déclare: « Mon premier match derrière le banc des Bruins, c'était une rencontre hors-concours contre le Canadien. J'ai compris tout de suite qu'il y avait quelque chose de spécial. Hors-concours ou pas, mes joueurs voulaient absolument gagner cette partie. J'ai connu d'autres rivalités mais ce qui me plaît de celle-ci, c'est le respect qui existe entre les deux organisations. Il n'y a pas de bassesses entre les dirigeants ni entre les joueurs. Il n'y a que du travail dur et intense. Ça nous rend tous meilleurs dans notre métier. »

6 Boston gagne la série en sept matchs.

Salut Lafleur!
Lucie Laroche frôle la victoire
Sports
À la santé de TQS!
Au coeur de la tanière...
Ça joue du coude dans les toilettes

Le journaliste Michel Marois portant le chandail de Todd Ewen, le 14 mars 1991 au Garden, et assis avec des partisans du CH, le 27 mars 2004 au FleetCenter.

AU CŒUR DE LA TANNIÈRE

Le 14 mars 1991, le journaliste Michel Marois tente une expérience afin d'évaluer le degré de hargne des partisans des Bruins à l'endroit du Canadien. Il enfile le chandail de Todd Ewen, le dur à cuire du CH, et se promène dans le vieux Garden. Treize ans plus tard, en mars 2004, il refait l'expérience dans les gradins du Fleet Center. Voici un résumé de ses constats.

« En première période, ils vous regardent avec un petit sourire en coin; en deuxième, ils vous crient des insultes; en troisième, ils veulent vous tuer! » lance le journaliste en amorce de son texte du 16 mars 1991. Et c'est dans les gradins les plus élevés que la haine est la plus manifeste.

En troisième période, après que le Canadien Shayne Corson eut remporté un combat contre Bob Sweeney, Marois a fort à faire avec un partisan éméché qui veut venger Sweeney à ses dépens. « S'avançant en titubant, mon interlocuteur menaçait de me projeter en bas du balcon du Garden. Une menace de mort, en somme, dont je comprenais heureusement à la démarche incertaine du type qu'elle n'est pas très sérieuse. »

Plus tard, alors que l'agressivité monte d'un cran, un policier lui lance: "Enlève ton chandail ou sors!"

L'auteur raconte avoir reçu quelques coups de coudes et des jabs dans les toilettes « Les auteurs se défendaient toujours de l'avoir fait exprès, avec un petit sourire baveux aux lèvres », dit-il. Un seul fan lui assène un réel coup de poing... alors qu'il a le dos tourné.

En mars 2004, la rivalité n'est plus la même. Mais l'agressivité des partisans est intacte.

« Avant le match, dans les corridors du FleetCenter, plusieurs m'ont promis une fort mauvaise soirée, rapporte Marois. Certains, déjà en état d'ébriété, menaçaient de régler mon cas avant que les Bruins règlent celui du Canadien. Et, pendant tout le match, à mesure que l'issue approchait, les insultes et les menaces devenaient de plus en plus insistantes. »

Sa conclusion: « Les grandes rivalités chevauchent les générations. Le souvenir des grandes équipes efface celui des formations moins remarquables. Dans 10 ans, dans 20 ans, on parlera encore de la rivalité Canadien-Bruins. Et pour peu que d'autres Bruins et d'autres Canadiens aient inscrit leur nom dans l'histoire du hockey, les partisans des deux équipes auront de bonnes raisons de se... tirer la pipe! »

CHAPITRE 54

1978

SAISON 1978-1979

LA DYNASTIE S'ESSOUFFLE

sports B

Beau retour du Canadien dans un match époustouflant

Boston éliminé en prolongation

Sommaire

Rien n'est encore certain

Cashman n'aura pas à se chercher d'excuses

Yvon Lambert exulte à la suite de son but propulsant le Canadien en série finale de la Coupe Stanley, le 10 mai 1979. Au cours de la rencontre, le gardien Gilles Gilbert, des Bruins, a fait face à 52 lancers.

« Une saison pas comme les autres parce que rien ne fut facile pour les Glorieux cette année. »

Non, rien ne fut vraiment facile pour le CH au cours de la saison 1978-1979, comme l'écrit Réjean Tremblay à la une de *La Presse* du mardi 22 mai 1979. La veille, le Tricolore remportait la 22e Coupe Stanley de son histoire. Certes, tous se réjouissent. Mais les signes que la dynastie du CH s'essouffle s'accumulent.

L'équipe est toujours dominante avec 52 victoires et 115 points en 80 matchs. Mais le CH n'est plus seul. Les Islanders de New York remportent 51 victoires et un total de 116 points! Seul Guy Lafleur termine dans les dix meilleurs pointeurs de la ligue, alors que les Islanders en comptent quatre: Bryan Trottier, Michael Bossy, Denis Potvin et Clark Gillies.

Mais revenons à Réjean Tremblay qui résume les nuages observés dans le ciel du Tricolore:

« Celui qu'on estimait être l'âme de l'équipe, Sam Pollock, a annoncé sa retraite avant le début du camp d'entraînement puis les "affaires" ont éclaté... d'abord la nomination d'Irving Grundman au poste de directeur administratif, les menaces de démission de Scotty Bowman, la retraite de Pierre Bouchard, la grève de quelques heures de Guy Lafleur, l'indifférence de Scotty Bowman pendant plusieurs mois, les blessures qui se sont additionnées dans la troupe, cette série semi-finale contre Boston où le Canadien a été poussé jusque dans ses derniers retranchements et enfin cette défaite lors du premier match contre les Rangers qui a incité plusieurs observateurs à dire que le Canadien "n'était plus affamé" [1]. »

La chance ratée de Michel Larocque

Au terme de la demi-finale contre Boston, Réjean Tremblay montre du doigt le travail du gardien Ken Dryden. « Répétez après moi: Dryden a été pourri » est le titre d'un long article publié le 12 mai. « Vous et mois savons que Ken Dryden a été médiocre jeudi soir contre les Bruins [2]. »

Les lacunes du gardien se répètent au premier match de la finale contre les Rangers, le 13 mai, au Forum. Le CH est déclassé 4-1. Dryden est chassé après deux périodes. Il donne 4 buts sur 13 lancers! Cette fois cependant, tout n'est pas de sa faute, croit Tremblay. « Non pas que Dryden ait été mauvais hier après-midi; tout au plus peut-on souligner qu'il n'a pas réussi de "grands" exploits... mais les quatre buts des Rangers sont le résultat d'erreurs d'ailiers ou de défenseurs tricolores et non de Dryden », écrit-il.

Il donne le crédit aux Rangers: « Un style régulier, presque monotone de régularité en fait; des défenseurs, très jeunes et étonnamment confiants qui sortent bien la rondelle de leur territoire [...], des ailiers qui gardent leur position en défensive et qui se déploient bien en attaque même si leurs charges au but sont classiques. »

Au deuxième match, Scotty Bowman désigne Michel Larocque pour défendre la cage. Or, durant le réchauffement d'avant-match, Larocque reçoit un tir à la figure de Doug Risebrough. Assommé, étourdi, en larmes, il doit se rendre à l'hôpital. Dryden prend sa place, accorde un mauvais but sur le premier lancer des Rangers, puis un second. Et soudain, le CH explose avec six buts sans réplique.

« Pauvre Michel Larocque! Il s'était préparé comme jamais pour le match de sa vie », constate Réjean Tremblay.

« Il gagnait le match d'hier à la place de Ken Dryden et la gloire de peut-être remporter la Coupe Stanley comme gardien régulier était à sa portée.

« Tout était possible. Il avait la confiance de son entraîneur, des amateurs et des journalistes. [...] « Et la guigne s'en est mêlée... »

Tremblay dit que Dryden a « lamentablement flanché » sur le premier but des Rangers pour ensuite « retrouver ses moyens et terminer le match très fort ». À l'avant, les hommes de Bowman ont joué un grand match, ajoute-t-il. « Une fois qu'ils

1 Dans les semaines suivant la conquête, de nouvelles tuiles tombent sur l'organisation avec les départs de Scotty Bowman, Jacques Lemaire, Yvan Cournoyer et Ken Dryden.

2 Le dernier match de la demi-finale est remporté 4-3 par le CH (voir encadré). En faisant le compte rendu de ce match, Bernard Brisset affirme que Dryden n'était pas dans son assiette.

Bob Gainey soulève l'admiration de la foule et de ses coéquipiers tout au long des séries. Ce qui lui vaut le trophée Conn-Smythe. Cette photo de René Picard fut prise le 21 mai 1979 au Forum alors que le CH vient de remporter sa 22e coupe Stanley.

eurent repris le contrôle du match après les buts de Lafleur et Gainey[3] en première période, les Glorieux furent éblouissants : sorties de zones parfaites, attaques bien développées à trois contre deux ou trois contre un, tirs précis qui ont même fait mal paraître le grand Davidson[4] sur deux buts... »

Remis, Larocque accompagne l'équipe à New York mais reprend son rôle de substitut. Il ne cache pas sa déception. Réjean Tremblay le cite : « C'est un des plus gros désappointements de ma vie, un des bons certainement... Je m'étais tellement bien préparé, j'avais attendu si longtemps cette chance... C'est une malchance incroyable. »

À sens unique

Après cette victoire du CH, la série devient à sens unique. Deux victoires de 4-1 et 4-3 en prolongation à New York et la coupe grâce à une dernière victoire de 4-1, au Forum, le 21 mai.

À l'issue du troisième match, Tremblay évoque le « brillant retour en forme de Ken Dryden ». « Et le Canadien, quand il peut jouer avec confiance parce qu'il sent que son gardien veille au grain, devient une gageure à sens unique pour filer jusqu'à la parade sur Sainte-Catherine. »

Au quatrième match, les Rangers prennent les devants trois fois. Et le Canadien revient de l'arrière chaque fois. L'affaire se règle avec un but de Serge Savard en surtemps.

Le cinquième et dernier match est totalement l'affaire du Canadien. « Hier, les Glorieux ont dominé le jeu tout au long du match, évitant l'erreur, tant de fois commise de se replier en défensive dès qu'ils détenaient une légère avance », écrit Réjean Tremblay.

Pour terminer, Réjean Tremblay revient sur la dure saison de l'équipe. « Toujours à travers les conversations, les entrevues, reviennent les mots... cran... courage... désir de vaincre... caractère ; toujours quelqu'un, à travers les cris et les douches de champagne se charge de rappeler que la saison a été longue, difficile, pénible. »

3 Yvon Lambert compte le premier but du CH qui termine la première période avec un score de 3-2 à son avantage.

4 John Davidson, gardien des Rangers.

UNE FIN DRAMATIQUE EN DEMI-FINALE

Le Canadien a failli ne jamais se rendre en finale de la coupe Stanley au printemps 1979. Une punition de banc infligée aux Bruins de Boston, avec moins de trois minutes à faire dans le septième match, sauve leur peau.

Les Bruins mènent 3-1 au début de la troisième période. Le CH réussit deux buts coup sur coup. Quelques minutes après avoir marqué le but égalisateur, Guy Lapointe est sérieusement blessé au genou. À la reprise du jeu, Rick Middleton marque pour les Bruins. C'est 4-3 Boston.

Laissons Réjean Tremblay narrer la suite.

« Puis, l'impossible survient. Alors qu'il reste seulement deux minutes et demie à jouer, les Bruins pèchent par anxiété, par nervosité, par trop grand désir de bien faire. Ils sont six joueurs sur la patinoire. » Même Don Cherry le reconnaît, rapporte le journaliste.

Guy Lafleur marque le but égalisateur avec 1 minute et 14 secondes à faire en troisième période. En surtemps, Yvon Lambert donne la victoire au CH sur des passes de Tremblay et Houle.

Selon Réjean Tremblay, Lambert déclare : « C'est sans contredit le plus gros but de ma carrière. [...] Quand j'ai vu Mario filer à droite, je savais qu'il me passerait la rondelle devant. Ça fait cinq ans qu'on joue ensemble. L'an passé, il aurait lancé la rondelle dans le fond de la zone offensive. Cette année, il joue mieux, et ça a fait la différence sur ce jeu. »

UNE COUPE ET DES ÉLECTIONS FÉDÉRALES

Le Canadien remporte la Coupe Stanley le 21 mai alors que des élections fédérales ont lieu le 22. Quelques jours plus tôt, après la deuxième victoire du CH, Réjean Tremblay avait évoqué cette possibilité. Ce qui compliquait les choses car à l'époque, la parade montréalaise avait lieu dès le lendemain de la conquête. « Qui aurait le goût de s'occuper d'élections avec une coupe Stanley qui se baladerait à Montréal ? demandait-il. Irving Grundman a presque blanchi quant on lui a passé la remarque. » Finalement, le défilé a lieu le mercredi 23 mai, au lendemain de l'élection du gouvernement minoritaire de Joe Clark.

CHAPITRE 55

1978

4 AOÛT 1978

LE CANADIEN DE MOLSON DU QUÉBEC

La caricature de Girerd du 4 août 1978.

Molson remet le grappin sur le Canadien

Pour $20 millions

MOLSON

Le samedi 5 août, c'est avec un texte relativement court qu'est annoncée la vente du Canadien à Molson. Sur la photo, le président de Molson Morgan McCammon.

Le vendredi 4 août 1978 est un jour sombre dans l'histoire du Québec. Ce soir-là, un autobus transportant un groupe de personnes handicapées, revenant du théâtre de la Marjolaine à Eastman, plonge dans le lac d'Argent. Il y a 43 morts.

C'est ce même jour que le Canadien est vendu à la brasserie Molson, au terme d'une courte saga médiatique dont les proportions semblent bien modestes quand on les compare à aujourd'hui. L'affaire débute le 31 juillet lorsque le quotidien Toronto Sun fait part d'une rumeur de transaction. La nouvelle est reprise dans les heures qui suivent dans les médias québécois. « Labatt veut le Canadien », titre *La Presse* à la une de son édition du 2 août.

Le Canadien est alors la propriété de Carena Bancorp, firme de Edward et Peter Bronfman. Les deux hommes sont cousins de la famille montréalaise à la tête de Seagram. Annoncée par le *Sun*, la rumeur avance que le Tricolore pourrait être vendu à la brasserie ontarienne Labatt pour 23 millions de dollars.

Dans la page des sports, deux articles confirment la tenue de discussions. « Le président de la Brasserie Labatt ltée, la principale filiale du groupe Labatt, M. D.J. McDougall, a déclaré à *La Presse* que Labatt et Carena Bancorp Inc. sont en pourparlers depuis deux mois pour l'achat du Club de hockey Canadien », écrit-on.

Plus loin, le journaliste Michel Roesler cite le vice-président du club, Jean Béliveau, selon qui aucune proposition ferme n'a cependant encore été faite. Mais l'ancien numéro 4 fait aussi la déclaration suivante, rapportée par le journaliste François Béliveau : « Si on t'offrait trois fois le prix pour ta maison, il est probable que tu te rendrais aussitôt chez le notaire... » L'auteur en conclut que les propriétaires sont attentifs aux offres qui leur sont faites.

Des aspects nationalistes

Au Québec, l'histoire fait jaser. Dans *La Presse*, Girerd en fait l'objet de sa caricature du 4 août.

C'est finalement ce même jour que le Canadien est vendu à... Molson. En décembre 1971, cette brasserie avait vendu l'équipe aux frères Bronfman pour 15 millions de dollars. Elle rachète le club pour 20 millions. Mais le Forum demeure la propriété de Carena Bancorp[1].

Le 5 août 1978, la nouvelle de la vente est publiée dans la page principale du cahier des sports de *La Presse*. Le texte est court et issu d'agences de presse. On y lit les propos de Morgan McCammon, président de Molson. « Nous croyons que l'acquisition du Canadien par les Brasseries Molson représente un placement dans une des meilleures concessions de sport au Canada, dit ce dernier. De plus, grâce à cette acquisition, la télévision de la soirée du hockey d'un océan à l'autre ne sera pas compromise. »

Et pour cause ! Molson est le principal commanditaire de l'émission. *La Presse* consacre un long éditorial à toute cette histoire. Intitulé « Le Canadien de Molson du Québec », le texte est signé par Jean-Guy Dubuc. Celui-ci insiste sur les « aspects nationalistes » de la querelle Molson-Labatt et de son impact chez les partisans.

« Pourquoi tant d'émoi et tant de discussions ? demande-t-il. Parce que le Canadien fait partie de la vie des Québécois, comme on a pu le voir, le printemps dernier, quand il a remporté, encore une fois, la Coupe Stanley. Parce qu'il aurait été gênant, pour certains insultant et pour d'autres scandaleux, que ce bien québécois soit administré en Ontario. Parce que le Canadien sert d'identification et de gloire à bien des Québécois. »

Molson, dit-il, a depuis longtemps compris cette identification. Mais attention, ajoute Dubuc, en achetant le Canadien, la brasserie devra s'assurer que le club ne devienne pas médiocre. Ses vedettes devront continuer à gagner. « Il [le public] pourrait bien se révolter, un jour, de payer dix dollars pour un match sans intérêt », avertit l'auteur.

En conclusion, il écrit : « La brasserie Molson prend une nouvelle responsabilité sociale : celle d'apporter aux Québécois un symbole sportif qui les respecte totalement. Ce sera donner une nouvelle carte de noblesse au sport. Et une autre plume aux Glorieux. »

1 L'article dit que Molson achète le Canadien, les Voyageurs de la Nouvelle-Écosse de la Ligue américaine, les filiales du hockey junior et qu'elle obtient un bail pour gérer le Forum, tant pour les activités de hockey que de spectacles. La bâtisse demeure cependant la propriété des Seagram.

1979

13 OCTOBRE 1979

LES NOUVEAUX FRÈRES ENNEMIS

Économie, politique, culture, société... la rivalité Québec-Montréal existe depuis toujours et se manifeste de mille et une façons. Le sport ne fait pas exception. Ainsi, lorsqu'ils vont à Québec couvrir des matchs des Nordiques, alors dans l'AMH, les journalistes montréalais entendent les partisans de l'équipe de la Vieille Capitale leur lancer: «Envoyez-nous les Canadiens!» D'une fois à l'autre, ceux-ci sont gonflés à bloc à l'idée d'en découdre avec le vieux rival montréalais.

Le samedi 13 octobre 1979, après des années d'attente, l'heure de la grande confrontation a sonné. Dans les mois précédents, l'Association mondiale de hockey est dissoute. Quatre équipes — Whalers de la Nouvelle-Angleterre, Jets de Winnipeg, Oilers d'Edmonton et Nordiques de Québec — joignent les rangs de la LNH. Près de soixante ans après les Bulldogs, une équipe de Québec est de retour dans la grande ligue[1].

Le samedi 13 octobre 1979, jour du premier affrontement, le journal annonce à la une: «La vieille rivalité Québec-Montréal – Ça se règle ce soir». On lit:

«Ce ne sera pas un match comme les autres ce soir au Forum. Cette première confrontation entre les Nordiques de Québec et le Canadien de Montréal déborde largement de son cadre sportif. La querelle qui oppose les deux villes depuis toujours va enfin s'exprimer concrètement, "sur le terrain". Et paradoxalement, il se pourrait bien que cet affrontement marque la fin de cette vieille chicane, du moins son évolution vers une rivalité plus saine[2].»

Profitant de ce match historique, le plus grand quotidien français d'Amérique annonce qu'au cours de la saison, un de ses journalistes (Michel Blanchard), couvrira les activités des Nordiques, un second (Bernard Brisset) celles du Canadien, alors que les chroniqueurs Réjean Tremblay et Yves Létourneau apporteront leurs commentaires sur le travail des deux clubs.

Dans la même édition, on publie toute une page signée Blanchard sur les Nordiques et une seconde griffée Brisset au sujet du Canadien. Tremblay et Létourneau ajoutent leurs mots.

Dans son texte principal, Blanchard se réjouit de sa nouvelle assignation qui, contrairement à ce que glissent de méchantes langues, n'est pas une «démotion». «Avec les Nordiques, il y a de la place pour du journalisme de rue, du journalisme populaire, écrit-il. Dans la défaite, pas de vedettes, pas d'élitisme bébête et contraignant. [...] Il faudra voir la tête des gars après leur premier triomphe dans la Ligue nationale, lorsque l'équipe aura aligné deux victoires consécutives. Ce sera l'euphorie.»

Il présente les joueurs de l'équipe de la Vieille Capitale. Tel Alain Côté qu'il compare à Bob Gainey. Ou Réal Cloutier, compteur étoile de l'AMH. «Actuellement, on ne peut le comparer à Lafleur mais on peut cependant dire de lui qu'il est un véritable Maurice Richard de la ligne bleue au gardien adverse, ou si vous voulez, un Michel Bossy en beaucoup plus spectaculaire.»

Blanchard s'entretient avec Marc Tardif, ancien joueur du CH parti pour l'AMH, d'abord avec les Sharks de Los Angeles, puis avec les Nordiques. «Ce sera nouveau bien sûr, un peu troublant, surtout lorsque je me dirigerai vers le vestiaire du club visiteur, confie Tardif. Je connais les gens de Montréal et je sais que l'ambiance que l'on retrouvera au Forum, ce soir, sera quelque chose à ressentir.»

Glorieux fébriles

Chez les porte-couleurs francophones du Canadien (Lafleur, Tremblay, Houle, Larocque, Héron, Gingras, Lapointe, Mondou, Lambert, Savard, Geoffrion, Lupien, Dupont, Larouche), la fébrilité est aussi palpable, rapporte de son côté Bernard Brisset.

«C'était drôle de voir les joueurs du Canadien parler des Nordiques de Québec, hier midi, dans leur vestiaire, rapporte-t-il. Ils étaient comme des écoliers à la veille des vacances.

«Ou comme des enfants quelques heures avant Noël alors qu'ils se taquinent, qu'ils se tiraillent au grand dam de la mère, en attendant l'arrivée de la grande-visite.»

S'il y en a un dans le groupe qui se fait taquiner, c'est bien Réjean Houle, ex-transfuge du Canadien

1 Les Bulldogs de Québec ont déménagé à Hamilton au terme de la saison 1919-1920.

2 À chacun son interprétation sur la suite des choses...

Canadiens-Nordiques

LES NOUVEAUX FRÈRES ENNEMIS

«Les nouveaux frères ennemis». Difficile de trouver meilleur titre pour évoquer la rivalité Canadien-Nordiques.

Bernard Brisset · Michel Blanchard · Yves Létourneau · Réjean Tremblay

L'édition de *La Presse* du samedi 13 octobre 1979. L'enjeu de ce match historique est jugé si important que l'histoire est jouée tout en haut de la une.
Profitant de ce match historique, le plus grand quotidien français d'Amérique annonce qu'au cours de la saison, un de ses journalistes (Michel Blanchard) couvrira les activités des Nordiques, un second (Bernard Brisset) celles du Canadien, alors que les chroniqueurs Réjean Tremblay et Yves Létourneau apporteront leurs commentaires sur le travail des deux clubs.

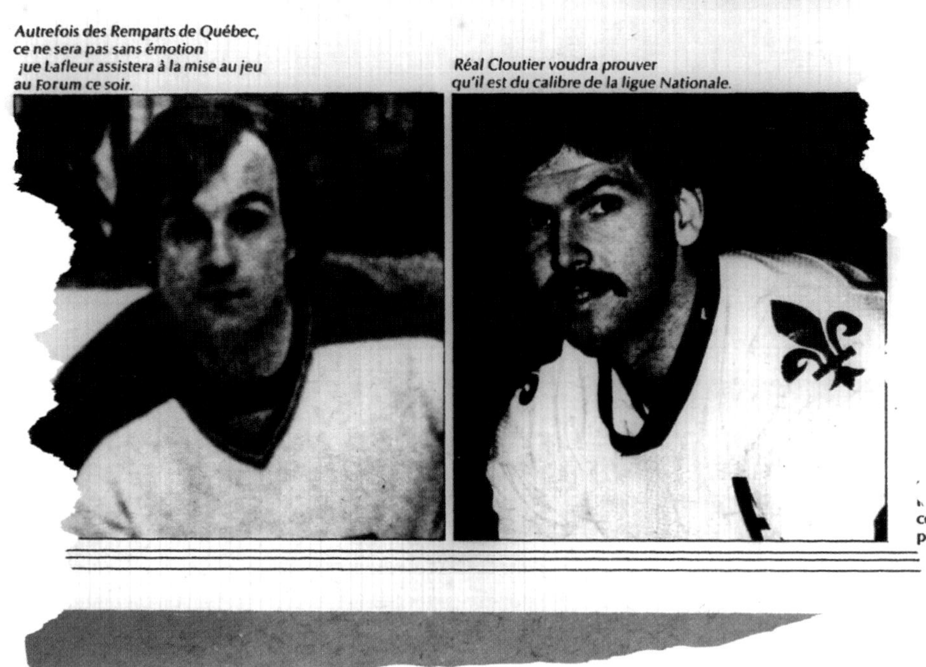

LES NOUVEAUX FRÈRES ENNEMIS

Autrefois des Remparts de Québec, ce ne sera pas sans émotion que Lafleur assistera à la mise au jeu au Forum ce soir.

Réal Cloutier voudra prouver qu'il est du calibre de la ligue Nationale.

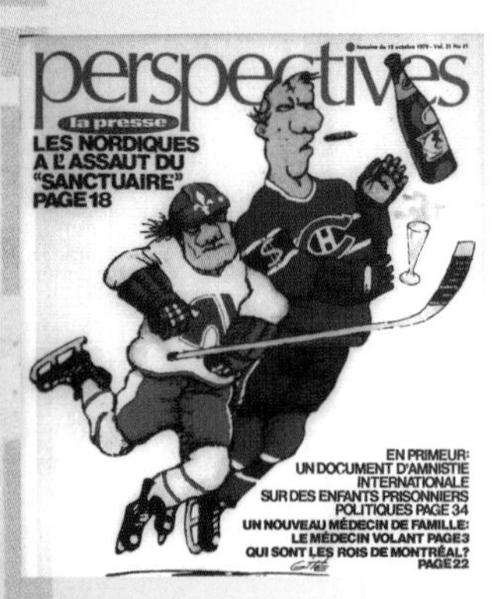

La couverture du magazine *Perspectives*, édition du 13 octobre 1979, est consacrée à la rivalité naissante entre Canadien et Nordiques.

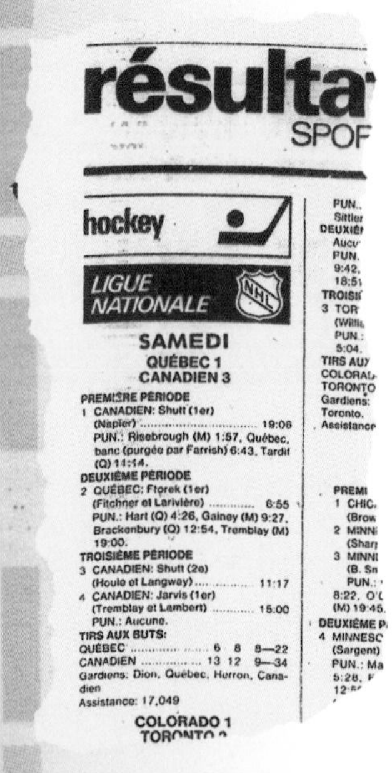

résulta[ts]
SPO[RTS]

hockey

LIGUE NATIONALE

SAMEDI
QUÉBEC 1
CANADIEN 3

PREMIÈRE PÉRIODE
1 CANADIEN: Shutt (1er) (Napier) 19:06
PUN.: Risebrough (M) 1:57, Québec, banc (purgée par Farrish) 6:43, Tardif (Q) 11:14.
DEUXIÈME PÉRIODE
2 QUÉBEC: Ftorek (1er) (Fitchner et Larivière) 6:55
PUN.: Hart (Q) 4:26, Gainey (M) 9:27, Brackenbury (Q) 12:54, Tremblay (M) 19:00.
TROISIÈME PÉRIODE
3 CANADIEN: Shutt (2e) (Houle et Langway) 11:17
4 CANADIEN: Jarvis (1er) (Tremblay et Lambert) 15:00
PUN.: Aucune.
TIRS AUX BUTS:
QUÉBEC .... 6 8 8—22
CANADIEN .... 13 12 9—34
Gardiens: Dion, Québec, Herron, Canadien
Assistance: 17,049

COLORADO 1
TORONTO 2

Le premier résumé d'un match Canadien-Nordiques, dans *La Presse* du 15 octobre 1979.

vers les Nordiques et revenu au sein du giron tricolore au début de la saison 1976-1977. « Houle était l'objet de moqueries de ses coéquipiers au sujet de sa longue et belle amitié avec Marc Tardif », écrit le scribe.

Brisset rapporte des propos de Serge Savard, happé malgré lui par l'enjeu de cette rencontre : « Le nouveau capitaine souligne qu'il a décelé depuis longtemps un intérêt monstre pour ce match. Depuis le mois d'août, précise-t-il, il a dû recevoir un millier d'appels pour des billets. »

Si tout le monde semble s'entendre sur le fait que le calibre de jeu était inférieur dans l'AMH et que les Nordiques ne peuvent fonder trop d'espoirs sur l'issue de ce premier match, le journaliste ne croit pas que ce sera un massacre à l'avantage du Canadien. D'abord, parce que le CH « ne prend jamais plaisir à dépecer ses adversaires ». Ensuite, parce que les Nordiques arrivent à Montréal gonflés à bloc. Et finalement parce que les Glorieux, avec les départs de Bowman, Dryden, Lemaire et Cournoyer, ne forment plus la même équipe.

« Je ne crois pas qu'il [le Tricolore] puisse réaliser cette saison ses exploits des quatre dernières années. Il est moins fort et la plupart des autres équipes se sont renforcées », dit Brisset.

Cette analyse fera mouche dans les mois suivants...

Nous autres dans deux villes

Dans *Perspectives*, le supplément du samedi de l'époque[3], Réjean Tremblay signe un texte très justement intitulé « Les nouveaux frères ennemis ». « Ce ne peut être un match comme les autres, trop de joueurs ayant vécu intimement dans les deux organisations ! Et puis, Québec et Montréal, c'est nous autres dans les deux villes », annonce-t-il.

Tremblay revient sur l'affrontement Houle-Tardif sur la glace du Forum. Il cite Houle selon qui chacun des deux amis trouvera le moyen de faire son travail proprement : « On va faire notre boulot tous les deux, mais il est bien évident que lorsqu'on va se retrouver dans le même coin de la patinoire, on va se contenter de se mettre en échec sans porter de coups bas. Après tout, nous sommes des professionnels. »

Guy Lafleur, qui n'a pas oublié son extraordinaire carrière chez les juniors, à Québec, lui déclare : « Je serai certainement très nerveux avant que l'arbitre ne mette la rondelle au jeu lors de ma première visite au Colisée[4]. »

Tremblay évoque aussi le travail de Marcel Aubut, président et propriétaire des Nordiques, à qui il voue une admiration certaine.

« Il y a Marcel Aubut, le Kid de la Grande-Allée, jeune avocat de 31 ans, ambitieux, confiant, casse-cou, d'une énergie inépuisable qui, plus que tout autre, a réussi à convaincre O'Keefe et les grands bonzes de la Ligue nationale que Québec, cette petite ville de fonctionnaires, était capable de faire vivre un club majeur de hockey. »

3 Comparable à la section Plus publiée de nos jours dans *La Presse* du samedi et du dimanche.

4 Canadien et Nordiques s'affrontent au Colisée de Québec le 28 octobre 1979. Voir encadré.

1979

Le gardien des Nordiques, Michel Dion, entouré des maires de Montréal et de Québec Jean Drapeau et Jean Pelletier.

sports B

Les Nordiques réussissent l'impossible

Demers a déjoué Geoffrion !

Autres textes en page B 3

C'est vrai!!

Pure Laine Vierge

Le choix naturel ...Jamais regretté.

Le chapeau $30

Le foulard $15

À la une du cahier des sports du lundi 29 octobre 1979. Le miracle est survenu !

Montréal à l'arraché

Comme Bernard Brisset l'avait annoncé la veille, le match entre les deux équipes est très serré. Après deux périodes, Canadien et Nordiques sont à égalité, 1-1. Au milieu du troisième engagement, Réal Cloutier rate un but de justesse. Le Canadien marque deux buts et se sauve avec une victoire de 3-1.

« Non, le massacre n'a pas eu lieu, écrit Bernard Brisset dans son compte rendu du lundi 15 octobre. Même que les Nordiques ont offert aux champions de la Coupe Stanley une résistance héroïque pendant deux périodes et demie. Ils leur ont foutu la trouille sur la glace même du sacro-saint Forum devant une foule partagée entre un amour indéfectible au Canadien et un bonheur sans borne de voir enfin devant elle une équipe "locale" du village d'à côté. »

Plusieurs vedettes du Canadien, dont Guy Lafleur, Pierre Mondou et Mario Tremblay, se sont butés au gardien de but Michel Dion particulièrement en forme, ajoute Brisset. Les joueurs du Canadien saluent d'ailleurs le travail de leurs adversaires qui ont suivi avec rigueur le plan de match de leur instructeur, un certain Jacques Demers dont on entendra parler très souvent au cours des années subséquentes.

Enfin, Bernard Brisset rapporte l'analyse faite par le joueur du Tricolore Yvon Lambert pour expliquer la médiocre performance de son équipe face aux Nordiques : « C'est parce qu'on ne les déteste pas assez ! »

Les choses allaient changer rapidement...

MIRACLE À QUÉBEC

Ce qu'on appelle l'impossible, les Nordiques le réalisent le 28 octobre, en battant le Canadien 5-4 devant une foule déchaînée au Colisée de Québec.

« Dans un match époustouflant, disputé à l'emporte-pièce, âprement comme s'il s'était agi d'un septième match de la série finale de la Coupe Stanley, les Nordiques de Québec, une équipe de l'expansion, ont réussi ce que d'aucuns qualifiaient d'impossible : faire plier l'échine à la puissante et orgueilleuse machine rouge du Canadien », écrit Michel Blanchard.

Guy Lafleur, « très mal employé par son instructeur », a été éclipsé par Réal Cloutier, ajoute le journaliste. Le numéro 10 a été incapable de se départir de son couvreur Michel Goulet et des autres joueurs « qui n'ont jamais cessé de le harceler ».

Après le match, Bernard Brisset va quérir les commentaires des perdants. Il écrit :

« Déçus, meurtris et le visage carrément déconfit, les joueurs du Tricolore ont malgré tout tenu à donner aux Nordiques le crédit qui leur revient pour cette victoire que d'aucuns croyaient tout simplement impossible hier matin encore.

« "Ça me fait mal là, a dit Guy Lafleur en se pointant la poitrine. Ça me fait mal à mon orgueil d'avoir perdu ces deux points, mais surtout de les avoir perdus ici. Ça me fait mal parce qu'on joue mal." »

Quant à Réjean Tremblay, il se félicite tout simplement d'avoir été au Colisée pour ce « soir de première, soir de grande fête ! » « Il aurait fallu que vous soyez tous là pour vraiment vibrer avec ces merveilleux Québécois et leurs si beaux Nordiques ! écrit-il en conclusion de son texte. J'y étais... c'était le 28 octobre 1979. »

CHAPITRE 57

1979

12 DÉCEMBRE 1979

LES 99 JOURS DE BERNARD GEOFFRION

la pres

Trudeau au

D'abo
réinve

par Pierre GRAVEL

Les députés libéraux fédéraux du Québec ont un double défi à relever: d'abord battre le Parti québécois lors du référendum du printemps prochain puis ensuite rebâtir leur pensée constitutionnelle pour réinventer un Canada nouveau.

Tel est l'essentiel du message qu'a livré hier le chef du Parti libéral canadien, M. Pierre Trudeau, à une soixantaine de députés fédéraux et sénateurs libéraux du Québec réunis pour un

Le grand jour de Geoffrion

«Je réalise le rêve de ma vie. Ce jour, je l'attendais depuis 12 ans et je l'aurais attendu encore 20 ans..., a dit le nouvel instructeur du Canadien, Bernard Geoffrion, lors de la conférence de presse d'hier qu'il a menée avec la bonne humeur qu'on lui connait depuis toujours et avec la verve de ses réclames télévisées. Une conférence de presse

Le feu, af

Arrivé au poulailler en flammes

la pres

Bernard Geoffrion à la une de *La Presse* dans des circonstances heureuses, le 5 septembre 1979, et malheureuses, le 13 décembre 1979.

« Je réalise le rêve de ma vie. » Bernard Geoffrion, le 4 septembre 1979. « C'est la fin de mon rêve... ». Bernard Geoffrion, le 12 décembre 1979.

Après quatre Coupes Stanley consécutives, les chaussures de l'ex-entraîneur du Canadien, Scotty Bowman, sont grandes à porter pour son successeur. Après un été à tergiverser, à jongler avec les noms de plusieurs anciens joueurs de l'équipe, la direction du CH annonce l'embauche de Bernard Geoffrion le mardi 4 septembre 1979.

Le lendemain, la tête aux cheveux bouclés de l'ancien numéro 5 apparaît à la une du quotidien. « Ce jour, je l'attendais depuis 12 ans et je l'aurais attendu encore 20 ans », dit le Boum.

Bon vivant, affable, incapable de méchanceté, Geoffrion est populaire. Dans les médias, on se réjouit de sa nomination, sachant d'avance que ses échanges avec les scribes seront tout sauf ternes.

Ainsi, Réjean Tremblay écrit : « J'aurai vécu assez vieux pour rire un bon coup au Forum ; et merci à Boum Boum pour le bon show qu'il a gracieusement donné hier midi... » Son arrivée, ajoute-t-il, ne cadre ni avec l'atmosphère empesée du Forum ni avec le climat de tension vécu sous Bowman. « Finies les questions posées sur le bout des fesses par des reporters verts de peur devant un Bowman au rictus vache... »

La bonne humeur n'empêche pas les interrogations. Bernard Brisset rappelle certains bémols. « La candidature de Geoffrion, disait-on, était pleine d'embûches et d'aspects négatifs : sa personnalité n'avait rien de commun avec le portrait type taciturne, renfermé de l'instructeur du Canadien. Son état de santé présumément chancelant[1] et le fait que son fils [Danny] entreprend sa carrière cette saison avec le Tricolore étaient autant de raisons pour écarter sa candidature. »

Besoin d'un gorille

Même si l'équipe présente une fiche gagnante en début de saison, la grogne s'accumule autour de Geoffrion. Au début de décembre, le CH connaît une mauvaise passe : une nulle contre les Rangers, le 3 décembre à New York, fait dire à Bernard Brisset que le Canadien a la satisfaction facile. « Dans le vestiaire, on ne voyait plus ces yeux méchants des années passées quand la victoire avait échappé en troisième période. »

Le 9 décembre, le Canadien mène 4-3 sur les Rockies du Colorado en troisième période lorsque l'équipe adverse compte quatre buts. Geoffrion digère très mal cette défaite de 7-5 contre le 19e club au classement général. « Il aurait pu être affaissé, vidé, écrasé comme un chien battu, mais il avait plutôt l'air d'un homme sur le point d'exploser », constate Brisset.

La fin arrive le 12 décembre, 99 jours après son embauche. Au lendemain d'un revers de 4-1 aux mains des Islanders, à Long Island, Geoffrion remet sa démission à Irving Grundman.

Titré « Le coeur brisé, Geoffrion abandonne », le texte de Bernard Brisset commence avec cette déclaration : « Mon rêve est fini. On va maintenant essayer d'en trouver un autre. »

La carrière de Geoffrion derrière le banc du CH a duré 30 matchs (15-9-6) au terme desquels il est surmené et a perdu 14 livres. « Bernard qui a toujours dit qu'il est âgé de 49 ans depuis son engagement le 4 septembre, n'aura même pas eu le temps de les atteindre vraiment, le 16 février prochain. Il avait toutefois vieilli de 10 ans en seulement deux mois », fait observer Brisset.

Geoffrion reconnaît ne plus être capable de diriger l'équipe, de motiver ses joueurs. « Si j'ai quelque chose à me reprocher, dit-il, c'est d'avoir été trop doux. C'est d'un gorille que ces gars-là ont besoin, mais moi je ne suis pas capable d'être comme ça. Je suis humain. J'aime faire des blagues avec le monde, mais ce n'est pas bon, je pense, si tu veux être coach au hockey. »

Réjean Tremblay passe un long moment dans l'appartement de Geoffrion au cours de cette journée pénible. Il le cite abondamment, raconte comment il s'est tourné vers la Bible, évoque les tensions avec son fils Danny.

Mais le Boum, dit-il, conserve cette fierté d'avoir dirigé cette équipe qui représente sa seconde famille. La finale de son texte est : « Qu'on le veuille ou non, personne ne va pouvoir effacer mon nom de là... Bernard Geoffrion, coach du Canadien... pendant 30 parties. Et il a souri. »

1 Avant le CH, Geoffrion a piloté les Rangers de New York et les Flames d'Atlanta. À chaque occasion, il a quitté son poste pour des raisons de santé.

CHAPITRE 58

10 SEPTEMBRE 1982

UNE TRANSACTION FORTE EN CONTRASTES

1982

C'est une transaction émaillée de contrastes qu'annonce le Canadien le 10 septembre 1982.

Depuis la coupe de 1979, le Tricolore se cherche. Il connaît de bonnes saisons régulières pour ensuite se faire sortir prestement des séries. Le directeur général Irving Grundman décide donc de donner un coup de balai. Il envoie deux de ses as défenseurs, Brian Engblom et Rod Langway, son très fiable joueur de centre défensif Doug Jarvis et l'attaquant Craig Laughlin aux Capitals de Washington. En échange, il obtient l'attaquant Ryan Walter et le défenseur Rick Green [1].

« Dans un geste qui a pris un peu tout le monde par surprise, le Tricolore a échangé cinq de ses réguliers de l'an dernier pour obtenir en retour le fameux gros ailier gauche recherché depuis si longtemps », observe Bernard Brisset.

Selon Brisset, Grundman « rêvait de mettre la main sur Walter depuis deux ans ». « Il est clair que le Canadien s'est affaibli en défensive pour combler un trou géant en attaque », ajoute-t-il.

Brisset dit que Walter « semble taillé sur mesure pour jouer à la gauche de Guy Lafleur ». Quant à Rick Green, son arrivée est plus surprenante. « C'est un défenseur de style défensif dont les statistiques n'ont jamais été impressionnantes, » dit-il. Lent de nature, ce gros joueur de 6 pieds 3 et 207 livres n'est pas facile à contourner.

Sans Bob Berry

L'absence de l'entraîneur Bob Berry au moment de l'annonce de la transaction fait jaser.

« L'entraîneur n'était pas là à la conférence de presse d'Irving Grundman, poursuit Brisset. Et personne ne savait où il se trouvait. Berry a été mis au courant du marché au début de la matinée seulement, semble-t-il, et il ne s'est pas montré le bout du nez après avoir laissé entendre à son patron qu'il serait là pour affronter les journalistes. »

L'entraîneur, poursuit Brisset, réclamait l'arrivée d'un ailier gauche de haut calibre mais il n'a sans doute pas « apprécié la perte de deux de ses meilleurs défenseurs », analyse-t-il.

L'assistant de Berry, Claude Ruel, est fort satisfait. Il dit : « Nous sommes bondés de talent à la défense. Et il est temps de faire de la place à quelques jeunes. »

« Les jeunes en question sont Bill Kitchen, des Voyageurs, et Craig Ludwig, un joueur collégial qui a impressionné lors du camp des recrues, en août », précise Brisset.

On connaît le rôle joué par Ludwig. Quant à Kitchen, il n'a fait que passer...

Réactions partagées

« Jarvis atterré, Langway comblé », est le titre d'un article de Brisset publié le 11 septembre. L'auteur rappelle que Jarvis venait de connaître une excellente saison. « Il a même mis la main sur le trophée de la quatrième étoile décerné au joueur le plus mésestimé de l'équipe. Mais à 26 ans, le Canadien a sans doute jugé qu'il avait plafonné. »

Langway lui, voulait partir, fatigué des méandres du système fiscal canadien. « J'ai obtenu ce que je désirais. Les problèmes de taxation au Canada m'avaient rendu la vie impossible ici. Maintenant, je serai payé en dollars américains », dit-il dans le texte du journaliste [2].

Walter et Green arrivent à temps pour le début du camp d'entraînement, le 12 septembre. Brisset relate que Walter « est encore sous le choc de la transaction » et que Green « flotte encore sur des nuages depuis qu'il a quitté l'enfer des Capitals pour la gloire des Glorieux ».

Il observe que Green avait l'air « lent et timide » sur la glace. Mais le comportement de Walter fait vite comprendre sa popularité dans la capitale américaine. « Dès qu'il en avait l'occasion, il lançait quelques mots à l'adresse d'un nouveau coéquipier, donnait un petit coup de bâton à la fesse d'un autre avec le sourire fendu jusqu'aux oreilles », dit Brisset. À cela, Walter répond : « Je ne sais pas ce que je fais de spécial pour être un leader, ce doit être dans ma nature. »

1 Dans un autre échange annoncé le même jour, Doug Risebrough est envoyé aux Flames de Calgary contre des compensations futures.

2 L'échange survient alors que Guy Lafleur et Larry Robinson menacent de faire la grève s'ils ne reçoivent pas compensations pour des pertes salariales imputables à un budget fédéral dur pour les hauts salaires. Le litige se règle quelques heures avant le début du camp d'entraînement.

LES EXPOS GAGNENT 7-3 — 17e GAIN DE ROGERS

Cromartie et Oliver tonnent

SPORTS

LANGWAY, ENGBLOM, JARVIS, RISEBROUGH ET LAUGHLIN S'EN VONT

Grand coup de balai chez le Canadien

Walter, l'ailier gauche tant recherché, et Green s'amènent de Washington

BERRY N'ÉTAIT PAS LÀ

Ruel, un fan de Walter

Jarvis atterré, Langway comblé

David Poile se frotte les mains

Picard retrouve des amis

Tremblay et Houle: nouvelle entente

Le vendredi 11 septembre 1982, *La Presse* consacre toute une page à l'échange Canadien-Capitals dans lequel Rick Green et Ryan Walter s'amènent à Montréal.

L'instructeur du Canadien, Bob Berry, entouré de ses deux nouveaux joueurs, Rick Green et Ryan Walter, le 12 septembre 1982. Deux jours plus tôt, Berry n'était pas présent à la conférence de presse annonçant l'échange.

CHAPITRE **59**

1983

La rencontre des « lions »

Parmi les photos célèbres prises par les photographes de *La Presse*, celle de Félix Leclerc et de Maurice Richard, publiée le 20 octobre 1983, est l'oeuvre de Pierre McCann.

OCTOBRE 1983

LA RENCONTRE DES « LIONS »

Il est près de midi en ce matin d'octobre 1983. Piaffant d'impatience dans la cuisine de sa maison de l'île d'Orléans, Félix Leclerc attend de la grande visite : Maurice Richard !

Curieusement, ces deux icônes des Canadiens-français, ces deux héros en qui les Québécois ont projeté leurs aspirations et leurs rêves, ne se sont jamais rencontrés. Et si le destin les réunit enfin, c'est à l'initiative de *La Presse*.

Afin de souligner le début de sa centième année, le quotidien de la rue Saint-Jacques publie un cahier spécial le 20 octobre 1983, jour anniversaire de sa première parution, en 1884. Cette rencontre des « lions » constitue le cœur de la publication.

Témoin de la scène, le journaliste Jean Beaunoyer illustre l'impatience du chanteur. « Il [Félix] attendait Maurice comme s'il l'avait attendu depuis cent ans. Lui que j'avais vu si grave, si dramatique parfois, sur scène, ressemblait à un jeune gamin, la veille de Noël. »

L'article principal est flanqué de deux autres textes, l'un de Beaunoyer faisant le portrait de Leclerc et l'autre de Réjean Tremblay, rappelant l'importance jouée par Maurice Richard et ses

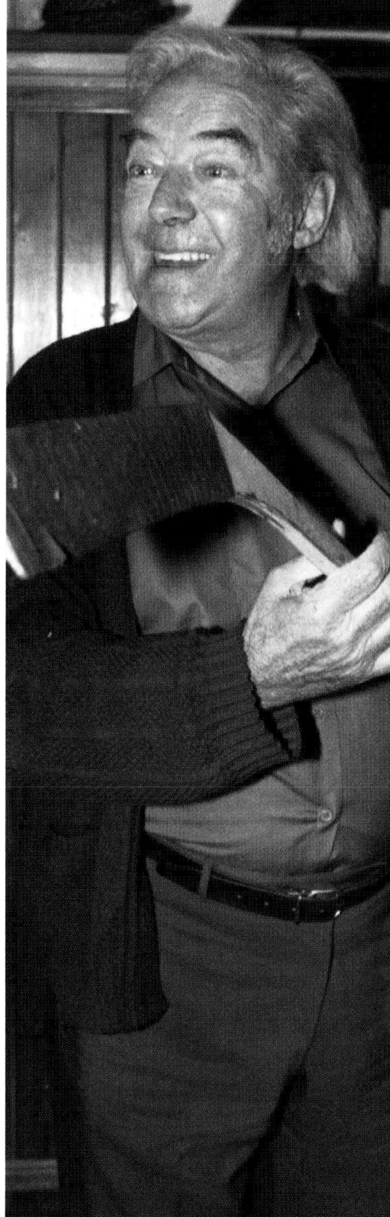

Félix Leclerc sourit en recevant en cadeau le bâton avec lequel Maurice Richard a compté son 526e but.

exploits dans la mémoire collective. « Il fut peut-être le premier Québécois parmi les Canadiens français, dit-il. Le premier à servir de modèle, le premier dans lequel tout un petit peuple qui s'ignorait était capable de se retrouver. »

Centrée, dans le haut de la double page consacrée à la rencontre, une photo mémorable de Leclerc et Richard, assis à une table et souriant, mimant une séance de tir au poignet. À la mort de Maurice Richard, en mai 2000, Beaunoyer revient sur ce moment magique.

« Le photographe de *La Presse* [Pierre McCann] se présenta finalement à la maison de Félix et cherchait un scénario original pour une photo qui allait sûrement passer à l'histoire, relate le journaliste. N'écoutant aucune suggestion, les deux hommes se sont tout bonnement installés face à face, dans la cuisine et ont retroussé leurs manches pour s'engager dans un duel de tir au poignet. Voilà la photo qui allait sûrement faire époque. Les deux lions avaient trouvé la meilleure image pour illustrer leur force et leur fierté. »

Leclerc et Richard ont échangé des cadeaux. L'hôte a même écrit un poème pour son illustre invité :

Maurice Richard :

Quand il lance, l'Amérique hurle,
Quand il compte, les sourds entendent.
Quand il est puni, les lignes téléphoniques sautent.
Quand il passe, les recrues rêvent.
C'est le vent qui patine.
C'est tout Québec debout
Qui fait peur et qui vit...
Il neige !

Plus tard, il sera écrit qu'il a fallu un certain temps pour que le courant passe entre les deux lions (voir le chapitre 70). Richard, qui connaissait peu de choses du répertoire de Leclerc, lui a demandé de chanter une chanson. Mais ce dernier a refusé, arguant que cette période de sa vie était derrière lui.

Le Rocket évoquera l'épisode de la chanson dans sa chronique du 14 août 1988, six jours après la mort de Leclerc. Pour lui, ce fut son « seul regret » de cette journée dont il conserve, pour le reste, une douce pensée. « Je garderai toujours un bon souvenir de Félix Leclerc, écrit-il. À l'île d'Orléans, il m'a donné l'impression de très bien vivre, d'être un homme heureux. »

1984

20 AVRIL 1984

VENDREDI SAINT OU CROIRE AU MIRACLE

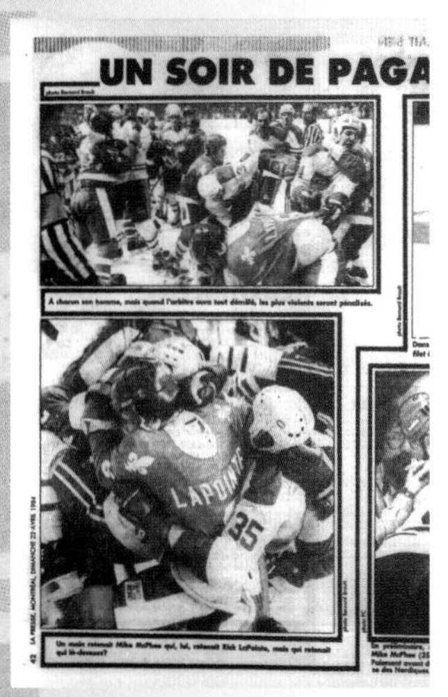
UN SOIR DE PAGA

Quelques scènes disgracieuses du match du Vendredi Saint. Les photos sont de Bernard Brault de *La Presse* et de l'agence La Presse canadienne. Les pages sont publiées le 22 avril 1984.

Le souvenir des deux bagarres générales du match du Vendredi Saint entre le Canadien et les Nordiques de Québec, le 20 avril 1984, a traversé le temps. Mais un autre aspect de ce match n'a pas autant marqué la mémoire collective : avec sa victoire, le Canadien passe en demi-finales contre les Islanders de New York, quadruple champions en titre de la Coupe Stanley.

Or tous les partisans du CH souhaitent alors que les Islanders soient freinés dans leur course vers un cinquième titre consécutif, record établi par le Tricolore de 1956 à 1960. L'ancien joueur Dickie Moore formule d'ailleurs ce vœu quelques jours plus tôt.

C'est donc davantage sur la victoire du Canadien que sur la bagarre que sont axés le titre et les premiers paragraphes de l'article principal sur ce match publié dans *La Presse* du lendemain. Intitulé « On peut se mettre à rêver ! » en lettres capitales, l'amorce du texte de Bernard Brisset est : « Le Canadien tentera à compter de mardi soir de réaliser le rêve de Dickie Moore. »

Le titre fait non seulement référence à la possibilité de stopper les Islanders mais aussi à une option pour la Coupe Stanley. « De la façon dont Jacques Lemaire et sa troupe ont vaincu coup sur coup les Bruins de Boston et les Nordiques [1], deux équipes plus puissantes, on peut presque se mettre à rêver », affirme Brisset.

La grosse différence : Stastny

Cela dit, la foire d'empoignes émaille une bonne partie de ce texte et fait l'objet d'autres reportages dans l'édition du jour et celle du lendemain.

Lorsque la bagarre éclate, à la fin de la deuxième période, les Nordiques mènent 1-0. Les esprits se calment lorsque le défenseur du CH Jean Hamel est sérieusement blessé par Louis Sleigher. Mais les hostilités reprennent au retour de l'entracte. Cinq joueurs sont expulsés de chaque côté. Les Nordiques perdent Peter Stastny et Dale Hunter. Une fois le jeu repris, les Nordiques font 2-0. Puis, le Canadien explose et compte cinq buts de suite. Compte final : 5-3.

À l'issue de la rencontre, Brisset cite le DG du Canadien Serge Savard : « La grosse différence, ce fut l'absence de Peter Stastny chassé pour le reste du match, a reconnu le directeur général Serge Savard, presque nerveux devant la victoire des siens. Sans Peter, nous avons pu ouvrir le jeu pour la première fois de la série et les choses ont tourné en notre faveur. »

« En fait, non seulement le pointage mais le jeu en général a changé du tout au tout après les bagarres, affirme Brisset. Du jeu serré typique aux affrontements précédents qu'on a vus pendant les 40 premières minutes de jeu, on est passé à un 20 minutes au cours desquelles les patineurs rapides ont pris la relève. »

Les cinq buts du Canadien sont marqués en 8 minutes et 8 secondes. « Les Nordiques avaient perdu toute forme de concentration et de combativité », dit Brisset.

La bagarre ? La faute de l'arbitre Bruce Hood, croit le journaliste. « Hood qui a requis l'aide du vice-président Brian O'Neil afin de rédiger son total de punitions [2], a attendu que les deux équipes reviennent sur la patinoire pour les faire connaître, écrit-il.

« Si bien que des joueurs comme Chris Nilan, Randy Moller et quelques autres qui se savaient chassés pour le match n'ont pas hésité à rejeter les gants. »

Dans plusieurs textes secondaires, on peut lire les commentaires des joueurs et des entraîneurs.

Chez le Canadien, Brisset cite Larry Robinson qui s'en prend à Sleigher. « Il l'a traité de "poignard", de celui qui frappe par derrière. Robinson a accusé Sleigher de frapper Hamel au moment où celui-ci avait le dos tourné et se préparait à quitter les lieux de l'altercation. »

Chez les Nordiques, Ronald King recueille les commentaires de Peter Stastny, expulsé et le nez cassé par un coup de poing de Mario Tremblay. « Tirez vos propres conclusions... Pourquoi me chasser moi... il aurait fallu chasser tout le monde aussi... ces arbitres-là ont beaucoup de problèmes... »

« Les joueurs des Nordiques ont accepté la défaite avec beaucoup de dignité, écrit King. Ils étaient un peu dégoûtés par ce qui venait de se passer mais ils n'ont pas fait de scènes. »

1 Le Canadien a vaincu Boston 3-0 dans une série 3 de 5 en huitièmes de finale et Québec 4-2 en quarts de finale.

2 Au terme de la rencontre, 198 minutes de punitions sont décernées aux deux équipes.

1984

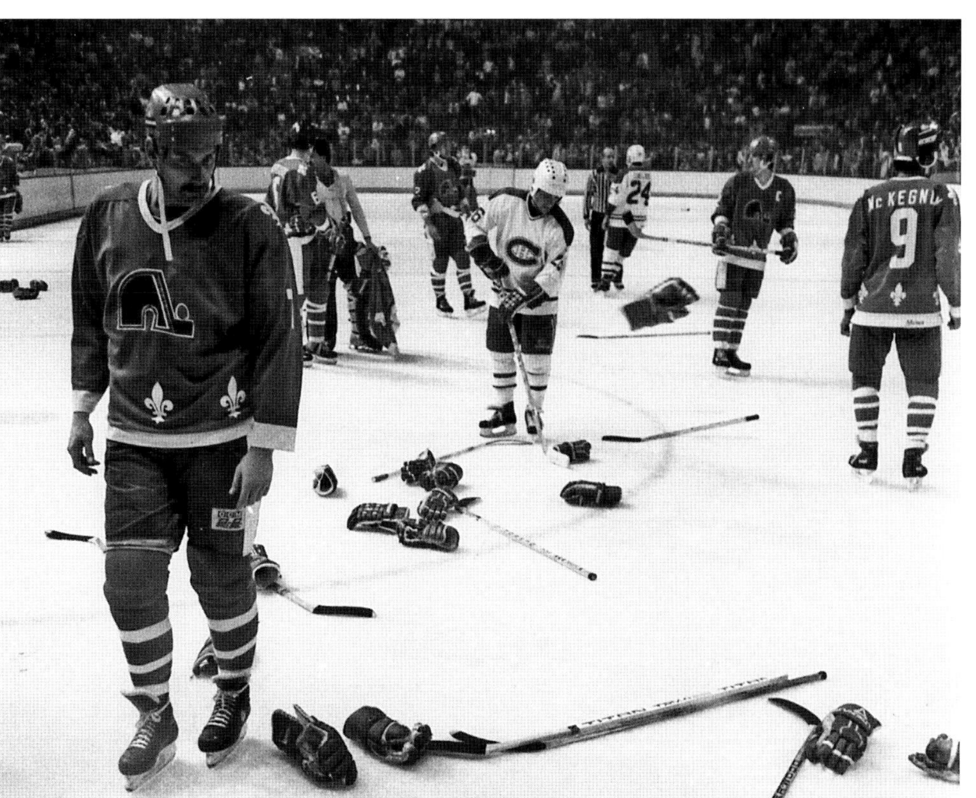

Le vendredi 20 avril 1984, les joueurs du Canadien et des Nordiques laissent tomber les gants. Et ce n'est pas pour se souhaiter Joyeuses Pâques !

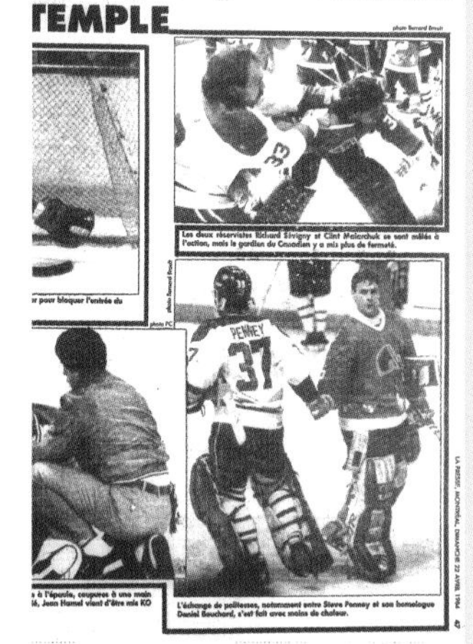

Le journaliste rapporte aussi les propos de leur entraîneur. « Michel Bergeron n'a pas prononcé le nom de Lemaire mais il a beaucoup parlé de lui. Les deux hommes ne se sont pas serré la main à la fin de la série.

« Moi, je passe pour un entraîneur agressif, mais je ne suis pas sournois.

« Bergeron parlait bien sûr de la bagarre que son adversaire et ennemi personnel aurait provoquée... [...]

« Je n'en veux pas aux joueurs du Canadien, je les excuse, ils ont fait le sale boulot qu'on leur demandait. »

Le dimanche 22 avril, *La Presse* publie un texte de l'agence La Presse canadienne dans lequel sont repris d'autres commentaires de Bergeron. Ce dernier rassemble des journalistes au Colisée de Québec et leur montre une vidéo du match. Il pointe les moments où les joueurs du CH ont, à son avis, amorcé les hostilités, dont une attaque par derrière de Chris Nilan à Randy Moller[3].

« Quand j'ai vu Lemaire me pointer du doigt devant 18 000 personnes, il me faisait pitié, déclare Bergeron. Il n'était absolument pas question que j'aille lui serrer la main après le match comme je le fais habituellement. »

Le même jour, le quotidien de la rue Saint-Jacques publie une analyse de Bernard Brisset selon qui la série revenait au Canadien. « On aura beau pérorer longtemps sur l'effet des mêlées générales lors du dernier match de la série, il restera toujours un fait : le Canadien n'a pas volé sa victoire contre les Nordiques de Québec, écrit-il.

« Le Canadien n'a rien volé. Il s'est battu dans tous les sens du mot et il a eu le meilleur dans toutes les facettes du hockey proprement dit. »

Dans les jours suivants, le Canadien n'a pu accomplir le rêve de Dickie Moore, se faisant battre par les Islanders en six rencontres, malgré le fait qu'il ait gagné les deux premiers matchs, disputés au Forum. Mais les Oilers d'Edmonton s'en chargent. Ils éliminent les Islanders en cinq matchs et fondent une nouvelle dynastie.

3 Chez le CH, on affirme le contraire. On montre du doigt Dale Hunter qui aurait accroché deux fois le gardien Steve Penney au cours de la deuxième période.

HAMEL FAIT LE MORT

Resté longtemps étendu sur la glace après le coup de poing de Louis Sleigher, Jean Hamel affirme que ce n'est pas parce qu'il était K.O. mais par volonté d'arrêter la bataille.

C'est ce qu'il affirme au journaliste André Noël de *La Presse* qui le visite à son domicile de Kirkland au lendemain du match.

« Jean Hamel soutient que le violent coup de poing de Louis Sleigher ne l'a pas mis knock-out, mais, après avoir été sérieusement sonné, il est volontairement resté sur la glace pour arrêter la bataille qui devenait de plus en plus violente », écrit le scribe. Sa chute sur la glace a empiré une blessure à l'épaule droite, ajoute le joueur. *La Presse* publie sa photo où il ne montre que le côté intact de son visage. « Question d'orgueil ? », demande le quotidien.

Sleigher lui, n'exprime aucun regret, selon un texte de La Presse canadienne joué dans la même page. « Je lui en devais une à Hamel, dit-il. Je me rappelais encore très bien le bâton qu'il m'avait planté dans les parties sensibles au Colisée et je trouvais qu'il avait une grande gueule depuis qu'il est parti de Québec[4]. »

4 Hamel a joué avec les Nordiques au cours des deux saisons précédentes. S'il affirme ne pas avoir été mis K.O., il a dû à tout le moins se rendre à l'hôpital. Blessé à un œil lors du camp d'entraînement de septembre 1984, il a dû mettre fin à sa carrière.

CHAPITRE 61

1984

9 JUIN 1984

LA PÊCHE MIRACULEUSE

la presse
100 ans

RÉSULTATS DES LOTOS EN PAGE 4

50 cents

Un vote pour le PQ sera un vote pour l'indépendance

Le Canadien opte pour Svoboda

CHOISI LE PREMIER

Mario Lemieux boude les Penguins

Rick Wamsley passe aux Blues de St. Louis

Cahier sport, page 35

Les résultats de la séance de repêchage et le choix de Petr Svoboda par le Canadien occupent pratiquement toute la une de *La Presse* du dimanche 10 juin 1984. Sur la photo, on reconnaît Shayne Corson à gauche du jeune défenseur tchèque.

Une pêche miraculeuse. C'est à quoi ressemble la séance de repêchage annuelle des équipes de la LNH réunies en ce samedi 9 juin 1984 sur la glace du Forum de Montréal.

Si le nom de Mario Lemieux, tout premier choix (Pittsburgh), est sur toutes les lèvres, plusieurs autres recrues feront leur marque dans les années à venir, dont Kirk Muller (2e au total), Ed Olczyk (3e), Al Iafrate (4e), Shawn Burr (7e), Jean-Jacques Daigneault (10e), Sylvain Côté (11e), Gary Roberts (12e), Kevin Hatcher (17e). Sans oublier Brett Hull (117e) et Luc Robitaille (171e).

Les choix du Canadien reflètent ce mélange de talents connus et méconnus. Petr Svoboda (5e), Shayne Corson (8e), Stéphane Richer (29e) et Patrick Roy (51e) deviennent des Glorieux.

Svoboda sous bonne escorte

Serge Savard convoite Svoboda, défenseur tchèque très talentueux qui a fait défection quelques semaines plus tôt durant le tournoi de son équipe en Allemagne de l'Ouest. Il réussit son pari comme le raconte le journaliste Bernard Brisset le dimanche 10 juin 1984.

« Serge Savard avait posé une condition essentielle à la sélection de Pter Svoboda : qu'il soit à Montréal au moment du repêchage », annonce le scribe de *La Presse*.

« Svoboda est arrivé à Mirabel à 16 heures, vendredi après-midi, en provenance de Munich où il était réfugié depuis la mi-avril. Et comme on peut bien l'imaginer, toutes les mesures possibles de sécurité ont été prises pour que personne ne le sache. [...]

« Svoboda n'a pas quitté son hôtel avant les minutes qui ont précédé la séance de repêchage. »

Dans un texte secondaire de Brisset, Savard déclare : « Selon moi, il a un style qui ressemble beaucoup à celui de Phil Housley, des Sabres. C'est un rapide patineur, très solide malgré ses 165 livres, et un gars qui possède un sens très développé de l'attaque. »

Corson, Richer, Roy

Savard peut compter sur un deuxième choix de premier tour après avoir échangé le gardien Rick Wamsley aux Blues de St. Louis. Il acquiert le centre Shayne Corson, des Alexanders de Brantford. Certains le comparent à Bob Gainey. Ce qui fait dire à Brisset : « Agressif et robuste, Corson a un défaut : il a de la difficulté à marquer des buts. Comme Gainey. »

Plus loin, il ajoute : « Corson est reconnu comme un excellent bagarreur et, contrairement à son émule Dale Hunter, un joueur qui part les bagarres sans se sauver. »

Les choix suivants proviennent des Bisons de Granby, de la Ligue de Hockey Junior Majeur du Québec : Stéphane Richer et Patrick Roy. Le journaliste Robert Bousquet les présente.

Il écrit que Richer « masquait mal sa déception » de ne pas avoir été choisi au premier tour. « Celle-ci est toutefois rapidement disparue lorsque le directeur général du Canadien, Serge Savard, a annoncé qu'il devenait un membre de la grande famille montréalaise ». Richer, qui vient de célébrer ses 18 ans, parle de « bonheur total ».

Quant à Patrick Roy, le départ de Rick Wamsley lui ouvre la porte, dit Bousquet avant de le citer : « Il faut que je fasse maintenant mes preuves. [...] Je suis heureux et comblé et je donnerai le maximum au camp d'entraînement du Canadien. Depuis que je joue, j'ai toujours reçu beaucoup de compétition et je me suis bien comporté. »

Roy trouve amusant de se retrouver dans le même club que Steve Penney, qui a déjà été son professeur dans une école de hockey, à Québec. Deux ans plus tard, au printemps 1986, Penney, devenu réserviste [1], assiste aux exploits de Roy, qui conduit le Canadien à la Coupe Stanley.

Serge Savard présente aux médias les trois premiers choix au repêchage du Canadiens de Montréal. Stéphane Richer (à gauche), Shayne Corson (au centre) et Petr Svoboda (à droite).

1 Avec Doug Soetaert.

CHAPITRE 62

1909

1909-2008

ET LE CHOIX DU CANADIEN EST...

Le repêchage est une science inexacte. Au fil des ans, de grands espoirs deviennent, comme on s'y attend, des étoiles. D'autres ne connaissent la gloire que le jour de leur sélection. Et d'autres encore, sortis de nulle part, réalisent de belles carrières.

Revoyons quelques noms du Canadien repêchés au fil des ans et ce qu'en a dit *La Presse*.

1972 : Van Boxmeer, la perle rare...

« Van Boxmeer, la perle rare de Ruel ». Ce titre coiffe le texte du journaliste Yvon Pedneault au lendemain de la séance de repêchage du 9 juin 1972. Tel que prévu, le Canadien choisit Steven Shutt au premier tour. Ce dernier est suivi de Michel Larocque et de Dave Gardner [1]. Mais c'est Van Boxmeer qui fait jaser.

Le dépisteur du Canadien, Claude Ruel, jubile. Dans le texte de Pedneault, il déclare : « Je suis très heureux d'avoir obtenu ce jeune homme. Il évoluait dans un circuit junior B à Guelph la saison dernière. J'ai toujours pris soin de ne jamais prononcer son nom. C'était le joueur "caché" de la séance de repêchage des amateurs. »

Van Boxmeer joue 79 matchs (7 buts) en quatre saisons avec le Tricolore.

1979 : Aucun ? Vraiment ?

Le repêchage de 1979 est marqué par l'arrivée de quatre équipes de l'AMH. Privé d'un choix de premier tour, le CH ne repêche qu'au 37e rang. Mais pour le DG Irving Grundman, l'important est de conserver son équipe intacte. Il déclare même : « Nous croyons qu'aucun des joueurs éligibles au repêchage cette année ne vaut l'un des membres de notre équipe. » Propos que rapporte Bernard Brisset le 9 août, jour des sélections.

Or, en cette année-là, Rob Ramage, Perry Turnbull, Mike Foligno, Mike Gartner, Raymond Bourque, Michel Goulet et Kevin Lowe sont choisis. Et malgré tout, le Canadien se débrouille bien ! Grundman envoie Bill Nyrop aux Stars du Minnesota [2] contre leur premier choix (27e au total), ce qui lui permet de sélectionner le défenseur Gaston Gingras.

Grundman déclare : « Gingras, un vrai choix de première ronde [3] ». La citation coiffe l'article de Bernard Brisset du lendemain. L'auteur annonce aussi que le Canadien a repêché un certain Mats Naslund et... Guy Carbonneau. Brisset cite le prof Ronald Caron selon qui Carbonneau, des Saguenéens de Chicoutimi, est « tout un prospect pour l'avenir ».

Quant à Naslund, Brisset fait remarquer que l'ailier droit suédois a été « le meilleure marqueur de son pays aux derniers championnats du monde à Moscou ». Le Canadien repêche aussi le gardien Rick Wamsley.

1980 : Wickenheiser ou Savard ?

En juin 1980, le Canadien possède le tout premier choix de premier tour. Il hésite entre le centre Doug Wickenheiser, des Pats de Regina et le populaire Denis Savard, du Canadien junior.

« Le Canadien ne voudrait pas laisser filer un autre Bossy », titre *La Presse* du samedi 7 juin. Bernard Brisset dit que la direction du CH ne veut pas être confrontée à une autre situation gênante qui leur a fait préférer Mark Napier à Michael Bossy trois ans plus tôt.

Il ajoute que le CH « déjà surchargé de petits joueurs », penche pour Wickenheiser, un colosse. « Si Savard avait quelques pouces de plus, la question ne se poserait même pas », dit-il.

Le 11 juin, le CH choisit Wickenheiser. Il est préféré à Dave Babych (2e, Winnipeg), Savard (3e, Chicago) et Paul Coffey (6e, Edmonton). Il sera, dit-on, le remplaçant parfait de Jacques Lemaire, comblant un trou géant au centre.

Wickenheiser a toujours souffert de la comparaison avec Savard. Au premier match Canadien-Hawks, il est laissé dans les estrades alors que Savard compte son premier but dans la LNH. Il connaît une carrière en dents de scie avec 111 buts (49 avec le CH) en 556 matchs. En 1999, il meurt d'un cancer généralisé.

1987 : le monde à l'envers

Premier choix du CH en 1987, le centre Andrew Cassels ne joue que 60 matchs dans le grand

Doug Wickenheiser... sur mesure pour le Canadien

Picard étonné de passer aux Leafs

Les Blue Jays font une offre à Wayne Gretzky

Dans son article sur la sélection de Doug Wickenheiser, le journaliste Bernard Brisset cite le dg du Canadien Irving Graundman qui déclare : « On espère que notre choix sera le meilleur, mais il y a toujours des risques dans tout ce qu'on fait. » Grundman ajoute avoir pris la décision finale. Car les dirigeants du CH sont divisés, rapporte Brisset. C'était le 12 juin 1980.

1 36 matchs (2 buts) à Montréal.

2 Nyrop avait pris sa retraite. Les Stars prennent le risque de l'acquérir dans l'espoir qu'il revienne au jeu, ce qu'il fait pour une saison en 1981-1982.

3 En fait, Gingras est le 6e choix de la deuxième ronde.

En 1995, Saku Koivu arrive à Montréal en compagnie de Marko Kiprusoff.

Andrew Cassels, en 1990. Repêché en 1987, 17e au total, Cassels n'évoluera avec le Canadien que pendant deux saisons amassant 27 points en 60 matchs de la saison régulière.

club, avant de quitter pour Hartford en 1991. Ce sont les choix suivants qui font leur marque : John LeClair, Éric Desjardins et Mathieu Schneider.

Le 14 juin 1987, le journaliste Ronald King écrit à propos de Cassels : « Les dépisteurs de l'Ontario le décrivent comme un bon fabricant de jeu et un bon marqueur qui ne ralentit pas devant le jeu rude. [...] On sait que le Canadien compte en effet sur plusieurs gros attaquants, mais il manque certainement du talent purement offensif dans l'organisation. »

John LeClair ? Serge Savard est plus que satisfait de cet Américain du Vermont, dit King. « Il avait grandement impressionné les dépisteurs lors des derniers championnats nationaux des *high schools* américains tenus au Michigan ».

Éric Desjardins est, avec Stéphane Quintal et Yves Racine, un des meilleurs défenseurs québécois disponibles. De lui, Savard déclare : « Sur notre liste, Desjardins devançait Quintal. Il est plus jeune d'un an et il a déjà connu une bonne saison. »

Pour repêcher Mathieu Schneider, le Canadien cède Dave Maley[4] aux Devils du New Jersey. « Certains observateurs ont comparé le style de jeu de Schneider, un Américain, a celui de Chris Chelios, écrit King. "Il passe du meilleur au pire", a précisé l'un d'eux. "C'est un défenseur mobile et à caractère offensif", a confirmé Savard. »

Les trois joueurs, ainsi qu'Ed Ronan (227e choix) gagnent la Coupe Stanley en 1993.

1993 : un Finlandais au nom mélodieux

1993, c'est l'année Alexandre Daigle. Le tout premier choix au repêchage (Ottawa) suscite bien des espoirs. Daigle devance Chris Pronger (2e, Hartford), Chris Gratton (3e, Tampa Bay), Paul Kariya (4e, Anaheim), Rob Niedernayer (5e, Floride), Viktor Kozlov (6e, San Jose), Jason Arnott (7e, Edmonton), Niklas Sundstrom (8e, Rangers) et plusieurs autres.

Au 21e rang, Montréal sélectionne Saku Koivu. Le journaliste Denis Arcand raconte : « Le Canadien est allé chercher son premier choix en Finlande. Il s'agit d'un jeune homme au nom mélodieux de Saku Koivu (prononcer Corriveau comme un Chinois), qui appartient à une équipe au nom évocateur de "TPS". On ne saura pas si TPS veut dire la même chose que chez nous ou "trop près de ses sous", parce que l'équipe n'a pas jugé utile d'envoyer Koivu à Québec pour le repêchage[5]. »

Arcand cite le dépisteur du CH pour l'Europe,

4 Ailier gauche qui a joué 51 matchs avec le CH.

5 TPS Turku. TPS signifie Turun Palloseura.

Jean-Claude Tremblay: « Il n'est pas très costaud (5'9", 165 lb) mais il a du chien comme c'est pas possible. » Quant à Serge Savard, qui, note Arcand, a appelé Koivu le Suédois, il déclare: « Je pense que beaucoup d'équipes l'ont puni pour sa petite taille en ne le choisissant pas. Mais nous croyons qu'il sera bon. »

1994: le dauphin de Patrick Roy

Hartford, le 28 juin 1994. Après avoir sélectionné le défenseur Brad Brown en première ronde[6], le Tricolore repêche le gardien José Théodore. « Le dauphin de Patrick Roy s'appelle José Théodore, un gardien de but originaire de Laval et porte-couleurs des Lynx de Saint-Jean, rapporte Philippe Cantin. Choisi au 44e rang par les Glorieux, Théodore était encore sur un nuage plusieurs minutes après sa sélection. »

Théodore déclare alors: « C'est une marque de confiance du Canadien et je vais livrer la marchandise. Je suis allé souvent au Forum, j'ai applaudi la Coupe Stanley de 1986, je connais les histoires sur les fantômes. Me retrouver avec cette équipe, c'est le rêve de ma vie. »

1998: deux Québécois font jaser

En 1998, Vincent Lecavalier est le tout premier choix au repêchage (Tampa Bay). Les Québécois sont aussi à l'honneur chez le Canadien. Éric Chouinard et Mike Ribeiro sont réclamés aux premier et second tours.

« Réjean Houle et son équipe de dépisteurs se sont tournés vers des attaquants habiles du Québec, écrit Mathias Brunet. [...] L'époque des boeufs de l'Ouest semble désormais révolue. »

Le recruteur en chef du Canadien, Pierre Dorion, confirme: « S'ils sont gros, c'est un boni, mais nous voulons avant tout mettre la main sur des gars qui savent c'est quoi une rondelle. En ce sens, Chouinard et Ribeiro montrent un beau talent. »

Brunet dit que Chouinard est « reconnu pour ses qualités offensives, mais certains lui reprochent son manque de robustesse ». « Ribeiro, lui, a du chien à revendre, mais ses 155 livres, sur une charpente de 5 pieds 11 pouces, jouent contre lui. » Prenant exemple sur son propre gabarit à son arrivée dans la LNH, le DG du Canadien Réjean Houle, se dit en confiance.

Dans la fébrilité de ces première heures, les noms de deux autres choix du Canadien font l'objet de peu d'attention. Mais Andrei Markov (162e) et Michael Ryder (216e) feront parler d'eux...

Quant à Éric Chouinard, sa carrière sera brève chez les Glorieux. Il ne joue que 13 matchs, comptant 1 but et obtenant 3 passes.

2003: l'espoir venu de l'Est

Quel joli titre que celui de l'article de Mathias Brunet du 22 juin 2003 pour parler du choix de premier tour du Canadien, Andrei Kostsitsyn.

Brunet rapporte que le recruteur en chef, Trevor Timmins, jubile après la séance du repêchage. Durant un moment, il craint avoir perdu Kostsitsyn aux mains d'une des neuf autres équipes sélectionnant avant le CH. Mais ce n'est pas le cas. Peut-être parce que cet « intriguant attaquant biélorusse », comme le décrit Brunet, est atteint d'épilepsie.

Pour Timmins, Kostsitsyn est un joueur de grand talent et les symptômes de sa maladie sont mineurs. Le médecin-chef du Canadien, le Dr David Mulder, l'a examiné.

« Andrei Kostsitsyn n'est pas un géant, mais certainement pas un minus non plus, dit Brunet. À 6 pieds et 189 livres, son physique pourrait se comparer à celui de Richard Zednik, mais il est probablement plus costaud. On le dit très rapide et surtout extrêmement doué à l'attaque. Il n'est pas un attaquant de puissance comme tel, mais il ne craint pas de foncer vers le filet adverse. Les experts vantent sa vision du jeu. »

Cette année-là, le Canadien repêche aussi Cory Urquhart (40e), Maxim Lapierre (61e), Corey Locke (113e) et Jaroslav Halak (271e).

2005: Price et Latendresse

Foi de Richard Labbé, journaliste présent au repêchage de 2005, le CH cause une surprise en faisant du gardien Carey Price[7] son premier choix (5e au total). Bob Gainey avait d'abord parlé d'un attaquant ou d'un défenseur.

Labbé dit que Gainey parait moins étonné: « Il était celui qui était sur notre liste à ce moment-là, a-t-il expliqué calmement. On sentait qu'il était le meilleur joueur disponible quand est venu le temps de faire notre choix. Je crois que nous avons obtenu un joueur de qualité, qui pourra nous aider un jour. »

Analysant la situation, le journaliste Mathias Brunet ne croit pas alors que l'arrivée de Price menace José Théodore[8]. Il rappelle que ce dernier fut repêché en 1998 alors que Patrick Roy n'avait que 28 ans et a mis plusieurs années à se développer.

« Il reste à connaître la valeur de ce Price, dit-il. Le jeune homme de 17 ans est classé parmi les dix meilleurs espoirs de ce repêchage, mais une performance plutôt ordinaire lors des Championnats du monde des moins de 18 ans, le printemps dernier, en a déçu certains et l'a fait dégringoler dans le classement de plusieurs observateurs. Sauf qu'il a excellé à Tri-City, avec un club médiocre. »

Choisi au 45e rang (2e du CH) grâce à un échange mineur, Guillaume Latendresse, lui, est aux anges. Dans le texte de Labbé, il dit: « Quand j'ai vu que le Canadien avait fait un échange pour avancer, mon cœur s'est mis à battre très vite. Et quand ils ont dit Drummondville, je savais que c'était moi... Tous les joueurs québécois rêvent de jouer pour le Canadien. Montréal, c'était mon premier choix. »

Andrei Kostsitsyn, premier choix du Canadien en 2003. Son sourire en dit long sur sa satisfaction d'avoir été repêché si tôt.

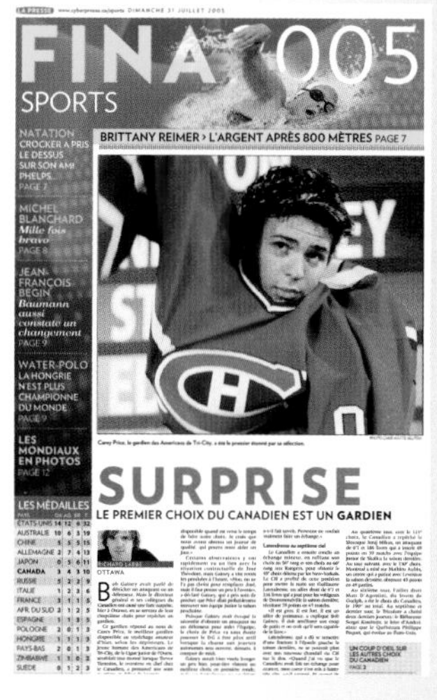

Carey Price a l'air surpris en enfilant son chandail du Canadien qui en a fait son choix de première ronde (5e au total) en 2005. Et Price est effectivement surpris, rapporte le journaliste Richard Labbé.

6 Il joue 13 matchs avec le CH.

7 Le Canadien a obtenu ce choix à la suite d'une loterie regroupant toutes les équipes de la LNH, puisqu'il n'y avait pas eu de saison 2004-2005 en raison du lock-out.

8 C'était avant la saison catastrophique de Théodore en 2005-2006.

CHAPITRE 63

ANNÉES 1979-1984

BERNARD BRISSET, « PITON » RUEL ET LE MALAXEUR

Le journaliste Bernard Brisset à l'époque où il était à l'emploi de *La Presse*.

En moins de cinq ans au poste de journaliste à *La Presse*, Bernard Brisset côtoie cinq entraîneurs du Canadien : Scotty Bowman, Bernard Geoffrion, Claude Ruel, Bob Berry et Jacques Lemaire.

Affable, coloré, Ruel était authentique. Il n'avait, pour ainsi dire, pas peur de se mouiller devant les journalistes. Au point de plonger dans un bain tourbillon préhistorique en discutant hockey !

« Claude Ruel aimait bien faire ses conférences de presse dans son petit bureau, attenant au vestiaire des joueurs, se souvient Brisset. C'était possible car nous n'étions que trois ou quatre journalistes à suivre l'équipe. À un moment donné, pendant qu'il nous parlait, "Piton" se déshabillait et se plongeait dans une espèce de grosse cuve en métal lui servant de bain. Il faisait couler de l'eau chaude et il y avait un moteur qui servait comme un malaxeur. Ça faisait un tourbillon là-dedans ! »

C'était une belle époque, où les barrières entre les joueurs et les journalistes étaient pratiquement inexistantes, dit-il. « On parlait aux joueurs alors qu'ils étaient sous la douche, évoque l'ancien journaliste. On commençait la conversation dans le vestiaire. Le gars s'en allait sous la douche et on le suivait. On continuait à lui parler pendant qu'il se savonnait les cheveux… »

Cette proximité n'empêchait pas les journalistes de faire leur travail avec rigueur et objectivité, soutient Brisset. Au contraire...

« Je trouve qu'on était très sévères, mais on était justes, poursuit-il. Autant on pouvait applaudir leurs bons coups, autant on pouvait dire qu'un joueur ne l'avait pas et pourquoi. »

Lorsqu'un différent survenait, chacun trouvait sa manière de le régler. Claude Ruel par exemple, avait une façon originale d'exprimer son mécontentement.

« Il n'avait aucune méchanceté, évoque l'ancien journaliste à son propos. Il avait un caractère bouillant mais ne trouvait pas toujours les mots pour exprimer sa pensée. Lorsque, par exemple, il était en colère contre un journaliste ou un joueur, il avait développé un truc. Pendant qu'il était dans son bain, il se mouillait le visage en donnant une claque dans l'eau de façon à nous arroser. On sentait que ça lui faisait bien plaisir [*rires*]. »

Brisset n'était pas un néophyte à son arrivée à *La Presse*. Il couvrait déjà le Canadien depuis cinq ans au *Montréal-Matin*[1] au moment de la fermeture de ce journal, le 27 décembre 1978. Six journalistes des sports sont alors transférés à *La Presse*.

« Notre "beat" nous appartenait, se remémore Brisset. On le faisait comme on le voulait. On avait énormément d'espace pour travailler. On écrivait ce qu'on voulait. On appelait au bureau le matin et notre patron, Pierre Gobeil, nous disait "Aujourd'hui, tu as deux pages." Ou encore : "Je suis dans un creux de nouvelles. Si tu peux déborder et faire trois pages, vas-y. Laisse-toi aller." Nulle part dans ce métier-là, on ne pouvait s'exprimer comme on le faisait à cette époque-là. » On pouvait truffer nos histoires de commentaires, exprimer nos opinions. C'est quelque chose qui ne se fait plus. »

1 Le *Montréal-Matin* appartenait alors à *La Presse*. Les deux journaux occupaient des espaces séparés dans le même édifice, angle Saint-Laurent et Saint-Antoine.

SAUTER LA CLÔTURE

Dans le monde du hockey, Brisset est un cas unique. Car il a vu les choses des deux côtés de la clôture. À l'automne 1984, il quitte *La Presse* et devient directeur des communications des Nordiques. Il y reste trois ans, revient au journalisme pour ensuite devenir vice-président aux communications du Canadien durant huit ans dans les années 1990[2].

« Lorsque Marcel Aubut, des Nordiques, m'a approché, je travaillais sur l'histoire du repêchage de Petr Svoboda, relate-t-il. J'avais eu vent que les Nordiques tentaient de le soudoyer du Canadien. Je suis allé voir Aubut et lui ai demandé si c'était vrai. Il m'a répondu : "Avant de répondre à ta question, je vais t'en poser une. Est-ce que tu voudrais travailler pour les Nordiques ?" Je pensais que c'était une blague. Cela m'avait un peu déstabilisé. Évidemment, il avait tout nié quant à Svoboda. »

2 Après le Canadien, Brisset a été rédacteur en chef du *Journal de Montréal*. Lorsque nous l'avons rencontré, en avril 2008, il était directeur de l'information à TQS.

CHAPITRE 64

26 NOVEMBRE 1984

LE DÉMON BLOND N'AVAIT PLUS LE FEU SACRÉ

1984

Depuis des mois, Lafleur n'est plus que l'ombre de lui-même. Il est stressé, fatigué. Il vit mal avec le système de jeu défensif instauré par son ancien coéquipier et nouveau coach, Jacques Lemaire. Cela affecte son jeu. Lafleur n'est plus capable de marquer.

La fin de sa saison 1983-1984 est pénible. Aucun but et trois passes en douze matchs des séries. Le début de 1984-1985 est tout aussi aride : deux buts en 19 rencontres.

Lafleur jure qu'il ne se laissera pas abattre. Il n'a pas l'intention de prendre sa retraite, lit-on dans *La Presse* du 24 novembre. Mais deux jours plus tard, c'est la fin.

« Un des plus grands joueurs de l'histoire du hockey, Guy Lafleur, a annoncé hier sa retraite active du sport qui l'a rendu célèbre, écrit Tom Lapointe à la une de *La Presse* du 27 novembre.

« Torturé par ses derniers déboires, incapable d'accepter son statut de joueur moyen, Lafleur a décidé d'accrocher ses patins à l'âge de 33 ans. [...]

« Par moment incapable de dire un seul mot, Lafleur a réussi à remercier tout le monde. Il a surtout insisté sur le fait que la décision était la sienne. »

À la suite d'une entente avec la direction du CH, il reste un Glorieux à vie, obtenant un poste dans l'organisation [1].

Dans un autre texte de Tom Lapointe, Lafleur déclare : « Non, ce n'est pas une décision émotive. [...] Je n'en pouvais plus. Je n'avais plus le feu sacré. » Plus loin, il lance : « Si j'avais continué à jouer, j'aurais pu ternir mon image. J'aurais pu retourner le public contre moi. Non, je ne le regretterai pas. J'en suis sûr... »

Les journalistes recueillent les réactions des membres de la direction, des joueurs, des amateurs, etc. Le directeur général de la Flanelle, Serge Savard lance :

« C'était inévitable, Guy agonisait. Après avoir connu de grandes années, il ne pouvait accepter d'être un joueur ordinaire. Il était torturé par une telle situation. [...]

« Il ne regrettera pas non plus de ne pas avoir tenté sa chance ailleurs. Avec une autre équipe, il aurait vécu le même cauchemar. Il aurait recommencé à agoniser et il se serait détruit. »

1 L'entente durera moins d'un an.

Retraite plutôt qu'hypocrisie

Dans sa chronique intitulée « La retraite plutôt que l'hypocrisie », Réjean Tremblay décrit le début de la conférence de presse :

« On aurait entendu une mouche voler quand le trio Savard Corey et Lafleur s'est avancé vers le micro de la Mise au jeu [2] pour confirmer ce que tous savaient depuis quelques heures déjà. Lafleur était blême, les yeux rougis, les traits tirés. Il fixait devant lui sans trop voir ce qui l'entourait. Comme un boxeur sonné. Serge Savard, habituellement si placide, avait l'air bouleversé. Quant à Ronald Corey, un fan autant qu'un président, il avait l'air d'un condamné à mort. »

Tremblay émet des réserves à l'idée qu'il s'agit d'une triste fin pour Lafleur.

« Est-ce triste de voir un homme venir admettre publiquement qu'il était incapable de n'être qu'un joueur moyen, qu'un joueur ordinaire ?, demande-t-il. Est-ce triste, quelqu'un qui a essayé jusqu'à la toute fin de revenir au sommet de son art ?

« Une fin triste, ç'aurait été l'hypocrisie. »

2 Le restaurant du Forum.

la presse SPORTS

Guy Lafleur quitte le hockey mais demeure Glorieux «à vie»

«Je n'en pouvais plus...»

«J'aurais aimé le diriger durant ses belles années»
— Jacques Lemaire

LES CHIFFRES D'UNE CARRIÈRE

12 pages

La une du cahier des sports du 27 novembre 1984.

LE DERNIER BUT

Guy Lafleur compte son dernier but dans l'uniforme du Canadien le 25 octobre 1984, au Forum. Il participe aussi au but vainqueur compté par Larry Robinson dans une victoire de 3-2 sur les Sabres de Buffalo.

Le journaliste Richard Hétu décrit ce but :

« L'histoire du deuxième vingt, c'est Lafleur qui l'a écrite.

« Il ne restait que deux minutes à la période lorsque le Démon blond a accepté une passe de Mike McPhee à la hauteur de la ligne bleue. Patinant à vive allure, Lafleur a atteint le cercle de la mise au jeu, à la gauche du gardien [Robert] Sauvé, et a décoché un lancer qui n'était pas sans rappeler sa plus belle époque.

« Songez un peu : Lafleur n'avait presque plus d'angle lorsqu'il a lancé en direction du but adverse. Par on ne sait trop quel miracle, la rondelle s'est frayé un chemin à la droite de Sauvé et a abouti juste à l'intérieur du poteau des buts.

« Un filet à en rêver la nuit. "Guy ! Guy ! Guy ! a manifesté la foule. Un des beaux moments de la saison. »

CHAPITRE 65

1971

1971-1991

LAFLEUR ET *LA PRESSE*

Sports

La Presse

GUY!GUY!GUY!

Du jamais vu comme ovation; un cahier spécial de 15 pages

DU HOCKEY INCOMPARABLE, GUY
DE LA FIERTÉ, GUY
DE L'EXCELLENCE, GUY O'Keefe

Guy ! Guy ! Guy ! La couverture du cahier des sports du 31 mars 1991.

la presse

Destination Londres: tout à coup une volte-face

Tout était prêt pour la libération de Laingen...

Un samedi soir pour l'Unicef...

Le scénario de l'ONU pour la libération des otages

Code civil pour les enfants...

En vedette: Guy, Caroline et Pierre

Les conservateurs perdent du terrain dans toutes les régions

Aussitôt élu, Danis entreprend le regroupement de la droite

Le hockeyeur, la princesse et l'ancien (et futur) premier ministre. Guy Lafleur rencontre Caroline de Monaco et Pierre Elliott Trudeau à un gala de l'Unicef le 1er décembre 1979.

Au moment de sa première retraite, Guy Lafleur est toujours le digne successeur de Maurice Richard et de Jean Béliveau dans le coeur des fans.

Idole des partisans, il est aussi celle des médias. Chez les scribes, on adore son franc-parler. Car Lafleur n'a ni la langue de bois ni la mauvaise habitude de se dédire.

Le journaliste Bernard Brisset, qui couvre les activités du Canadien pour *La Presse*[1] de 1979 à 1984, apprécie encore aujourd'hui cette franchise.

« J'avais un contact assez particulier avec Guy Lafleur, raconte-t-il. J'ai sorti je ne sais plus combien d'histoires, de déclarations où il s'emportait contre l'équipe, son coach, etc. C'était un gars entier. Parfois, j'avais l'impression qu'il se mettait à râler dès qu'il me voyait arriver. Je lui disais: "Guy, je suis obligé d'écrire ça." Et il me répondait: "Écrit-le". C'était souvent des déclarations qui provoquaient des tempêtes épouvantables au sein du Canadien et du monde du hockey. Mais, et c'est la raison pour laquelle j'aimerai Guy Lafleur jusqu'à la fin de mes jours, jamais n'a-t-il utilisé l'excuse d'être mal cité pour cacher quoi que ce soit. Il s'est toujours tenu debout au lendemain de ses déclarations. »

La Presse a toujours accordé une grande attention aux faits et gestes de Lafleur, du début à la fin de sa carrière, sur la glace comme à l'extérieur de la patinoire, du camp d'entraînement jusqu'au dernier match de l'année. Cette attention s'est maintenue lorsqu'il a revêtu les chandails des Rangers de New York et des Nordiques de Québec. Voici quelques extraits de reportages que le quotidien de la rue Saint-Jacques lui a consacrés.

Lafleur poète

Le 17 novembre 1972, alors qu'il entame sa seconde saison avec le CH, Lafleur est le sujet d'un portrait dans la chronique Sport-Hebdo où il est question de ses... poèmes.

Au journaliste Pierre Brosseau, Lafleur confie avoir écrit ce qui lui « passait par la tête » à l'automne 1971. Nouvellement arrivé au sein du grand club, l'ancien porte-couleurs des Remparts de Québec doit alors s'adapter à la vie montréalaise, ne connaît personne et met du temps à établir le contact avec les autres joueurs de l'équipe.

« Je passais de grandes journées, tout seul étendu sur un sofa , à écouter de la musique, raconte-t-il. Puis, ça m'a tenté d'écrire. Je ne sais pas pourquoi. Je pense que ça me défoulait. »

Lafleur en larmes

Janvier 1977. Guy Lafleur est en pleine gloire. Il vogue vers une troisième saison de plus de 50 buts. Or, dans un article daté du 8 janvier 1977, Lafleur raconte à Réjean Tremblay à quel point il est passé près de quitter le Canadien pour les Nordiques lorsqu'il a signé, sous pression, un contrat de dix ans moyennant un million de dollars.

Tremblay raconte en détail comment Sam Pollock et l'agent de Lafleur, Gerry Paterson, l'ont poussé à signer son contrat avant un match contre les Flyers de Philadelphie. Après la rencontre, le beau-père de Lafleur, Roger Barré, arrive avec une offre deux fois plus alléchante des Nordiques. « J'ai tout fait pour faire annuler mon contrat », raconte le numéro 10 qui avoue en avoir pleuré de rage. Mais en janvier 1977, tout est oublié. Lafleur se dit heureux à Montréal.

Lafleur crevé

Au terme de la série finale de 1979, où le Canadien bat les Rangers de New York et remporte une quatrième Coupe Stanley consécutive, Guy Lafleur confie à Bernard Brisset être totalement vidé.

Il faut dire que le dernier match contre les Rangers est son 110e de la saison, rappelle *La Presse* à la une de son édition du 23 mai 1979.

« Pour la première fois de sa carrière, Guy Lafleur était complètement vidé au cours de la série finale contre les Rangers, écrit Brisset. Vidé tant sur le plan physique que mental.

« Il jouait par instinct, par réflexe, un peu comme un petit robot dont les piles commencent à tirer la patte. »

Lafleur « people »

À l'issue d'un match disputé contre les Whalers de Hartford, le 1er décembre 1979, Lafleur troque son équipement pour ses habits de soirée et court à un gala-bénéfice d'Unicef-Québec tenu à Westmount où il rencontre la princesse Caroline

1 Voir le chapitre 60.

À GAUCHE
Guy Lafleur, dans l'uniforme du Canadien, toujours aussi populaire au près du public.

CI-CONTRE
Lafleur, le 30 mars 1991, à l'occasion de son dernier match au Forum. Durant la cérémonie d'avant-match, il se rend auprès de Ronald Corey pour lui dire que le temps était venu de tourner la page.

de Monaco et l'ancien premier ministre canadien Pierre Elliott Trudeau. Présente à la soirée, *La Presse* en fait sa photo principale de une le lundi 3 décembre 1979.

Flower loves New York

À la suite de son retour au jeu avec les Rangers de New York, pilotés par Michel Bergeron, Guy Lafleur fait l'objet d'un long reportage dans l'édition du 22 octobre 1988 de *La Presse*. Dix ans après sa dernière rencontre avec lui, l'envoyé spécial du quotidien, Pierre Foglia, retrouve un Lafleur plus « fin » que jamais.

« Vous en voulez des superlatifs ? En v'là qui ne me forcent pas une seconde : le plus gentil, le plus charmant, le plus simple, le plus fin, c'est lui, écrit Foglia. Le plus content aussi. Lafleur heureux de jouer. Lafleur heureux à New York. *Flower loves NY*... L'autre chose qu'il faut que je vous dise de suite, c'est le pourquoi de cette folie de retour, à 37 ans, dans la Ligue nationale. Mais vous allez être déçu, je crois. C'est pourtant la meilleure excuse qu'on peut jamais avoir de commettre une folie : en avoir follement envie... »

Lafleur lance et compte

Au printemps 1991, après trois années de retour au jeu, Guy Lafleur annonce, l'âme en paix, sa retraite définitive du hockey. Son dernier match au Forum, il le dispute le samedi 30 mars 1991, dans l'uniforme des Nordiques de Québec[2].

L'événement suscite une grande effervescence au Québec. Dans les éditions du 30 et du 31 mars de *La Presse*, une vingtaine de textes sont consacrés à cette dernière visite de l'enfant prodigue. Des chroniqueurs en profitent pour saluer Lafleur, sa gentillesse, sa disponibilité, le temps qu'il leur a accordé. Le numéro 10 est nommé Personnalité de la semaine de *La Presse*.

Le 30 mars, le chroniqueur Réjean Tremblay affirme que Lafleur est plus qu'une superstar avec du charisme. « Pourquoi ce diable d'homme est-il capable de rendre les gens heureux depuis plus de vingt ans ? demande-t-il. Pourquoi l'amour qu'il suscite est-il assez grand pour faire célébrer tout un peuple ? Qui peut se vanter d'avoir rendus poètes des milliers de Québécois qui ont écrit à *La Presse* ?

« Lafleur est Lafleur parce qu'il est vulnérable. Lafleur n'a jamais été perçu comme un surhomme. Au contraire, il aura été le plus homme de nos stars. Tellement vulnérable que tous les vulnérables du monde pouvaient se retrouver en lui.

« Le faible aimait sa faiblesse quand c'était la faiblesse de Ti-Guy. Le perdant aimait sa défaite quand c'était la défaite de Lafleur. Le naïf aimait sa naïveté quand c'était la naïveté de Flower. Le pécheur aimait ses péchés quand c'était les péchés du Démon blond. »

Le samedi 30 mars, devant des spectateurs survoltés, Lafleur reçoit une ovation de six minutes. Il va serrer la main du président du CH, Ronald Corey, que d'aucuns voient à l'origine de son départ du Forum. Ce geste de réconciliation, il le fait pour le public, dit-il.

Et Lafleur compte un but !

« Guy a toujours tenu à combler son public. Il l'a encore fait hier en marquant un but superbe, écrit le journaliste Michel Marois. Il cite Lafleur : « Je suis très fier de ce but, a-t-il raconté. Je m'en souviendrai autant que les buts que j'ai marqués pendant les finales de la Coupe Stanley. »

Ce but, son 560e en saison régulière, fut le dernier de sa carrière.

2 Le lendemain, 31 mars 1991, il joue le tout dernier match de sa carrière au Colisée, contre le Canadien. Les Nordiques gagnent 4-1 mais Lafleur ne participe pas au pointage.

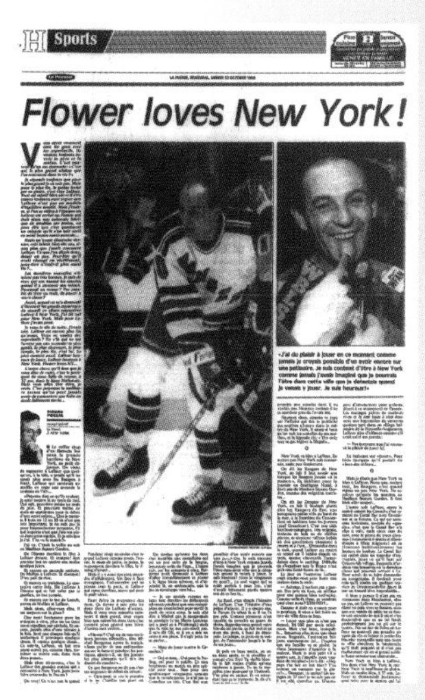

Sports

Flower loves New York!

Flower loves New York. Reportage de Pierre Foglia publié le 22 octobre 1988 dans *La Presse.*

sports

sport-hebdo

Assistés ...s'abster

On aura tout demandé à Lafleur même d'être poète

Dans l'édition du 17 novembre 1972, Guy Lafleur confiait à La Presse avoir écrit ce qui lui « passait par la tête » au moment de son arrivée avec le Canadien. Ses (poèmes) témoignaient de moments de solitude.

1986

24 MAI 1986

LE CANADIEN RETROUVE SA COUPE

la presse SPORTS

PATRICK ROY MÉRITE LE TROPHÉE CONNIE SMYTHE

Le Canadien ramène la Coupe Stanley pages 34 à 39

4 3

Sa 23e ... que personne n'avait prévue

Claude Lemieux exprime sa joie en soulevant la coupe Stanley, le 24 mai à Calgary.

Bien sûr, ce ne fut pas la plus glorieuse des conquêtes. Car les équipes favorites – Nordiques, Flyers, Capitals, Oilers – tombent au premier ou deuxième tours. Bien sûr, on ne l'attendait pas. Mais le 24 mai 1986, le Canadien remporte tout de même la 23e Coupe Stanley de son histoire.

L'équipe, qui compte huit (!) recrues et un nouvel entraîneur, Jean Perron, au début de la saison, n'apparaît pas dans la boule de cristal des experts. À la veille des séries, avec ses 40 victoires et 87 points, le CH présente un bilan correct mais reste négligé pour la suite des choses.

Montréal a toujours eu le numéro des Bruins en série et 1986 s'inscrit dans la tradition. Au premier tour (3 de 5), il exécute les Boston en trois matchs. Le second tour est nettement plus difficile. Il faut sept matchs et le but de Claude Lemieux contre Mike Liut en temps supplémentaire pour éliminer les coriaces Whalers de Hartford. « Je capotais sur la glace ! J'ai vu rentrer la rondelle et tout de suite, j'ai capoté, j'ai perdu la notion du temps », raconte Lemieux dans la chronique de Réjean Tremblay du 1er mai.

En finale de conférence, le CH envoie les Rangers de New York, fatigués de leurs dures séries contre Philadelphie et Washington, en vacances au terme de cinq parties.

Arrivent les Flames. Qui viennent de se farcir deux longues séries de sept rencontres contre les Oilers d'Edmonton [1], et les Blues de St. Louis.

La fatigue, justement, pourrait être un facteur favorable à l'équipe montréalaise, croit le journaliste Ronald King. « Les Flames risquent de manquer de force », dit-il. Puis, il analyse les deux formations, position par position. Devant les buts, c'est avantage Canadien.

« Patrick Roy a commis une seule erreur en 15 matchs de séries éliminatoires. Il mérite amplement toute la reconnaissance que ses coéquipiers lui témoignent. Et le jeune semble aimer la pression », analyse-t-il.

Début difficile

La fatigue ne gêne nullement Calgary, qui remporte le premier match, 5-2, devant ses partisans.

« Les Flames n'ont eu aucun mal », titre *La Presse*.

« Tout au long du match, les avants du Canadien étaient incapables de contrôler la rondelle, encore moins de se la relayer, note Ronald King. Le gardien Mike Vernon n'a pas tellement eu à suer, les lancers des Montréalais étant inoffensifs. »

Le journaliste Richard Hétu cueille les commentaires des joueurs après le match. Le défenseur Larry Robinson estime que certains coéquipiers ont joué aux touristes. « Ce n'est pas tous les joueurs qui étaient impliqués », dit le défenseur.

Le Canadien remporte le second match grâce à un but de Brian Skrudland après seulement neuf secondes de temps supplémentaire [2]. Ronald King rapporte que les Flames ont tenté de jouer de rudesse, une stratégie qui s'est retournée contre eux.

« Le Canadien a lancé un avertissement aux Flames de Calgary avec sa victoire de 3-2 dimanche : la rudesse et l'intimidation ne servent à rien, écrit-il.

« L'entraîneur Bob Johnson a laissé ses joueurs lourds sur le banc en troisième période, les gros muscles n'arrivaient plus à freiner les hommes de Jean Perron. »

King revient aussi sur la fatigue des Flames qui en étaient à un 17e match en 32 soirs. « Ils ont laissé voir que leur réservoir était presque vide, dit-il. [...] Le Canadien est extrêmement confiant et il sent que sa proie est blessée. »

Deux victoires et une bagarre générale

Les deux équipes se retrouvent au Forum pour les troisième et quatrième matchs les 20 et 22 mai. Deux victoires du Canadien, 5-3 et 1-0. Au terme du second match, une bagarre générale éclate.

L'issue de la troisième partie est scellée en fin de première période quant le CH marque trois buts en 68 secondes, chassant le gardien Mike Vernon. Ronald King vante le travail de l'ailier gauche Mats Naslund, auteur de deux buts et une passe. « Le petit Suédois a volé le spectacle en utilisant sa grande vitesse et quelques gestes originaux. »

Richard Hétu reproduit les commentaires du Petit Viking : « Nous sommes une équipe forte.

1 Les Oilers sont éliminés à la suite d'un but de Steve Smith... dans le filet de son équipe.

2 Un record qui tient encore.

CHAPITRE 66

1986

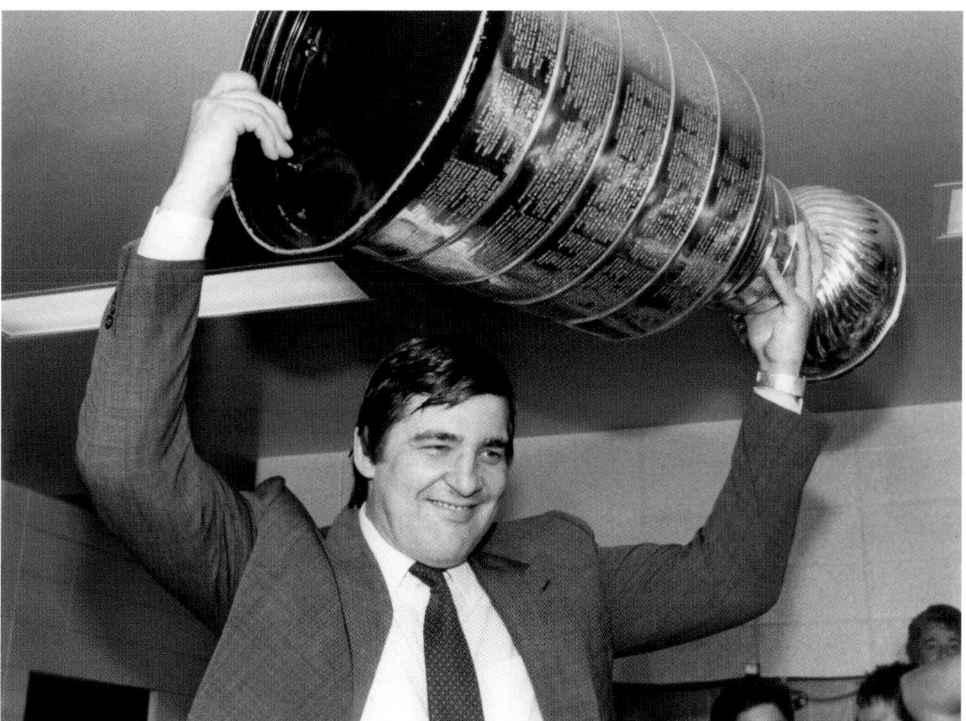

Serge Savard soulève sa première coupe Stanley à titre de directeur général du Tricolore.

Montréal vibre au rythme des Glorieux

Jean Drapeau absent

Cette photo prise tard, le soir du 24 mai, fut publiée dans *La Presse* du 26. La joie de certains manifestants s'est transformée en débordements de toutes sortes.

Nous sommes durs mentalement. Et les deux buts que nous avons comptés en fin de période pour prendre l'avance 4-2 ne peuvent que nous donner plus de confiance.»

La courte victoire de 1-0 du 22 mai est signée Claude Lemieux, encore lui, comme le signale *La Presse*. Avec ses dix buts, dont quatre victorieux, depuis le début des séries, le nom de Lemieux circule, comme celui de Patrick Roy, à titre de candidat au trophée Conn-Smythe.

Pour Ronald King, ce n'est pas, et de loin, la plus belle victoire de l'équipe. «Il n'y avait rien de joli dans la victoire du Canadien hier, même pas le but de Claude Lemieux qui a profité d'une erreur de Doug Risebrough et d'une faiblesse du gardien Mike Vernon.» Le journaliste constate beaucoup de jeu désordonné durant une partie du match.

La bagarre éclate après le sifflet mettant fin à la rencontre quand Naslund reçoit un coup de bâton d'un adversaire. Les bancs se vident. L'entraîneur des Flames Bob Johnson dénonce le comportement de Claude Lemieux. «Il a mordu Jim Peplinski au doigt et l'a blessé. [...] Claude Lemieux est un bon joueur de hockey. Il ne devrait pas mordre ses adversaires», dit Johnson dans un autre texte de Ronald King.

La LNH impose 42 000 $ d'amendes aux deux équipes à la suite de cette mêlée.

Joie, surprise et casse

Trois mots résument la situation prévalant à Montréal dans les heures suivant la victoire finale du Canadien, 4-3, à Calgary le samedi 24 mai: joie, surprise et casse.

Joie. Après sept ans d'attente, Montréal est en liesse. Les partisans, fous de joie, envahissent le centre-ville, dansent, s'étreignent, se précipitent à l'aéroport Dorval pour accueillir leurs héros.

«Le Canadien retrouve SA COUPE», titre *La Presse* à sa une du lendemain. Cette victoire met fin à «sept ans de patience et de frustration», dit-on. «Tard hier soir, dans les rues du centre-ville, les automobilistes klaxonnaient joyeusement, comme aux beaux jours d'antan. La Sainte-Flanelle a repris son titre!»

Surprise. Qui aurait prédit la Coupe au Canadien, cette année-là? Le sous-titre de la une du cahier des sports reflète ce deuxième constat. «Sa 23e... que personne n'avait prévue», lit-on.

«La coupe Stanley revient à Montréal pour la 23e fois mais personne ne l'avait prévue pour cette année, rappelle Ronald King. [...]

«Le Canadien a remporté une superbe victoire hier pour couronner une grande performance en séries éliminatoires», poursuit-il.

«Jean Perron et ses hommes sont revenus à

ROY ET LES COMPARAISONS

Les médias montréalais portent beaucoup d'attention au jeune Patrick Roy durant la série finale. Et pour cause, sa solide performance devant la cage lui vaut le trophée Conn-Smythe.

Lorsque comparé à Ken Dryden, le héros de la série de 1971, Roy réplique: «Je ne me compare pas à Dryden. Vous ne pouvez pas comparer un gardien des années 1980 à un gardien des années 1970. Le hockey a beaucoup changé depuis. [...] Quant à moi, ce n'est que ma première saison. J'essaie juste de jouer comme Patrick Roy. Et de faire de mon mieux pour aider mon équipe.»

Maintenant, relisons ce que Carey Price déclarait dans un article de François Gagnon durant la série Canadien-Bruins de 2008. Dans ce texte du 17 avril, Price refusait net d'être comparé à Patrick Roy et Ken Dryden. «Je pense à eux seulement lorsque vous évoquez leurs noms. Je ne veux pas être comparé à Patrick Roy. Pas maintenant, ni à la fin de ma carrière. C'est injuste. Il est lui, je suis moi. Nous sommes deux personnes et deux gardiens différents.»

1986

LE TROPHÉE CONNIE SMYTHE VA À ROY

Et voilà, c'est fait!

Nos 3 étoiles

Comme le veut la tradition, le capitaine du Canadien Bob Gainey fait le tour de la patinoire en soulevant la coupe Stanley à bout de bras.

Montréal pendant la nuit, comme des voleurs, avec un trophée qui ne leur était pas destiné. »

Les réactions des joueurs sont innombrables. Ainsi, dans un texte signé par Richard Hétu, Patrick Roy réagit à l'octroi du trophée Conn-Smythe. « On aurait pu le donner à Gainey, Robinson, Lemieux ou Carbonneau. Notre victoire en est une d'équipe et je ne peux pas prendre le crédit à moi tout seul, dit-il. Ce trophée est un boni. Pour moi, ce qui compte, c'est la Coupe Stanley. »

Claude Lemieux lance : « Quand j'étais petit, je regardais les Gainey, Lambert et Robinson remporter la Coupe Stanley et j'étais fasciné. Aujourd'hui que ça m'arrive, j'ai du mal à le réaliser. La sensation est difficile à décrire. »

Dans sa chronique, Réjean Tremblay compare le Canadien de 1986 à celui de 1979, année de la dernière conquête. En 1979, dit-il, le CH possédait « une équipe formée de grands joueurs ». « Hier soir à Calgary, c'est une conquête de la Coupe accomplie par des joueurs ordinaires qui forment une grande équipe que j'ai couverte, souligne-t-il. [...]

« Dans l'euphorie de la victoire, il faut quand même rappeler que les clubs de tête sont tous tombés avant même d'avoir à affronter le Canadien. Il s'agit d'une situation exceptionnelle qui ne s'était jamais produite dans l'histoire de la Ligue nationale. Le Canadien a eu la chance d'en profiter, d'autres équipes ne l'ont pas fait. »

Casse. « Dès la fin du match de samedi soir opposant le Canadien aux Flames à Calgary, un vent de folie s'est emparé de centaines de fanatiques partisans du Tricolore qui se sont livrés à des actes de vandalisme et de pillage dans le centre-ville », raconte *La Presse* du lundi 26 mai.

Dans son article, publié à la une, le journaliste André Pépin indique que la police, à l'image des experts, n'avait pas prévu le coup. « La police, visiblement surprise par l'ampleur des manifestations, a été débordée », dit-il, ajoutant que le maire Jean Drapeau a demandé un rapport.

Ce jour-là, *La Presse* publie plusieurs pages de textes et de photos sur la conquête, les débordements dans le centre-ville et le retour des héros. Le lendemain, 27 mai, est la répétition de la veille. Plusieurs pages sont publiées sur le défilé qui, estime-t-on, draine un million de partisans dans les rues de la métropole.

Le texte en une, signé Lilianne Lacroix, s'amorce ainsi : « Encore une fois, Bob Gainey a levé, à bout de bras, la coupe vers le ciel. Encore une fois, des milliers de bras et de bouteilles de bière se sont levés à leur tour.

« Depuis sept ans qu'ils l'attendaient, c'est dans un débordement de fierté, d'enthousiasme, de reconnaissance pour les joueurs du Canadien, mais aussi au beau milieu de libations plus que généreuses, que les Montréalais ont reçu encore une fois ce symbole de la suprématie au hockey professionnel. »

HOMMAGE À JEAN PERRON

Quand les partisans auront fini d'applaudir les joueurs et la haute direction, que restera-t-il pour le nouveau coach de l'équipe, demande Réjean Tremblay dans une chronique consacrée à Jean Perron. « Pourtant, si un homme mérite aujourd'hui l'admiration des partisans des Glorieux, c'est l'entraîneur du Canadien », lance-t-il.

Tremblay explique comment Perron a eu à composer avec huit recrues, à souder l'esprit d'équipe entre ces nouveaux et les vétérans, à esquiver les critiques des journalistes et à changer le « fameux système de Jacques Lemaire ».

À ce sujet, Perron lui déclare : « Il fallait que l'échec avant soit plus accentué, plus agressif, plus physique. Les gars étaient habitués à jouer un style hermétique en zone centrale et à attendre les ouvertures. C'était le style de l'an passé. Je voulais plus d'agressivité dans la zone adversaire, plus de pression physique sur les défenseurs. C'est très exigeant pour les joueurs et ça demande des sacrifices. Il faut souffrir. »

La reconnaissance ? Perron ne s'attend pas à en recevoir beaucoup. « Je ne m'attends pas à ce que les joueurs apprécient réellement ce que j'ai fait pour eux. Ils vont le réaliser deux ou trois ans après leur retraite. [...] Un coach qui attend après la reconnaissance des joueurs pour éprouver un sentiment de bien-être se trompe. Le seul feed-back qui comptait dans mon cas était celui de Serge Savard, mon patron. C'est sans doute pour cela que j'ai toujours relativement bien dormi. »

LE CHEF DES ENNEMIS

Tout au long de la série finale, Réjean Tremblay signe à la une du journal des papiers d'ambiance en marge de la série. Son premier texte, publié le 16 mai et intitulé « Cet homme est le chef des ennemis ! » est consacré au maire de Calgary, un certain Ralph Klein.

Oui, le même Klein qui deviendra premier ministre de l'Alberta en juin 1992. Il est de passage à Montréal pour donner une conférence. Et il a un chandail des Flames dans sa valise. « Je l'ai apporté pour le remettre en cadeau au maire Drapeau quand je vais le rencontrer cet après-midi à l'hôtel de ville », déclare-t-il.

« Ce Ralph Klein est un personnage pour le moins coloré », ajoute Tremblay. Ça, les Québécois ne le savent pas encore...

1987

28 AVRIL 1987

AU VOL !

Sports

La Presse

Le 500e n'a pas tardé

Schmidt frappe son circuit historique après deux retraits en neuvième

page 14

Au son du sifflet

Le duel Canadien-Nordiques: on ne s'en lasse jamais...

Les Islanders, à la 129e minute

Wallach coupe l'herbe sous le pied de Dawson et des Cubs

Robinson s'emparait du terrain...

La une du cahier des sports de *La Presse* du 19 avril 1987.

Dimanche, 19 avril 1987. Le Québec est à la veille d'une nouvelle confrontation Canadien-Nordiques en séries éliminatoires. Pour amorcer la couverture de cette rencontre entre les rivaux de l'autoroute 20 (ou 40), *La Presse* publie à la une du cahier des sports une photo de Bobby Smith à l'entraînement et ce titre: «Au son du sifflet – Le duel Canadien-Nordiques: on ne s'en lasse jamais.»

Les Nordiques remportent les deux premiers matchs à Montréal, 7-5 et 2-1. À Québec, le Canadien se rachète avec deux victoires de 7-2 et 3-2 en prolongation. Le lundi 27 avril, Réjean Tremblay rappelle que la présente série a pris une tournure hargneuse avec de nombreuses bagarres dans les estrades.

Le climat est donc tendu en ce mardi 28 avril 1987 lorsque les deux équipes se retrouvent pour le cinquième match sur la glace du Forum. Au tout début de la troisième période, un but de Paul Gillis, des Nordiques, crée l'égalité 2-2. Dans la minute suivante, l'arbitre Kerry Fraser lève le bras pour signaler une punition à Québec. Mais il oublie de siffler. Croyant que le Canadien fait l'objet d'une punition à retardement, le gardien Clint Malarchuk se précipite vers le banc pour l'ajout d'un sixième attaquant. Guy Carbonneau score dans le filet abandonné.

Fraser admet sa bévue et annule le but de Carbonneau. Le reste appartient à l'histoire. La montée des Nordiques vers le filet de Brian Hayward vers la fin de la troisième période, Naslund et Gillis accrochés l'un à l'autre, la collision avec Hayward, Alain Côté qui marque. Fraser se précipite vers le filet, croisant et décroisant les bras en signe d'annulation. Il dit avoir signalé au préalable une double pénalité à Naslund et Gillis. Le but est refusé. L'entraîneur de Québec, Michel Bergeron, est furieux. Ryan Walter marque quelques secondes plus tard. Le CH gagne 3-2.

«La victoire du Canadien a été ternie hier par une performance fort discutable de l'arbitre Kerry Fraser», écrit Ronald King en amorce d'un texte intitulé «Confusion, controverse...»

Réjean Tremblay est catégorique: «Les Nordiques ont raison de crier AU VOL», annonce-t-il. Son texte est tout aussi éloquent: «N'ayons pas peur des mots, partisans des Nordiques ou des Glorieux ne peuvent qu'être d'accord. Les Nordiques se sont fait voler une victoire hier soir par l'arbitre Kerry Fraser.

«Jamais en douze ans passées dans le hockey je n'ai vu un cadeau aussi flagrant fait par un arbitre à une équipe de hockey.

«Et cette fois, Michel Bergeron était parfaitement justifié de hurler au meurtre. Impossible de trouver cas plus probant. Le but marqué par Alain Côté était bon. Fraser a voulu égaliser l'erreur qu'il avait déjà commise plus tôt dans le match en permettant au Canadien de marquer dans un filet désert. Il s'est inventé deux punitions à Naslund et Gillis pour essayer de justifier son incroyable bourde.»

Une avalanche de mots

Rarement décision d'arbitre suscite un tel déluge de mots et d'articles. Le 29 avril, *La Presse* fait étalage de la confusion et de l'irritation régnant après la rencontre.

«L'entrée du vestiaire des Nordiques ressemblait à une scène du film *Platoon* après le match d'hier, lit-on. Quelques confrères de Québec se sont chamaillés avec des spectateurs, les policiers ont expulsé quelques individus et une trentaine de journalistes s'entassaient devant la porte voisine derrière laquelle l'arbitre Kerry Fraser se cachait.»

L'article donne la version de Fraser, par personne interposée, sur les deux buts refusés. On rapporte aussi les déclarations de Marcel Aubut selon qui, le vice-président de la LNH, Brian O'Neil, lui a avoué que le but était bon.

Richard Hétu cueille les déclarations de l'entraîneur du Canadien. «Jean Perron n'a jamais émis le moindre doute quant à la validité de la victoire de son équipe après le match d'hier soir. Mais ses propos n'ont pas toujours été convaincants.»

Plus loin, il écrit: «Quand un journaliste a demandé à Perron s'il avait vu Kerry Fraser lever son bras pour punir Paul Gillis, il a eu une réponse sibylline: "La reprise ne montre pas Fraser levant le bras, mais les spectateurs dans les gradins l'ont bien vu". La réponse de Perron a fait sourire.»

Dans le vestiaire du CH, les joueurs applaudissent le courage de Fraser. «Au même moment où Côté s'apprêtait à lancer, j'ai été frappé par quelqu'un. En aucune façon ce but n'aurait pu être alloué. Je suis content que Fraser ait été

Le fameux but refusé à Alain Coté. Quelques secondes plus tôt, Mats Naslund (26) était accroché à Paul Gillis. L'arbitre Kerry Fraser a prétendu avoir sifflé une double pénalité à ces deux joueurs.

Sports

La Presse

On peut douter!

Une performance discutable de l'arbitre Fraser jette la controverse sur la victoire du Canadien

Les Islanders se gardent en vie: 2-1

Le vrai Floyd Youmans s'est enfin levé...

Dans la grisaille, les Expos corrigent les Phillies 7-1

« On peut douter ! » annonce le cahier des sports du 29 avril 1987. Informé par Peter Stastny, Michel Bergeron se prend la tête.

l'arbitre. Il n'y en a pas beaucoup d'autres qui auraient eu le courage de signaler une infraction pour obstruction sur le jeu », déclare le gardien Brian Hayward dans un texte de Hétu.

Le 30 avril, nouvelle flopée de textes. Hétu rapporte que Brian O'Neil dément les allégations de Marcel Aubut à l'effet qu'il a reconnu la validité du but. « J'ai dit à M. Aubut et à Maurice Filion[1] que Fraser avait rendu une décision difficile, que c'était une affaire de jugement. Ils m'ont ri à la figure », dit le vice-président de la LNH.

« O'Neil, qui a assisté au match de mardi soir au Forum, est d'accord avec les dirigeants des Nordiques sur au moins un aspect du travail de Fraser, rapporte le journaliste avant de le citer à nouveau. "Nous ne tentons pas de dissimuler ce que nous pensons du travail de nos arbitres, a-t-il dit. Et mon avis, sur le travail de Fraser, mardi soir, c'est qu'il a connu une soirée difficile et qu'il a fait preuve d'inconstance." »

Autre texte de Hétu, cette fois sur les déclarations du DG du Canadien, Serge Savard, très irrité à l'égard de l'attitude des Nordiques, de leurs partisans et même de médias, surtout ceux de Québec. Il dit : « Je trouve ça inconcevable qu'on se permette de critiquer les dirigeants de la LNH. Qu'on se permette de critiquer continuellement les arbitres. Je ne me souviens pas d'une défaite des Nordiques où des membres de cette équipe n'ont pas critiqué les arbitres. »

Depuis Québec où doit se jouer le sixième match, Ronald King écrit un article où il relate que Michel Bergeron et ses joueurs tentent de tourner la page pour se concentrer sur la prochaine rencontre. « Il faut en effet rendre hommage à ces tenaces Nordiques, écrit-il. Ils connaissent probablement les séries éliminatoires les plus difficiles de l'histoire du hockey et hier, ils parlaient encore de prendre leur revanche. On ne pourra jamais les accuser de manquer de coeur au ventre.

Le 30 avril au Colisée, les Nordiques remportent une victoire de 3-2 et forcent la tenue d'un septième match, le 2 mai, au Forum. Tirant de l'arrière 1-0 au début de la deuxième période, le Canadien compte cinq buts consécutifs et remporte la victoire finale, 5-3.

Dans la défaite, Michel Bergeron refuse de serrer les mains de ses adversaires, rapporte King. Le Tigre, qui ne regrette pas son geste, déclare : « Je suis un mauvais perdant et je n'accepte pas cette défaite. Je ne l'accepterai jamais. C'est la première fois qu'une équipe gagne une série quatre-de-sept avec seulement trois victoires. »

Quant à Alain Côté, il est toujours aussi calme en revenant sur ce but refusé, observe King en le citant : « Je ne suis pas prêt de l'oublier. Je suis toujours convaincu qu'il était bon et je ne changerai pas ma version au cours de l'été. »

PAS LE PLUS BEAU HOCKEY...

Dans la foulée de cette controverse, Ronald King signe un billet le 30 avril où il souhaite qu'on passe à autre chose.

Il donne raison à Mats Naslund qui aurait préféré une confrontation contre Hartford. « Le petit Suédois a encore raison, lance King. Souhaitons que cette série vaudeville se termine au plus tôt d'un côté ou de l'autre et souhaitons ne plus devoir en subir une autre avant plusieurs années. »

« Même sur la patinoire, le spectacle n'en vaut pas la peine. Un petit coup d'œil sur les autres séries nous ouvre les yeux. Du patinage, de bonnes mises en échec mais beaucoup moins d'obstruction, pas de coups de bâtons et surtout pas d'engueulades après chaque mise au jeu. »

Il évoque le ton « anormalement élevé » sur la galerie de presse où la neutralité a pris le bord et cette nouveauté « pas très reluisante » de bagarres entre spectateurs. Il conclut : « Le hockey, sport d'équipe rapide et tactique, est réduit à un affreux prétexte à règlement de comptes où les acteurs principaux, joueurs, entraîneurs et officiels, s'écroulent sous une pressions malsaine.

« Les vrais amateurs de sport n'ont pas besoin de ça. »

Canadien et Nordiques ne s'affrontèrent qu'une seule autre fois en séries éliminatoires : en 1993.

1 Directeur général des Nordiques.

16 MAI-1er JUIN 1988

PERRON PART, BURNS ARRIVE

Sports

La Presse

Perron abandonne

«Raisons personnelles... pression...»

Savard ne l'a pas retenu

La succession

GAINEY: «Pas tout de suite»

BURNS: «Je suis prêt»

GILLES BLANCHARD La collision était inévitable

RÉJEAN TREMBLAY Le deuxième étage et le vestiaire n'en voulaient plus

YVES LÉTOURNEAU Lemaire a eu son mot à dire

Le cahier des sports de *La Presse* du 17 mai 1988. Dans un petit encadré, on remarque que Bob Gainey écarte l'idée de succéder à Perron tandis que Pat Burns se dit prêt...

Sports

La Presse

Le Canadien opte pour la ligne dure

Burns succède à Perron

Les Flyers en font autant: Holmgren

2 1

La petite misère!

Les Québécois font bien mais pas encore assez

Le cahier des sports de *La Presse* du 2 juin 1988. Pat Burns arrive.

Le lundi 16 mai, trois semaines après l'élimination en cinq matchs du Canadien par les Bruins de Boston en finale de la division Adams, et de retour de vacances en Guadeloupe, Jean Perron démissionne de son poste d'entraîneur du Canadien.

C'est le directeur général de l'équipe, Serge Savard, qui en fait part aux médias au cours d'une conférence de presse où Perron brille par son absence. «Selon Savard, Perron a choisi d'abandonner son poste pour des raisons personnelles, dont "les pressions devenues étouffantes pour sa famille et lui"», rapporte le journaliste Ronald King.

Savard dit avoir discuté durant quelques heures avec Perron plus tôt dans la journée. Il affirme que certains vétérans ont manifesté leur mécontentement contre lui, ce qui l'a affecté. «Mais le directeur général a ensuite avoué qu'il "n'était pas prêt à offrir un nouveau contrat" à son entraîneur lors de la rencontre d'hier, ce qui laisse croire que la direction de l'équipe avait perdu confiance en Perron», ajoute King.

Le scepticisme règne donc au terme de cette annonce. D'autant plus que Perron a toujours manifesté son intérêt à revenir.

Dans son analyse du lendemain, Réjean Tremblay écrit: «Dans mon esprit, il n'y avait aucun doute: Jean Perron n'avait pas le choix, il devait démissionner pour espérer sauver la face. Ce que lui réservait Serge Savard, c'était l'équivalent d'un congédiement.»

Gagnant de la Coupe Stanley à sa première saison avec le CH, Perron s'est éloigné de la direction au cours des derniers mois. Ce qui ne l'a pas aidé, remarque Réjean Tremblay.

«Jean Perron a ses torts, écrit-il. Les deux premières années, il a accepté plus facilement les conseils et les recommandations de Savard et de Lemaire[1]. Cette saison, se sentant plus fort, il a préféré diriger le club en faisant plus à sa tête. Sauf que de cette façon, il n'y a plus de parachute. Quand ça tombe, ça tombe vite.»

Le mardi 17, Tremblay réussit à parler avec Perron. L'échange lui fait conclure que l'ancien entraîneur ne contredira pas le Canadien sur sa «démission». «Mais Perron est d'une trempe spéciale, dit Tremblay. Il est franc et direct. Et supporte très mal le mensonge. Hier, lors de sa conversation avec le représentant de *La Presse*, il a indiqué que les journalistes avaient eu une idée assez juste de ce qui s'était passé. Pas besoin d'un cours classique pour comprendre, à la lecture de *La Presse*, que Serge Savard avait trompé la population et qu'on avait offert la porte à Jean Perron malgré tous les démentis officiels.»

Pat Burns devient entraîneur

Plus concrète est l'embauche de Pat Burns à titre d'entraîneur du CH. À seulement 36 ans, l'ancien policier de Gatineau et coach des Canadiens de Sherbrooke est présenté le 1er juin au médias par Serge Savard qui le qualifie ainsi: «Un homme qui inspire le respect».

«L'expression est revenue dix fois au cours des 90 minutes qu'a duré la conférence de presse, note le journaliste Gilles Blanchard. Savard l'a utilisé, puis son adjoint Jacques Lemaire et, finalement, Burns lui-même quand on l'a amené sur le terrain brûlant de la discipline au hockey.»

Blanchard décrit un Burns en contrôle de ses moyens. «L'homme a paru franc, direct, solide dans ses convictions et tout à fait à l'aise sous le feu nourri des questions.»

Burns, visiblement, n'a pas la langue de bois. Ainsi, pour parler de sa façon de voir les relations joueurs-entraîneurs, il déclare : « J'ai toujours été respecté par mes joueurs et je n'ai jamais éprouvé de problèmes majeurs du côté de la discipline. On a dit de moi que j'étais un entraîneur très près de ses joueurs ; on m'a aussi qualifié de très dur. La vérité, c'est que je travaille bien de l'intérieur mais qu'il existe une frontière quelque part qui ne doit pas être franchie. Je suis enthousiaste, je m'implique fortement dans les matchs, et je crois que les joueurs aiment cela parce qu'ils savent toujours exactement de quoi il retourne.»

Réjean Tremblay dit que Burns a été «impressionnant». «Il est visiblement un excellent communicateur. Il est aimable, chaleureux, convaincant. Une agréable surprise pour ceux qui le rencontraient pour la première fois.»

1 Prédécesseur de Perron derrière le banc, Lemaire est alors adjoint du DG Serge Savard.

1988

Pat Burns et Serge Savard, lors d'une conférence de presse donnée au mois de septembre 1988.

Pour Tremblay, l'arrivée de Burns marque le début d'une nouvelle ère où, comme le suggère le titre de sa chronique « Les p'tits durs vont prendre leur trou ». Car avec son bagage de policier, il sait flairer l'arnaque et la mettre en échec.

« Voilà où commence le respect dans une équipe de hockey. La peur, la trouille, dit Tremblay. Les p'tits durs du Canadien, les Corson, Chelios, Lemieux et compagnie vont prendre leur trou. Ils parleront de respect, mais nous sauront tous que c'est la peur qui provoquera le changement dans leur attitude. »

Il reste que le défi de Burns est complexe, croit Tremblay. « Il doit faire oublier un entraîneur aimé et respecté par la population, dit-il au sujet de Perron. Il doit aussi gagner une Coupe Stanley au plus vite et son équipe devra accumuler au moins 103 points[2]. Il doit manœuvrer entre le deuxième étage et son vestiaire, il doit deviner qui dit la vérité et qui est hypocrite. »

Mais avec ce qu'il a entendu, Tremblay conclut à « un bon début ».

2 Sous Perron en 1987-1988, Montréal termine la saison avec 45 victoires et 103 points. Avec Burns derrière le banc en 1988-1989, Le Canadien amasse 53 victoires et 115 points.

MARIO TREMBLAY VOULAIT INFORMER LE PUBLIC

Le 10 mai, à Radio-Canada, l'ancien attaquant du Canadien devenu chroniqueur à CJMS et à *La Soirée du Hockey*, Mario Tremblay, annonce que Jean Perron ne sera pas de retour derrière le banc de l'équipe la saison suivante.

Au même moment à Chicoutimi, Serge Savard est assis dans les estrades du centre Georges-Vézina avec... Pat Burns. Les deux hommes s'apprêtent à assister à un match de la coupe Memorial. Informés des propos de Tremblay, les journalistes présents s'empressent d'aller cueillir les commentaires de Savard.

« Le directeur général du Canadien, Serge Savard, a catégoriquement nié la rumeur voulant que Jean Perron ne soit pas de retour derrière le banc de l'équipe en septembre prochain », écrit Tom Lapointe.

Selon ce qu'il rapporte, Savard déclare : « Au surlendemain de notre élimination aux mains des Bruins de Boston, j'ai dit en conférence de presse que Perron était mon instructeur et qu'il n'était pas question que je fasse des changements. Ce n'est pas vous autres qui allez me dire quoi faire et ce n'est pas Mario Tremblay non plus. »

Le lendemain, Lapointe raconte que Pat Burns s'est sauvé du centre Georges-Vézina pour ne pas avoir à affronter les médias. « Burns dit avoir une excellente relation de travail avec Jean Perron et il tient à ce que ça reste ainsi », note-t-il.

Une semaine plus tard, la prédiction de Mario Tremblay se concrétise. *La Presse* consacre un petit texte à ce « scoop » dans son édition du 17 mai.

L'auteur, André Turbide, cite Mario Tremblay. L'ancien numéro 14 déclare : « J'ai eu de la difficulté à dormir depuis que j'ai annoncé la nouvelle à la télé de Radio-Canada. Ç'a été une semaine bien difficile parce que je savais que plusieurs personnes mettraient ma nouvelle en doute. Mais je n'ai pas fait ça pour nuire à Jean Perron, seulement pour renseigner les amateurs de hockey, pour informer le public. Mon informateur était valable et fiable, c'est pour cette raison que je suis embarqué... »

CHAPITRE 69

1989

MAI 1989

LES FLAMES ÉTAIENT PLUS FORTS

Patrick Roy en compagnie de son entraîneur Pat Burns

Trois ans après leur confrontation en finale de la Coupe Stanley, le Canadien et les Flames de Calgary remettent ça. Mais cette fois, la série est à l'avantage de Calgary. Pour la première fois de son histoire, le CH perd une finale de la Coupe Stanley devant ses partisans.

Le samedi 13 mai, veille du premier match, Ronald King analyse les deux équipes. Son constat: « Les Flames se sont dangereusement améliorés ».

« Beaucoup de nouveaux Flames depuis la finale de 1986 et des pas piqués des vers, dit-il: Brad McCrimmon, Rob Ramage, Gordie Roberts, Dana Murzyn, Theoren Fleury (quel joli nom!), Brian McLellan, Joe Nieuwendyk et Doug Gilmour. C'est pas pour vous faire peur, partisans du Canadien, mais il faudra tenir le flambeau serré. »

Les Flames remportent le premier match, 3-2. « Leurs lancers sont durs et puissants », note Pat Burns, selon ce que rapporte *La Presse* du lendemain.

Mais la performance mitigée de certains joueurs du Canadien, Claude Lemieux au premier rang, fait davantage jaser. À ce chapitre, Philippe Cantin écrit: « Hier, Lemieux a connu un match très décevant. En troisième période, quand il est retourné au banc après avoir chuté sur la glace tout en douleurs, personne ne s'est approché de lui pour s'informer de son état. Il ne serait pas étonnant que Brent Gilchrist prenne sa place mercredi [1]. »

Ce fut exactement le cas. Sans Lemieux, le Canadien remporte le deuxième match, 4-2, et la série déménage à Montréal. La troisième rencontre, le 19 mai, se termine dramatiquement à l'avantage du Canadien (4-3) en deuxième période de prolongation après que l'arbitre Kerry Fraser eut décerné une punition à Mark Hunter [2] des Flames pour avoir mis en échec Shayne Corson. Deux ans après le but refusé à Alain Côté, Fraser fait encore parler de lui!

« Les joueurs des Flames étaient furieux, écrit Philippe Cantin. Le gardien Mike Vernon parlait de décision "outrageuse", son camarade Mark Hunter racontait s'être retrouvé en "état de choc" quand il a compris que Fraser le chassait pour "avoir donné de la bande". »

Impossible de parler à Fraser après le match. Cantin cite toutefois une source de la LNH: « Les minutes qui ont suivi le match ont été très dures. Il s'agit d'une des pires crises que nous ayons dû affronter depuis longtemps » Le lendemain, Fraser affirme que Corson a été frappé par derrière et que son adversaire devait être puni.

Lassitude

Cette défaite ne mine pas le moral des Flames. Au contraire, ils reviennent en force et remportent les trois victoires suivantes, 4-2, 3-2 et 4-2. Deux de ces rencontres, dont la victoire décisive du 25 mai, sont disputées au Forum.

« Les Flames étaient plus forts. Lanny McDonald et les siens remportent la première Coupe Stanley de leur histoire », titre *La Presse* du lendemain.

« Le visage de Pat Burns reflétait une intense déception après la rencontre d'hier, écrit Philippe Cantin. Ce qui n'a pas empêché le coach de rendre hommage aux Flames de Calgary avec beaucoup de distinction. "Ils ont mieux joué que nous, a dit Burns. Je tiens à les féliciter pour leur victoire. Tout le crédit leur revient. Tout au long de la série, ils ont mieux profité de leurs occasions que nous. Quand ils ont eu des chances, ils les ont saisies." »

Plus loin, Burns se dit « fier de ses gars » qui « ont offert leur maximum tout au long de la série ». Mais, dit-il aussi: « La saison a été dure à tous les points de vue. » Cantin note que Burns fait cette déclaration « avec dans les yeux quelque chose qui ressemblait à de la lassitude ».

Réjean Tremblay salue les nouveaux champions avant de s'attarder aux joueurs du Tricolore. « Le Canadien a lutté jusqu'à la dernière minute, s'est battu dans la dignité et a livré une bataille homérique qui rend glorieuse la victoire de l'adversaire. Bravo à ceux qui ont bien lutté. » Il félicite aussi Burns qui a conduit le Canadien à une saison de 115 points [3] et à la finale « avec une équipe de solides plombiers et de rares vedettes, sauf à la défense ».

1 Lemieux aurait feint un malaise après avoir été frappé par un joueur de Calgary dans l'espoir de lui faire prendre une punition. Or Burns lui avait dit de ne plus utiliser cette tactique. À Calgary, il aurait interdit au soigneur et aux autres joueurs de porter secours à Lemieux.

2 Hunter sortait du banc des punitions lorsque le Canadien a marqué.

3 À sa première saison à titre d'entraîneur-chef dans la LNH, Burns remporte le trophée Jack-Adams.

26
FLAMES
TORSPO
LOUISVILL

Bell Cellulaire
M. HUNTER
22
FLAMES
33

16 MAI 1989

ARTICLE PURE-LAINE, TEMPÊTE CANADIENNE

En marge de la finale toute canadienne de 1989, un article de Réjean Tremblay publié le 16 mai secoue le pays d'une mer à l'autre. Son titre : « À bras raccourcis sur les Pure-Laine ».

Tremblay reconnaît que certains joueurs du CH, dont Claude Lemieux et Stéphane Richer, offrent un rendement mitigé. Mais la façon dont l'entraîneur Pat Burns traite ses joueurs francophones, comme Claude Lemieux pendant et après le premier match, irrite le chroniqueur.

« Demande-t-on aux chouchous du coach de marquer des buts, de faire de belles passes, de provoquer de beaux jeux ? Non, on demande aux Keane, Skrudland, McPhee et compagnie de jouer les plombiers. Et ils ont la paix et sont vantés à tour de bras. Ce qui, en soi, est correct », dit-il avant d'enchaîner :

« Deux poids deux mesures selon qu'on parle la bonne langue ?

« Allez-vous me faire accroire que Claude Lemieux a plus mal joué que Mike Keane et Mats Naslund dimanche soir ? Ou que Brian Skrudland et Mike McPhee ont été brillants ? Keane a joué une partie de tarte et pourtant, il s'est retrouvé sur les attaques massives jusqu'à nausée.

« Je voyage avec l'équipe depuis un bout de temps. Et je remarque que Burns se tient surtout avec Chelios, Keane, Corson, McPhee. Rarement avec Carbonneau, pratiquement jamais avec Richer, Lemieux ou Desjardins. [...]

« Je voudrais souligner que les Pure-Laine sont rares à porter la Flanelle et qu'on est très vite à leur tomber dessus. [...]

« Pourtant, à ce que je sache, il n'y avait pas de Pure-Laine dans l'histoire des mineures, pas de Pure-Laine grimpés dans le lampadaire à Longueuil, pas de Pure-Laine pour se mettre à trois pour battre un pauvre gars dans un club de la Main[1]. « Alors pourrait-on m'expliquer pourquoi la direction du Canadien leur tombe toujours dessus à bras raccourcis ? »

Le lendemain, c'est la tempête ! L'histoire est reprise partout au pays. Tremblay multiplie les entrevues. Bombardé de questions, Claude Lemieux dit ne pas croire à un tel clivage.

Le journaliste Philippe Cantin rapporte ses propos : « Pat Burns n'a rien contre les joueurs francophones, a dit Lemieux. S'il décide de ne pas me faire jouer dans le deuxième match de la série contre les Flames, ça n'aura rien à voir avec la question français-anglais. »

Lemieux ajoute : À Montréal, le rendement des joueurs francophones suscite plus de commentaires que celui des autres. Nos performances sont analysées en profondeur. Mais je ne pense pas que les dirigeants de l'équipe nous visent plus que nos coéquipiers. La saison dernière, des anglophones ont été sévèrement critiqués. »

Banni du vol nolisé

Alléguant des « raisons de sécurité », le Canadien interdit à Réjean Tremblay de prendre le vol nolisé de l'équipe pour le retour à Montréal. *La Presse* proteste.

Michel Blanchard, adjoint au directeur de l'information, publie un billet où il dénonce l'« attitude inadmissible du Canadien ». Pour lui, bannir le chroniqueur de l'avion constitue « une mesure discriminatoire qui enfreint directement et gravement le principe de liberté de presse ».

Il rappelle que dans pareil cas, *La Presse* offre un droit de réplique ou d'entrevue. Il annonce également que, par souci de solidarité, les journalistes Philippe Cantin et Ronald King reviendront aussi à Montréal par un vol commercial.

Quant à Réjean Tremblay, il dit maintenir sa position et dénonce au passage l'attitude de certains collègues. « Je n'ai jamais accusé la direction du Canadien de racisme, comme ont bien voulu le faire croire certains collègues en mal de traduction ou d'intelligence. »

L'affaire se tasse. Le 30 décembre 1989, Tremblay y revient lorsqu'il est invité à faire un court texte sur « un flash » résumant l'année. « Bah ! Dans le fond, c'était niaiseux, écrit-il alors. Et ça ne fait que prouver à quel point le hockey, à Montréal, a quelque chose de malade et de malsain. Avant, il y avait les excommunications par les curés et les évêques. Aujourd'hui, avec l'arrivée d'une nouvelle religion, on a les excommunications par les sénateurs. »

Une allusion, bien sûr, à Serge Savard, alors directeur général du Canadien.

1 Des histoires hors glace survenues dans le passé et impliquant des joueurs du Canadien.

LES SÉRIES DE LA COUPE STANLEY

Le leadership bonhomme de Terry Crisp

«Dans la vie, on ne peut pas faire partager certains grands moments»

A bras raccourcis sur les Pure-Laine

Le 16 mai 1989 dans le cahier des sports de *La Presse*. La chronique qui a tout déclenché.

CHAPITRE 71

1985

1985-2000

QUINZE ANS DE CHRONIQUES

Maurice Richard

Naslund et Henri se ressemblent

Dans l'album...

La Coupe Grey, le monde aime ça

La première chronique du Rocket dans *La Presse* du 24 novembre 1985.

Ce n'est pas d'hier que d'anciennes vedettes sportives deviennent chroniqueurs, commentateurs ou analystes dans les médias durant ou après leur carrière.

Ainsi, dans les années 1950, Maurice Richard signe durant quelques mois une chronique dans l'hebdomadaire *Samedi-Dimanche*. À l'automne 1985, il joint les rangs de *La Presse* pour une chronique qui durera jusqu'en mai 2000, deux semaines avant sa mort.

Dans son livre consacré au Rocket, le journaliste Alain de Repentigny raconte la genèse de cette association. « Maurice Richard signait une chronique dans l'hebdomadaire *Dimanche-Matin* depuis les années 60. Quand le *Dimanche-Matin* a fermé ses portes à l'automne 1985, *La Presse* a immédiatement recruté ce nouveau collaborateur de prestige. »

Richard n'écrit pas ses chroniques. Il prend des notes sur des sujets qui l'intéressent, au hockey comme dans les autres sports, et transmet ses commentaires à des journalistes. De Repentigny puis André Trudelle furent ses deux principaux rédacteurs. Voici quelques extraits.

La première chronique (24 novembre 1985)

« C'est avec beaucoup de plaisir que j'entreprends ma chronique du dimanche dans *La Presse*. D'aussi loin que je remonte dans mes souvenirs, j'ai toujours entretenu de très bonnes relations avec les journalistes de *La Presse*. Je me souviens de Gérard Champagne, un homme que je respectais beaucoup et qui me le rendait bien. Au point de m'avoir demandé d'être le parrain de son enfant. Il souhaitait même avoir un garçon pour le baptiser Maurice ou Richard[1]... »

C'est ainsi que s'amorce la première chronique du Rocket publiée le dimanche 24 novembre 1985. Celle-ci occupe une page du cahier des sports. Richard commente trois ou quatre sujets différents. La chronique est complétée avec une photo souvenir coiffée du titre « Dans l'album... »

Pour cette première, Richard choisit une photo de lui et de son père Onésime dans le vestiaire après l'élimination des Bruins de Boston par le Canadien lors de la demi-finale de 1952[2].

Entraîneur des Nordiques (4 janvier 1987)

Été 1972. L'AMH est créée. Richard devient le premier entraîneur des Nordiques de Québec. « Moi aussi, j'ai voulu savoir un jour si je me plairais à diriger une équipe de hockey », relate-t-il le 4 janvier 1987.

« Il a suffi de deux matchs », comme le dit le titre de cette chronique, pour qu'il se rende compte que non. Trop de pression. Et il est fâché contre les propriétaires d'avoir renié leur promesse de ne pas le faire participer à des activités de promotion.

Racontant son expérience, Richard évoque un détail amusant sur le capitaine de l'équipe, Jean-Claude Tremblay. « Je ne pouvais m'adapter à la mentalité des jeunes. Pourtant, ce n'est pas avec les jeunes Nordiques que j'ai éprouvé des difficultés. Au contraire, c'est un vétéran, Jean-Claude Tremblay, qui m'a causé le plus de soucis. Jean-Claude était toujours en retard. Le jour où les Nordiques se sont envolés vers Cleveland pour y disputer le premier match de leur histoire, l'avion a décollé en retard parce qu'il a fallu attendre Jean-Claude Tremblay ! »

Bon prince, Richard dit un peu plus loin qu'il a bien aimé le travail de son capitaine.

Le départ de Pat Burns (29 mai 1992)

Richard est en voyage de pêche lorsqu'il apprend à la radio la démission de l'entraîneur du Canadien Pat Burns. De retour en ville, il téléphone à *La Presse* pour ajouter ses commentaires à la chronique du 31 mai 1992.

« Si je suis surpris de la nouvelle ? Oui et non. Oui, parce que je ne m'attendais pas à ce que le directeur général du club se sépare de son ami Burns. Non, parce que je sais que Burns ne pou-

1 Gérard Champagne est décédé le 14 mai 1970. Il a eu deux filles : Francine et Jocelyne.

2 La légende accompagnant la photo était erronée. On dit que la photo fut prise le 16 avril 1953 après le but victorieux de Richard donnant la Coupe Stanley au Canadien. Or, ce cliché fut plutôt pris à la suite d'un but dramatique de Richard qui éliminait les Bruins de Boston lors des demi-finales de 1952. En 1953, le but victorieux fut compté par Elmer Lach, sur une passe de Richard. Voir le chapitre 21.

JOYEUX ANNIVERSAIRE, ROCKET
Quelques membres de la rédaction célèbrent la fête de son chroniqueur vedette. De gauche à droite, le photographe Armand Trottier, André Trudelle, Maurice Richard, le regretté directeur de l'information Marcel Desjardins (à ne pas confondre avec son homonyme de la section des sports), Pierre Terroux, Paul Durivage (à moitié caché), Réal Pelletier et Marie-Claude Lortie.

vait plus supporter les médias de Montréal[3]. [...]

« Je pense que Pat Burns a fait du bon boulot avec le Canadien, comme l'indique sa fiche gagnante. S'il avait eu de meilleurs marqueurs à sa disposition, il aurait connu encore plus de succès. Il s'est montré incapable de supporter la pression. [...]

« J'avoue que je ne sais pas très bien qui va succéder à Burns. J'aimerais bien revoir Bob Gainey à Montréal. Pourra-t-il se libérer de Minneapolis ? Le souhaite-t-il ? Pour ma part, j'opterais pour Jacques Demers. J'ai toujours bien aimé ce qu'il fait et ce qu'il a fait. »

En nommant Demers, le Rocket fait mouche !

La 24e Coupe Stanley (9 juin 1993)

Le 30 mai 1993, avant la série finale Canadien-Kings, Richard favorise Montréal à cause de Patrick Roy. « On connaît mon sentiment, dit-il, sur le rôle des gardiens de but dans les éliminatoires. Il en sera de même cette semaine et la semaine prochaine. La série entre le Canadien et les Kings sera d'abord et avant tout un duel entre Roy et Hrudey. Et je reste convaincu que Patrick est bien supérieur à Kelly ! »

Une semaine plus tard, le 6 juin 1993, il applaudit la décision de l'entraîneur Jacques Demers de faire mesurer le bâton de Marty McSorley. « Je pense que le règlement est là et qu'il doit être appliqué. Et Demers a utilisé cette arme avec beaucoup d'à propos. »

Le 13 juin, quelques jours après la victoire du CH, sa chronique est intitulée « J'ai revécu ma dernière Coupe Stanley. » Il indique entre autres que c'est la première fois depuis sa retraite, en septembre 1960, qu'il assiste à une conquête de la Coupe au Forum. « La première fois en 33 ans. C'était très excitant. »

L'affaire Roy-Tremblay-Corey (2 décembre 1995)

Tous se souviennent des circonstances entourant le dernier match de Patrick Roy avec le Canadien. Le Rocket commente l'affaire en disant avoir eu « le souffle coupé » devant le geste de Roy de lever les bras au ciel après que les spectateurs eurent applaudi un arrêt facile. « Je n'avais jamais vu ça ! lance le Rocket. Ou plutôt oui ! Mais quand Jacques Plante levait ainsi les bras à l'issue d'un match, c'était en signe de victoire. Non par moquerie à l'endroit des spectateurs ! »

Le Rocket se dit convaincu que le Canadien a eu le meilleur dans l'échange. « Obtenir un jeune gardien de but [Jocelyn Thibault] et deux bons joueurs de hockey capables de marquer en Andrei Kovalenko et Martin Rucinsky vaut largement le départ d'un gardien vieillissant et d'un avant [Mike Keane] toujours en quête d'un premier but. »

La dernière chronique (15 mai 2000)

Sa dernière chronique dans *La Presse*, Maurice Richard la publie le lundi 15 mai 2000. Son titre : « Le tournoi mondial ne soulève pas d'intérêt ». Il y déplore l'indifférence au pays devant l'obtention par le Canada d'une quatrième place au championnat mondial de hockey. « Pour moi, le championnat du monde devrait revêtir plus de prestige », dit-il.

Richard évoque aussi les séries demi-finales de la Coupe Stanley, donnant sa préférence à l'Avalanche ou aux Devils pour remporter la Coupe Stanley. Il parle un peu de tennis, de baseball...

Mais en fait, c'est André Trudelle, déjà l'écrivain attitré du Rocket, qui rédige entièrement cette dernière chronique. Le Rocket était alors très malade.

« On s'appelait le vendredi, se remémore Trudelle. Lorsque je lui ai téléphoné, il m'a dit : "André, tu me connais assez. Je rentre à l'hôpital lundi..." Le dernier dimanche, la dernière chronique de Maurice Richard, c'est tout moi qui l'ai fait. »

Maurice Richard

Ma rencontre avec Félix

DANS L'ALBUM

Une belle initiative

Du grand Tim Raines!

Les Oilers seront encore plus forts

Le 14 août 1988, quelques jours après la disparition de Félix Leclerc, Richard revient sur sa rencontre avec le poète, compositeur et chanteur.

3 Pour des raisons obscures, Maurice Richard est en froid avec Serge Savard et refuse de le nommer dans ses chroniques. Les choses finissent cependant par s'arranger. Voir le livre d'Alain de Repentigny à ce sujet.

CHAPITRE 72

ANNÉES 1970, 1980, 1990

UNE TRANCHE DE VIE AVEC LE CH...

Au milieu et à la fin des années 1980, Ronald King était le journaliste attitré à la couverture des activités du Canadien. Un exemple parmi bien d'autres, cette page du lundi 15 mai 1989 à l'occasion des séries éliminatoires de la Coupe Stanley.

PAR RONALD KING

Au début des années 1970, le Canadien se battait furieusement contre les Bruins et les Flyers et s'apprêtait à dominer le reste de la décennie. Je suis entré dans l'environnement du Canadien à cette époque, mi-étudiant, mi-traducteur-correcteur-reporter à l'hebdomadaire *Dimanche-Matin*.

On m'envoyait parfois à des entraînements ou des matchs au vieux Forum, le repaire sévère d'une organisation orgueilleuse, fermée sur elle-même, hautaine et riche.

J'arrivais à temps pour voir des transformations majeures dans la façon de travailler des journalistes sportifs. C'était la fin de certaines mœurs douteuses, qu'on appelait en général « l'enveloppe ». Il s'agissait carrément de pots-de-vin pour assurer la soumise complaisance des médias.

Toutes sortes de cadeaux circulaient : un téléviseur pour celui qui se marie, des cadeaux de Noël, des caisses et des caisses de bière gratuites et livrées à la maison... Dans le train ou l'avion qui amenait le Canadien dans les autres villes, chaque joueur recevait une enveloppe d'allocation quotidienne pour ses repas. Chaque journaliste aussi, et le même montant, de la part du CH.

Ces mœurs incestueuses étaient en voie de disparition, mais j'avoue avoir eu droit à des abonnements saisonniers gratuits – deux billets –, ce qui faisait le bonheur de ma famille et de mes amis. J'ai empoché des chèques pour avoir choisi les trois étoiles du match...

À l'époque, les journalistes gagnaient des salaires ridicules. Les patrons ne payaient pas, ils laissaient le Canadien et les autres gens puissants payer à leur place et l'information était... ce qu'elle était.

Dans les années 1970, *La Presse* a connu deux grèves mouvementées, l'économie florissait et les salaires des journalistes ont bondi. Nous étions de plus en plus nombreux à refuser « l'enveloppe ». Je remettais les chèques pour le choix des trois étoiles à une œuvre de charité.

Le Canadien a évolué aussi, il a cessé de donner des billets gratuits aux journalistes, les trois étoiles sont choisies par son équipe de commentateurs télé et radio (RDS, CKAC, CJAD), les choses sont plus propres, sinon plus discrètes.

Le temps relax

Suivre les activités du Canadien au milieu des années 1970 était un charme. Nous étions cinq ou six journalistes dans les autocars et avions de l'équipe. Regroupés à l'avant de l'avion et à l'arrière de l'autocar.

Pour interroger un joueur, il suffisait de se lever et d'aller le voir. Les joueurs ne refusaient jamais. Des confidences se sont échangées et des amitiés se sont même formées dans de sombres autocars.

Les joueurs de ce temps-là étaient très affables... et parce que nous n'étions que cinq ou six journalistes. Et puis Guy Lafleur, Serge Savard, Guy Lapointe, Larry Robinson, Pierre Bouchard, Jacques Lemaire et les autres avaient aussi l'habitude de gagner la Coupe Stanley presque chaque année, ce qui adoucissait le climat.

Un journaliste pouvait écrire sans hésiter qu'un tel ou un tel jouait mal de ce temps-là, les joueurs ne nous en tenaient jamais rigueur, à condition que ça soit vrai, bien sûr.

Le temps fou

Le temps a passé et une suite de mauvaises décisions a fait du Canadien une équipe médiocre dans les années 1980. La Coupe Stanley surprise de 1986 était sans aucun doute la plus inattendue de son histoire.

Mais d'autres grands changements dans la couverture du Canadien sont apparus. Cette fois, les salaires des joueurs ont explosé et les hockeyeurs parlaient de moins en moins de sport et de plus en plus d'argent et de contrats à venir.

L'attachement au club et à la ville de Montréal a disparu à ce moment-là. Pourquoi ne pas jouer en Californie ou en Floride, où on ne paye presque pas d'impôts et où on peut paresser tant qu'on veut sans que les médias et le public nous dénoncent ? Même les francophones désertaient allègrement la Flanelle...

Les hockeyeurs étaient devenus des PME.

Dans la vie de tous les jours, d'autres changements, inattendus ceux-là, allaient changer les mœurs.

Les hockeyeurs de tous pays et de toutes époques ont toujours été de bons buveurs de bière et de joyeux fêtards, surtout sur la route. La peur du sida allait soudainement ralentir leurs ardeurs.

Ronald King et le joueur du Canadien Claude Lemieux dans l'avion ramenant l'équipe et sa suite à Montréal après la conquête de la Coupe Stanley de mai 1986 contre les Flames de Calgary.

Puis la peur de poursuites en paternité - et divorces conséquents –, maintenant que les athlètes étaient riches, même très riches dans certains cas. Les agents se sont mis à prévenir leur client des dangers qui les guettaient. Les hockeyeurs sont devenus plus sages. Les journalistes aussi.

Mais la jeunesse étant ce qu'elle est, les joueurs n'étaient pas complètement sages. Les journalistes pourraient vous en raconter de terribles. Nous savions plus que les entraîneurs qui avait violé le couvre-feu. Nous étions même complices du crime dans certains cas.

Le Canadien des années 1980, s'il ne gagnait pas souvent, alignait une série des garçons turbulents, les Chelios, Svoboda, Kordic, Corson, Lemieux, Courtnall… tous de joyeux drilles pas toujours respectueux des gens. Ils étaient très connus dans les bars de danseuses nues.

Des incidents ont eu lieu, les policiers en ont eu assez, ils ont menacé d'alerter les médias et certains joueurs ont dû partir.

Le Centre Bell

Un jour, nous sommes passés, en grandes pompes, au Centre Bell, en amenant les fantômes du Forum, semble-t-il.

Le président du club, Ronald Corey, un ancien de Radio-Canada, avait un faible pour ses amis journalistes. Corey s'est beaucoup impliqué dans la construction de l'amphithéâtre et il en a fait le plus accueillant de tous, et de loin, pour les médias. Jusqu'à deux bureaux et deux télés par soldat ! Salon privé, ascenseur privé…

Au vieux Forum, après le match, il fallait jouer des coudes dans la foule pour se rendre au vestiaire avant qu'il ne soit trop tard.

Un autre grand changement allait bientôt transformer les relations entre le vénérable club et les médias montréalais : la multiplication des stations de radio sportive et de télé spécialisée. De cinq ou six qui voyageaient avec les équipe, nous sommes passés à douze, puis vingt, jusqu'à ce que le Canadien annonce que les journalistes ne seraient plus admis dans les autocars, avions et hôtels du club.

Notons que le CH a été le dernier club de la LNH à chasser les journalistes de son entourage immédiat. La décision était devenue inévitable, mais elle portait un coup dur à la qualité de l'information. C'est en côtoyant un groupe de près qu'on voit et sent ce qui s'y passe. C'est dans les autocars, avions et lobbys d'hôtel qu'on découvre des secrets et qu'on obtient des confidences.

Les deux solitudes

Aujourd'hui, le vestiaire du Canadien n'est pas vraiment le vestiaire du Canadien. Ce que vous voyez à la télé est surtout une salle de rencontre. Il y a une autre salle, juste derrière, qui est le vrai domicile des joueurs. Évidemment, cette salle est strictement interdite aux journalistes.

On demande le joueur à qui on veut parler, il se présente un peu à reculons, la direction du club lui poussant dans le dos. Il doit parler aux médias locaux, à condition de ne dire rien qui pourrait être intéressant pour les médias locaux. La direction leur donne même des cours pour leur apprendre à parler sans rien dire.

Certains joueurs, les francophones surtout, sont plus disponibles. Ces gars-là ont l'intention de se joindre aux médias après leur carrière de hockeyeur. Vous remarquerez, en effet, qu'il y a autant d'anciens joueurs et entraîneurs que de journalistes à la radio et la télé qui traitent du Canadien. Certains des jeunes sont loin d'être mauvais, habitués qu'ils sont aux médias électroniques.

Vous en voyez moins dans les journaux, parce qu'écrire un texte n'est pas leur tasse de thé.

Les articles d'anciens joueurs et entraîneurs que vous lisez dans les journaux sont écrits par un confrère. Tous, je crois.

Enfin, il y a des récents changements qui sont plus inquiétants. Toujours dans les médias électroniques, l'emballage spectacle-publicités prend de plus en plus d'importance et nous voyons des reporters qui croient faire partie du spectacle.

Ils veulent être dans le show et dans la famille du Canadien. On en voit même faire des publicités pendant les matchs, un nouveau type de comportement incestueux qui va à l'encontre de toute éthique professionnelle.

Le plus grave, c'est que si vous essayez de leur expliquer qu'un journaliste n'est pas un *cheerleader*, ni un membre de la famille du Canadien, mais un observateur neutre, ils ne comprennent pas de quoi vous parlez.

Vive les bons vieux journaux !

SPORTS

KOVALEV DVD

Monsieur Kovalev…

RONALD KING

Cristobal à 50 % de rabais !

Le 17 mars, 1955…

Bob Hartley… parfait !

HOCKEY

Sundin et Antropov absents du match contre les Islanders

Le 18 mars 2008, Ronald King signe un texte élogieux portant sur Alex Kovalev et la sortie de son coffret DVD.

1990

29 MARS 1990

RENCONTRE HISTORIQUE ET ATYPIQUE AUTOUR D'UNE PORTE

La Presse

Votre expert en installation de toit ouvrant

2 POUR 1

Aujourd'hui

L'Estonie proclame son indépendance

Après la Lituanie, elle devient la deuxième république balte à défier Mikhail Gorbatchev

Le Parti libéral écarte un pro-Meech

Riopelle réalise son rêve!

Le retour à l'heure d'été

L'université reste le carrefour de la francophonie

Riopelle et le Rocket: deux légendes, une seule oeuvre

Sommaire

Le 29 mars 1990, Maurice Richard et Jean-Paul Riopelle se rencontrent dans la maison du peintre. L'événement est suivi avec attention par le chroniqueur Réjean Tremblay et le photographe Pierre McCann.

Jean-Paul Riopelle trace à la peinture bleue le contour de deux bâtons de hockey déposés sur une porte et tenus fermement par Maurice Richard.

Puis, le peintre et le hockeyeur placent une de leurs mains sur le manche de chacun des bâtons.

« Riopelle prend une bombe de peinture rouge et arrose copieusement sa main et celle de Richard, écrit le journaliste Réjean Tremblay. Quand les deux hommes retirent leurs mains, les bâtons sont devenus des lignes bleues et les mains des deux hommes, blanches sur fond rouge. L'effet est saisissant. »

Nous sommes le jeudi 29 mars 1990 dans l'atelier de Jean-Paul Riopelle à Sainte-Marguerite-du-lac-Masson. À la demande du peintre de renommée internationale, une rencontre a été organisée avec le Rocket. *La Presse* et Radio-Canada sont sur place.

L'événement rappelle la visite du Rocket chez Félix Leclerc, en octobre 1983 à l'occasion du centenaire de *La Presse.* D'ailleurs, Réjean Tremblay et le photographe Pierre McCann, présents à l'île d'Orléans en 1983, sont à nouveau les témoins privilégiés de ce rendez-vous inusité.

Un rendez-vous historique et plutôt atypique. Riopelle qui « a vécu toute sa vie à 200 à l'heure » comme le dit Tremblay. Richard, l'homme rangé, introverti et peu familier à l'art.

Ils ont pourtant plus de points en commun qu'on peut le croire. Leur caractère frondeur, leur côté solitaire et bien sûr, leur amour du hockey.

Dans son papier publié le samedi 31 mars à la une de *La Presse,* Tremblay remarque que le courant passe très vite entre les deux hommes.

« Il y a cinq ans, Richard et Leclerc avaient eu besoin d'une bonne heure pour que ça clique entre les deux hommes, écrit-il. Mais Riopelle et le Rocket étaient comme de vieux complices dix minutes après l'entrée du Rocket dans la maison du peintre à Sainte-Marguerite jeudi soir. »

« Faut dire que Riopelle était dans une forme extraordinaire. Coquin, taquin, jamais à court d'un mot d'esprit ou d'une anecdote, c'est à peine si on remarque un tremblement de ses mains et que son dos l'oblige à marcher courbé. De toute façon, il s'en fout. Son dos ne l'empêche pas de peindre et ce n'est pas son alcoolisme notoire qui lui fait honte. »

Par le biais du journaliste Alain de Repentigny, ami personnel du Rocket et « ghost writer » de ses chroniques durant plusieurs années, *La Presse* avait annoncé cette rencontre deux semaines plus tôt. De Repentigny explique que Richard et Riopelle auraient joué au hockey l'un contre l'autre dans leur enfance sur les glaces du parc Lafontaine.

Maurice Richard n'en a pas souvenance. Mais un passage du texte de Tremblay montre que les deux hommes ont fréquenté les mêmes endroits durant leur tendre jeunesse. « Je suis né au 4089 DeLorimier, écrit Tremblay en citant Riopelle. Je jouais au hockey au parc Lafontaine et j'allais acheter des cartes de hockey au dépanneur au coin DeLorimier et Gauthier. Maurice Richard lui coupe la parole : "Savez-vous qui était le propriétaire de cette petite épicerie ? Le père de Bernard Geoffrion ! " Et on repart dans les souvenirs... »

Porte... à confusion

Il est convenu que cette rencontre est l'occasion d'un échange de cadeaux. En arrivant chez Riopelle, le Rocket apporte une vieille paire de patins, le bâton avec lequel il a marqué son 400e but, un de ses chandails avec le Canadien et la rondelle de son 505e but.

Quant à Riopelle, son cadeau est cette porte de 203 x 91centimètres très stylisée et intitulée « *Hommage à Duchamp* » [1].

Combien vaut donc cette porte cosignée par le légendaire Rocket et par Riopelle, dont une toile s'était récemment vendue 1,8 million chez Sotheby's à New York ?

Dans son article, Tremblay cite deux spécialistes présents à la rencontre. Au moins 500 000 dollars dit l'un d'eux. Un million, peut-être deux, renchérit le second, qui fait remarquer que la mode est à l'achat de portes créées par des artistes célèbres.

Quelques jours plus tard, le 5 avril, *La Presse* apporte des nuances. « Le Riopelle de Maurice Richard : plus proche du 100 000 $ que du million », titre la chroniqueuse aux arts visuels Jocelyne Lepage dans un article publié à la une du cahier des arts.

1 Catalogue de l'exposition Riopelle, Musée des Beaux-Arts de Montréal, 26 novembre 1991 au 19 janvier 1992.

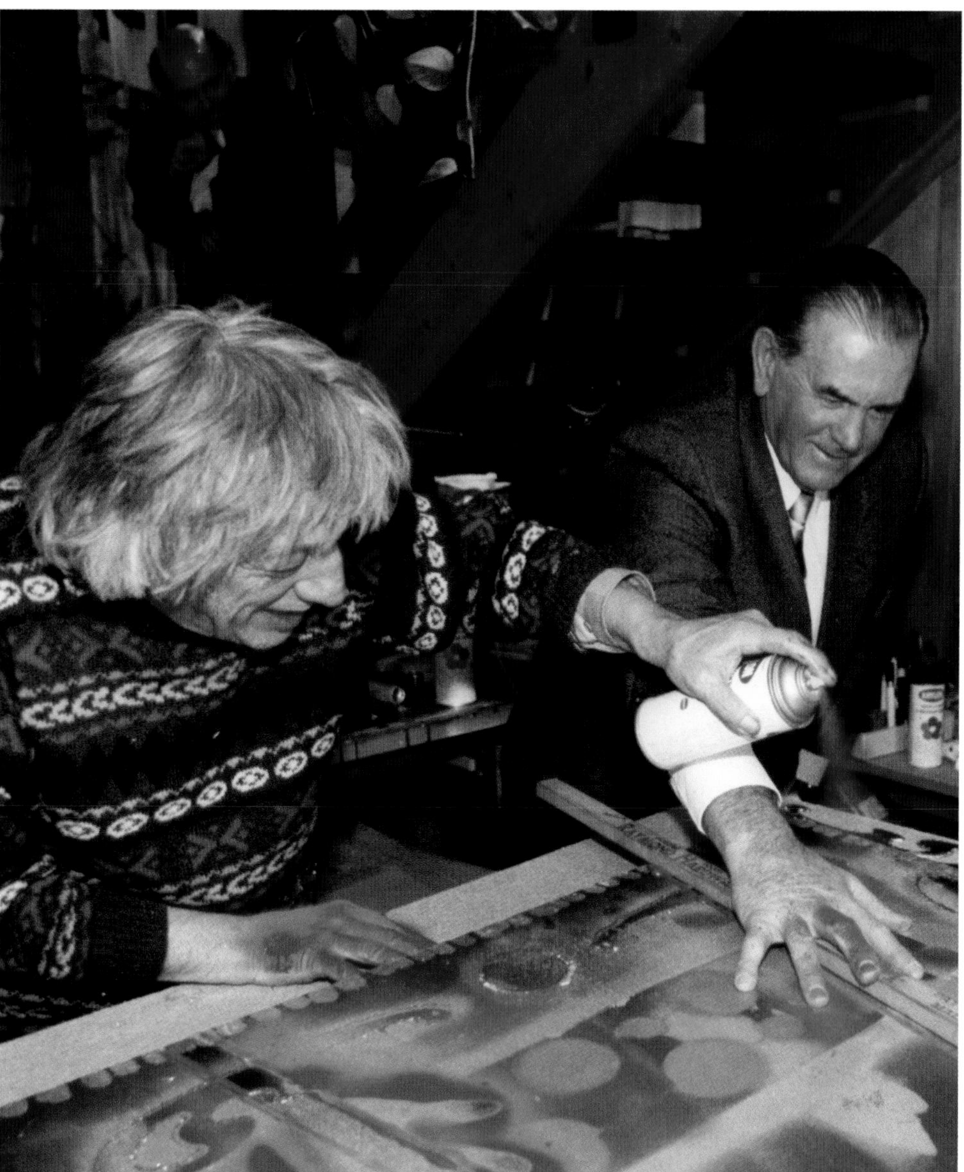

Quelle couleur ? demande Riopelle. Rouge ! lance le Rocket. Et voilà l'oeuvre en création.

Arts et spectacles

Le Riopelle de Maurice Richard

Plus proche de 100 000 $ que du million

Un *Ballo* quand même convenable

Une des grandes dames du jazz, Sarah Vaughan, meurt à 66 ans

Maurice Richard et sa porte dans un article sur la valeur de l'œuvre, publié le 5 avril 1990. Quelques années plus tard, il la cède au Musée d'art contemporain de Montréal.

« Le Rocket peut dormir sur ses deux oreilles, écrit l'auteure. L'oeuvre que Jean-Paul Riopelle a créée spécifiquement pour lui serait plus proche du 100 000 $ que du million. Et elle est tellement identifiée à Maurice Richard lui-même qu'elle présente peu d'intérêt pour un voleur qui chercherait à la vendre. À moins que le voleur, ou le profiteur du vol, ne soit un maniaque de... hockey. »

Il faut comprendre qu'à une valeur de un million de dollars, Richard aurait dû débourser des sommes astronomiques en coûts d'assurances.

Jocelyne Lepage cite plusieurs experts du milieu institutionnel. Ils rappellent que les oeuvres les mieux évaluées de Riopelle sont celles de la période des grandes mosaïques des années 1950. À ce moment-là, « Riopelle est engagé dans "l'Action Painting", mouvement identifié à Jackson Pollock aux États-Unis », précise la journaliste.

Quant aux œuvres des années 1980, leur valeur est moindre... Un des experts cités croit que la porte est « une curiosité, une bébelle », comme si « Dali avait fait une peinture sur la guitare de Manitas de Plata », un célèbre guitariste gitan.

Quelques années plus tard, le Rocket fait don de sa porte au Musée d'art contemporain de Montréal. Réjean Tremblay en fait part dans un article publié le 25 mars 1995. Il affirme que la porte a été évaluée à 300 000 $, ce que confirme le directeur du musée, Marcel Brisebois. En échange, Richard obtient un reçu pour déductions fiscales dont le montant n'est pas nécessairement celui de l'évaluation, ajoute-t-on dans le texte.

CRISE DE CRÉATIVITÉ

La rencontre du 29 mars devait être suivie par une visite de Riopelle et Richard au Forum le 31 mars. Ce soir-là, Canadien et Bruins s'affrontent dans le dernier match de la saison régulière. Mais le peintre reste chez lui. Dans sa chronique dominicale publiée le 1er avril dans *La Presse*, Richard explique : « Finalement, Jean-Paul Riopelle n'a pas assisté au match Canadien-Bruins avec moi hier. Quand je lui ai téléphoné, il m'a dit qu'il était en pleine crise de créativité. Il a donc préféré peindre ses tableaux, mais ce n'est pas grave on se reprendra bien un jour. »

1992

29 MAI 1992

PAT BURNS PART DANS LA CONTROVERSE

L'ÉTÉ DES ARTS

La Presse

Paradis ordonne la fermeture du pollueur Toxide

Steinberg: toute l'incertitude n'est pas levée

«Quand tu te fais écoeurer à tous les jours...»

Pat Burns, dans un moment d'émotion, à la une de *La Presse* du 30 mai 1992.

Depuis le départ de Scotty Bowman en 1979, la plupart des entraîneurs du Canadien quittent leur fonction dans des conditions difficiles. Dans le cas de Pat Burns, le 29 mai 1992, c'est un incroyable psychodrame. Ayant perdu la confiance de ses joueurs, Burns est aussi fortement critiqué dans les médias.

Déjà, fin avril, début mai, la soupe est chaude. Le Canadien affronte les Whalers de Hartford en quarts de finale de conférence. Champion de la division Adams, le Tricolore peine dans cette série. Le 1er mai, jour du match décisif, Réjean Tremblay s'insurge contre le « carcan défensif » qu'impose Burns à tous les joueurs. « Cette équipe du Canadien, ce style, cette philosophie du jeu gris, c'est le choix de Pat Burns », dit-il.

L'équipe remporte son match contre les Whalers mais dans la série suivante, elle se fait traverser par les Bruins de Boston (4-0) qui jouent sans Cam Neely et Raymond Bourque.

Le 8 mai, alors que le Canadien fait face à l'élimination contre les Bruins, Burns dément des rumeurs à l'effet qu'il veut quitter Montréal. Le journaliste Denis Arcand le cite : « C'est la chose la plus ridicule que je n'ai jamais entendue de toute ma vie. Si je voulais partir, je donnerais ma démission. Je ne démissionnerai jamais, jamais, jamais de Montréal. Si je pars d'ici, c'est parce que j'aurai été viré ; je ne veux pas aller ailleurs, personne ne m'a rien offert. Je ne suis pas un lâcheur. »

Au lendemain de l'élimination, le 10 mai, Réjean Tremblay écrit qu'il faut mettre fin au style de jeu adopté. « Ce climat de paranoïa qui règne dans l'organisation étouffe les joueurs, dit-il. Cette obsession de la défense étrangle la créativité des joueurs le moindrement doués. La peur empêche les talents d'éclore. C'est évident. »

Il est minuit, monsieur Corey !

Le 11 mai, le directeur de la section des sports de *La Presse*, Michel Blanchard, demande la tête de Burns. Son billet, intitulé « Il est minuit, monsieur Corey ! » est on ne peut plus clair.

« Pat Burns ne peut plus diriger le Canadien, dit-il. En séries éliminatoires, quand le temps est venu de séparer les petits des plus grands, il n'a pas les atouts pour réussir. Au lieu de contribuer à assainir l'atmosphère au sein de son équipe, ses sautes d'humeur ajoutent à la pression déjà lourde que doivent supporter ses joueurs. Son manque de jugement quand vient le temps de faire appel à ses plus habiles marqueurs, sa façon châtiée de parler[1], son comportement vil et bas avec *La Presse* ("les crosseurs" !), son manque de respect pour les amateurs qui paient son salaire, son attitude bourrue et irrespectueuse en font maintenant un instructeur qu'il vaut mieux ne plus revoir derrière le banc du Canadien. »

Certains joueurs manifestent leur mécontentement. Au journaliste Ronald King, Brian Skrudland déclare : « Je n'ai jamais vu ça depuis que je suis avec le Canadien. Dans l'avion qui nous ramenait de Boston, il n'y avait ni joie ni peine, mais une sorte d'indifférence. »

Le 26 mai, le joueur Stephan Lebeau se vide le coeur. « Deux semaines après l'élimination du Canadien contre les Bruins de Boston, le jeune joueur de centre n'a toujours pas digéré la façon dont il a été traité par son entraîneur Pat Burns, écrit Philippe Cantin. Hier, lors d'un entretien téléphonique, Lebeau a crié son désarroi et annoncé qu'il n'écartait pas la possibilité de demander à Serge Savard de l'échanger avant le début de la prochaine saison. »

Dans l'article, Lebeau déclare : « Je n'apprécie pas qu'on m'écarte de la formation aussi facilement. Je donne le meilleur de moi-même, mais je suis toujours parmi les premiers à regarder un match des gradins." »

De Canadien aux Maple Leafs

Le 29 mai, Burns accepte un contrat de quatre ans avec les Maple Leafs de Toronto et plie bagage. Encore sous contrat avec le CH, il avait obtenu l'autorisation de négocier ailleurs.

Le lendemain, *La Presse* publie plusieurs textes. L'article principal, signé Philippe Cantin, est à la

1 Dans le même cahier, *La Presse* publie, sous le titre « Nous t'aimons, Pat », un répertoire de déclarations colorées faites par Burns au fil des saisons. Les journalistes ne le détestent pas, affirme Denis Arcand. Au contraire ! « Tu es le rêve de tout journaliste sportif, affirme-t-il. Une aubaine. Le plus gros vendeur du cahier des sports. Comme gars à citer à tous les jours, tu es trop beau pour être vrai. »

1992

Lors de la démission de Pat Burns du poste d'entraîneur du Canadien de Montréal.

Qui succédera à Pat Burns?

Sports

Michel Blanchard

Plus que les critiques, l'anti-hockey

TORONTO MAPLE LEAFS

Dionne: «Burns se montrait très généreux envers les joueurs... peut-être trop!»

Fletcher: «Nous voulons ce qu'il y a de mieux...»

La fiche de Pat Burns

Quelques heures plus tard à Toronto, Pat Burns affiche ses nouvelles couleurs... et son plus beau sourire.

une. «Conscient que sa crédibilité à Montréal était en chute libre depuis l'élimination rapide du Canadien le 9 mai dernier, Pat Burns a démissionné hier de son poste d'entraîneur-chef. Manifestement ému, essuyant discrètement une larme du revers de la main, Burns a lui-même annoncé la nouvelle lors d'une conférence de presse tenue au Forum.»

Le journaliste rapporte les paroles de l'entraîneur: «Il aurait été très difficile pour moi de revenir derrière le banc du Canadien la saison prochaine. Des dizaines de flèches ont été lancées en ma direction au cours des derniers jours. Personne n'est plus important que l'organisation qui l'emploie. Pour le bien de l'équipe, il est préférable que je remette ma démission.»

Après l'annonce du départ de Burns, la direction du Canadien ne semble pas atterrée, constate Cantin. Il remarque que le président de l'équipe, Ronald Corey, n'assiste pas à la conférence de presse de l'entraîneur. Le directeur général Serge Savard déclare: «Il aurait aimé rester avec le Canadien, mais pas au point d'en faire une crise cardiaque. Quand tu te fais écœurer à tous les jours, c'est difficile de continuer.»

Dans le cahier des sports, Michel Blanchard écrit: «Mettons les choses au clair, ce n'est pas *La Presse* qui a sorti Burns de Montréal, Pat Burns s'est sorti de Montréal tout seul. Bien plus que les défaites de l'équipe, ce sont les écarts de langage et de conduite tels que dénoncés dans notre numéro spécial du 11 mai dernier qui l'ont forcé à se dénicher un job.»

En chronique, Réjean Tremblay défend le travail des journalistes et salue la décision de Burns.

Au sujet des médias, il dit: Si Pat Burns avait gagné deux ou trois matchs contre les Bruins, il n'aurait pas eu à affronter la révolte sourde de plusieurs de ses joueurs et d'une grande partie des amateurs. Les journalistes sont comme Don Quichotte sur sa Rossinante. S'ils foncent contre les moulins avant que le vent soit tombé, ils se font désarçonner. Si les critiques ont porté, c'est que le terrain avait été labouré par les défaites et l'abandon d'une dizaine de joueurs.»

Sur la démission de Burns, il écrit: «C'est la preuve ultime que l'homme n'était pas la "grosse police" que les caricaturistes aimaient montrer au grand public. Pat Burns est un homme sensible, plus fleur bleue qu'on peut l'imaginer, romantique comme peuvent l'être les machos sympathiques. [...] Finalement, en démissionnant, Pat Burns aura rendu un dernier service à une équipe qu'il aimait passionnément. Il aura été honnête.»

GAINEY, DEMERS, BERGERON...

La démission de Pat Burns déclenche inévitablement une réflexion sur son successeur. Dès l'édition du 30 mai de *La Presse*, les spéculations vont bon train. Bob Gainey, Jacques Demers, Michel Bergeron font partie de la liste des noms évoqués.

Analysant la situation, Michel Blanchard dit que s'il le pouvait, Serge Savard embaucherait Bob Gainey (alors instructeur des North Stars du Minnesota) demain matin.

Jacques Demers? «Demers a toujours été capable de faire fonctionner des équipes médiocres. Or, ne nous leurrons pas, le Canadien a une équipe médiocre», écrit-il. Demers «pourrait empêcher les désastres de fin d'année», ajoute Blanchard. Par contre, si le Canadien voulait surprendre, il embaucherait Michel Bergeron, «le plus désiré par le bon peuple».

On connaît la suite...

1993

JUIN 1993 - LA 24e COUPE

LE PARI DE JACQUES DEMERS

Le 11 juin 1993, environ 150 000 personnes participent au défilé de la Coupe Stanley dans les rues de Montréal.

Avec 48 victoires et 102 points en 84 matchs, le Canadien connaît une bonne saison régulière 1992-1993. Mais il termine au troisième rang de la division Adams, derrière Boston et Québec.

Au début des séries éliminatoires, plusieurs doutent qu'il réussisse à battre les Nordiques au premier tour. Et d'aucuns évoquent avec une pointe d'ironie le discours positiviste de Jacques Demers.

Les Nordiques semblent donner raison aux experts. Ils remportent le premier match 3-2 en prolongation, alors que le Canadien mène 2-0 avec moins de deux minutes à faire, et 4-1 deux jours plus tard. Puis, le vent tourne. Le Canadien gagne le troisième match 2-1 en prolongation, sur un but controversé de Kirk Muller, et les trois rencontres suivantes: 3-2, 5-4 (P) et 6-2[1].

« Ce matin, Jacques Demers pourrait être élu maire de Montréal », écrit Réjean Tremblay dans son texte du 29 avril. Il salue le génie de l'entraîneur qui a modifié son alignement, faisant jouer Paul DiPietro, auteur de trois buts.

Montréal bat ensuite les Sabres de Buffalo (4-0) et les Islanders de New York (4-1). On rêve d'une finale toute canadienne contre les Maple Leafs de Toronto, dirigés par Pat Burns. Mais ces derniers perdent contre les Kings de Los Angeles et Wayne Gretzky.

Les Kings sont « in »

Quelques jours plus tard, le célèbre 99 et le reste de l'équipe débarquent dans la bonne humeur à Montréal. Le 1er juin, à la une de *La Presse*, Réjean Tremblay annonce que: « Les "Californiens" sont ici pour s'amuser et... gagner ».

La couverture de *La Presse* est exhaustive. Un texte à la une, huit pages dans le cahier des sports, les caricatures d'André Pijet[2], plusieurs chroniques de souvenirs, des analyses, etc.

Ce soir-là, les Kings infligent une défaite de 4-1 au Canadien. « La défense légère et mobile du Canadien a trouvé à qui parler hier, relate le journaliste Ronald King. Quand on laisse Gretzky – il en a endormi plus d'un hier – et sa bande patiner à l'aise, il faut que Patrick Roy fasse des miracles, ce qu'il a fait pendant un bon moment. Mais à près de 40 lancers ... »

Les hommes de Jacques Demers se ressaisissent au deuxième match qu'ils remportent 3-2 en prolongation. Il s'agit d'un des moments forts de cette série. Alors que les Kings mènent 2-1 avec moins de deux minutes à faire en troisième période, l'entraîneur Jacques Demers fait mesurer la courbe de la lame du bâton du défenseur Marty McSorley. Le pari est risqué. Si le bâton est illégal, les Kings sont punis, dans le cas contraire, c'est le Canadien.

Finalement le bâton n'est pas réglementaire, les Kings sont punis et le Canadien marque.

La victoire est acquise après 51 secondes de jeu en prolongation. Les trois buts du CH sont l'œuvre d'Éric Desjardins. Il s'agit d'un exploit sans précédent, car aucun autre défenseur dans la LNH, pas même Bobby Orr, n'avait réalisé un tour du chapeau lors d'un match de la finale de la Coupe Stanley.

« Il paraît que la ville de Rouyn[3] songe ce matin à lui élever une statue », blague Ronald King dans son compte rendu du match.

Le journaliste Philippe Cantin rapporte les déclarations de Desjardins qui, un peu gêné, lance: « Marquer trois buts dans un match aussi important dont celui de la victoire en prolongation, c'est quelque chose à quoi tu ne rêves même pas. »

LeClair: deux fois en surtemps

La série se transporte à Los Angeles les 5 et 7 juin où le Canadien gagne les deux matchs, les deux fois en surtemps, et chaque fois sur un but de John LeClair. Cela porte à dix le nombre de victoires consécutives remportées par le CH en temps supplémentaire depuis le début des séries.

Au terme du troisième match, le chroniqueur Réjean Tremblay est renversé. « C'en est rendu presque ridicule, lance-t-il. Les Glorieux se rendent de peine et de misère jusqu'à la fin de la troisième période. D'habitude, c'est 3-3. La situation parfaite pour que débute la prolongation.

« Et neuf fois de suite, neuf incroyables fois de suite, le Canadien a gagné. Et le pire, c'est que ça semble de plus en plus facile. Ça ne peut pas être du hasard, prenez une pièce de monnaie et es-

1 La dernière victoire est acquise le 28 avril 1993. Ce soir-là, l'entraîneur des Nordiques, Pierre Pagé engueule vertement Mats Sundin devant tout le Québec.

2 Voir le chapitre suivant.

3 On aura deviné que Desjardins est originaire de cette ville.

1993

Patrick Roy, principal artisan de la victoire du Canadien

sayez d'obtenir neuf faces ou neuf piles de suite.» Un but de LeClair donne aussi la victoire, 3-2, au Canadien, deux jours plus tard. L'analyste invité de *La Presse*, Jean Perron, parle d'un «match du tonnerre» avec de la vitesse, des mises en échec et de l'équilibre.

La victoire

Le 9 juin, jour du cinquième match, *La Presse* propose un reportage sur Patrick Roy que Réjean Tremblay a accompagné au cours du voyage de retour depuis Los Angeles. Le gardien étoile lui confie que dans ces séries, les joueurs n'ont pas voulu perdre la face contre les Nordiques.

«Ce qui nous a tous stimulés, ce qui m'a vraiment aiguisé, dit Roy, c'est la menace des Nordiques. [...] T'imagines-tu l'été d'enfer qu'on aurait passé si les Nordiques nous avaient battus? Et plusieurs gars avaient peur que la direction de l'équipe ne fasse des changements en cas d'élimination. On avait peur.»

Tremblay rappelle à quel point la pression est forte sur un gardien en prolongation. Que le Canadien gagne dix fois de suite en surtemps signifie que Casseau a arrêté toutes les rondelles lancées en sa direction. «Pendant près de 100 minutes. Plus de 80 lancers», note le chroniqueur.

Ce soir-là, devant une foule déchaînée, Paul DiPietro marque deux autres buts, la défensive du Tricolore limite l'attaque des Kings à 19 lancers et une victoire de 4-1 donne une 24e Coupe Stanley à l'équipe montréalaise.

«Le Canadien a remporté le dernier match de façon tout à fait traditionnelle, avec une défensive impeccable et un effort collectif», résume Ronald King. Ce dernier souligne le travail de DiPietro qui a «bulldozé plusieurs Kings, surtout les plus robustes». À l'opposé, il évoque des «Kings dociles», estimant même que Wayne Gretzky «n'a pas connu une grande série finale».

Au lendemain du match décisif, *La Presse* consacre toute sa une à la victoire de Montréal. On rapporte également les frasques des partisans qui provoquent une émeute dans le centre-ville. «18 000 personnes dans la rue, c'est trop pour nous autres», confie un policier.

Les reportages sur le match et la victoire s'étalent sur plusieurs pages.«C'est incroyable comme c'est dur de gagner», dit le capitaine Guy Carbonneau, dans un texte de Réjean Tremblay.

Récipiendaire du trophée Conn-Smythe, Patrick Roy lance: «Ce trophée, je le dédie à tous ceux qui ont cru en moi. Pendant la saison, au lendemain d'un sondage qui m'échangeait, il y en a qui ont continué à croire en moi.» L'auteur du texte, Pierre Ladouceur, indique que Roy est seulement le cinquième joueur à remporter ce trophée une seconde fois.

À CHACUN SON INTERPRÉTATION

À qui doit-on cette victoire du Canadien? À chaque chroniqueur de *La Presse* son interprétation.

Pour Michel Blanchard, seul l'entraîneur Jacques Demers «peut se péter les bretelles». Après le départ de Pat Burns, il était l'homme tout désigné à prendre la barre de l'équipe. Mais audelà de l'organisation, le premier facteur ayant ramené la coupe est la volonté du peuple, dit-il.

«C'est vous, fidèles partisans du Canadien, qui avez forcé la haute direction de l'équipe à effectuer le virage que l'on sait, écrit-il. C'est vous qui avez laissé savoir à Ronald Corey et Serge Savard que vous ne vouliez plus de Pat Burns et du jeu plate mis sur pied par les gens du deuxième. [...] C'est aussi vous qui avez forcé Savard à sortir de son immobilisme et à aller chercher des joueurs à caractère offensif.»

Pierre Ladouceur applaudit le travail du directeur général Serge Savard. Car c'est lui qui a mis Demers sous contrat et a réalisé la transaction Chris Chelios-Denis Savard. «Cette conquête de la Coupe Stanley a commencé en juin 1991 lorsque le Canadien a envoyé Chris Chelios aux Blackhawks de Chicago en retour de Denis Savard, écrit-il. Il ne faut pas en douter, même si Chelios est un meilleur athlète que Denis Savard à ce stade-ci de sa carrière, le Canadien n'aurait jamais gagné cette coupe avec Chelios. Les beaux principes de famille, d'honneur et de discipline véhiculés par Demers n'auraient pas eu le même impact s'il avait eu à négocier avec des joueurs égoïstes et indisciplinés comme Chelios, Corson et Courtnall.»

Dans sa chronique du 13 juin, Maurice Richard estime de son côté que la conquête est imputable au jeu défensif du Canadien et à Patrick Roy.

«Il ne fait aucun doute dans mon esprit que le Canadien doit une large part de ses succès au gardien Patrick Roy. Comme dans notre temps, rappelle le Rocket, nous gagnions avec Bill Durnan, puis avec Jacques Plante. Un gardien de but représente, pour moi, plus de 50 pour cent, de gagner ou de perdre en séries éliminatoires. Et Roy m'a donné raison.»

1993

LE JOUR OÙ M. BIT S'EST TROMPÉ

En janvier 1989, *La Presse* présente Alain Bonnier, de la société informatique BIT, à ses lecteurs. Utilisant de savant calculs de probabilité et en prenant un taux de confiance de 95 %, ce dernier fait des prédictions sur des résultats à venir dans le monde du sport.

Le 7 janvier 1989, au tout début de cette collaboration, Bonnier fait mouche. Il avance que les Flames de Calgary ont les meilleures chances (17,7 %) de remporter la Coupe Stanley, suivis du Canadien avec 13,6 % des chances. Or, cette année-là, Calgary bat Montréal en finale!

Au cours des quatre années suivantes, Bonnier fait 78 prédictions. Et elles se réalisent toutes! Sauf la prédiction numéro 57. Faite en avril 1990, elle ne s'est pas encore réalisée au printemps 1993. En avril 1990 donc, Bonnier prédit qu'il se trompera au moins une fois avant d'atteindre la prédiction numéro 130.

C'est finalement à la prédiction 79 que monsieur BIT, comme on l'appelle, se trompe. Celle-ci est publiée le samedi 17 avril 1993, alors que le Canadien connaît une très mauvaise fin de saison. « Le dernier mois a été catastrophique pour les chances du Canadien de gagner la Coupe Stanley, écrit-il. Lors de l'évaluation du 20 mars dernier, on pouvait leur accorder 11,4 % des chances d'y parvenir. Aujourd'hui, ces chances ont fondu à un minuscule 2,5 %. Alors aussi bien se faire à l'idée tout de suite : le Canadien ne gagnera pas la Coupe cette année (prédiction numéro 79). »

Tout au long des séries, où il clame, avec une bonne dose d'humour, son infaillibilité, Bonnier défend sa prédiction. Même le 1er juin, au début de la série contre les Kings, il place les chances du Canadien à 41,1 %. Le 9 juin, jour où le Tricolore remporte la coupe, Bonnier attribue le tout à la chance. « Chanceux le Canadien? Ce n'est pas le mot, « mardeux » serait plus exact », dit-il.

Dans son texte, il revient sur les dix victoires consécutives, après une défaite, en prolongation, du Tricolore. Une telle probabilité n'est que de 1,2 %, calcule-t-il. Le 13 juin, il se félicite d'avoir enfin vu se réaliser sa prédiction numéro... 57.

PORT

LES ANNÉES 1990

PIJET : UNE SAVOUREUSE CONTRIBUTION

Dessinateur, caricaturiste, artiste, peintre, illustrateur, André Pijet possède aussi un excellent sens du timing. À preuve, il a publié ses premiers dessins dans *La Presse* lors de la série demi-finale de division opposant les Nordiques de Québec et le Canadien de Montréal, en mars 1993.

Oui, 1993, l'année où le Canadien, après avoir tiré de l'arrière 0-2 contre les Nordiques, remonte la pente, remporte la série et finalement la Coupe Stanley. Cette saison-là, tout au long des éliminatoires, le cahier des sports de *La Presse* publie les dessins de cet artiste d'origine polonaise arrivé au Québec en juin 1988.

« J'ai quitté la Pologne pour être libre, raconte-t-il. Lorsque je suis arrivé à Montréal, j'ai proposé mes services à tous les journaux. À *La Presse*, j'ai rencontré Claude Masson[1] qui cherchait un moyen de faire publier mes dessins. »

Pijet va voir M. Masson tous les six mois. Il lui propose d'abord un dessin sur les nids-de-poules pour illustrer la vie montréalaise. Puis, un autre sur la vie culturelle. Et d'autres encore sur le thème des sports.

« La quatrième fois, dit-il, je constatais que la ville ne vivait que pour le hockey. Alors, j'ai dessiné Patrick Roy arrêtant une rondelle avec sa bouche. »

1 Éditeur adjoint. Claude Masson est décédé en 1999.

À ce moment-là, Claude Masson le présente à Michel Blanchard, adjoint au directeur de l'information pour la section des sports. Au même moment, le Canadien est sur le point d'affronter les Nordiques en séries éliminatoires. Blanchard lui demande de faire un dessin illustrant les difficultés auxquelles fait face l'instructeur du Canadien, Jacques Demers.

Pijet pense tout de suite au cube Rubik, inventé par un Hongrois, Ernö Rubik, jeu très populaire dans les pays de l'Est. Il représente un Demers en train d'essayer de résoudre le cube dont l'image est le logo du Canadien.

Ce premier dessin plaît instantanément. Pijet en fait un deuxième, un troisième et la série se prolonge. Dans l'édition du 24 avril, Blanchard signe un petit texte où il présente cet artiste dont les premiers dessins ont déjà attiré l'attention[2].

Durant les séries de 1993, Pijet fait toujours deux dessins pour chaque match, un en cas de victoire et un second dans l'éventualité d'une défaite. Sa collaboration avec *La Presse* dure plusieurs années, durant lesquelles il crée des dessins pour plusieurs sections. « Je crois avoir fait autour de 450 dessins », dit-il.

Voici quelques illustrations de Pijet consacrées au Canadien et publiées dans *La Presse*.

2 Dans une émission d'avant-match, le 22 avril, le réseau CBC présente ses caricatures de la série Canadien-Nordiques.

27 AVRIL 1994
Le 27 avril 1994, alors que le Canadien mène 3-2 dans sa série de premier tour contre les Bruins de Boston. Mais le déluge n'emportera pas les Oursons. Quelques jours plus tard, ils éliminaient le Canadien en sept matchs.

29 AVRIL 1995
Le 29 avril 1995, le Canadien était sur le point de se faire sortir des séries éliminatoires par les Sabres de Buffalo. Et, en effet, les Sabres ont pris la dernière place disponible pour les séries dans la division Nord-Est.

2 AVRIL 1993
La route est longue jusqu'à la Coupe Stanley. C'était le 2 avril 1993, deux semaines avant le début des séries. On connaît la suite (victorieuse) pour l'équipe montréalaise.

18 OCTOBRE 1995
Le grand ménage tel qu'illustré dans cette caricature du 18 octobre 1995. La veille, Ronald Corey congédiait quatre hauts gradés de l'équipe dont le directeur général Serge Savard et l'entraîneur Jacques Demers.

20 NOVEMBRE 1996
Pijet s'est fait prophète avec cette caricature de Mario Tremblay, publiée le 20 novembre 1996, jour du lancement d'un livre des meilleurs oeuvres du dessinateur. Quelques mois plus tard, le fougueux entraîneur quittait la barre de l'équipe.

29 AVRIL 1993
Le 29 avril 1993, au lendemain de l'élimination des Nordiques par le Canadien. Jacques Demers, déguisé en Moïse, refermant les eaux sur Pierre Pagé et sa bande.

CHAPITRE 77

1909

1909-2008

LES COUPES STANLEY À LA UNE

Au fil des décennies, *La Presse* couvre avec attention toutes les séries éliminatoires, et à plus forte raison les séries finales, auxquelles le Canadien participe.

Dans les premières années, une conquête de la Coupe Stanley ne fait pas automatiquement la une du journal. Mais les choses changent ! Avec l'arrivée de joueurs étoiles, la formation de dynasties, l'éveil de rivalités, l'intérêt pour le Canadien ne fait que s'accroître. Les médias, dont *La Presse*, accordent de plus en plus d'importance à l'équipe.

Dans ce contexte, les victoires des Glorieux en finale deviennent incontournables à la une du plus grand quotidien français d'Amérique. En voici quelques exemples.

PRESSE

es républicains espagnols

Pour la première fois, la victoire du Canadien en finale de la Coupe Stanley fait l'objet d'un article à la une de *La Presse*. C'était le 15 avril 1931. À l'époque, les nouvelles internationales font régulièrement la manchette, comme ici alors que la monarchie est renversée en Espagne.

LA PRESSE

LA DOCTRINE EISENHOWER EST MAINTENUE

L'assurance-hospitalisation certaine

L'Ile-du-P.-Edouard est la 6e province à accepter le plan

Appel antisioniste de Hussein

Tout à la joie de remplir la coupe Stanley

Serment de lutte à mort

L'Egypte et Israël s'accusent

K. Menon nommé à la Défense

Eisenhower commente

Une grève générale

Qui d'autre que le Rocket pour sabler le champagne à la une du plus grand quotidien français d'Amérique ? Cela se passe le 16 avril 1957 (publication le 17) après l'ultime victoire contre les Bruins de Boston.

LA PRESSE

St-Domingue: le Conseil de sécurité se réunit d'urgence

Hébert en appel ce matin

Il fallait sauver les civils

Demain l'enquête sur la mort de Denise Therrien; un juge présidera

Jolie présentation que celle du 3 mai 1965. Deux jours plus tôt, le Canadien remporte la grande finale contre les Black Hawks de Chicago. *La Presse* choisit de publier la photo de tous les joueurs à la une avec celle du capitaine Jean Béliveau, coupe Stanley en main.

LA PRESSE

Incidents antiaméricains imputés au chah

Signal de la campagne de paix de Washington

Invasion en force du Laos

Adenauer à Ottawa

Elmer Lach porté en triomphe après son but historique donnant la Coupe Stanley au Canadien. À la une de *La Presse* du 17 avril 1953.

Le centre-ville de Sorel en flammes — Page 16

LA PRESSE

Couette: plutôt la balance du pouvoir — Page 17

Une grève générale paralyse la France

Le maire de Québec aurait refusé de rencontrer de Gaulle

Le champagne des champions

Emeute causée par la répression policière

"Uncle" Thuy

Accusations de meurtre à la suite d'une greffe

Les vraies discussions commencent à Paris

Oui, il s'agit bien du premier ministre du Québec, Daniel Johnson, qui boit le champagne à même la bouteille sous le regard amusé du gardien Gump Worsley sur cette photo du 13 mai 1968.

la presse

25 CENTS

METEO

Projet de manifeste des libéraux provinciaux

Référendum sur le fédéralisme

élections partielles

Tour d'horizon dans Langelier

Cannes manque de souffle

les bungalows du désert

Jusqu'à $5,000 par mois pour une petite maison

Le travail de Guy Lafleur durant les séries éliminatoires de 1977 lui vaut le trophée Conn-Smythe, une plus-value à la Coupe Stanley, comme le laisse voir cette photo de Robert Nadon publiée le lundi 16 mai 1977. Le CH venait d'éliminer les Bruins de Boston.

Demain dans La Presse: spécial élections

Seize pages
- **d'information**
- **de tableaux**
- **d'analyses**
- **de photos**

A l'issue d'une campagne électorale de deux mois qui a quotidiennement retenu l'attention de 25 de ses journalistes, LA PRESSE donnera demain un tableau complet des résultats électoraux et tentera de décrire le nouvel échiquier politique canadien. De Jasper, Ottawa, Oshawa et de Saint-Georges de Beauce, nos reporters recueilleront les réactions des leaders à l'heure H et ils décriront l'atmosphère des comités centraux des quatre principaux partis politiques en lice. Nos analystes tenteront de dégager les principales conclusions d'un scrutin qui sera resté imprévisible jusqu'à la toute fin.

la presse

LE PLUS GRAND QUOTIDIEN FRANÇAIS D'AMÉRIQUE

MONTRÉAL, MARDI 22 MAI 1979
95e ANNÉE, no 119,
56 PAGES, 4 CAHIERS

25 CENTS

METEO

Périodes nuageuses
Minimum: 8 Maximum: 18
Demain: Beau et frais
Détails à la page A 2

le monde

• Relations tendues

Le chef de la diplomatie iranienne a adopté hier un ton plus conciliant envers les États-Unis. Cela n'a pas empêché des manifestations anti-américaines de se produire en Iran.

• La ligne dure

Le gouvernement israélien a donné son approbation au projet du premier ministre Begin concernant les territoires occupés. Cependant, le document va à l'encontre des aspirations palestiniennes à l'indépendance.

• Scott avoue

Le procès retentissant de l'ex-chef libéral britannique Jeremy Thorpe continue d'accaparer l'intérêt populaire. L'ex-mannequin Norman Scott a avoué hier qu'il avait songé à tuer le chef politique, il y a quelques années.

— pages A 7 et A 8

Prison à vie pour $229?

WASHINGTON (AFP) — Le cas d'un Texan condamné à la prison à perpétuité pour des escroqueries d'un montant total de $229 a été examiné hier à Washington par la Cour suprême des États-Unis.

La Cour suprême, qui n'a pas encore pris de décision, pourrait déclarer «inconstitutionnelle» la condamnation en raison de sa dureté inhabituelle.

M. William Rummel avait été condamné en 1964 pour une fraude de $80 sur une carte de crédit, puis en 1969 pour un chèque sans provision de $28. Il a été condamné à perpétuité en 1973 pour avoir tenté d'extorquer $120.75 à un propriétaire de bar en se faisant passer pour un réparateur d'appareils de conditionnement d'air.

Aux termes de la loi du Texas, les auteurs de trois délits encourent la prison à vie. L'an dernier la justice de cet État avait maintenu la condamnation en appel, et précisé que M. Rummel pourrait demander sa libération sur parole après avoir passé dix ans en prison.

édito

• La pharmacie en face du drugstore

par Jean-Guy DUBUC

— page A 4

sommaire

22e coupe Stanley au Canadien

Toujours champion

La coupe Stanley dans les bras, Bob Gainey, vainqueur du trophée Connie-Smythe, est porté en triomphe par ses coéquipiers. photo PC

Le trophée Connie-Smythe à Bob Gainey

par Réjean TREMBLAY

Le Canadien de Montréal a mis fin à une saison pas comme les autres en dominant quatre à un les Rangers de New York hier soir au Forum pour mériter la 22e Coupe Stanley de sa prestigieuse histoire.

Et c'est Bob Gainey, un leader colossal tout au long de ces séries éliminatoires, qui a reçu le trophée Connie-Smythe attribué au meilleur joueur des séries.

Une saison pas comme les autres parce que rien ne fut facile pour les Glorieux cette année.

Celui qu'on estimait être l'âme de l'équipe, Sam Pollock, a annoncé sa retraite avant le début du camp d'entraînement puis les «affaires» ont éclaté... d'abord la nomination d'Irving Grundman au poste de directeur administratif, les menaces de démission de Scotty Bowman, la retraite de Pierre Bouchard, la grève de quelques heures de Guy Lafleur, l'indifférence de Scotty Bowman pendant plusieurs mois, les blessures qui se sont additionnées dans la troupe, cette série semi-finale contre les Bruins où le Canadien a été poussé jusque dans ses derniers retranchements et enfin cette défaite lors du premier match contre les Rangers qui a incité plusieurs observateurs à dire que le Canadien «n'était plus affamé».

Hier, les Glorieux ont dominé le jeu tout au long du match, évitant l'erreur tant de fois commise de se replier en défensive dès qu'ils détenaient une légère avance.

Les Jacques Lemaire, Serge Savard, Guy Lafleur, Steve Shutt et Bob Gainey ont continuellement forcé le jeu en territoire des Rangers exerçant une pression constante sur les jeunes défenseurs de New York.

La foule sentant la victoire toute proche s'est enfin dégelée en troisième période pour participer joyeusement au spectacle.

Le triomphe du Canadien

— pages B 1 à B 4

Le gouvernement sera-t-il minoritaire?

15 millions d'électeurs décident

par Jean PELLETIER

Le gouverneur général du Canada M. Ed Schreyer attend de sa résidence, en face du 24 Sussex à Ottawa qui, de deux hommes, M. Pierre Elliott Trudeau ou M. Joe Clark, deviendra premier ministre du pays et donc son voisin immédiat au cours des prochains jours.

M. Schreyer, comme tout le monde aujourd'hui, n'a en cette matière que des intuitions, aucune certitude, sur l'élection de ce 22 mai 1979 d'où émergera le 31e parlement.

Alors que les sondages montrent conservateurs et libéraux nez à nez avec tous les deux 37.5 pour cent de la faveur populaire, M.Schreyernefaitfacequ'aune hypothèse sérieuse, celle de voir à nouveau son ancien parti, le NPD, détenir une fois de plus la balance du pouvoir. Et encore. Comme les sondages n'ont jamais été aussi serrés dans l'histoire canadienne le gouverneur général peut finalement s'attendre à tout.

Au cours de ces trois derniers jours M. Clark, Broadbent et Trudeau ont mis une dernière main à leur campagne, prenant congé hier soir pour la dernière fois des foules et de leurs militants chacun adoptant en cette veille d'élection un ton de discours bien particulier.

C'est ainsi que M. Trudeau se fit plus agressif, évoquant le spectre de la pénurie d'essence et d'un Canada divisé sous Joe Clark, pour se rallier l'appui populaire. M. Joe Clark contrairement à son style des huit dernières semaines emprunta le ton philosophique pour clôturer sa campagne à Jasper en Alberta, affirmant que le gouvernement Trudeau méritait «un repos». Quant à M. Broadbent, il garda le silence sur ce que fera son parti dans l'hypothèse d'un gouvernement Clark ou Trudeau minoritaire, entretenant ainsi un suspense unique dans les annales électorales canadiennes.

— voir ÉLECTIONS en page A 6

Comme on peut le constater dans cette édition du 22 mai 1979, la conquête de la 22e Coupe Stanley partage la page frontispice avec les élections fédérales qui ont lieu ce jour-là.

La Presse

CHAMPIONS!

L'émeute éclate

Pillage et vandalisme rue Saint-Catherine

Un cahier à conserver

La dernière Coupe Stanley, remportée le 9 juin 1993 contre les Kings de Los Angeles. Un mot suffit dans l'édition du 10 juin pour résumer la nouvelle. Quinze ans plus tard, le CH est toujours en quête de sa 25e coupe. Jamais, dans toute son histoire, l'attente fut si longue entre deux titres.

la presse

50cents

APRÈS SEPT ANS D'ATTENTE

Le Canadien retrouve SA COUPE

Jean Perron

Cette scène a été croquée hier soir dans un bar du centre-ville, mais elle s'est répétée dans plusieurs foyers du Québec, à la suite de la victoire du Canadien qui a remporté la Coupe Stanley après sept ans de patience et de frustration. Tard hier soir, dans les rues du centre-ville, les automobilistes klaxonnaient joyeusement, comme aux beaux jours d'antan. La Sainte-Flanelle a repris son titre!

page 3
pages 34 à 39

La Presse du 25 mai 1986. Le titre dit tout. À l'époque, toute l'édition dominicale – et pas seulement le cahier des sports – est en format tabloïd.

Maurice Richard et Jean Béliveau, à côté de la Coupe Stanley. Cette Photo fût prise le 20 avril 1958, à Boston. C'est une sixième coupe pour Richard et une troisième pour Béliveau.

CHAPITRE 78

24 OCTOBRE 1993

JEAN BÉLIVEAU, PERSONNALITÉ DE L'ANNÉE DE *LA PRESSE*

La Presse

Les jeux sont faits

Le prochain Parlement sera très différent des précédents

LA PRESSE HONORE JEAN BÉLIVEAU

Spar à l'aide de l'Ukraine pour décontaminer la centrale de Tchernobyl

Le couronnement de ma carrière, dit la personnalité de l'année 93

Trois pages de textes et photos

Toronto savoure sa deuxième victoire d'affilée en Série mondiale

Jean Béliveau, Personnalité de l'année au Gala Excellence de *La Presse*. Quelques semaines plus tôt, il avait pris sa retraite à titre de vice-président aux Affaires sociales du Canadien.

« Modeste... dans sa noblesse. » Ce sont les derniers mots de l'article du journaliste François Béliveau consacré à Jean Béliveau et publié à la une de *La Presse* du lundi 25 octobre 1993. La veille, le célèbre numéro 4 du Canadien était désigné Personnalité de l'année 1993 au 10e Gala Excellence de *La Presse*, présenté sur les ondes de Radio-Canada.

Au cours de la même soirée, Béliveau obtient aussi le titre de Personnalité de l'année dans la catégorie « Courage, humanisme et accomplissement ».

Présenté pour la première fois en 1984, le Gala Excellence rend hommage à tous les individus qui, au cours d'une année, ont été nommés Personnalité de la semaine dans la page dominicale de *La Presse*. Dans le cas de Béliveau, ce titre de Personnalité de la semaine lui est décerné le 5 septembre 1993, alors qu'il vient de prendre sa seconde retraite du Canadien, cette fois à titre de vice-président aux Affaires sociales.

« Depuis longtemps, le hockeyeur connaît la valeur de l'exemple, de la solidarité, écrit la journaliste Anne Richer dans l'article du 5 septembre. Chaque fois qu'on le sollicite, il répond généreusement. [...] Celui qui a beaucoup reçu doit redonner une part. »

C'est bien sûr pour son exceptionnelle carrière au sein du Canadien, et encore plus pour son engagement social et communautaire, notamment auprès des jeunes, que Béliveau reçoit le titre de Personnalité de l'année. Ainsi, dans son article du 25 octobre, François Béliveau écrit que « c'est la grande classe et l'élégance de Jean Béliveau qu'on veut reconnaître ».

Dans cet hommage, le détenteur de dix Coupes Stanley voit le couronnement de sa carrière. À propos de son engagement tant sur la glace que dans l'action humanitaire, il dit : « J'ai personnellement toujours voulu offrir de la qualité dans tout ce que je faisais, sur la glace comme joueur de hockey, dans ma vie privée et à mon travail au Forum. »

Et cet engagement, Béliveau dit qu'il l'a toujours voulu, sans artifice mais avec droiture. Il dit : « Je ne me suis jamais fabriqué de personnage. J'ai toujours été désireux de la qualité des rapports entre les gens, du respect d'autrui, de ses opinions, ce qui ne veut pas dire que j'étais toujours d'accord. Quand je m'associais à une organisation, je me devais, pour l'image du Canadien, de voir à ce qu'elle soit honnête et respectable. Depuis ma jeunesse, chez les Frères du Sacré-Coeur, depuis mon enfance à Victoriaville, où j'ai été élevé (sept frères et soeurs) – la famille, c'est la fondation d'une vie – je n'ai jamais trop changé mon style. »

« La qualité qu'il recherchait, l'éthique naturelle qu'il s'imposait, l'ont amené sur la voie de la générosité pour les plus démunis, et ceux qu'il a aidés ne se comptent plus », ajoute François Béliveau.

En guise de reconnaissance, *La Presse* remet à l'ancien capitaine du Canadien une page souvenir sur laquelle est reproduit un long article du journaliste André Trudelle. Intitulé « Un modèle d'intégrité et de travail », ce texte est publié à la page A7 de l'édition du 25 octobre 1993. Le reportage s'attarde lui aussi aux qualités humaines de celui qui, surnommé le « Gros Bill » au début de sa carrière, est devenu le « Grand Jean », titre qui sied davantage à son caractère, à son engagement.

Trudelle, qui a couvert les activités du Canadien dans les années 1950 et 1960, cite entre autres Zotique Lespérance, ami de Béliveau et ancien chroniqueur des sports au journal *La Patrie*. « J'ai tant de bonnes choses à dire sur cet homme si humain et si généreux que je pense que je ne pourrais pas tout dire dans un seul livre », dit Lespérance avec une admiration sans borne.

UN HOMMAGE DU ROCKET

Lorsque Jean Béliveau est honoré Personnalité de l'année, son coéquipier et collaborateur de *La Presse* Maurice Richard lui rend hommage dans sa chronique dominicale. Le 31 octobre 1993, le Rocket écrit : « Jean Béliveau, le gentilhomme par excellence, a été nommé Personnalité de l'année lors du Gala de l'excellence de *La Presse*, dimanche dernier. Mes félicitations, Jean ! C'est le grand Jean qui m'avait passé la rondelle avec laquelle j'ai marqué mon 500e but et nous avions tous les deux été honorés par la suite aux casernes du 3e régiment de campagne, génie Royal Canadien. » Une photo montrant les deux hockeyeurs en visite chez les militaires accompagne le texte.

.L.R. *La Presse* reproduit ci-
ous la page souvenir préparée
ıtention de la Personnalité de
ıée de *La Presse*, dévoilée hier
lors du Gala Excellence 1993,
dio-Canada.

La Presse
LE PLUS GRAND QUOTIDIEN FRANÇAIS D'AMÉRIQUE

Le Gala Excellence 1993

LA PRESSE, MONTRÉAL, DIMANCHE 24 OCTOBRE 1993

LA PERSONNALITÉ DE L'ANNÉE 1993

JEAN BÉLIVEAU

Un modèle d'intégrité et de travail

RÉ TRUDELLE

ans l'introduction de son livre *The Habs*, le commentateur de sports Irvin raconte l'anecdote suivante. d'un tournoi de golf de charité, à nto, en 1989, l'auteur s'est retrouvé mpagnie de Lanny McDonald et de Béliveau. McDonald, qui avait joué ant 16 saisons dans la Ligue Natio- ne s'était abreuvé qu'une seule fois coupe Stanley. Il avait demandé à eau combien il avait remporté de es?

Irvin rapporte: «Jean, qui a tou- été humble et qui savait que McDo- savourait encore sa seule victoire, ndit faiblement: «Dix». «Com- '» reprit alors McDonald, incrédu-.

n intervint lui-même dans la con- ion et précisa: «Dix, Lanny. Ce à a fait partie de dix équipes du Ca- n de Montréal, gagnantes de la cou- anley!»

McDonald, en secouant la tête, ura à son tour: «Dix coupes Stan- "est incroyable! Vraiment incroya-

n Béliveau a pris deux fois sa retrai- une comme joueur de hockey, en 1971, et l'autre, plus récente, en dernier, comme vice-président se- ux affaires sociales. Chaque fois à loi du Canadien. Jean est mainte- âgé de 62 ans.

ıte sa vie, Beliveau a été un modèle grité, de travail et de gentillesse. cet homme, aux deux longues et euses carrières, que *La Presse* a nné au titre de Personnalité de

s témoignages

ymond Lemay, administrateur ageusement connu dans le monde faires de Montréal, se dit heureux nsidérer Béliveau comme l'un de ands amis.

ares sont ceux qui peuvent compter véritables amis sur les doigts d'une main, confie-t-il. Jean est de ceux- lui que l'on peut réveiller à 2h le pour obtenir conseil ou assistance rebuffade. C'est un homme d'une grande discrétion, auquel on peut entièrement confiance.»

Zotique Lespérance, autre grand le Béliveau, ajoute: «J'ai tant de es choses à dire sur cet homme si in et si généreux que je pense que pourrais pas tout dire dans un seul »

n Béliveau est né à Trois-Rivières, août 1931. Il appartenait à une fa- de huit enfants, dont trois filles. était l'aîné. Arthur Béliveau, son était à l'emploi de la Shawinigan, ue par la suite Hydro-Québec. La le Béliveau a vécu à Plessisville, Victoriaville.

n se souvient que son père lui avait é comme étrennes, à Noël, sa pre- paire de patins. Il n'a pas tardé à se opper en un joueur de hockey fort etteur. C'est avec les Citadelles de ec que Béliveau a fait ses débuts le hockey organisé. Il a ensuite por- couleurs des As de Québec, dirigés unch Imlach.

Jean Béliveau a joué 18 ans sous les couleurs du Canadien.

Béliveau appartenait tout d'abord à l'organisation des Rangers de New York, mais le directeur général du Canadien, Frank Selke, avait rapatrié le nom de Jean sur la liste des recrues du Tricolore.

Béliveau ne semblait pas pressé de faire le saut dans la LNH. Il se faisait tirer l'oreille. Bien traité à Québec, il préférait les As à la Laine bleue, blanche et rouge.

Une intervention

C'est par l'intervention de Zotique Lespérance, ex-chroniqueur de sports à *La Patrie*, devenu directeur général des ventes et, plus tard, du marketing à la Brasserie Molson, que Béliveau a finalement signé un contrat avec le Canadien, à l'été de 1953.

La tâche était délicate. Maurice Richard était alors la grande vedette du Tricolore. Mais Béliveau avait fait ses preuves. À la fin de la saison 1950-51, alors que Jean n'avait pas 20 ans, il avait participé à deux matchs du Canadien, obtenant un but et une passe. Deux ans plus tard, il joua trois parties pour le club montréalais et enregistra cinq buts, dont trois dans un même match aux dépens de Chuck Rayner, des Rangers.

«Avant d'aller rencontrer Jean, au lac Saint-Charles, à Québec, se souvient Zotique Lespérance, octogénaire, j'avais parlé à Frank Selke et au sénateur Hartland de M. Molson. J'avais leur aval quant aux propositions que j'allais soumettre à Jean. À cette époque, le Canadien appartenait encore au sénateur Donat Raymond et à la succession Timmins, non à la Molson.

«Un beau samedi d'été, de juillet ou d'août, il faisait un temps exceptionnel de près de 95 degrés F, à Québec. Mon entretien avec Jean n'a pas été de très longue durée. Je lui ai proposé un emploi avec la brasserie, s'il passait au Canadien. «Tu sais, Jean, lui ai-je dit, si tu ne voles pas et si tu ne tues pas, cet emploi à la Molson, c'est pour ta vie!»

«Jean a bien ri. Son consentement à passer au Canadien était chose faite. Je suis rentré à Montréal, bien content de ma démarche. Quelques jours plus tard, Jean rencontrait M. Molson, puis Frank Selke. Il signait.»

Jean Béliveau a paraphé un contrat de cinq ans avec le Canadien. À l'époque, c'était la première fois qu'un hockeyeur obtenait une si longue entente. Jean devait toucher, pour cinq ans, 105 000 $ et des considérations futures.

«Son emploi à la Molson ne faisait pas partie des considérations futures, explique M. Lespérance. C'était en sus. Ce que je peux vous dire, c'est que durant toute son association avec la Molson, jamais, jamais Jean n'a encouru le moindre reproche de ses supérieurs, tellement son travail était bien fait.»

Béliveau a joué 18 ans dans la LNH, 18 ans sous les couleurs du Canadien. Il a participé à 1 125 matchs, obtenant 507 buts et 712 assistances pour un total de 1 219 points. En séries éliminatoires, en 162 matchs, il a marqué 79 buts et récolté 97 passes. Béliveau a gagné dix coupes Stanley, deux fois le trophée Hart remis au joueur le plus utile à son équipe, une fois le trophée Art Ross, qui va au champion pointeur, et le trophée Conn Smythe, remis au meilleur joueur des séries. Jean a fait partie de la première équipe d'étoiles en six occasions et deux fois de la deuxième équipe.

Détail moins connu, Béliveau a dominé en deux occasions le Canadien au chapitre des pénalités, en 1955-56 et en 1956-57, avec 143 minutes et 105 minutes passées au banc des punitions.

Un an à peine après sa retraite, il était intronisé au Temple de la Renommée du hockey.

Le 9 juin 1971, Béliveau a convoqué les journalistes pour leur faire part de sa décision. Il prenait sa retraite. Le lendemain, Gilles Terroux rapportait, dans *La Presse*, les propos du grand Jean: «C'est une journée nébuleuse pour moi. Ce n'est que ce matin, au réveil, que je me suis rendu compte de la portée de mon geste. Ça m'a fait une drôle de sensation. Tu te réveilles et tu te dis: 'C'est aujourd'hui le grand jour...' Au fond, j'aurais souhaité que ce jour n'arrive que beaucoup plus tard.»

Quelques minutes après l'annonce de la retraite de Béliveau, le président du Canadien d'alors, David Molson, annonçait que son ex-joueur de centre était nommé vice-président du Canadien et directeur des relations publiques. Il devait garder ce poste pendant plus de 20 ans.

Sa fondation

Les admirateurs et amis du grand numéro «4» — Pierre Pilote, petit défenseur (5 pieds, 10) des Blackhawks de Chicago, quatre fois nommé sur l'équipe d'étoiles disait: «Je déteste jouer contre Béliveau. D'une main, il me neutralise, et de l'autre il continue de manier la rondelle comme si je n'existais pas.» — ont organisé, au Forum, une grande fête en l'honneur de leur idole.

Béliveau n'avait finalement consenti à ce témoignage d'appréciation qu'à la condition de ne pas recevoir de cadeaux. Les organisateurs ont trouvé la formule. Ils ont lancé la Fondation Jean Béliveau, qui a recueilli 105 000 $ en vue de la fête.

Le printemps dernier, alors qu'elle valait environ 900 000 $, la Fondation Jean Béliveau a été cédée à la Société des enfants handicapés du Québec, qui l'administre désormais.

Plusieurs fois sollicité par des partis politiques, Béliveau a toujours décliné. De fait, il a été toute sa vie un diplomate dans toutes les sphères où il a oeuvré.

C'est un homme d'une très grande simplicité. Il n'a jamais connu les excès. Il n'a jamais fait de déclarations fracassantes. Il habite depuis longtemps la même maison, à Longueuil. Il n'a jamais changé son numéro de téléphone.

Béliveau a épousé Élise Couture, de Québec, en 1953, l'année même où il se joignait enfin au Canadien. Ils ont eu une fille, Hélène, qui les a faits grands-parents.

Il a été honoré en maintes et maintes occasions. Il est officier de l'Ordre du Canada et il a été nommé à l'Ordre national du Québec.

1963-2006

SOUVENIRS EN IMAGES DE DENIS COURVILLE

DE LA GRANDE VISITE
Le 19 décembre 1988, au Forum, le joueur des Expos de Montréal Tim Raines est de passage pour assister à un match du Canadien. Courville le photographie alors qu'une ouvreuse lui explique où se trouve son siège.

AVEZ-VOUS VU LA GRENOUILLE ?
Le 10 décembre 1991, l'équipe olympique canadienne de hockey affronte l'équipe "B" du Canadien au Forum. Parmi les Olympiens se trouve Eric Lindros qui, repêché par les Nordiques six mois plus tôt, a refusé de se joindre à l'équipe. Ce soir-là, son antipathie des francophones lui vaut une... grenouille qu'un spectateur lance sur la glace. C'est le juge de ligne Gérard Gauthier qui récupère le batracien. Denis Courville a pris ce cliché au passage. En croisant ses collègues photographes, à l'entracte, il leur demande s'ils ont aussi vu la grenouille. « Ils m'ont tous répondu : "Quelle grenouille ? " Je savais alors que j'avais une bonne photo pour l'édition du lendemain » dit-il. Effectivement, le juge et la grenouille font la une de *La Presse*.

« Bunny » Larocque, dans une pose qui n'est pas sans rappeler Ken Dryden.

Après plus de 40 ans de bons et loyaux services à *La Presse*, le photographe Denis Courville a pris sa retraite en 2006.

Embauché en 1963, il a d'abord travaillé au poste de préposé à l'écoute durant quelques années. Un jour, un poste de photographe de nuit a été affiché. « J'aurais préféré commencer au bas de l'échelle, faire d'abord du travail de chambre noire. Mais on m'a dit : "C'est ta chance. Saisis-la". Et c'est ce que j'ai fait », raconte cet homme affable et toujours souriant.

La nuit, bien sûr, ce sont les faits divers. Les crimes. Les accidents. Les incendies. C'est ainsi qu'il est affecté, la nuit du 21 janvier 1975, à la couverture de l'incendie criminel perpétré au resto-bar Le Gargantua. Il est accompagné d'un jeune reporter du nom de Réjean Tremblay.

Après l'abolition du poste de photographe de nuit, Courville devient photographe de soirée, poste qu'il occupe durant plus de vingt ans, jusqu'à sa retraite. Et poste qu'il lui permet d'assister à des centaines de matchs du Canadien, lorsque l'équipe joue en semaine.

Il dit avoir beaucoup appris de ses amis et photographes Roger St-Jean et Armand Trottier qui ont partagé leurs expériences et trucs du métier avec lui. De ses nombreuses assignations à couvrir les matchs du Canadien, il conserve ce bon souvenir d'un petit local du Forum où les membres des médias se réunissaient pour échanger et fraterniser entre les périodes.

Voici, parmi des milliers d'autres, quelques photos prises par Denis Courville au cours des matchs du Canadien de Montréal.

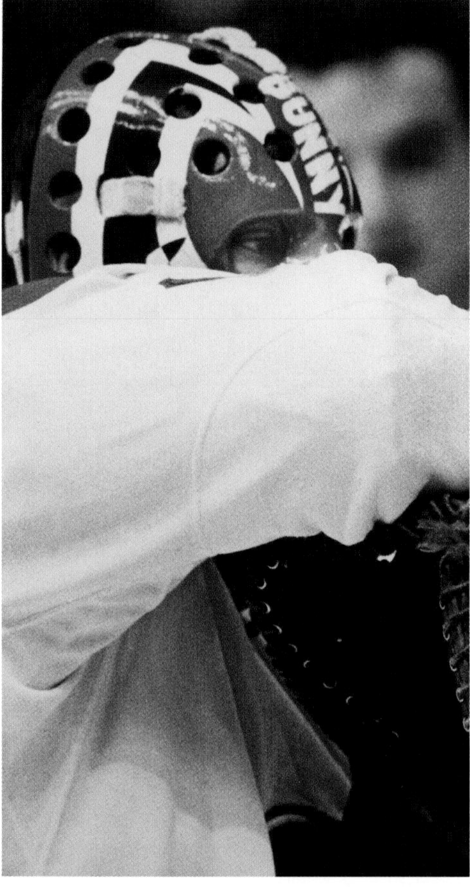

CHAPITRE **79**

1963-2006

IL L'A VOULAIT, LA BALLE !
En juillet 1983, au cours d'une partie de balle à laquelle participait une équipe de médias montréalais, l'invité d'honneur était Maurice Richard. Toute son ardeur au jeu se lit dans ses yeux sur cette photo prise par Courville. « C'est le même Rocket que sur la glace. Il la voulait, la balle ! » s'exclame le photographe.

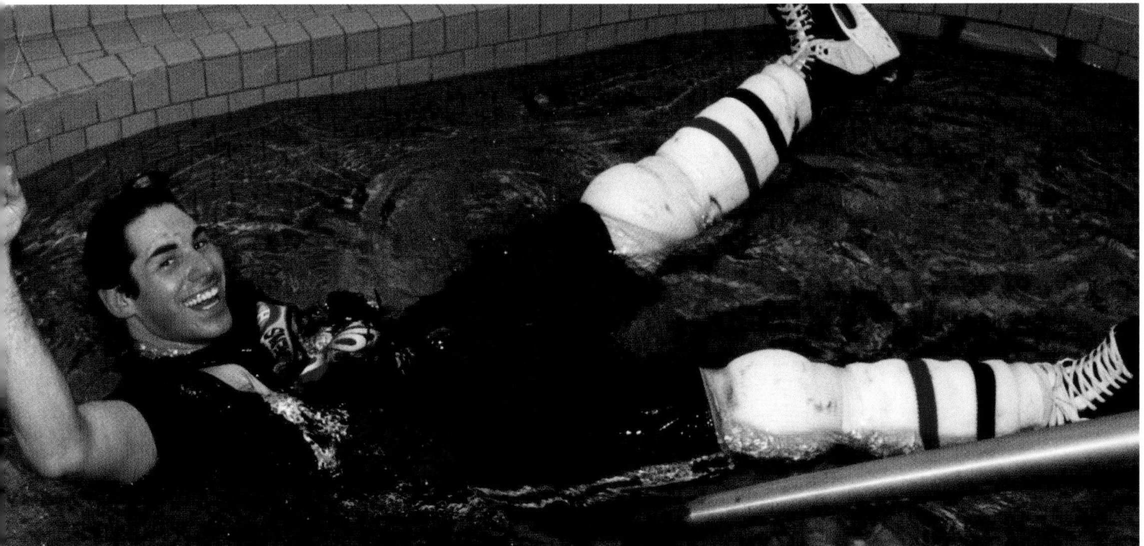

LET'S SAY NUMBER ONE !
Denis Courville se souvient avec bonheur de cette photo unique du joueur Mathieu Schneider croquée dans le vestiaire du Canadien le mercredi 9 juin 1993, soir de la conquête de la Coupe Stanley au Forum. « Le vestiaire était si bondé que nous avions de la difficulté à travailler, se remémore le photographe. Je me suis dit : allons voir s'il se passe quelque chose dans la salle d'exercice. Or, entre le vestiaire et cette salle, il y a le bain tourbillon. Où je trouve Mathieu Schneider tout habillé et portant encore ses patins, dans l'eau. Je lui ai dit : Hey ! Fait moi un numéro un [*Let's say number one*]. » Le défenseur ne s'est pas fait prier.

CHAPITRE 80

1969

1969 À AUJOURD'HUI

UNE BELLE FAMILLE

PHOTO BERNARD BRAULT, LA PRESSE©

Guillaume Latendresse s'est suffisamment démarqué du défenseur Colin White pour obtenir une chance de marquer en première période. Cependant, le gardien Martin Brodeur veillait.

« On était à Montréal »

Brent Sutter blâmait les arbitres

PIERRE LADOUCEUR

« On nous a enlevé le contrôle de notre destinée dans les derniers instants d'un match de 1-1 avec le premier rang en jeu, a lancé l'entraîneur des Devils du New Jersey, Brent Sutter. J'ai dit à mes joueurs qu'ils avaient livré une belle bataille sans avoir le droit de régler eux-mêmes le sort de la rencontre. »

Sutter faisait évidemment allusion aux pénalités imposées à Mike Rupp et à Jamie Langenbrunner, respectivement à 10:51 et 12:22 de la troisième période, qui ont valu un avantage de deux hommes au Canadien. L'équipe montréalaise a finalement marqué quelques secondes avant le retour de Langenbrunner.

« Je n'ai pas aimé les deux décisions des arbitres (Eric Furlatt et Don Koharski). Dans le premier cas, ils ont attendu cinq longues secondes avant de lever le bras tandis que, dans le deuxième cas, j'ai regardé la vidéo et je ne peux pas voir d'infraction. Mais on était à Montréal », a conclu Sutter.

Rien n'empêche que son équipe a inscrit seulement quatre buts à ses quatre derniers matchs. Cette faible production n'est certes pas le résultat d'un manque d'efforts de la part d'un joueur comme Brian Gionta, auteur de deux de ces quatre buts.

« On a travaillé avec intensité. On a posé les bons gestes pendant 60 minutes. Mais c'est difficile d'accepter un désavantage de deux hommes dans un tel match », s'est contenté de dire Gionta, qui a récolté six des 32 lancers des siens.

Pour sa part, Martin Brodeur a été égal à lui-même devant son filet et devant les journalistes !

« C'était un match excitant à regarder et c'était également exaltant de jouer devant une foule aussi animée. Il faut rendre hommage aux joueurs du Canadien. Ils ont disputé un fort match. Ils se sont souvent présentés aux abords de mon filet. Ils ont accepté de se salir le nez pour avoir des chances de marquer.

« Mais on a offert un bel effort. On a obtenu quelques bonnes chances de marquer. Ce n'était toutefois pas suffisant pour vaincre une équipe qui traverse une période productive. Cela devient de plus en plus difficile de gagner des matchs 1-0. Les équipes ont ajouté des munitions en attaque. »

Et les arbitres ?

« On ne peut pas s'attarder sur leur travail. Il leur arrive de commettre des erreurs comme ce bors-jeu qu'ils ont raté tout juste avant le but gagnant du Canadien », a lancé Brodeur.

le 2 mars 2008, Pierre Ladouceur signe cet encadré qui rapporte les propos du coach des Devils du New Jersey, Brent Sutter.

PAR PIERRE LADOUCEUR

Après dix ans à suivre les péripéties des Expos, je me suis retrouvé au début des années 1980 dans le giron du Canadien où je renouais connaissance avec certains joueurs que j'avais côtoyés lors de mes débuts dans le journalisme en 1969.

Le premier nom qui me vient à l'esprit en pensant à cette époque, c'est celui de Guy Lafleur que j'avais découvert avec les Remparts de Québec qu'il avait menés à la conquête de la Coupe Memorial, la première d'une équipe de la Ligue de hockey junior majeur du Québec, en 1970-1971. Au cours de cette saison, Lafleur avait dominé outrageusement son circuit en marquant 130 buts.

À mon retour sur la scène du hockey, Lafleur allait connaître, en 1979-1980, sa dernière saison de 50 buts, lui qui a gagné en trois occasions le trophée Art-Ross, remis au meilleur marqueur de la LNH.

À ses quatre dernières saisons complètes à Montréal, on dira qu'il avait ralenti, mais il avait tout de même récolté 91 buts (27-27-27-30). Et, comme la majorité des grandes vedettes, il acceptait mal de jouer les deuxièmes violons à la fin de sa carrière avec le Canadien.

J'ai eu la chance de connaître Lafleur hors de la patinoire puisqu'on a travaillé ensemble sur la réalisation d'une cassette vidéo pour enseigner le hockey. J'ai réalisé à ce moment-là que Lafleur était un individu entier.

D'ailleurs, à un moment donné, je m'étais permis de lui demander pourquoi il amassait régulièrement la facture lors de ses sorties avec les autres joueurs du Canadien. Il n'avait pas hésité à répondre : « Je fais plus d'argent qu'eux et cela me fait plaisir de prendre l'addition. »

Lafleur a toujours eu l'admiration de ses coéquipiers. Il est certain que son grand talent a été à l'origine de cette admiration. Mais sa générosité a cimenté ce lien avec ceux auxquels il a été associé depuis son départ de Thurso.

Savard, Lapointe et cie

Mais Lafleur n'était pas le seul individu digne de mention au sein de cette équipe qui a accumulé les conquêtes de la Coupe Stanley sous la direction de Scotty Bowman au cours des années 1970.

Serge Savard, qui avait hérité du titre de Sénateur en raison de sa logique et de son calme lors de ses rencontres avec les gens des médias, a toujours été un personnage intéressant. Si Savard a réussi dans le monde des affaires, c'est justement à cause de ce calme qui lui a toujours permis d'évaluer les situations auxquelles il a été confronté au cours de sa vie.

Personnellement, j'ai eu la chance de jouer en quelques occasions avec Savard. J'avais d'ailleurs été son partenaire à la défense en Floride avec l'équipe des Médias en 1981. Nous venions de perdre nos deux premiers matchs face à une formation mise sur pied par Rosaire Paiement[1], cet ancien des Flyers de Philadelphie, lorsque Savard, qui a travaillé brièvement à CKAC, s'est joint à nous pour la dernière rencontre.

Il venait tout juste d'accepter l'invitation de John Ferguson de se joindre aux Jets de Winnipeg, une nouvelle qu'on allait apprendre au lendemain de notre match. Avec l'ajout de Savard, l'équipe des Médias a battu ces anciens de la LNH qui vivaient en Floride.

J'avais toujours admiré sa manière de donner un tempo à un match alors qu'il jouait pour le Canadien. Mais ce soir-là, j'étais dans un endroit idéal avec mes patins pour admirer l'influence qu'un tel joueur peut avoir au sein d'une équipe.

Les membres du Big Three, qui incluaient également Guy Lapointe et Larry Robinson, étaient à la source des succès du Canadien, mais il ne faudrait pas pour autant oublier ceux qui complétaient cette brigade défensive. Et, je veux surtout parler de deux véritables piliers : Pierre Bouchard, et Gilles Lupien.

Après son départ du Canadien, Bouchard qui était passé aux Capitals de Washington, m'avait demandé en 1981 s'il pouvait pratiquer avec mon équipe senior, les Pats de Contrecœur. À son arrivée dans le vestiaire, il s'était présenté à tous les joueurs. Ces joueurs semi-professionnels avaient

1 Rosaire Paiement s'est joint aux Flyers de Philadelphie lors de l'expansion de 1967. Il est le frère aîné de Wilfrid Paiement qui a joué avec les Nordiques au cœur de la rivalité Montréal-Québec.

Deux époques. Pierre Ladouceur (à gauche) sur la passerelle des journalistes au Centre Bell et (en haut) au Forum. « Ladouce », comme tout le monde l'appelle, est entré au service de *La Presse* en 1969.

alors été impressionnés par l'humilité et le savoir-vivre de ce géant qui a donné ses lettres de noblesse au rôle de policier dans la LNH.

Quant à Lupien, mon compagnon de patinage à roues alignées, il a toujours été volontaire pour défendre ses coéquipiers. Il ne faut pas se surprendre qu'il soit resté dans la même voie dans son rôle d'agent de joueurs.

Par ailleurs, la pierre angulaire de cette défensive a été Ken Dryden, un personnage intéressant. On voyait Dryden plus souvent avec un livre dans les mains qu'une bonne bière, comme disait Réjean Houle.

Dans le cas de Dryden, sa réputation de pingre lui a collé à la peau tout au long de sa carrière. Mais ce trait de caractère n'a jamais dérangé ses coéquipiers qui préféraient en rire. D'ailleurs, Guy Lapointe, le joueur de tours attitré de l'équipe, se plaisait à faire damner le grand Ken en brûlant certaines parties de son journal.

À cette époque, le Canadien formait une belle famille. Les traits de caractère des joueurs étaient connus des gens des médias qui étaient beaucoup moins nombreux et beaucoup moins envahissants.

On pourrait continuer et parler de chacun de ces joueurs !

Jacques Lemaire était déjà un analyste hors pair. Mario Tremblay impressionnait par sa droiture, lui qui n'a jamais accepté les compromis. Réjean Houle perdait rarement le sourire. Yvon Lambert a toujours aimé socialiser, mais il a toujours été un guerrier sur la patinoire. Chris Nilan, le dur-à-cuire de l'équipe, était doux comme un agneau avec les enfants qu'il visitait dans les hôpitaux. Doug Jarvis, le timide, rougissait en disant bonjour. Bob Gainey a toujours été un homme sérieux qui partageait ses émotions uniquement avec ses proches. Et Rick Chartraw pouvait dérider toute cette bande avec ses frasques, lui qui s'était présenté nu-pieds à un tournoi de golf du Canadien.

Ce groupe qui a formé l'une des meilleures équipes de l'histoire de la LNH a été suivi par un autre formé d'excellents joueurs. Mais les Patrick Roy, Chris Chelios, Guy Carbonneau, Claude Lemieux, Stéphane Richer et autres n'ont pas été en mesure de cueillir autant de conquêtes de la Coupe Stanley.

CHAPITRE 81

1995

MARS 1995

UN QUARTERON QUI FAIT JASER

Rien ne va plus chez le Canadien en ce mois de mars 1995. Chicanes internes, grogne... L'équipe ne va nulle part.

Au terme d'une saison de 48 matchs, écourtée par un lock-out de 103 jours[1], le Canadien est en voie de rater les séries pour la première fois en 25 ans.

Fin février, début mars, les hommes de Jacques Demers sont humiliés 7-0 et 6-1 devant Philadelphie et New Jersey. Le directeur général Serge Savard est hué à un match des anciens.

Le jeudi 2 mars, sous la plume de Réjean Tremblay, *La Presse* fait état du mécontentement de certains joueurs à l'endroit de l'entraîneur. « Un quarteron de putschistes veut la tête de Demers » est le titre de l'article publié à la une. L'auteur appui ses dires sur une source anonyme très près de l'organisation[2].

« Dans une équipe, il y a habituellement un tiers des joueurs qui sont satisfaits et prêts à tout donner pour leur équipe ou leur coach. Tout comme il y a un tiers qui sont malheureux et qui rêvent de le faire chier, dit Tremblay. Et il y a un tiers de suiveux. Tant que le tiers des « satisfaits » réussit à entraîner le tiers des suiveux, un entraîneur est en contrôle de la situation. »

« Chez le Canadien, le tiers des mécontents, ceux qui sont persuadés depuis l'hiver dernier que Jacques Demers est un têteux pas sérieux, est en train de convaincre les suiveux d'obtenir la tête du coach. »

« Ces joueurs qui ne respectent pas le coach ou l'organisation, j'en connais quelques-uns. Mathieu Schneider, Brian Bellows, Lyle Odelein et peut-être Kirk Muller et Ron Tugnutt. »

Quart, quatuor, quarteron

Ces articles font bondir les joueurs du Canadien, unanimes à nier ces affirmations. Le journaliste Mathias Brunet, qui accompagne l'équipe à Landover, au Maryland, rapporte la réaction de tout un chacun. « Il n'y a rien de vrai dans cet article. Jacques Demers sait combien nous l'aimons », lance le capitaine Kirk Muller. « Encore une autre histoire inventée de toutes pièces », grogne Mathieu Schneider, qui parle d'un « journal à potins comme le *National Enquire* ».

« Foutaise (bunch of bullshit), dit Lyle Odelein. Jacques Demers m'a donné ma première chance. Il m'a fourni l'occasion de jouer régulièrement dans la Ligue nationale de hockey. Je n'ai absolument rien contre lui, j'aime jouer sous ses ordres. »

La réaction de Demers fait la couverture du cahier des sports. Brunet rapporte qu'il a répliqué aux « putschistes » en lançant : « Si vous ne voulez pas de moi, dites-le moi immédiatement ! »

Refusant d'abord de commenter l'histoire, Demers finit par lâcher : « J'ai l'appui à 100 p. cent de Ronald Corey, de Serge Savard et de mes joueurs, presque tous mes joueurs. »

Mais au-delà de la controverse, c'est l'expression « quarteron de putschistes » qui retient l'attention. Tremblay y revient deux fois.

Dans sa chronique du 3 mars, il écrit : « Hier, on m'a demandé qui était le quatrième joueur du « quarteron » qui ne voulait plus jouer pour Demers ou l'organisation. Le mot quarteron ne doit pas être confondu avec le mot quatuor. Selon le Robert, un quarteron, c'est un petit nombre ou quelques individus présentés dans un sens négatif. »

Le 5 mars, nouvelle précision. « Les joueurs visés, Schneider en tête, ont tous nié avec véhémence avoir préparé un putsch. Ils ont raison. J'ai écrit que certains joueurs ne voulaient plus jouer pour Jacques Demers ou l'organisation. Et je maintiens cette affirmation. Le titre qui parlait d'un « quarteron de putschistes » n'est pas de moi. Au hockey, on ne fait pas un putsch, c'est trop compromettant, trop dangereux, on se contente de jouer avec moins d'ardeur. C'est ce que j'ai écrit, c'est ce qui s'est passé. Mais les chefs de pupitre du général qui sont habitués aux nouvelles politiques et économiques où les putschs sont des vrais putschs, n'ont pas saisi cette subtilité. Remarquez qu'en bout de ligne, le résultat est le même, le coach perd sa job. Mais les joueurs ont la conscience nette. »

Mathieu Schneider et Kirk Muller sont échangés le mois suivant contre Pierre Turgeon et Vladimir Malakhov. Brian Bellows est échangé le 30 juin de la même année. Ron Tugnutt quitte l'organisation à la fin de la saison. Lyle Odelein reste avec l'équipe jusqu'au 22 août 1996. Jacques Demers perd son poste en octobre 1995.

1 La LNH et l'Association des joueurs se querellent sur le renouvellement de la convention collective.

2 La source en question serait nul autre que... Jacques Demers. Mathias Brunet évoque cet épisode dans son livre Avions, hôtels... et Glorieux.

La Presse

Emploi : Montréal récupère plus rapidement que le Québec

Laval songe à privatiser plusieurs services municipaux

UN AUTRE FEU

Un mort et 20 blessés dans une résidence pour personnes âgées

Un quarteron de putschistes veut la tête de Demers

Un des articles les plus célèbres de Réjean Tremblay, le 2 mars 1995. Le lendemain, toujours à la une, il écrit un autre texte intitulé « Le cancer, c'est Schneider ».

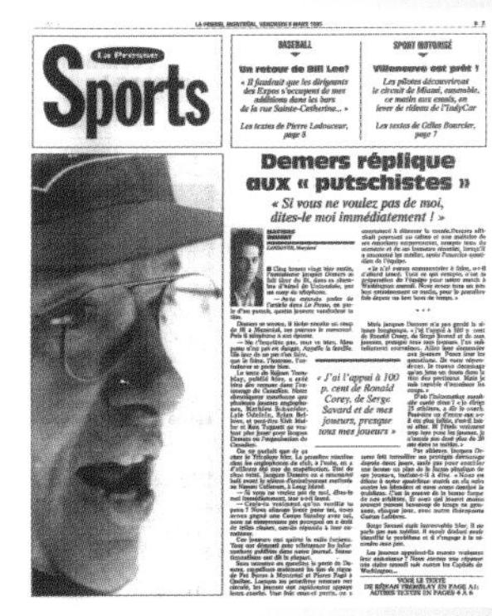

Sports

Demers réplique aux « putschistes »

« Si vous ne voulez pas de moi, dites-le moi immédiatement ! »

L'entraîneur du Canadien Jacques Demers ne tarde pas à répliquer aux « putschistes » comme en fait foi la une du cahier des sports du 3 mars 1995.

17 OCTOBRE 1995

BALAYAGE AU DEUXIÈME ÉTAGE DU FORUM

La question référendaire
OUI 43,6 % NON 42,6 % Ne sait pas, ne répond pas 14 %

La Presse

Météo

Perçées de soleil, possibilité d'averses max 17 / min 6

Sports

4 0

Monde

Bosnie: l'OTAN veut impliquer la Russie

Girerd

Index

Grand ménage chez le Canadien

Savard et Boudrias congédiés; Demers «tassé au deuxième étage»

Tout sur la décision de Corey dans le cahier Sports

La CUM prie Québec de geler l'évaluation jusqu'à l'an 2000

La marée haute du OUI

La France désarmée contre le terrorisme

Un nouvel attentat dans le métro fait des blessés

Le grand ménage de Ronald Corey fait la une de *La Presse* du 18 octobre 1995.

Alors que le Québec est plongé en pleine campagne référendaire en ce mois d'octobre 1995, le Canadien connaît un très mauvais début de saison. L'équipe perd ses trois premiers matchs, 7-1, 6-1 et 3-1 contre les Flyers, les Panthers et le Lightning de Tampa Bay.

Cette saison commence comme la précédente s'est terminée: mal. Très mal. À *La Presse*, le directeur des sports Michel Blanchard réclame un traitement choc. « Savard derrière le banc ! » lance-t-il dans un texte publié sur la page frontispice du samedi 14 octobre.

« Les choses vont tellement mal chez le Canadien que Serge Savard n'a plus le choix, dit-il. Pour redresser son équipe après le début de saison désastreux que l'on sait, il doit porter le grand coup: troquer son habit de directeur général pour celui d'instructeur et descendre derrière le banc. »

Évidemment, un tel geste signifie le départ de l'instructeur Jacques Demers, qui amorce sa quatrième saison avec l'équipe. Selon Blanchard, Demers a perdu la confiance des joueurs. « Pour Savard, le temps presse, poursuit-il. Trois fois cette semaine, les joueurs lui ont signifié qu'ils ne voulaient plus jouer pour Jacques Demers. Trois fois, la majorité des joueurs du Canadien a subi la défaite sans fournir un effort honnête. »

Dans le cahier des sports, Réjean Tremblay analyse les choses sous un autre angle. Il dit:

« Les gens vont demander la tête de Jacques Demers. C'est inévitable. En partant du principe que c'est Demers qui est payé pour motiver les flancs mous, que c'est Demers qui est mandaté pour organiser le système de jeu de l'équipe, que c'est Demers qui doit superviser le travail de ses assistants.

« François Allaire est responsable des gardiens, ils sont pourris.

« Steve Shutt est responsable des attaques massives. C'est un désastre.

« Jacques Laperrière est responsable des défenseurs, ils sont minables.

« Charles Thiffault est responsable des vidéos... même les films pornos réservés aux entraîneurs sont ennuyants. »

« Donc, puisque tous les entraîneurs sont fautifs depuis le début de la saison, c'est le coach en chef qui est responsable de leur faillite. C'est votre raisonnement et d'ici une quinzaine de matchs, ça va être le réflexe de Serge Savard pour sauver son job à lui. »

Mais Demers n'est pas le seul responsable, dit Tremblay. Il demande qu'on lui accorde vingt matchs « avant qu'on sorte la grande faucheuse ». « Il manque un capitaine à cette équipe, ajoute le chroniqueur. Ou disons qu'il manque un vrai leader. »

Devenu capitaine quelques semaines plus tôt, Mike Keane s'est mis le pied dans la bouche avec une déclaration sur l'apprentissage du français [1].

Le soir même, le Canadien perd 4-1 contre les Devils du New Jersey, au Forum. L'équipe joue mieux mais les partisans huent.

Durant ce week-end, *La Presse* sonde les Montréalais. La majorité ne souscrivent pas à l'idée de remplacer Demers par Savard derrière le banc. Plusieurs disent qu'il faut plutôt remplacer Savard. Le journaliste Mathias Brunet analyse l'ensemble des réponses dans son texte « Ça grogne chez les partisans ! » publié à la une du lundi 16 octobre. « La quarantaine d'amateurs interviewés grognent, tournent parfois leurs favoris en dérision. Les partisans cléments, patients se font rares », constate-t-il.

Le grand ménage

Dans sa chronique publiée le mardi 17 octobre, Réjean Tremblay évoque l'atmosphère lugubre régnant chez le Tricolore: « Ils ont tous la face longue. Personne ne sourit. Patrick Roy semble avoir maigri au cours de la dernière semaine. Benoit Brunet avoue qu'il est nerveux et tendu. Vladimir Malakhov promène une tristesse slave très romantique dans le vestiaire. »

Tremblay raconte qu'il essaie de remonter le moral de Pierre Turgeon, qui a « l'air d'un chômeur à sa dernière semaine d'assurance-chômage ». Sans nier les problèmes affectant l'équipe, le chroniqueur rappelle que le Canadien n'a seulement joué que quatre matchs. « C'est quoi la panique ? » demande-t-il.

C'est ce même jour que le président du Canadien, Ronald Corey, passe aux actes. Il congédie le directeur général Serge Savard, son adjoint André

1 Voir le chapitre 98.

CHAPITRE 82

Une scène croquée par le photographe Bernard Brault au Forum le samedi 14 octobre 1995 après une autre défaite, contre les Devils du New Jersey cette fois.

La Presse

Lucien Bouchard à La Presse

Un OUI, c'est la souveraineté

Le Canada sans le Québec n'est pas un pays

«Ça fait mal!»

Yvette, Jean, Suzanne et Lucien

Kim fait aussi du pointage pour le OUI

Le directeur général Serge Savard en conférence de presse, à la suite de son congédiement du Canadien. À noter que tous les autres sujets de la une du 19 octobre sont consacrés à la campagne référendaire.

Boudrias et le dépisteur Carol Vadnais. Jacques Demers est muté au second étage, sans fonction définie[2].

«Grand ménage chez le Canadien», titre *La Presse* à la une de son édition du 18 octobre. L'auteur, Michel Marois, cite Corey: «C'est la décision la plus difficile de ma carrière, a-t-il dit en conférence de presse d'une voix étreinte par la nervosité. J'y ai consacré les trois derniers jours au cours desquels j'ai discuté avec toutes les personnes concernées.»

Savard, en poste depuis 12 ans, Boudrias et Vadnais, gardent le silence. Seul Demers commente. Il déclare: «Je suis en état de choc. C'était mon rêve de diriger le Canadien... Mais trois saisons derrière le banc de cette équipe, c'est dur en tab...»

Plusieurs pages du cahier des sports sont consacrées à la nouvelle. *La Presse* rapporte les commentaires de plusieurs joueurs selon qui il est inexact de dire qu'ils avaient perdu foi en Demers. Mathias Brunet cite par exemple le défenseur Patrice Brisebois: «Les joueurs avaient encore confiance en Jacques Demers. Ce n'était pas lui le problème. Le problème, c'était nous, les joueurs. Ce n'est pas lui qui commettait les erreurs sur la patinoire.»

Les commentaires de l'ancien entraîneur Jean Perron et de l'ancien directeur général Irving Grundman, lui aussi emporté dans une purge signée Corey en 1982, sont publiés. Au journaliste Ronald King, Perron, alors DG et entraîneur-chef des Spiders de San Francisco[3], dit: «Je ne retournerais jamais là-dedans. C'était beaucoup plus dur que je pensais.»

Le journaliste Pierre Ladouceur dresse une longue liste des candidats potentiels pour les postes à pourvoir: Réjean Houle, Pierre Lacroix, Guy Carbonneau, Pierre Gauthier, Peter Stastny, Yvan Cournoyer, Dickie Moore, Maurice Filion, etc[4].

Même le premier ministre Jacques Parizeau a un commentaire. Philippe Cantin, qui accompagne la caravane du OUI, rapporte ses propos: «Mes

2 Il deviendra dépisteur.

3 La franchise de cette équipe de la défunte Ligue internationale de hockey ne dura qu'une seule saison.

4 Corey porte son choix sur Réjean Houle comme directeur général. Houle embauche Mario Tremblay au poste d'entraîneur. Yvan Cournoyer devient entraîneur adjoint.

Ronald Corey en conférence de presse pour annoncer le congédiement de toute son équipe hockey.

Juste de beaux souvenirs

La chronique de Réjean Tremblay, le 19 octobre, à la suite de la conférence de presse de Serge Savard, remercié de ses services par Ronald Corey.

amis, nous vivons ce soir un cataclysme! C'est quelqu'un prenant pour le Canadien qui vous le dit. J'ai bien peur qu'aux nouvelles, il n'y en ait que pour ça: Savard, Boudrias et Demers qui sont renvoyés, c'est beaucoup. »

La classe de Savard

Au lendemain de son congédiement, Serge Savard rencontre les médias dans un salon du 36e étage du Château Champlain dont il est un des propriétaires. Présents, le journaliste Ronald King et le chroniqueur Réjean Tremblay notent, chacun dans leur style très personnel, la grande classe avec laquelle Savard fait sa sortie.

Tremblay: « Savard a été applaudi quand il est entré dans la salle surchauffée. Il a souri, il a pris le micro, il a rassuré et remercié sa famille, salué son fils qui était dans la salle, les joueurs qu'il a dirigés, "l'homme qui m'a congédié parce qu'il m'a donné ma première chance" et il a dominé totalement, entièrement et absolument la situation. Jamais un mot négatif, jamais de fiel, juste de beaux souvenirs. Un contraste frappant avec la conférence de presse de Ronald Corey, la veille au Forum. Il n'y avait pas d'amis de Corey dans la salle. Seulement des employés ou des gens intéressés. Et le congédieur avait le visage tourmenté et ravagé alors que le gros Sénateur, à part l'émotion du début, a toujours été serein. »

King: « *La Presse* était convoquée au penthouse du 36e étage à l'hôtel Château Champlain, dont Serge Savard est en partie propriétaire. Juste en face du nouveau Forum d'ailleurs[5]. On a le sens des affaires ou on ne l'a pas. Des tapis et des chandeliers partout donc, et pour lancer la conférence de presse, un professionnel des relations publiques, Jean Lafleur[6], un des plus prestigieux en ville et un ami proche de l'ex-directeur général du Canadien. Rarement un dirigeant de sport professionnel n'aura fait des adieux personnels aussi grand style. Dans la salle, les journalistes de tous les médias montréalais côtoient des hommes d'affaires, des banquiers, des demi-célébrités... l'entourage du grand homme. Guy Émond arrive en coup de vent, les larmes aux yeux. On peut commencer... »

Savard ne cache pas sa douleur. Dans le texte de King, il dit: « C'est la première fois que ça arrive et ça fait mal. Le congédiement a été fait de manière professionnelle. Je ne suis pas d'accord avec Corey mais c'est sa décision. »

Plus loin, King enchaîne: « Savard n'a pas vu venir le coup. Il est sorti du bureau ébranlé, alors que les autres attendaient en ligne pour apprendre la même nouvelle. En quelques heures, le grand nettoyage a été fait. »

5 Le Centre Molson est alors en construction, de biais au Château Champlain.

6 Oui, le même que celui du scandale des commandites.

1995

2 DÉCEMBRE 1995

UN GESTE, UN REGARD ET... C'EST L'AVALANCHE

Après un très bon début sous la gouverne de la nouvelle direction, le Canadien vit son premier passage à vide en cette fin de novembre 1995. Quatre matchs sans victoire, dont deux défaites, coup sur coup, à Detroit et St. Louis.

L'atmosphère est plus tendue dans l'entourage de l'équipe. À l'entraînement du 30 novembre, Mario Tremblay lance quelques rondelles en direction de Patrick Roy. « Des lancers d'une telle intensité qu'il en a brisé son bâton », lit-on dans un article de l'agence Presse canadienne publié dans *La Presse*. Roy minimise le geste. « Mario ne connaît pas une bonne saison à l'offensive », blague-t-il.

Le soir du 2 décembre, le Canadien affronte les Red Wings de Detroit, qui en sont à leur dernière visite au Forum[1]. Il s'agit aussi du dernier match de Patrick Roy dans cet amphithéâtre et avec le Canadien...

Roy perd les pédales !

C'est ainsi qu'est titrée la légende accompagnant la photo de Bernard Brault publiée à la une du lendemain. Tous se souviennent de la séquence. Le Canadien déclassé par les Wings. Roy levant les bras au ciel pour répondre aux moqueries de la foule après un arrêt facile. Son rappel au banc. L'échange de regards durs avec Mario Tremblay. Et finalement, le mot chuchoté au président Ronald Corey.

Après le match, remporté 11-1 par les Wings, Tremblay refuse d'aborder le sujet. « L'histoire avec Patrick Roy, c'est de la régie interne », dit-il dans un texte de Pierre Ladouceur.

Le journaliste Mathias Brunet recueille les propos de Réjean Houle : « Je ne connais pas les propos qui se sont tenus, a dit Houle, bombardé de questions. Ça les regarde. Je n'ai pas vu Patrick défier Mario. Ils ont droit de se parler. Dans une situation de match, est-ce que ça peut arriver que tu ne sois pas dans une bonne passe ? Personne n'est heureux de la situation. Tout le monde a droit à une certaine dose de frustration. Patrick est un fier compétiteur. Personne ne doit être au courant de ce qui s'est dit. Ce qu'on vit à l'interne, on va le régler à l'interne... »

« C'est mon dernier match »

Le dimanche 3 décembre, la direction de l'équipe rencontre Roy et son agent Robert Sauvé. Après cette rencontre, Réjean Houle rend public les propos faits par Roy à Ronald Corey et annonce que le gardien sera échangé.

« Bombe chez le Canadien ! Après deux Coupes Stanley et des années de gloire, le Tricolore et l'une des plus grandes vedettes de son histoire, le gardien Patrick Roy, divorcent », lit-on dans le texte de Mathias Brunet publié à la une du lundi 4.

Dans le même texte, Brunet cite le DG du CH : « Patrick a déclaré à M. Corey que c'était son dernier match à Montréal, a admis Réjean Houle hier en conférence de presse. Le geste de Patrick à l'endroit de l'organisation est inacceptable. [...]

« J'ai demandé à Patrick lors de notre meeting s'il pensait encore sa remarque faite à M. Corey, a poursuivi le directeur général du Canadien. Il m'a répondu dans l'affirmative. Nous étions alors placé devant un point de non-retour. Il était temps de se séparer. À Montréal, l'équipe passe avant les individus. C'est un geste d'appui important envers notre instructeur Mario Tremblay. Patrick m'a mis dans une position difficile. Je n'avais pas d'autre choix que de prendre des mesures. Je viens de passer la journée la plus longue de ma vie. [...]

« Où Roy peut-il aboutir ? , se demande Brunet avant de formuler cette analyse : Houle a déjà mentionné qu'il allait parler à cinq ou six équipes, des aspirants à la Coupe Stanley. Il est fort à parier que son ancien agent, Pierre Lacroix, actuel directeur général de l'Avalanche du Colorado, tente de faire son acquisition. Les anciens Nordiques pourraient offrir un gardien, Jocelyn Thibault ou Stéphane Fiset, et un ailier, Scott Young, Andreï Kovalenko, Valeri Kamensky ou Martin Rucinsky, en retour de Roy. »

Un pur-sang

En chronique, Réjean Tremblay prend la défense de Roy. « On ne traite pas un pur-sang comme des chevaux de calèche », écrit-il le 4 décembre.

À son avis, la décision d'échanger Roy est celle du président Ronald Corey. « C'est le pauvre

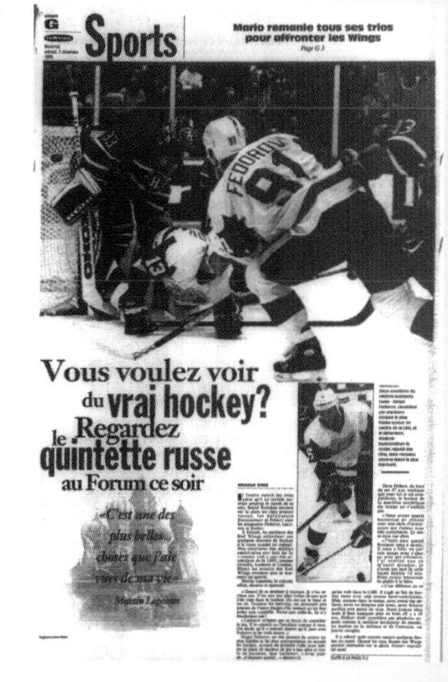

Sports

Mario remanie tous ses trios pour affronter les Wings

Vous voulez voir du vrai hockey? Regardez le quintette russe au Forum ce soir

Le samedi 2 décembre 1995, *La Presse* annonçait déjà une tornade russe en prévision du match Canadien-Wings présenté le même soir au Forum. On connaît la suite...

1 Le Canadien déménage au Centre Molson en mars 1996.

Réjean Houle qui a dû affronter les caméras de RDI hier soir pendant que RDS nous montrait un tournoi de curling, écrit-il. Mais les moins naïfs auront tous compris que c'est Ronald Corey qui a pris la décision finale de se débarrasser de Patrick Roy.

« Pas parce que Roy était un mauvais gardien de but. Pas parce qu'il avait une conduite scandaleuse en dehors de la patinoire, pas parce qu'il était un mauvais garnement dans le vestiaire. Parce que Casseau n'a pas respecté la hiérarchie corporative d'une grande compagnie comme Molson. On ne passe pas devant un contremaître pour s'adresser directement à un président. Tous les présidents de compagnie savent ça. Surtout pas devant un million de téléspectateurs et 17 000 partisans dans le Forum de M. Corey. »

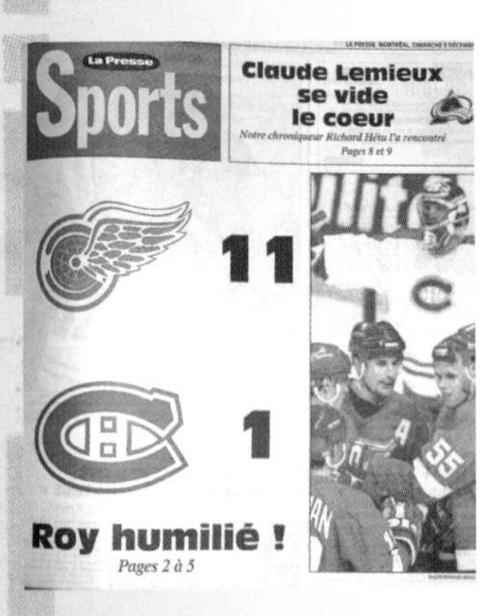

La Presse Sports

Claude Lemieux se vide le coeur

Pages 8 et 9

11

1

Roy humilié !

Pages 2 à 5

Le cahier des sports du dimanche 3 décembre 1995.

Une journée divisée en deux

Le lundi 4 décembre, Roy donne deux conférences de presse. La première, prévue depuis longtemps, a lieu dans le cadre du début des travaux de l'aile Patrick Roy du Manoir Ronald McDonald. La seconde, planifiée à la dernière minute, est beaucoup plus pénible.

Cette rencontre, où Roy s'explique devant les médias, a lieu dans un hôtel de Laval. Pierre Ladouceur amorce son texte avec une citation de Roy: « Je m'excuse auprès des partisans pour le geste que j'ai posé samedi soir en levant les bras. C'était une erreur grave de ma part. J'étais frustré, humilié. »

Au sujet de Mario Tremblay, Roy dit: « J'attendais un geste de réconfort de sa part lorsque je suis arrivé au banc. J'ai commencé à me sentir humilié à partir du septième but. Quand à ce qui s'est produit dans le vestiaire entre la deuxième et la troisième période, c'est une question de régie interne. J'ai trop de respect pour le Canadien pour parler de ces choses-là. »

Car déjà, chez les chroniqueurs sportifs, on croit que ce qui s'est dit et passé durant l'entracte pèse lourd dans la balance.

Dans sa chronique, Réjean Tremblay affirme que Roy a été abandonné de l'organisation du Canadien. « Jamais, jamais Patrick Roy n'a-t-il eu la plus petite chance de s'expliquer, de s'excuser et de retrouver son poste de gardien de but du Canadien, écrit-il. Quand il est entré dans le bureau de Réjean Houle, le trio qui dirige le hockey chez le Canadien avait déjà pris la décision. Dehors ce pelé, ce galeux qui a profané l'Organisation. »

« J'ai posé la même question à plusieurs reprises à Casseau, poursuit Tremblay. Pour lui, le vrai geste impardonnable qu'il a posé samedi soir a été de lever les bras vers le plafond du Forum pour répondre aux applaudissements de dérision des "partisans" du Canadien. C'est envers les fans qu'il se sent responsable. Le reste n'a été qu'un enchaînement. [...]

« Quand on voit la reprise des événements, on comprend mieux. Quand Patrick est passé devant Mario, ce dernier l'a regardé comme s'il venait de terrasser un adversaire. Pendant cette seconde, Mario semblait haïr Patrick. Le fusible a sauté. En trois secondes, Roy allait voir Corey et c'en était fait de ses jours avec le Canadien. »

Et c'est ce geste, bien davantage que ses bras levés au ciel, qui l'a perdu, dit le chroniqueur. « Il [Roy] ne réalise pas que son geste de dérision n'a rien à voir avec son départ de Montréal. C'est quand il a défié l'autorité de Mario Tremblay que Casseau s'est pendu. »

Pierre Ladouceur rapporte le point de vue de Ronald Corey qui déclare: « Dans cette histoire, je dois faire confiance à mes hommes de hockey. Je peux les conseiller et j'ai mon droit de veto à titre de président. Mais le jour où je conteste leur décision, je dois faire un changement. »

La journée du 5 décembre est plus calme. Pierre Ladouceur assiste à l'entraînement des joueurs à l'Auditorium de Verdun. Revenant sur l'affaire, Mario Tremblay se défend d'avoir eu un regard haineux pour Roy.

Ladouceur rapporte ses déclarations: « Je n'ai pas eu un regard méprisant. La caméra a montré mon regard, mais celui de Patrick m'a figé sur place. J'aurais bien voulu lui donner une "tape" dans le dos. Mais je vivais une telle expérience pour la première fois et Patrick avait du feu dans les yeux. Je ne savais pas ce que je devais faire. J'ai figé. Je vous jure que je ne voulais pas humilier Patrick Roy. Ça m'aurait donné quoi ? »

Le départ pour le Colorado

Le 6 décembre, Roy et le capitaine du Canadien, Mike Keane, sont échangés à l'Avalanche du Colorado contre Jocelyn Thibault, Andreï Kovalenko et Martin Rucinski.

À la une, le journaliste Ronald King raconte les heures complètement folles entre le moment de l'annonce de l'échange et la rencontre Canadien-Devils[2] tenue au Forum ce soir-là. Il dit:

« Quand Jocelyn Thibault s'est placé devant le but pour la période d'échauffement d'avant-match, les quelques centaines de spectateurs déjà à leur siège se sont mis à crier et à l'applaudir. La direction du Canadien a dû sentir un soulagement: il est possible d'effacer La Gaffe. Si Thibault, avec son bagout et sa tête d'ado, fait gagner quelques matchs, tout rentrera dans l'ordre et Patrick Roy sera vite oublié dans les montagnes du Colorado. [...]

« Une journée un peu folle où Patrick Roy, dans une conférence de presse, remerciait la "formidable" directrice de l'école primaire où son fils étudiait. Et non, il n'a pas encore mis sa maison en vente. Les caméras de télévision l'ont ensuite suivi jusque dans l'escalier du jet privé qui l'amenait à Denver. On aurait dit le pape. [...] »

Réjean Tremblay raconte en détails les conférences de presse données successivement par Roy et Thibault dans une pièce de la compagnie

2 Rencontre remportée 4-2 par Montréal avec Pat Jablonski devant le filet.

Le soir du 2 décembre 1995, Patrick Roy lève les bras en signe de dérision alors que la foule applaudit un arrêt facile.

La Presse

ROY DEHORS!

Le 4 décembre 1995, les espoirs de voir Patrick Roy rester à Montréal sont anéantis, indique le quotidien de la rue St-Jacques.

Skyservice[3] à l'aéroport Dorval. Il y a une évidente baisse de tension après l'annonce, note-t-il.

« Deux beaux gars heureux, le reste, on en reparlera. Patrick Roy et Jocelyn Thibault se sont retrouvés à la même table, dans la même pièce, devant le même barrage d'artillerie lourde, écrit-il. Les deux avaient les traits fatigués mais les deux avaient un beau sourire. Les deux étaient des gars heureux. [...] Roy était un homme nouveau. Il avait retrouvé son allant et sa fougue. Et on sentait chez lui un désir féroce de jouer, de gagner et de réussir avec sa nouvelle équipe. »

À propos de l'échange, il écrit : « Compte tenu des circonstances, ce n'est pas mauvais. Le pari, c'est que Jocelyn Thibault se développe comme Patrick Roy l'a fait. Les deux ont commencé à 20 ans avec le Canadien, les deux ont un style qui se ressemble et les deux ont une bonne tête sur les épaules. Mais ne vous laissez pas remplir par la machine du Forum, Jocelyn Thibault n'est pas Patrick Roy !

Le journaliste Pierre Ladouceur, qui assiste aussi à la conférence de Roy, rapporte ses déclarations : « Samedi soir, j'aurai donc disputé mon dernier match au Forum. J'ai vécu tellement de belles choses dans cette bâtisse. J'espère que les gens se souviendront des beaux moments et qu'on oubliera ce qui s'est passé samedi soir. »

Dans un autre article, il cite Jocelyn Thibault : « Je quitte de bons amis à Denver, mais je réalise un rêve en me retrouvant avec le Canadien. De plus, je succède à mon idole de jeunesse, Patrick Roy. Par contre, je ne suis pas ici pour chausser les patins de Patrick Roy. Si le Canadien m'a choisi, c'est parce que j'ai des qualités. Je peux simplement être Jocelyn Thibault. »

3 Le Canadien et l'Avalanche conviennent de louer les services de ce transporteur pour amener Thibault, Kovalenko et Rucinski à Montréal avant de ramener Roy et Keane à Denver. Les conférences de presse sont séparées, mais consécutives, dans la même salle.

CHAPITRE 84

LES ANNÉES 1990

ŒUF, CRISES, CONGÉDIEMENTS ET ÉCHANGES

SPORTS

Surprise: Kuerten sort Safin
Page 6

De Pointe-Saint-Charles à Lincoln, au Nebraska
Page 6

BIENVENUE À TURKU

Restaurateur, époux, simple citoyen et capitaine du Canadien, Saku reçoit

MATHIAS BRUNET
envoyé spécial
EN FINLANDE

Une marche dans Helsinki, à votre arrivée en Finlande, et vous constatez qu'il y a du Saku Koivu dans tous les gens que vous croisez. Cette grande cité européenne est étonnamment peu bruyante. Pas de klaxons, pas de cris, des piétons disciplinés et courtois, qui chuchotent entre eux...

Koivu est l'athlète le plus populaire de Finlande, avec le pilote Mika Häkkinen.

Fin août 2002, Mathias Brunet se rend en Finlande à la rencontre de Saku Koivu qui est sur le point de se marier. Il envoie à *La Presse* plusieurs reportages sur le joueur de centre dont celui-ci, publié le 31 août. Un an plus tôt, les nouvelles étaient beaucoup plus sombres quant à l'avenir du numéro 11 qui souffrait d'un cancer.

PAR MATHIAS BRUNET

Je me souviens de ces samedis soirs chez mes grands-parents, les yeux rivés sur l'écran à admirer les prouesses des joueurs du Canadien de Montréal.

J'ai des souvenirs vagues de la dernière conquête de la Coupe Stanley des Glorieux sous Scotty Bowman, mais j'ai commencé à m'y intéresser plus sérieusement vers 11 ans avec l'arrivée d'un nouveau gardien en provenance de Pittsburgh: Denis Herron.

Je posais des affiches de mon héros sur les murs de ma chambre et je regardais nerveusement les matchs, m'effondrant à chaque soir où Herron livrait une contre-performance. La défaite en séries éliminatoires contre les North Stars du Minnesota au printemps 1980 demeure un moment sombre dans ma vie de jeune amateur de hockey.

Les années ont passé, j'ai eu la piqûre du journalisme et j'ai commencé à me pratiquer à composer des textes sur les matchs en regardant un certain Steve Penney réaliser des prouesses, alors qu'on ne s'attendait à rien de lui. Du fond de mon salon, devant ma dactylo, je me voyais déjà à *La Presse* en train de suivre mes idoles.

Ce jour est arrivé à l'automne 1994. Manque de pot, le hockey était paralysé par un lock-out. Ma première affectation ne m'a pas envoyé au Forum, mais plutôt devant une résidence cossue de Westmount: chez le capitaine de l'équipe, Kirk Muller, où une réunion syndicale avait lieu.

J'avais un certain trac. C'était, après tout, la première fois que j'allais avoir un contact privilégié avec les membres d'une équipe qui avait accompagné mon enfance et mon adolescence, qui m'avait fourni tant d'émotions fortes.

Pour la première fois, j'allais leur parler, leur poser des questions sérieuses, pas seulement quémander un autographe comme je l'avais déjà fait une fois lors du repêchage de 1984 avec un jeune Tchécoslovaque aux épaules un peu frêles, Petr Svoboda.

Je sonne. On ne répond pas. Mais mon collègue Bernard Brault et moi savons qu'il y a un groupe de joueurs à l'intérieur, puisque le stationnement est rempli de voitures de luxe. Un joueur viendra ensuite poliment nous demander de ne pas photographier la maison de Muller, avant de retourner à l'intérieur sans qu'on ait le temps de lui poser la moindre question.

J'attends alors sur le trottoir avec mon collègue Bernard Brault. Voilà déjà une heure que nous attendions. Puis un petit bruit sourd retentit à nos pieds. Je me retourne et le regard stupéfait de Bernard croise le mien. On vient de nous lancer un œuf.

Comme premier contact avec le Canadien, j'ai plutôt été drôlement servi. Aucun joueur ne nous parlera ce jour-là, mais qu'importe, nous avons une histoire.

Deux mois plus tard, en janvier 1995, le hockey de la LNH reprend ses activités et me voilà à bord de l'avion de l'équipe à destination de New York. Il s'agit de ma première couverture de match à vie pour un journal... le match d'ouverture du Canadien au Madison Square Garden! Inutile de dire que je suis plutôt nerveux...

Quelques semaines après le début de la saison, alors que je me trouve sur la côte est américaine avec le club, Réjean Tremblay sort une bombe dans *La Presse*: une poignée de joueurs cherche à avoir la tête de l'entraîneur Jacques Demers[1]. Branle-bas de combat dans l'entourage de l'équipe, le Canadien tente du mieux qu'il peut de banaliser l'affaire, les joueurs nient tout en bloc, il s'agit de ma première crise de l'intérieur. Je suis un peu mal à l'aise en réalisant mes interviews ce jour-là, puisque la nouvelle émane de mon propre journal.

La courte saison du CH se termine dans le tumulte, puisque l'équipe rate les séries éliminatoires pour la première fois en 25 ans. Manque de veine pour ma première année sur le *beat*.

Mais l'action n'aura pas manqué. Outre le scandale sur le quarteron de putschistes écrit par mon collègue, la demi-saison aura été marquée par deux échanges majeurs: Éric Desjardins, John Leclair et Gilbert Dionne à Philadelphie en retour de Mark Recchi et Kirk Muller et Mathieu Schneider à Long Island contre Pierre Turgeon et Vladimir Malakhov.

1 Voir le chapitre 81. Plusieurs événements évoqués dans ce chapitre reviennent ailleurs, avec d'autres détails, dans ce livre.

Le franc-parler de Keane

Le camp d'entraînement commence l'automne suivant et me voilà dans le vestiaire, en septembre 1995, avec le nouveau capitaine Mike Keane. Ma question à l'endroit de Keane est somme toute banale: A-t-il l'intention d'apprendre le français maintenant qu'il est le capitaine du Tricolore? Je la posais candidement, en espérant une réponse sympathique, comme l'avait fait son prédécesseur Kirk Muller, qui avait toujours répété qu'il voulait apprendre notre langue.

Keane, originaire du Manitoba, répondra plutôt, avec son franc-parler habituel, il ne voit pas la nécessité d'apprendre le français, puisque « tout le monde ici parle anglais. »

Le texte du lendemain était plutôt court, et joué modestement en bas de page dans le cahier des sports. Mais nous sommes en pleine campagne référendaire et ce petit texte provoque l'effet d'une bombe. Le premier à fustiger Keane sera l'éditorialiste du quotidien *The Gazette*. La nouvelle se répandra comme une traînée de poudre et aura écho jusqu'à l'Assemblée nationale!

Le Canadien convoque une conférence de presse le lendemain. J'ai les jambes plutôt molles lorsque j'arrive au Forum. Je commence à suer encore davantage lorsque je vois l'équipe au complet dans la salle de conférence pour venir appuyer leur capitaine. Il y avait eu le lanceur d'œuf anonyme, c'était maintenant un club de hockey entier que j'avais à « affronter ». Je commençais à m'ennuyer de Steve Penney et de ma dactylo…

Le reste du camp sera plus tranquille et l'enthousiasme et la bonne humeur sont vite de retour au sein de l'équipe. On parle d'un nouveau virage, plus offensif, avec l'arrivée tardive, l'année précédente, des Turgeon et Recchi, et la venue d'une recrue prometteuse du nom de Saku Koivu.

Mais dès le match d'ouverture au Forum, Koivu se fait presque assommer par une percutante mise en échec d'Eric Lindros et le Canadien se fait humilier 7-1. C'est la consternation dans tout le Montréal sportif.

« Dis-moi que je rêve »

Quatre matchs – et autant de revers – plus tard, nouvelle bombe, le président Ronald Corey limoge le DG Serge Savard, son bras droit André Boudrias ainsi que l'entraîneur Jacques Demers, qui demeure néanmoins à l'emploi de l'organisation.

Les médias sont convoqués en conférence de presse quelques jours après et, à la stupéfaction générale, nous voyons monter sur le podium trois anciens joueurs, fort populaires, certes, mais sans aucune expérience dans les fonctions dont ils hériteront.

« Mario, tell me I'm dreaming », chuchote Red Fisher à l'oreille de son collègue du *Journal de Montréal* Mario Leclerc lorsqu'il voit arriver le nouveau directeur général, Réjean Houle, son nouvel entraîneur Mario Tremblay et l'adjoint Yvan Cournoyer.

Patrick Roy semble avoir la même réaction, puisqu'il lance en boutade qu'il a pris une bonne douche froide en apprenant la nouvelle pour être bien sûr qu'il ne rêvait pas. On imagine la réaction du trio…

Avec le lot de rebondissements que je vis depuis mon entrée dans cet univers, je m'attends à une suite un peu plus tranquille. Erreur.

En surface, le Canadien se remet à gagner et tout semble aller comme sur des roulettes, mais en coulisse, une guerre intestine est en cours et elle implique deux des plus importants personnages de l'équipe: Patrick Roy et Mario Tremblay.

Au retour d'un voyage triomphal dans l'Ouest canadien, arrivent les puissants Red Wings de Detroit et leur quintette russe, un certain soir de décembre.

La suite est connue. Mario Tremblay laisse son gardien se faire humilier devant son filet; alors que le score indique 7-1 en faveur des Red Wings, Patrick Roy soulève les bras en l'air en réponse à la foule qui l'applaudit par dérision à chaque arrêt de routine, puis le célèbre gardien chuchote quelque chose à l'oreille du président de l'équipe en se rendant au bout du banc.

Le lendemain à l'entraînement, un panneau remplace Roy devant le filet pendant qu'à l'autre extrémité de la glace, le gardien auxiliaire Pat Jablonski est le seul gardien à recevoir des tirs.

Le plus grand gardien de l'histoire du Canadien, et probablement du hockey, est échangé à l'Avalanche du Colorado quelques jours plus tard… en compagnie de Mike Keane. *La Presse* m'envoie couvrir son premier match là-bas.

Pas de tout repos

À mon arrivée à l'aéroport de Denver, en fin de soirée, la langue un peu à terre, je me rappelle m'être dit que la couverture du Canadien de Montréal était excitante, certes, mais pas de tout repos.

En un peu plus d'un an, en effet, j'avais vécu un lancer d'œuf, deux scandales médiatiques, deux échanges majeurs, le congédiement du DG et de l'entraîneur, probablement la plus grave crise interne de l'équipe puis le départ du gardien numéro un.

Et des défaites qui n'en finissaient plus de s'accumuler, des visages maussades dans l'avion, les autobus et les hôtels tant le poids des insuccès de l'équipe pesaient lors sur les épaules de tout le monde.

Je vivrai deux autres congédiements d'entraîneurs, ceux de Mario Tremblay et d'Alain Vigneault, et celui de Réjean Houle, avant de voir arriver un homme de hockey, et un vrai, André Savard, qui remettra de l'ordre dans le département de recrutement de l'équipe, amènera une certaine stabilité et ainsi bien préparer le terrain pour l'entrée en scène de Bob Gainey, à l'aube du centenaire de l'équipe.

Je n'aurai pas vécu une période très glorieuse en début de carrière, mais je ne me suis certes pas ennuyé.

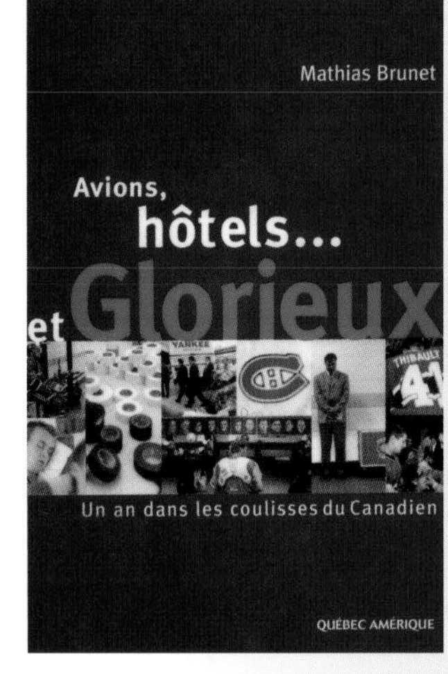

Alors jeune reporter, Mathias Brunet rassemble dans un livre intitulée *Avions, hôtels... et Glorieux* ses observations au cour d'une année passée avec le Tricolore.

11 AU 16 MARS 1996

LES FANTÔMES DÉMÉNAGENT

La Presse

Bouchard réussit le test

Les Anglos ne rejettent pas la main tendue du premier ministre

Souvenirs d'une grande dynastie

Privatisations: Bourque promet un débat public

Québec a payé le gros prix pour deux immeubles dont il n'avait pas besoin

Dernier match au Forum de Montréal. C'était le 11 mars 1996.

Sports

Mes Grands Prix

Jacques Villeneuve

La fuite d'huile, en partie de ma faute

Une victoire pour boucler la boucle

Le 12 mars 1996, *La Presse* consacre plusieurs pages de son cahier des sports au dernier match du Canadien au Forum. Il est entre autre question de l'hommage rendu à Maurice Richard.

Le jeudi 24 août 1989, les Glorieux annoncent leur intention de quitter le Forum, devenu trop petit, pour un amphithéâtre plus spacieux. « Le président du club de hockey Canadien, M. Ronald Corey, a fait savoir hier qu'il avait chargé la firme Lavalin d'étudier les possibilités de construire un nouvel amphithéâtre de hockey sur l'île de Montréal », écrit le journaliste Ronald King le lendemain, à la une.

On a d'abord étudié des projets d'agrandissements du vieux Forum, dont les fondations datent de 1923, dit King. Mais ces projets n'offrent aucun avantage en comparaison à un nouvel édifice dont l'emplacement reste alors à déterminer.

Six ans et demi plus tard, en mars 1996, le Canadien déménage au Centre Molson [1], dans le quadrilatère Saint-Antoine – De la Montagne – De la Gauchetière – Peel. *La Presse* multiplie les reportages sur l'événement.

Cahier spécial

Un cahier spécial est publié dans l'édition du samedi 9 mars. Intitulé « Du Forum au Centre Molson – Deux époques... une même tradition », ce cahier évoque de grands moments au vieux Forum, donne la parole à Ronald Corey, énumère des chiffres étourdissants (7000 bétonnières, 20 000 gallons de peinture) sur la construction, etc.

Plusieurs anciens joueurs du Canadien et autres personnalités évoquent leurs souvenirs. Dont, bien sûr, Maurice Richard, qui n'aime pas du tout l'expression consacrée sur les fantômes du Forum. Il s'en explique au journaliste François Béliveau : « Dites-moi pourquoi utilise-t-on ce terme-là. Je n'aime pas ça, passer pour un fantôme. [...] À mon avis, le temps fabrique des légendes, je veux bien. Pas des fantômes. »

Un graphique est consacré aux prix des produits et services dans le nouvel édifice. Une loge pour environ 100 000 $, une place dans les rouges pour le public à 72 $, un hot-dog à 2,40 $, etc.

Le même jour, le cahier Arts et spectacles rappelle les artistes qui ont présenté des spectacles dans cette enceinte : de la Callas à AC/DC, des Rolling Stones à Céline Dion, de U2 à Jean-Marc Parent qui y donnera l'ultime spectacle. « Le "Temple" de la rue Sainte-Catherine passera à l'Histoire comme un haut lieu du spectacle à Montréal », signale le journaliste Daniel Lemay.

Derniers matchs au Forum

Le dimanche 10 mars 1996, alors que Jacques Villeneuve dispute le premier Grand Prix de sa carrière à Melbourne, en Australie, les légendes du hockey se réunissent pour une ultime rencontre au Forum. Les anciennes vedettes du Canadien affrontent celles des autres équipes de la LNH. La rencontre se termine 6-6.

Sur la page frontispice du cahier Sports du lendemain, un Maurice Richard souriant à Ted Lindsay, un de ses pires ennemis à l'époque de la grande rivalité Detroit-Montréal. *La Presse* donne à nouveau la parole à plusieurs légendes. « Cet édifice a marqué ma vie », dit Bob Gainey. « Un sanctuaire qui disparaît, c'est toujours triste », dit l'ex-Nordiques Peter Stastny.

Le dernier match du Canadien au Forum a lieu en ce lundi soir, contre les Stars de Dallas. Le Canadien gagne 4-1, au grand plaisir des amateurs. « Mes joueurs ont fait leur part. Il fallait absolument gagner ce match pour les anciens », indique l'instructeur Mario Tremblay dans un texte de Pierre Ladouceur.

Les trois plus grandes légendes vivantes de l'équipe, Guy Lafleur, Jean Béliveau et Maurice Richard, procèdent à la mise au jeu protocolaire entre les capitaines du Canadien Pierre Turgeon et des Stars... Guy Carbonneau.

Un texte de François Béliveau et une photo de Denis Courville se retrouvent à la une. « Une foule disciplinée et admirative a hurlé à cœur fendre ces beaux souvenirs qui, par ces trois hommes [Béliveau, Lafleur, Richard] ont symbolisé l'excellence du plus prestigieux club de hockey qui, hier soir contre les Stars de Dallas, faisait ses adieux au sanctuaire mondial du hockey », écrit le journaliste.

Après le match vient la cérémonie [2] où les anciens capitaines de l'équipe se relaient un flambeau. Ovationné à tout rompre, Maurice Richard ne peut retenir ses larmes. Une ovation de plusieurs minutes dont on parle encore aujourd'hui. Ému, le Rocket écrit une chronique consacrée à

1 Devenu le Centre Bell le 1er septembre 2002.

2 Le concept de la cérémonie est écrit par le chroniqueur de *La Presse* Réjean Tremblay.

Du Rocket au Grand Jean, le flambeau se passe à l'occasion du déménagement du Canadien au Centre Molson.

cet événement dans *La Presse* du 13 mars. Son titre résume tout : « Je n'oublierai jamais l'ovation que vous m'avez donnée. »

Le journaliste Mathias Brunet écrit : « Déjà ponctuée de multiples moments exaltants, l'histoire du club de hockey Canadien retiendra cette mémorable cérémonie de fermeture du Forum, qui a arraché larmes et frissons à une foule passionnée durant une quarantaine de minutes, hier soir. »

Dans une chronique intitulée « Pour la dernière fois... », Réjean Tremblay applaudit l'idée des administrateurs du Forum de projeter une vidéo du chanteur Roger Doucet[3] pour l'interprétation de l'hymne national. « Déjà que la soirée s'annonçait mémorable, voilà qu'on avait eu la géniale idée de faire chanter celui qui a marqué tous les grands matchs internationaux par ses interprétations dynamiques des hymnes nationaux. »

Tremblay raconte que peu après son arrivée à *La Presse*, on lui a donné le choix entre la couverture du hockey et celle de l'Hôtel de Ville. « Le choix entre Scotty Bowman et le maire Jean Drapeau. Je ne pouvais pas perdre », écrit-il.

Évoquant sa « mémoire engorgée de souvenirs extraordinaires », il dit : « Je n'ai même pas à fermer les yeux pour revoir Guy Lafleur descendre la patinoire à grandes enjambées puissantes. Et Serge Savard fait sa fameuse pirouette dans son territoire pour relancer l'attaque. Juste là, devant moi, à ma gauche. »

Il termine son papier en disant : « Dans trois heures, je vais sortir du Forum et traverser la rue pour la dernière fois. Je vais me permettre un dernier regard. Je ne serai plus un jeune homme quand je vais couvrir mon premier match au Centre Molson. »

Enchères, bannières, première

Dans les jours suivants, *La Presse* continue à suivre les activités du déménagement. À la une du mercredi 13 mars, sous la plume du journaliste Michel Laliberté, il est question de l'encan d'objets symboliques du Forum.

Le samedi 16 mars, un autre texte à la une souligne le déménagement des bannières[4], du Forum au Centre Molson, réalisé la veille par une température froide. « Les légendes déménagent », annonce le journaliste Jean-Paul Soulié.

« Un "personnage" immuable de la glace du Forum, qui a déménagé hier également, c'est la Zamboni ! lance l'auteur. Elle ouvrait le défilé, grimpée sur un camion conduit par Ghyslain Arsenault, le déménageur du Forum. »

Le même jour, dans le cahier des sports, le journaliste Philippe Cantin fait découvrir aux lecteurs du quotidien de la rue Saint-Jacques les « secrets du Centre Molson ».

« Au premier coup d'œil, constate-t-il, le nouvel environnement des Glorieux incite davantage au repos qu'au travail. Avec ses corridors aux épais tapis, ses bains à remous, son sauna et son chaleureux petit salon, le sanctuaire de la Flanelle a l'allure d'un de ces hôtels spécialisés dans les forfaits-santé, où toutes les conditions sont réunies pour relaxer à fond.

« Heureusement, le gymnase devrait rappeler les troupes à l'ordre. Entre les murs couverts de miroirs, certains de ses appareils les plus modernes font penser à des instruments de torture. Les plus intrigants sont réservés à la rééducation des blessés. Suffit de les regarder pour craindre à jamais la déchirure ligamentaire. »

Ce soir-là, le Canadien affronte les Rangers de New York. Une victoire du CH, 4-2, couronne ce premier match au Centre Molson. Flambeau en main, le capitaine du Canadien, Pierre Turgeon, se penche au centre de la glace. En touchant la surface, c'est l'explosion de feux de mille couleurs. Tous les grands noms du hockey et de nombreux dignitaires sont présents. *La Presse* publie neuf pages de textes et de photos dans son cahier des sports.

Faisant le bilan de la partie, Ronald King dit : « Les déménagements vont bien au Canadien. [...] Pour une première soirée au Centre Molson, les fantômes avaient de quoi être fiers. »

3 Ce ténor a chanté les hymnes nationaux durant une décennie au Forum. Il a aussi chanté aux matchs des Alouettes et des Expos de Montréal. Il est mort le 19 juillet 1981 à 62 ans.

4 Ces bannières avaient été vendues à l'encan tenu quelques jours plus tôt. Elles ont été remises aux acheteurs après la parade. Ce sont de nouvelles bannières qui ont été hissées au plafond du Centre Molson.

La Presse
SAMEDI
Le déficit des hôpitaux triple
Les légendes déménagent
Amtrack choisit Bombardier
Sabrin El Tomi: Dieu se chargera de mon père

Samedi 16 mars 1996. Un reportage à la une sur le défilé des bannières entre le Forum et le Centre Molson.

Sports
La victoire couronne le grand rendez-vous

Dans son édition du 17 mars 1996, *La Presse* consacre de nombreuses pages à la cérémonie d'inauguration du Centre Molson.

TEVENSON
30
51
CCM

RICHARD
16
43
CCM
CCM

30 AVRIL 1997

C'EST LA FAUTE AUX MÉDIAS...

La Presse

L'amitié avant tout!

Bombardier décroche le contrat de New York

Tremblay «choisit» de démissionner

Gilles Duceppe prend un faux départ

Le scoop de Manning dérange la campagne de Chrétien

Charest célèbre à sa façon la «journée nationale des impôts»

Emploi et unité nationale: le PLC y va par étapes

Une vraie bataille de ruelle

Tremblay «choisit» de démissionner, à la une de *La Presse* du 1er mai 1997.

Des tensions, il y en a entre le Canadien et les médias montréalais au fil des ans. Mais rarement les relations sont aussi orageuses que durant les dernières semaines de Mario Tremblay derrière le banc, au printemps 1997.

Après une saison régulière moyenne, Tremblay mène ses hommes en séries éliminatoires. Face à lui, un Jacques Lemaire aguerri aux commandes des Devils du New Jersey. L'affaire se règle en cinq rencontres. Au lendemain de son élimination, le samedi 26 avril 1997, la descente aux enfers de l'entraîneur est vertigineuse.

Dans sa chronique du 27, Réjean Tremblay affirme que le Canadien a subi une véritable raclée durant cette série. Il en impute la faute à Tremblay et au directeur général Réjean Houle.

«Il ne faudrait pas oublier que Réjean Houle, incapable de résister aux exigences de Mario Tremblay, a sorti Patrick Roy, Lyle Odelein, Jean-Jacques Daigneault, Andrei Kovalenko et Pierre Turgeon de Montréal, écrit-il. Pour les remplacer par Jocelyn Thibault, qu'ils ont détruit, Pat Jablonski qu'ils ont perdu pour rien, Scott Thorton, Shayne Corson et Dave Manson. Relisez ce paragraphe et vous allez ouvrir les yeux… [...]

«Les partisans du Canadien ne peuvent même pas avoir une juste idée de l'atmosphère de désarroi qui pèse sur cette organisation, poursuit le chroniqueur. Les joueurs sont désemparés parce qu'ils sont des professionnels dont on a confié la destinée à des amateurs.»

Le chroniqueur croit cependant à ce moment-là que le coach va sauver son poste mais qu'il devra accepter de nouveaux adjoints.

Ce 27 avril, les joueurs du Canadien vident leur casier au Centre Molson. Le reporter Philippe Cantin constate un appui mitigé de leur part à l'égard de Tremblay. «Au mieux, leurs paroles ont reflété du respect pour l'ardeur au travail de leur pilote; au pis, elles ont témoigné d'une profonde indifférence envers son sort», écrit-il dans son papier publié à la une du lendemain.

Aussi présent, Ronald King rapporte les propos troublants de Brian Savage. «Je connaissais une très bonne saison jusqu'à ce qu'il y ait des changements dans les trios. Il y a un problème entre Mario et moi. [...] J'estime avoir été mal utilisé. Je suis un joueur offensif et je ne peux pas compter de buts en passant beaucoup de temps sur le banc.»

King dit aussi que le jeune Saku Koivu a pris la défense de Tremblay et souhaité son retour.

Le 29 avril, *La Presse* passe à la maison des Tremblay, à Lachenaie. La journaliste Claudine Hébert y est accueillie par Colette, la femme de l'entraîneur. Cette dernière éclate en sanglots, trouve «épouvantable» le traitement médiatique réservé à son époux. «Mario leur a parlé toute l'année. Il leur a donné son 150%. Et voilà le traitement qu'on lui fait!» s'exclame-t-elle.

Le même jour, un article de Philippe Cantin est titré «Le Canadien ne répond plus». La direction a annulé le traditionnel *post mortem* de la saison. Cantin cite le vice-président aux communications Bernard Brisset. «De toute façon, à lire les journaux et à écouter les émissions de radio et de télé, il est évident que nos gens sont déjà condamnés», dit-il.

Il annonce même des changements dans les relations avec les médias pour l'année suivante. «Au plan du nombre des journalistes, la couverture est devenue très lourde. [...] Un nombre effarant de journalistes surveillent nos activités au quotidien[1].»

Le départ

Le lendemain, mercredi 30 avril, Tremblay annonce sa démission. À la conférence de presse, l'atmosphère est très tendue.

Le texte annonçant la nouvelle, signé par Philippe Cantin et publié à la une de *La Presse* du 1er mai s'amorce ainsi: «Mario Tremblay aura fait preuve d'authenticité jusqu'au bout. Pugnace à souhait, retournant les coups de poing qui l'ont martelé cette saison et écrasant une larme en évoquant son père, il a annoncé sa démission du poste d'entraîneur-chef du Canadien, hier. Du coup, il a accompli un grand geste d'amitié envers son patron Réjean Houle, le délivrant de la déchirante décision de le congédier.»

L'auteur raconte que Tremblay a offert sa démission à Houle le 28 avril. Ce dernier l'a refusée, lui conseillant 24 heures de réflexion. Le même soir, les deux hommes et leurs épouses ont mangé

1 Voir le chapitre 63. Alors qu'il était directeur des communications du Canadien, Bernard Brisset a trouvé très dure toute cette période.

CHAPITRE **86**

1997

Mario Tremblay ne peut contenir ses émotions lorsqu'il annonce sa démission le 30 avril 1997.

1er mai 1997, « Mario s'en va ! » titre la une des sports.

ensemble. Un repas émotif. « Entre le potage et le dessert, il y a eu des pleurs, écrit Cantin. Les deux hommes ne sont pas seulement des partenaires de travail : ils se connaissent depuis 25 ans et de puissants liens d'amitié les unissent. »

Plus loin, il cite Tremblay, qui estime avoir traité chaque journaliste honnêtement. « Je sais que certains journalistes voudraient me voir à genoux, surtout ceux qui exigeaient un traitement spécial que je n'ai pas voulu leur accorder », dit-il.

« Mario a débité tout ça en mitraillant du regard certains membres de la confrérie, à la façon dont il avait toisé Patrick Roy lors du désormais célèbre incident ayant conduit au départ du gardien vedette », ajoute Cantin.

Dans les pages sportives, on retrouve une enfilade de réactions chez les joueurs du CH et autres ténors du hockey. Plusieurs blâment alors les médias.

La réaction de Stéphane Quintal est rapportée par Mathias Brunet. « Mario est un gars super émotif, dit-il. Des fois, il aurait dû être plus diplomate dans certaines situations, y a sûrement des gars qui l'ont pris mal. Mais dans la Ligue nationale, il faut pas commencer à jouer au psychologue. »

À propos du travail des médias, Quintal lance : « Vous frappez direct au cœur, comme si nous étions insensibles à tout ça. »

Brunet cite également Marc Bureau qui, sans donner des noms, montre des coéquipiers du doigt. Bureau déclare : « Je pense qu'il y a des joueurs qui n'ont pas fait la job. Ou qui ne voulaient pas la faire. Il va falloir qu'il y ait d'autres changements dans ce vestiaire.»

De son côté, Ronald King rapporte les échanges avec le DG du Canadien.

« Réjean Houle, un monsieur qui ne se fâche jamais, a levé le ton une fois, hier, dans une conférence de presse plutôt infernale.

« La question : était-ce une erreur de placer derrière le banc du Canadien un homme sans la moindre expérience ?

« Je n'ai pas commis d'erreur en choisissant Mario, réplique Houle. C'est un gars fort devant l'adversité. Il a toutes les qualités humaines pour être un bon entraîneur. Peut-être qu'un peu d'expérience l'aurait aidé mais, l'an passé, quand il a amassé 90 points, vous [les médias] ne parliez pas d'expérience[2]. »

Le chroniqueur Réjean Tremblay, qui se reconnaît parmi les journalistes identifiés par Mario Tremblay comme injustes à son égard, dit que le coup mortel est venu de l'intérieur du CH.

« Ce qui a provoqué la démission de Mario Tremblay, ce ne sont pas trois ou quatre journalistes. C'est la fiche et la performance de son équipe tout au long de la saison, écrit-il. Si le Canadien avait bien joué et avait gagné, Mario serait encore coach du Canadien et les articles dans les journaux seraient louangeurs. Mario est parti parce que le club jouait mal. Point. »

Il ajoute que ni Ronald Corey ni Réjean Houle ont réitéré immédiatement leur appui à Tremblay tout de suite après l'élimination du Canadien. Un coup fatal. « Quand il a lu les journaux dimanche matin, Mario Tremblay a dû se sentir trahi, dit le chroniqueur. En plus de la douleur de voir sa famille bouleversée par les événements, il réalisait qu'on hésitait à lui faire confiance.

« Il a remis sa démission. »

La tempête est si forte que même l'éditeur adjoint de *La Presse*, le regretté Claude Masson, écrit un texte sur le sujet dans la page éditoriale du dimanche 10 mai 1997. Il plaide :

« Comme l'ont écrit avec justesse autant Pierre Foglia, Michel Blanchard que Réjean Tremblay, ce ne sont pas les journalistes qui gagnent ou perdent des matchs, qui répondent ou non aux attentes des partisans et des détenteurs de billets au Centre Molson : ce sont les joueurs. Ce ne sont pas les journalistes qui embauchent ou congédient un entraîneur-chef, ses adjoints ou le directeur général d'un club : c'est la direction. [...] Si le Canadien avait connu une bonne saison, s'il était rendu plus loin dans les séries éliminatoires, si les joueurs avaient donné leur « 100 % », pour employer une expression toute sportive, tout aurait baigné dans l'huile. Il est toujours plus facile de tirer sur le messager... »

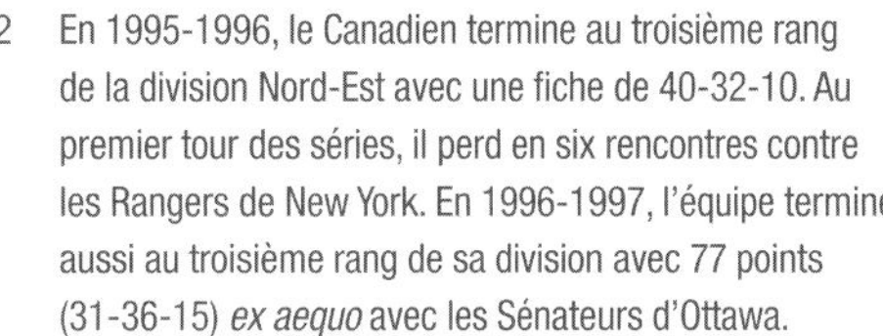

2 En 1995-1996, le Canadien termine au troisième rang de la division Nord-Est avec une fiche de 40-32-10. Au premier tour des séries, il perd en six rencontres contre les Rangers de New York. En 1996-1997, l'équipe termine aussi au troisième rang de sa division avec 77 points (31-36-15) *ex aequo* avec les Sénateurs d'Ottawa.

CHAPITRE 87

1997

1997-2006

LE SIÈGE ÉJECTABLE

La Presse
Sports
1 3 Roy et l'Avalanche en vacances Page 6
Houle: « Alain, c'est mon homm

La une du cahier des sports du mardi 27 mai 1997, au lendemain de l'annonce de l'embauche d'Alain Vigneault au poste d'entraîneur-chef du Canadien.

Alain Vigneault

Michel Therrien

Claude Julien

« Le Canadien est-il un cimetière d'entraîneurs? » demande le journaliste Mathias Brunet le samedi 18 janvier 2003, au lendemain du congédiement de Michel Therrien.

Question judicieuse quant on regarde le parcours des coachs du CH depuis la fin de l'ère Bowman. Entre septembre 1979 et janvier 2006, les Glorieux sont pilotés par 11 entraîneurs: Bernard Geoffrion, Claude Ruel, Bob Berry, Jacques Lemaire, Jean Perron, Pat Burns, Jacques Demers, Mario Tremblay, Alain Vigneault, Michel Therrien et Claude Julien.

Onze en 26 ans et quatre mois. En moyenne, un coach tous les 26,3 mois. Les arrivées sont heureuses; les départs, tragiques. L'épisode 1997-2006 où Alain Vigneault, Michel Therrien et Claude Julien se succèdent à la barre de l'équipe, illustre parfaitement ces deux scénarios...

Alain Vigneault
(26 mai 1997-20 novembre 2000)

Après le départ de Mario Tremblay, le DG du Canadien Réjean Houle choisit Alain Vigneault, entraîneur des Harfangs de Beauport dans les rangs juniors. Dave King, ancien patron de l'équipe canadienne aux Championnats du monde et aux Jeux olympiques, devient entraîneur-adjoint.

À la une du 27 mai 1997, le journaliste Michel Marois parle d'un « duo très complémentaire ». Il écrit: « Après le règne de Mario Tremblay et des anciens de l'organisation [1], le Canadien entre dans une ère nouvelle. »

Vigneault, 36 ans, y va d'une profession de foi. Il dit partager les mêmes valeurs que les autres membres de la direction: persévérance, acharnement, respect des traditions. « Je ne laisserai pas tomber le Canadien », s'enthousiasme-t-il.

La première saison, Vigneault mène son équipe en demi-finale de conférence contre les Sabres de Buffalo. Ces derniers dépècent le CH, 4-0, stimulés par une déclaration de Martin Rucinsky à l'effet qu'ils forment une équipe ordinaire sans leur gardien Dominic Hasek.

Les saisons suivantes, c'est le néant. En novembre 2000, le Canadien connaît une séquence de douze matchs avec une seule victoire. Le samedi 18 novembre au Centre Molson, il est écrasé 6-1 par les Maple Leafs de Toronto. Vigneault et Réjean Houle sont congédiés.

« "Humilié" de voir son équipe au dernier rang du classement de la Ligue nationale de hockey, le président du Canadien de Montréal, Pierre

1 Adjoints de Mario Tremblay, Yvan Cournoyer, Steve Shutt et Jacques Laperrière sont tous congédiés.

La Presse
Houle et Vigneault sacrifiés
Une direction intérimaire pour sortir de la crise
Les ministres fédéraux intiment à Bouchard de changer de ton
La Cour suprême de la Floride fait durer le suspense

Une autre purge chez le Tricolore. Le 20 novembre 2000, le DG Réjean Houle et l'entraîneur Alain Vigneault sont remplacés par André Savard et Michel Therrien. L'histoire est à la une de *La Presse* du lendemain

SPORTS

Le Canadien a déjoué deux fois Roberto Luongo en fin de troisième.

BULIS DONNE UNE PREMIÈRE VICTOIRE À JULIEN DANS LA LNH Pages 2, 4 et 6

VILLENEUVE: « SI JE NE BATS PAS JENSON, JE SUIS MIEUX DE RESTER À LA MAISON » Pages 8 et 9

La Presse

CAHIER S | LA PRESSE | MONTRÉAL | MARDI 21 JANVIER 2003

Therrien : « Je n'ai aucune amertume » Pages 2, 3 et 5

Cette savoureuse caricature de Serge Chapleau est publiée le mardi 21 janvier 2003 quelques jours après le congédiement de Michel Therrien.

SPORTS

LA TRADITION CONTINUE

LA CORVETTE A 50 ANS

Le cahier des sports du samedi 18 janvier 2003, au lendemain de l'embauche de Claude Julien.

Boivin, a décidé de faire le grand ménage hier », écrit à la une de *La Presse* le journaliste Alexandre Pratt.

Pratt cite Boivin : « En période de crise, des gestes majeurs doivent être faits, a-t-il dit. Nous étions dans un trou noir et il fallait agir maintenant, pas dans un mois[2]. »

En chronique, Réjean Tremblay raconte que Réjean Houle, « un Glorieux jusqu'au bout », a conservé sa dignité et reconnu ses erreurs. De l'avis du chroniqueur, Houle a été incapable de résister à Mario Tremblay qui, « indirectement ou directement, l'a poussé à échanger Patrick Roy, Mike Keane, Pierre Turgeon, Lyle Odelein et quelques autres. » « Il n'avait pas la préparation pour valser dans l'univers dur et retors du hockey », ajoute-t-il.

Vigneault rencontre les médias le 23 novembre. Comme Houle, il quitte avec « élégance », note Mathias Brunet. Répondant franchement aux questions, se gardant de régler ses comptes, il estime toutefois ne pas avoir perdu le contrôle de son vestiaire. Mais il est ému.

« Habituellement imperturbable, il a craqué à un certain moment lorsqu'il a parlé de la réaction de ses enfants à son congédiement, écrit Brunet. La gorge étranglée par l'émotion, les lèvres tremblantes, il a été incapable de poursuivre son allocution pendant une trentaine de secondes. On ne l'avait jamais vu aussi émotif. »

Michel Therrien (20 novembre 2000-17 janvier 2003)

Houle est remplacé par André Savard et Vigneault par Michel Therrien. Arrivent avec ce dernier deux nouveaux adjoints : Martin Madden et Guy Carbonneau.

Le journaliste Pierre Ladouceur rapporte que Therrien se donne comme première mission de détendre l'atmosphère dans le vestiaire. Il écrit : « Le nouvel entraîneur du Canadien est un homme de hockey qui a toujours su gagner à tous les niveaux, que ce soit à la Coupe Memorial en 1996[3] ou encore avec un titre de division en 1999-2000 avec les Citadelles de Québec. »

Il cite Therrien : « Je ne promets pas la Coupe Stanley à la fin de la présente saison. Mais je ne serai pas satisfait tant et aussi longtemps que je n'aurai pas gagné la Coupe Stanley. »

Au printemps 2001, le Canadien ne participe

2 Le « un mois » fait référence au fait que le Canadien est alors à vendre. Voir le chapitre 90.

3 Avec les Prédateurs de Granby dont faisaient partie Francis Bouillon et Georges Laraque.

pas aux séries. Un an plus tard, il y accède le jour du retour au jeu de Saku Koivu[4], déclasse Boston au premier tour et est battu en six matchs par la Caroline en demi-finale de conférence.

En janvier 2003, le Canadien est dans une spirale descendante. Le 16, au retour d'une défaite de 4-1 à Philadelphie, le DG André Savard, la mort dans l'âme, congédie Therrien.

C'est à ce moment que Mathias Brunet évoque le cimetière d'entraîneurs. « Congédié hier après 190 matchs à la tête de l'équipe, Michel Therrien est devenu le quatrième coach en un peu plus de sept ans à prendre la porte », évoque-t-il.

Il trace un parallèle entre le parcours de Therrien et celui de ses trois prédécesseurs : Demers, Tremblay et Vigneault. « Chacun a vu son leadership s'essouffler et l'équipe s'enliser, constate le scribe. Et toutes les excuses étaient bonnes pour les remercier. [...] Therrien, lui, n'arrivait plus à motiver ses troupes et avait perdu l'appui de plusieurs de ses vétérans. »

Pour Réjean Tremblay, les joueurs ont eu gain de cause. Il écrit : « Cette fois, personne ne pourra accuser les journalistes d'avoir obtenu la tête de Therrien. Il jouissait d'un préjugé favorable et pas plus tard que samedi dernier, nous étions plusieurs à penser qu'il pouvait dormir tranquille. Que ses joueurs ne voulaient pas avoir sa peau, qu'ils étaient prêts à se sacrifier un peu pour lui.

« Samedi, ils ont été honteux en deuxième période contre les Sabres de Buffalo. Mercredi, contre les Trashers, ils ont été indécents de mollesse en troisième. Et jeudi, contre les Flyers, ils n'ont jamais tenté de donner le change. À part quelques exceptions comme Koivu et Hackett. »

Le 20 janvier, Therrien déclare : « J'ai été fier de diriger le Canadien de Montréal, j'ai coaché avec mon cœur et mes tripes, c'était important pour moi. »

« En deux ans à Montréal, Therrien n'a jamais réglé ses comptes publiquement. Il ne fallait pas s'attendre à ce qu'il déblatère sur ses joueurs ou sur la direction lors de sa conférence de presse d'adieu », remarque Mathias Brunet.

En ouverture de son texte, ce dernier utilise une déclaration savoureuse de Therrien pour témoigner du changement brutal qui vient de survenir dans sa vie : « Ce congédiement m'a vraiment frappé samedi matin. Je me suis levé assez tôt, comme d'habitude, mais au lieu de me rendre au Centre Bell, je suis allé à l'aréna de Chomedey avec mon gars. Tout un contraste... »

Claude Julien (17 janvier 2003-14 janvier 2006)

Mathias Brunet présente ainsi le remplaçant de Therrien, Claude Julien :

« Malgré son inexpérience dans la LNH, sa feuille de route est impressionnante. Il a remporté la coupe Memorial chez les juniors avec les Olympiques de Hull. Dirigé l'équipe nationale junior aux Championnats du monde en 2000. Cette saison, son club de la Ligue américaine, les Bulldogs de Hamilton, domine ses adversaires comme le faisait le Canadien des belles années. »

Simon Drouin rapporte les déclarations de Julien : « Je vais travailler avec ma force, qui a toujours été d'établir une bonne éthique de travail. Et ça commence à l'entraînement. De plus, mon équipe doit systématiquement sortir avec de l'émotion. J'aime me considérer comme un entraîneur qui réussit à vendre son système aux joueurs. »

Il se donne comme défi de faire participer l'équipe aux éliminatoires. Il n'y parvient pas la première année, mais en 2003-2004, il mène le CH en demi-finale de conférence contre Tampa Bay. L'année suivante, c'est le lock-out. Le 14 janvier 2006, avec 19 victoires en 41 matchs à la mi-saison, c'est la fin.

« Un des plus vieux truismes du sport professionnel, c'est qu'il est plus facile de congédier un entraîneur qu'une équipe au complet. Le directeur général du Canadien, Bob Gainey, en a donné une nouvelle preuve, hier, quand il a démis de ses fonctions l'entraîneur Claude Julien et annoncé qu'il le remplacerait derrière le banc de l'équipe jusqu'à la fin de la saison, en attendant de céder son poste à Guy Carbonneau[5], l'an prochain », écrit Jean-François Bégin.

Devenu DG le 2 juin 2003, Gainey est direct dans ses explications. « Selon lui, les joueurs importants de l'équipe ne jouent pas à la hauteur de leur potentiel[6] depuis le début de la saison, tandis que Claude Julien a été incapable de mettre en place un système de jeu stable et de le faire respecter par ses joueurs du début à la fin de chaque partie », poursuit Bégin.

Le journaliste Mathias Brunet souligne aussi que le courant passait mal entre Gainey et Julien. « Gainey a admis que Julien et lui avaient certaines divergences d'opinion au sujet de l'utilisation de certains joueurs, notamment les jeunes », écrit-il. Le soir même, sous la gouverne de Gainey, le Canadien rosse les Shaks de San Jose, 6-2.

Julien s'adresse aux médias le 17 janvier. Il remercie tout le monde... sauf les joueurs, note Mathias Brunet. « Julien n'a écorché personne, mais cela ne l'a pas empêché d'affirmer qu'il se croyait encore être l'homme de la situation à Montréal, indique-t-il. Il a répété à plusieurs reprises, hier, que les blessures subies par certains de ses joueurs importants n'avaient pas aidé. »

« Il se défend d'avoir été trop tolérant envers ses joueurs, ajoute Brunet. "Je n'ai pas été mou. J'ai été dur envers certains, j'ai dû les fouetter pour essayer de remettre le club sur la bonne voie. »

Julien termine en affirmant qu'il fera tout pour revenir dans la LNH. Et au moment de la publication de ce livre, il y était, avec les Bruins de Boston. Tout comme Therrien avec les Penguins de Pittsburgh et Vigneault avec les Canucks de Vancouver.

Montréal mercredi 18 janvier 2006
cyberpresse.ca
LA PRESSE
« Je ne suis pas amer »
Congédié par le Canadien, samedi. Claude Julien a rencontré la presse, hier
SPORTS PAGES 1 ET 3
RÉJEAN TREMBLAY À VALENCE
DÉJÀ UN PREMIER PÉPIN POUR JACQUES VILLENEUVE
SPORTS PAGES 1 ET 3
MONDE
GRANDE-BRETAGNE VERS DE MINI-BORDELS
ÉTATS-UNIS LA COUR SUPRÊME VALIDE LE SUICIDE MÉDICALEMENT ASSISTÉ
PAYS-BAS LA BURQA VISÉE PAR LE GOUVERNEMENT
PAGES A20 ET A21
SONDAGE CROP-*LA PRESSE*-98,5-INFO690-CKAC
LE BLOC QUÉBÉCOIS EN PERTE DE VITESSE
L'écart entre Gilles Duceppe et Stephen Harper se rétrécit au Québec
Cachez ces corps qu'on ne saurait voir
RÉFORME DE L'ÉDUCATION
Les élèves stagnent ou régressent
Quand Brossard s'affiche
SOMMAIRE
Météo

La une du mercredi 18 janvier 2006

Montréal dimanche 15 janvier 2006
TOUTES LES SOLUTIONS DES JEUX DU TEMPS DES FÊTES
cyberpresse.ca
LA PRESSE
COUP DE BALAI CHEZ LE CANADIEN
› Julien et Green congédiés
› Gainey reprend la barre
› Carbonneau revient
› Victoire spectaculaire de 6 à 2 contre les Sharks
7 PAGES D'INFORMATIONS ET D'ANALYSES
PAGES A2 ET A5
CAHIER SPORTS
DOSSIER
L'ARGENT FAIT-IL LE BONHEUR?
QUAND LE FRIC DEVIENT STRESS
À VOS AFFAIRES
Certains châteaux-forts libéraux de la région de Montréal menacés
MARTIN TENTE DE SAUVER LES MEUBLES
JOËL-DENIS BELLAVANCE
PLUS
Quel droit à l'avortement?
ÉRIC LUCAS ABANDONNE AU 10e ROUND
SOMMAIRE
Météo

La une du dimanche 15 janvier 2006

4 Voir le chapitre 91.

5 Carbonneau devient adjoint de Gainey. Adjoint de Julien, Rick Green est aussi remercié.

6 Gainey montre du doigt José Théodore, Sheldon Souray et Andrei Markov.

CHAPITRE 88

1909

1909-2008

UN SIÈCLE DE STATISTIQUES

La couverture du hockey professionnel a bien changé au fil d'un siècle. La présentation graphique des statistiques des joueurs, du classement des équipes et du choix des trois étoiles est un témoin, parmi bien d'autres, de cette évolution. Voici quelques exemples de résumés statistiques sur le hockey publiés dans *La Presse* au cours des cent dernières années.

HOCKEY

QUEEN'S VS McGILL

Le club de hockey McGill recevra ce soir la visite de l'équipe de Queen's. La rencontre aura lieu au patinoir Victoria.

LA PARTIE OTTAWA-WANDERERS

LES SCORERS

Avant le Canadien. Ce tableau date du 12 janvier 1909. À remarquer, le mot "scorers" au lieu de marqueurs.

LE CANADIEN EST DE NOUVE[AU] LA VICTIME D'ARBITRES AU[SSI] VEULES QU'INCOMPET[ENTS]

Le Bleu Blanc Rouge est défait à Ottawa par 6 à 5 dans un supplémentaire. — Brennan et Westwick accordent aux S[énateurs] deux points comptés sur des hors-jeux manifestes. — U[ne] sistance monstre. — Joute passionnante dans laquell[e le] score est égale à quatre reprises.

LE CANADIEN AURAIT DU GAGNER PAR 8 À 4

JOUTES DE LA N. H. A.

Un tableau du 26 février 1914 résumant les plus récents matchs, le classement des équipes et les parties à venir.

Liste officielle et finale des compteurs de la Ligue Nationale

DIVISION AMERICAINE

Le classement des compteurs de la LNH, au terme de la saison, le 18 mars 1933.

LE CANADIEN

Encore le trio de Plekanec

Les punitions ont coulé les Sénateurs

Après chaque rencontre durant la saison 2007-2008, *La Presse* a publié une page comme celle-ci. En haut, quatre flashs résument le match. À droite, deux colonnes. La première est consacrée à l'analyse de la rencontre, période par période. La seconde est réservée aux commentaires des joueurs et entraîneurs. En bas à gauche, les statistiques individuelles des joueurs. Cette page date du mercredi 6 février 2008.

LA Ligue Nationale

AUJOURD'HUI

HIER

PARTIES GAGNEES ET PERDUES

JOUTES NULLES

LE CLASSEMENT

Classement du 1er mars 1961. Le premier tableau indique le nombre de victoires et de défaites entre chaque équipe. Le second illustre le nombre de parties nulles entre les clubs.

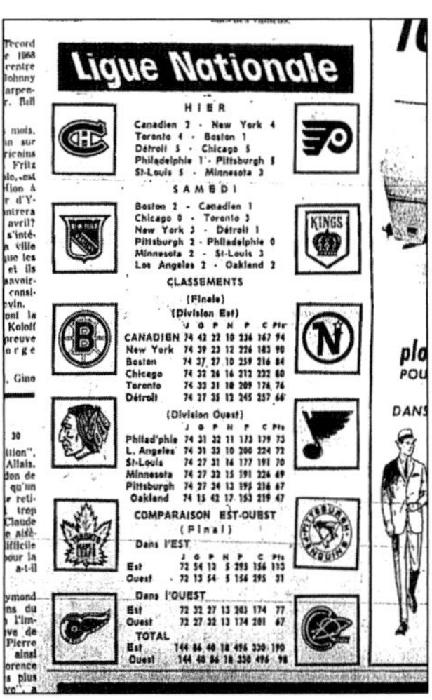

Ligue Nationale

HIER

SAMEDI

CLASSEMENTS

COMPARAISON EST-OUEST

Classement des équipes au terme de la première année d'expansion, le 1er avril 1968.

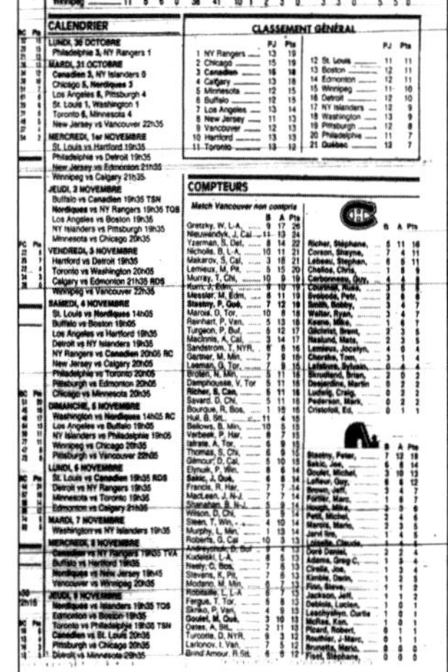

CALENDRIER

CLASSEMENT GÉNÉRAL

COMPTEURS

Tableau synthèse et statistiques du 1er mars 1989. À remarquer, les deux colonnes consacrées aux joueurs du Canadien et des Nordiques.

2000

27 MAI 2000

LE ROCKET N'EST PLUS

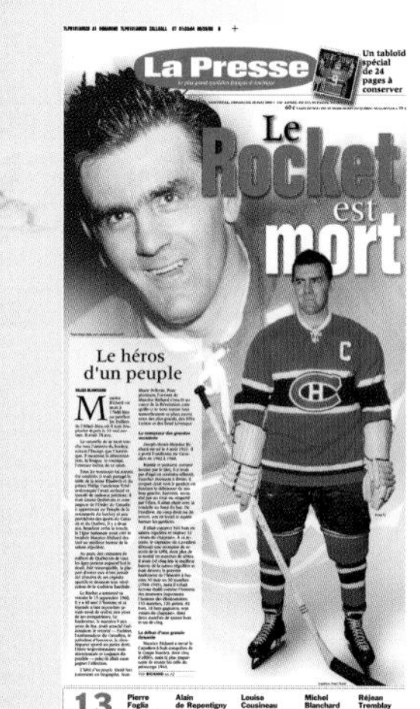
La Presse

Un tabloïd spécial de 24 pages à conserver

Le Rocket est mort

Le héros d'un peuple

13 pages

Pierre Foglia
Le dernier des héros

Alain de Repentigny
Maurice et le monde

Louise Cousineau
Mon Rocket depuis toujours

Michel Blanchard
Heureux et vrai

Réjean Tremblay
Deux Lieux et une Vierge

Au lendemain de la mort de Maurice Richard, *La Presse* consacre plusieurs pages au grand numéro 9 du CH dans son édition du dimanche 28 mai 2000.

La Presse

Le peuple pleure son héros

11 pages de textes et photos sur la mort de Maurice Richard

Funérailles nationales pour le Rocket

« Maurice a été le plus grand! »

Henri a pleuré en apprenant la mort de son frère

Michel Labrecque, un mec à vélo

Geneviève Jeanson craque, Lyne Bessette s'accroche

Paradoxale Ford Escapade

Pour son édition du lundi 29 mai 2000, *La Presse* consacre sa une à Henri Richard. Ce dernier a pleuré à l'annonce de la mort de son frère, son héros.

Des mots. Des cascades de mots. Assez pour remplir le Saint-Laurent. Des kilomètres de mots. Mis bout à bout, ils feraient sans doute le tour de la Terre.

Des mots, il s'en dit et écrit à en perdre le souffle dans les médias dans les heures et les jours suivant l'annonce de la mort de Maurice « Rocket » Richard, le samedi 27 mai 2000. Au-delà de la folie médiatique, ils symbolisent la place occupée par le grand numéro 9 dans le cœur des gens.

En ce mois de mai 2000, les nouvelles sont tristes. Le lundi 15, la direction du Canadien annonce que son ancien capitaine Jean Béliveau souffre d'un cancer de la gorge. Le même jour, parents et amis du chanteur des Colocs Dédé Fortin le portent en terre. Le 17, l'annonce de l'hospitalisation de Maurice Richard n'indique rien de bon. Sa famille s'inquiète[1].

Ce dernier sombre dans le coma le vendredi 26 mai. Le lendemain, en fin d'après-midi, il meurt d'une insuffisance respiratoire imputable à l'extension d'un cancer à l'abdomen.

« Le Rocket est mort », titre *La Presse* du dimanche 28 mai. Le journal consacre 13 pages à la nouvelle dans son premier cahier et publie un tabloïd spécial de 24 pages.

« Maurice Richard est mort à 17 h 40 hier au pavillon De Bullion de l'Hôtel-Dieu où il était hospitalisé depuis le 15 mai dernier. Il avait 78 ans », écrit le journaliste Gilles Blanchard dans le texte principal.

« La nouvelle de sa mort touche tout l'univers du hockey, autant l'Europe que l'Amérique. Il incarnait la détermination, la fougue, le courage, l'essence même de ce sport. »

Un peu plus loin, Blanchard ajoute : « Au pays, des centaines de milliers de Québécois de tous les âges portent aujourd'hui le deuil. Fait remarquable, la plupart d'entre eux n'ont jamais été témoins de ses exploits sportifs et tiennent leur vénération de la tradition familiale. »

André Trudelle, qui écrivait la chronique signée chaque dimanche par le Rocket dans *La Presse*, s'entretient brièvement avec la conjointe de ce dernier, Sonia Raymond. De cette conversation, réalisée quelques heures après la mort de Richard, il retient entre autres ces mots de Mme Raymond : « Je l'aimais. Je l'aime. Je l'aimerai toujours ! J'aurais tant de choses à dire... mais je suis trop émue. J'ai connu tant de belles journées avec lui. »

Son fils Maurice junior confie à Trudelle que depuis deux ans, la qualité de vie de son père s'était dégradée. « Lui qui aimait la pêche, le tennis, ne se sentait plus en mesure de les pratiquer », déclare-t-il.

Quelques passages

Entre le dimanche 28 mai, au lendemain de la mort du grand joueur, et le 1er juin, lendemain de ses funérailles, plus de 225 articles évoquant Maurice Richard sont publiés dans *La Presse*. Retenons ces quelques passages.

« Maurice Richard était conscient de son incroyable ascendant sur ses compatriotes même s'il trouvait cela exagéré, écrit Alain de Repentigny, qui fut le rédacteur principal de ses chroniques durant une décennie. Il acceptait que l'on rende hommage à l'extraordinaire joueur de hockey – même si les ovations interminables le mettaient mal à l'aise – mais comprenait mal que l'on veuille faire de lui une sorte de sauveur de la nation.

Alors directeur des pages sportives et ami personnel du Rocket, De Repentigny raconte dans un autre texte combien Richard prenait le temps d'accorder quelques secondes aux gens qui le saluaient. « Ça se terminait habituellement par un autographe, signé avec application sur un bout de papier ou sur les cartes de hockey qu'il avait toujours sur lui. »

Dans un texte intitulé « Héros de son peuple malgré lui », le journaliste Gérald Leblanc revient sur ce refus du Rocket d'épouser une cause politique, malgré le fait que sa carrière, sa fougue et ses démêlées avec l'état-major anglophone de la LNH eurent été à la fois l'expression et le catalyseur d'un certain nationalisme.

« "Compter des buts", c'était son seul but, rappelait-il quand on voulait l'entraîner sur la grande patinoire nationale », dit Leblanc.

1 C'est le Canadien qui, par communiqué, annonce la maladie de Béliveau. L'hospitalisation du Rocket est annoncée en primeur le 17 mai dans *Le Journal de Montréal*. À noter aussi que la mort de Richard survient alors que l'Ontario est plongée en pleine crise de l'eau contaminée de Walkerton. Au Québec, cette histoire est du coup pratiquement éclipsée.

Adieu Rocket!

Plus de 100 000 personnes rendent hommage au héros disparu

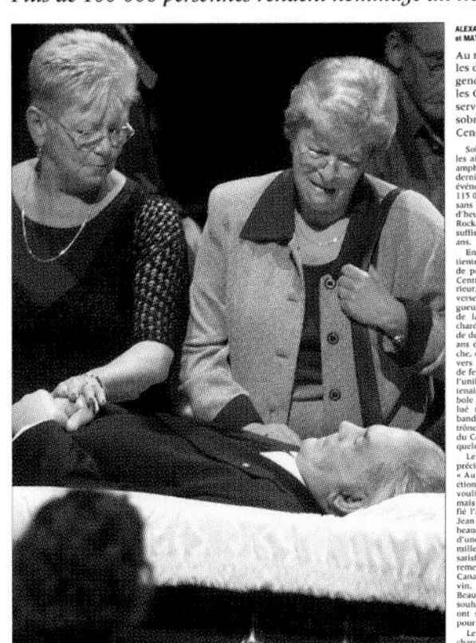

Céline Dion

«Nous avons voulu respecter le deuil de la famille Richard»

Des milliers de personnes au Centre Molson

Sobriété pour les funérailles

Au moins 1000 places réservées au public à la basilique aujourd'hui

Le 31 mai 2000, *La Presse* accorde sa une au triste événement et décrit à l'intérieur le trajet du cortège funèbre.

Pierre Foglia signe une courte chronique dans laquelle il dit: «Maurice Richard que le peuple aimait tant n'a jamais défendu la cause du peuple. Il était le peuple. Il était le Québec. Maurice Richard a été, jusqu'au malaise, le Québec des années 50-60. Il était le Québec rude et peu sûr de lui. Il était son cœur immense, il était son vide de mots. Il était ses terribles silences. Il était ses frustrations. Il était son sombre renfrognement. Il était tout un peuple en sourde colère.»

Vers la fin du texte, Foglia affirme que la mort de Richard ne lui fait pas penser, comme à d'autres, au décès de Félix Leclerc, mais plutôt à la disparition, plus récente d'Anne Hébert[2].

«Maurice Richard aussi était poète, écrit-il. Il écrivait des poèmes sans mots d'une violence inouïe et d'une véhémente splendeur. Il écrivait sans le savoir, sans le vouloir. Il écrivait comme on perd son sang, comme lorsque l'effroi nous réveille la nuit, on ne sait pas pourquoi. Il a dit, à son corps défendant, mais au moment où c'était le plus important de le dire, il a dit la sourde colère d'un peuple.»

2 Anne Hébert est décédée le 22 janvier 2000.

LA DOULEUR D'UN JEUNE FRÈRE

Le lundi 29 mai 2000, deux jours après la mort du Rocket, *La Presse* publie à la une un texte de Pierre Gobeil, directeur des pages sportives du quotidien de la rue Saint-Jacques de 1979 à 1989[3] dans lequel il témoigne de la réaction d'Henri Richard à la mort de son grand frère Maurice.

Les deux hommes sont de bons amis et Gobeil passe une partie de la journée du 28 mai avec Henri Richard et son épouse Lise. Il explique qu'Henri a pleuré à l'annonce de la mort de son frère. C'est sa femme Lise qui le dit.

Dès les premières phrases, on constate que le style de Gobeil est différent. Il émerge d'une autre époque. Celle où joueurs et journalistes étaient proches. Le tutoiement est de rigueur — comme aujourd'hui — mais les réponses reflètent davantage l'état d'âme. L'expression des sentiments n'est pas gommée par quelques phrases pré-mâchouillées dans lesquelles la plupart des joueurs se confinent aujourd'hui. Il y a cette espèce de lien de confiance, très palpable en dépit des différences, qu'on détecte entre les lignes.

Utilisant la formule questions-réponses, Gobeil est présent dans son propre texte. Il a son rôle. Ce style, cette façon de faire, est reconnaissable à celui qu'on retrouvait dans *La Presse* au début des années 1970. Lisons-le, s'adressant à l'épouse d'Henri Richard.

«– Lise, donne-moi l'heure juste», écrit-il.

Et Lise Richard répond:

«– J'étais assise dans le salon avec Henri, ma fille Nathalie et son mari Luc. Henri a ouvert la télévision et, par hasard, un bulletin spécial annonçait le décès de Maurice. J'ai vu des larmes couler sur les joues d'Henri. Il a immédiatement quitté le salon pour se diriger dans la salle de bains. Il est revenu une quinzaine de minutes plus tard. Il s'est assis et n'a pas dit un mot.

«– Henri, quel effet ça fait de perdre un frère?

«– Ça fait dur. Dans les faits, j'avais une étrange relation avec Maurice. Je ne l'ai pas vraiment connu. J'avais six ans lorsqu'à 21 ans, il a quitté la maison pour aller faire carrière avec le Canadien. J'ai plutôt connu Maurice par l'entremise de mon père et de mes frères qui ne cessaient de raconter ses exploits.

«Henri s'arrête quelques instants pour réfléchir.

«Sais-tu quoi, Pierre? Je pense que les conversations que j'ai eues avec Maurice durant toute sa vie ne rempliraient même pas une demi-heure sur une cassette.»

3 En mai 2000, Gobeil est éditeur du quotidien *La Voix de l'Est* de Granby.

1984

DE 1984 À AUJOURD'HUI

BERNARD BRAULT : VITE SUR SES PATINS

Photographe professionnel depuis plus de 30 ans, Bernard Brault entre à *La Presse* le vendredi 13 avril 1984. Une semaine plus tard, au Forum de Montréal, il est témoin du tristement célèbre match du Vendredi Saint entre le Canadien et les Nordiques.

Depuis son embauche, il a toujours travaillé de week-end, moment privilégié de la semaine pour la présentation d'activités sportives. De fait, il a été aux premières loges pour croquer sur le vif les exploits comme les malheurs des joueurs du Canadien, des Expos, des Alouettes, mais aussi des moments les plus palpitants du Grand Prix de Formule 1, de tournois de golf professionnel, de la coupe Rogers de tennis, de compétitions d'athlétisme, etc.

De plus, il a voyagé à travers le monde, que ce soit pour la couverture d'événements sportifs (il a assisté à tous les Jeux olympiques d'été et d'hiver depuis Lillehammer en 1994) ou pour des reportages à caractère touristique.

Une de ses photos réalisées en 2007 pour le cahier Vacances/Voyage de *La Presse* a d'ailleurs remporté le prix de la meilleure photo de l'année au Canada. À la même occasion, il est désigné photographe de l'année au pays par l'Association des photographes de presse du Canada. Cette distinction s'ajoute à quelque 200 autres obtenues au fil des ans sur quatre continents !

De son travail, Bernard Brault aime dire qu'il saisit « l'émotion et le mouvement ». On pourrait ajouter, pour faire un rapprochement avec le hockey, qu'il est vite sur ses patins. Ses réflexes aiguisés lui ont permis de capter des images saisissantes, dramatiques, drôles, émouvantes, choquantes, uniques...

En voici quelques-unes, prises lors de matchs ou d'événements associés au Canadien de Montréal.

Guy Carbonneau et Chris Nilan, bien assis dans la boîte d'une camionnette 4 x 4 à la suite d'un entraînement du Canadien à Bromont. L'équipe se prépare alors en vue des séries éliminatoires du printemps 1992. La photo est prise le 18 avril, à la veille du premier match contre les Whalers de Hartford. Publiée le lendemain à la une de *La Presse*, elle est coiffée du titre « En route vers la Coupe Stanley ! ». Cette année-là, le Canadien élimine Hartford en sept matchs mais perd la ronde suivante, 4-0, contre Boston.

« Vas-tu me suivre jusqu'aux toilettes », demande un Pat Burns furieux à Bernard Brault qui le mitraille de photos au retour de l'équipe à l'aéroport Dorval, le 28 avril 1990. Le Canadien vient de se faire éliminer par les Bruins de Boston en cinq matchs, en finale de la division Adams. Ce jour-là, Burns n'a pas apprécié l'épreuve de la lentille, se souvient le photographe.

CHAPITRE **90**

depuis 1984

Nouvellement arrivé au sein du grand club, Guillaume Latendresse semble bien seul dans le vestiaire du CH, au Centre Bell, à l'occasion d'un reportage que lui consacre *La Presse* le 30 septembre 2006. Latendresse affirme alors que toute l'attention dont il fait l'objet est source d'adrénaline. Au-dessus de sa tête, tous les grands noms du CH lui tendent le flambeau...

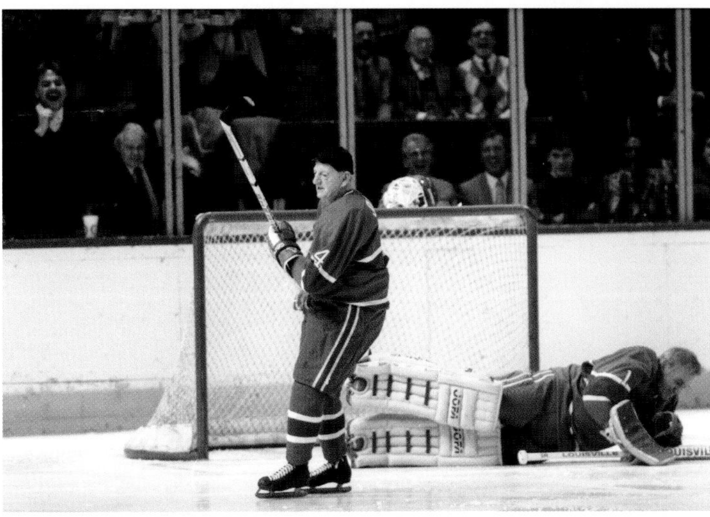

À l'occasion des festivités entourant le 75e anniversaire du Canadien, les partisans sont invités à former leur équipe de rêve. Celle-ci (Jean Béliveau, Maurice Richard, Dickie Moore, Jacques Plante, Larry Robinson, Toe Blake, Doug Harvey et Bob Gainey) est présentée au Forum le 12 janvier 1985. Le doyen Aurèle Joliat, alors âgé de 83 ans (il est décédé le 2 juin 1986), se joint aux légendes. Joliat chute deux fois durant son tour d'honneur. Mais ici, il s'amuse bien en compagnie de Jacques Plante.

Atteint en pleine gorge par un tir de Chris Therien, des Flyers de Philadelphie, le joueur du Canadien Trent McCleary se tord de douleur sur la glace. La photo est publiée à la une du journal du 30 janvier 2000. Souffrant d'une fracture du larynx, McCleary luttera pour sa survie dans les jours suivants. Cette blessure met fin à sa carrière.

Le policier du Canadien Chris Nilan accueilli par une cohorte de joueurs des Whalers de Hartford au cours d'un match des séries éliminatoires, le 29 avril 1986.

Maurice Richard a l'air bien ému au moment du dévoilement du trophée portant son nom, le 24 janvier 1999. La récompense est remise annuellement au joueur de la LNH ayant compté le plus de buts durant une saison régulière.

Une mise au jeu protocolaire entre gardiens de but ? Voilà quelque chose d'inusité ! C'est ce à quoi se prêtent les gardiens Fern (Paul Houde), des *Boys*, et José Théodore le dimanche 16 février 2003 à l'occasion du Défi McDonald's au bénéfice d'œuvres vouées à l'enfance.

Donald's
Donald's
défi
THEODORE

2001

31 JANVIER 2001

LE CANADIEN VENDU À UN AMÉRICAIN

La Presse

cyberpresse.ca

Cuisiner avec des surgelés

Rencontre avec... un monument

LA BRASSERIE SE DONNE UNE MISSION DE CHIEN DE GARDE

Molson conserve 20 % du club

ALEXANDRE PRATT

Longtemps considéré comme le symbole le plus rassembleur de la société canadienne-française, le Canadien de Montréal est passé hier sous le contrôle d'un Américain pour la première fois en 92 ans d'histoire.

Aucun Canadien ne voulait du Canadien

MARTIN VALLIÈRES et ALEXANDRE PRATT

L'OSM aura sa salle de concert

DENIS LESSARD

La cour écossaise rend un verdict partagé au procès Lockerbie

AUJOURD'HUI DANS LA PRESSE

Le 1er février 2001, *La Presse* annonce la vente du Canadien et du centre Molson à l'Américain George Gillett pour 275 millions de dollars, une aubaine !

La rumeur courait. Molson voulait se départir du Canadien. Parmi les intéressés, un homme d'affaires du Colorado : George Gillett.

« C'est un industriel à la carrière fort mouvementée qui convoite le Canadien », indique *La Presse* à la une de son édition du 19 janvier. L'homme d'affaires a eu des intérêts dans les Dolphins de Miami, les Harlem Globe Trotters et les Seals de la Californie. Depuis deux ans, il cherche de nouveau à acquérir une équipe de sport professionnel, note le journaliste Alexandre Pratt. Sa tentative d'acheter l'Avalanche du Colorado a avorté.

Gillett a aussi pris des risques financiers périlleux. En 1991, il fait faillite après avoir acheté à un prix trop élevé un réseau de stations de télévision. Et surtout, il fait peur. Sera-t-il un nouveau Jeffrey Loria, propriétaire honni des Expos de Montréal ? Déménagera-t-il l'équipe ?

Le 20 janvier, Réjean Tremblay dit qu'il ne faut pas se scandaliser de voir le CH passer aux mains d'un Américain. Mais le 23, à la lumière de récentes révélations, il exprime « des réserves sur l'acheteur et le vendeur ». « Les lacunes dans les communications de Molson et les rapports sur le passé rock'n'roll d'un acheteur potentiel, George Gillett, ont dilapidé ce beau capital de préjugés favorables », écrit-il.

Tremblay ajoute : « Tous ceux à qui j'en ai parlé depuis trois jours sont d'accord : "Molson n'a pas le droit de vendre le Canadien à quelqu'un qui nous rappelle Nelson Skalbania[1]. Un bozo qui veut se payer un jouet pour rentrer dans le cercle des propriétaires d'équipes majeures et jouer au gros", voilà ce que j'entends auprès de toutes les sources que j'ai sondées. »

275 millions de dollars : une aubaine

Le 31 janvier 2001, la vente du Canadien à Gillett est annoncée lors d'une conférence de presse tenue sur la glace du Centre Molson. Le lendemain, *La Presse* consacre plus de vingt textes, des chroniques, un éditorial, une caricature et des commentaires à la nouvelle.

« Longtemps considéré comme le symbole le plus rassembleur de la société canadienne-française, le Canadien de Montréal est passé hier sous le contrôle d'un Américain pour la première fois en 92 ans d'histoire », écrit Alexandre Pratt à la une.

Un des éléments les plus notables de la vente est son bas prix : 275 millions, en dollars canadiens, pour l'équipe et le Centre Molson. Or la construction de l'amphithéâtre, inauguré en 1996, a atteint 285 millions. Molson, qui conserve 19,9 % des parts et un droit de préemption en cas de vente de l'équipe, reconnaît que le prix est en deça de ses attentes.

« Quand nous avons décidé de vendre le Canadien, en juin dernier, je pensais recevoir au moins 325 millions, peut-être même 350 millions pour l'équipe et l'aréna, a déclaré le président de Molson, Daniel O'Neil. Je croyais aussi que la vente allait être conclue plus rapidement, mais aucun investisseur canadien n'a déposé une offre formelle. »

Ce dernier constat en déçoit plusieurs.

Or Gillett, au fil des entrevues, veut se montrer rassurant quant à l'avenir de l'équipe à Montréal. Un premier geste : il maintient les dirigeants locaux, dont Pierre Boivin, à la présidence. Ce dernier s'occupera dorénavant à plein temps de l'équipe. Cela contraste avec Jeffrey Loria, qui a confié la barre des Expos à son fils, David Sampson. « Si Gillett a l'intelligence de faire confiance à Pierre Boivin, c'est déjà un bon point en sa faveur », écrit Réjean Tremblay.

Dans un éditorial coiffé du titre « Les Habitants sous la bannière étoilée », Mario Roy donne aussi une chance au coureur : « On sait déjà que, malgré un passé financier ne comportant pas que des parcours sans faute, l'homme n'est pas un marchand d'art[2] et connaît le type de marchandise qu'il vient d'acquérir. Hier, il a semblé fort bien saisir le contexte tout à fait particulier dans lequel évolue le Canadien. »

1 Ancien propriétaire des Oilers d'Edmonton, Skalbania achète les Alouettes de Montréal en 1981 et embauche à prix fort des joueurs américains. Un an plus tard, l'équipe est en faillite.

2 Marchand d'art new-yorkais, Loria a vendu les Expos à un consortium formé par les autres propriétaires du baseball majeur en 2002.

CHAPITRE **91**

2001

Georges Gillett, nouveau propriétaire du Canadien, entouré de Guy Lafleur, Pierre Boivin et Daniel O'Neil, président de Molson, le 31 janvier 2001.

Des observateurs indépendants restent sceptiques. C'est par exemple le cas de Sylvain Lefebvre, alors professeur au Département de géographie de l'UQAM et directeur du chantier de recherches Sports et ville. Le 2 février, il signe une longue lettre ouverte, intitulée « Une dynastie en sursis[3]... », dans Forum, la tribune de *La Presse* réservée aux opinions extérieures.

« Malgré les clauses du contrat de vente et les "garanties" de non-déménagement, cette transaction annonce très clairement qu'à moyen terme, rien ne pourra empêcher le déménagement du club chez nos voisins du Sud », écrit-il.

Il dit aussi : « Un des principaux facteurs qui expliquent la vente du club à un investisseur américain réside dans l'incapacité des marchés canadiens de préserver leurs équipes de sport professionnel dans un contexte où l'industrie va mal. Très mal[4]. »

Chez les joueurs, passés et anciens, on accueille plutôt favorablement cette nouvelle. Dans le cahier des sports, le journaliste François Béliveau rapporte les propos teintés de soulagement de Guy Lafleur. « Sans les Américains, a-t-il dit, peut-être qu'on n'aurait plus eu d'équipe du tout dans quelques années. Sauf exception [Toronto], toutes les autres équipes canadiennes de la Ligue nationale sont ou seront en difficultés financières. Le marché du hockey est maintenant contrôlé par les Américains. Il faut accepter cette nouvelle réalité. »

Apprendre de ses erreurs

Questionné sur sa faillite passée, Gillett affirme avoir redressé la barre. Alexandre Pratt le cite : « J'ai commis des erreurs, mais je me suis relevé, a-t-il dit. Nous possédons maintenant un holding familial qui a connu une croissance remarquable au cours de la dernière décennie et qui, aujourd'hui, comprend 33 entreprises dont le chiffre d'affaires global se calcule en milliards. »

S'il a obtenu un bon prix pour l'équipe, il a aussi eu droit à un coup de pouce de la Ville et de la Communauté urbaine de Montréal qui consentent à abaisser l'évaluation foncière de 196 à 150 millions, une économie annuelle de deux millions sur le compte de taxes de l'immeuble. Rétroactif à 1996, cela représente une somme de 16,8 millions.

« Mine de rien, les contribuables montréalais vont financer une partie de l'achat du Canadien par l'Américain George Gillett », fait remarquer le chroniqueur municipal Éric Trottier. Il rapporte les propos de Gillett selon qui le règlement de cette question « était un élément essentiel à notre entente avec Molson ».

Trottier signale la colère des conseillers municipaux de l'opposition. « C'est inacceptable. L'administration Bourque n'avait pas à piger dans les poches des contribuables pour dérouler le tapis rouge au nouvel acquéreur du Canadien », dit Michel Prescott. À l'opposé, le maire Bourque se réjouit que l'entente met fin aux querelles judiciaires entre les deux parties. Jusque-là, fait-il remarquer, la direction du Canadien réclamait une valeur foncière de 35 millions pour l'édifice.

La question de la vente suscite mille et une réactions les jours suivants. Ainsi, dans sa chronique dominicale du 4 février, Stéphane Laporte écrit une « Lettre au nouveau propriétaire » où il clame son amour pour la Flanelle. Un amour qui est allé jusqu'au fait qu'il a appris, avant toutes les autres, à tracer les lettres C et H, qu'il a séché des cours pour participer à des parades de la Coupe Stanley, qu'il dessine le sigle du Canadien lorsqu'il est distrait, que sa flamme renaît dès que l'équipe remporte deux victoires consécutives...

« C'est ça qu'il faut que vous sachiez, Monsieur Gillett, conclut Laporte. Vous avez acheté le Canadien qui appartient à Molson. Mais le Canadien, le vrai, le grand, vous ne pouvez pas l'acheter. Parce qu'il est à moi. Depuis toujours. Je l'ai reçu de mon père. Qui l'avait reçu du sien. Et je ne le vendrai jamais. »

« Votre devoir, c'est de tout faire pour que je puisse le donner à mes enfants. Ce ne sera pas évident. Ça va prendre du cœur et de la passion. J'espère que vous en avez. Bonne chance ! »

« Bienvenue parmi nous. »

3 Le titre est une prérogative de l'éditeur et n'est peut-être pas de l'auteur.

4 Joint en avril 2008, le professeur Lefebvre a maintenu son argumentaire. Il croit que le club montréalais est un de ceux qui va le mieux résister à la pression. Mais dans le contexte nord-américain, un autre marché offrira un jour ou l'autre des conditions si attrayantes qu'il sera difficile d'y résister.

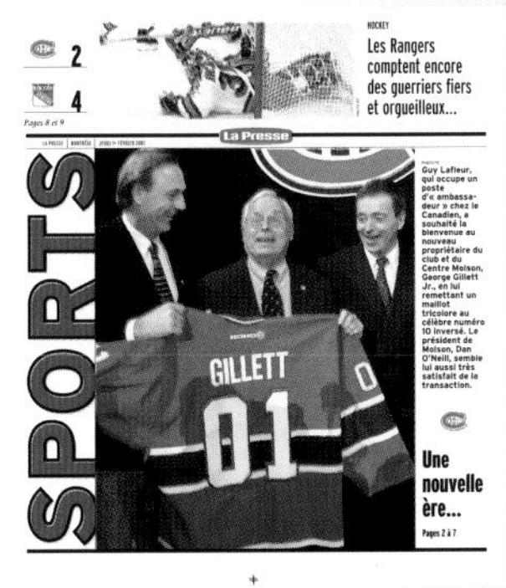

2
4
Pages 8 et 9
HOCKEY
Les Rangers comptent encore des guerriers fiers et orgueilleux...
La Presse
SPORTS
Guy Lafleur, qui occupe un poste d'« ambassadeur » chez le Canadien, a souhaité la bienvenue au nouveau propriétaire du club et du Centre Molson, George Gillett Jr., en lui remettant un maillot tricolore au célèbre numéro 10 inversé. Le président de Molson, Dan O'Neill, semble lui aussi très satisfait de la transaction.
Une nouvelle ère...
Pages 2 à 7

La une du cahier des sports du 1er février 2001

LA VENTE DU CANADIEN

Molson garde Molstar

ANTENNES

La conférence de presse annonçant la vente du Canadien a attiré tous les médias et de nombreux représentants de chacun d'entre eux. Mais combien de réseaux de télévision présenteront les matches du Canadien en 2002-2003 ?

Linden : « Une excellente nouvelle »

MATHIAS BRUNET

À l'intérieur du cahier des sports du 1er février 2001, cette photo témoigne de l'intérêt des médias montréalais et québécois pour le Canadien.

2001

6 SEPTEMBRE 2001

KOIVU JOUE LE MATCH DE SA VIE

L'OMNIUM CANADIEN DE GOLF › TIGER MÊME SANS EFFORT

La Presse

Des enfants? Moi, jamais!

Fuir les clichés

Koivu joue le match de sa vie

Le capitaine du Canadien souffre d'un cancer à l'abdomen; désarroi au sein de l'équipe

Il faudrait un miracle

Amende record imposée à Air Transat

Le dernier droit sous le chaud et le froid

Coup de main

Le vendredi 7 septembre 2001, à la une de *La Presse*. L'annonce de la découverte d'un cancer chez Saku Koivu relègue tout le reste de l'actualité bien loin derrière.

LES SPORTS EN GRAND FORMAT À L'OCCASION DES JEUX

SIMON DROUIN › LES ATHLÈTES ET LA SÉCURITÉ

La Presse

Actrices, je vous aime

L'ego de David

Le ministre des Régions de nouveau dans le pétrin

«RIEN N'EST IMPOSSIBLE!»

Le dopage patriotique

Saku Koivu en voie de vaincre son cancer

Les Cris disent oui au projet Rupert contre une compensation de 3,5 milliards

En février 2002, les nouvelles sont très bonnes. Koivu se présente devant les médias pour annoncer qu'il est en bonne voie de guérison. Deux mois plus tard, il reprend le jeu.

Deux textes publiés à la une. Huit dans le cahier des sports. Des photos. Des témoignages. Des larmes. Des mots. Des milliers de mots.

Comme dans tous les autres médias du Québec, l'annonce de la découverte d'un cancer chez le joueur de centre du Canadien Saku Koivu, le 6 septembre 2001, fait la manchette de *La Presse*.

« Koivu joue le match de sa vie », titre le quotidien dans son édition du vendredi 7. « Le capitaine du Canadien de Montréal, Saku Koivu, souffre d'un cancer généralisé à la région abdominale qui le forcera à se battre non seulement pour sa carrière, mais aussi pour sa vie », lit-on dans le texte. Le diagnostic provisoire des médecins, les premiers résultats des analyses, les mines sombres à la conférence de presse, tout laisse croire au pire. Les reportages reflètent cet état d'esprit. On parle de cellules malignes, de cancer généralisé dans l'abdomen, d'un nécessaire miracle pour sauver la vie du jeune hockeyeur finlandais. Tous s'accrochent à l'espoir que l'origine du cancer soit le système lymphatique – qui se traite mieux – et non les organes internes.

La Presse cite le docteur David Mulder, médecin de l'équipe : « "Il faut rester confiant", a ajouté le médecin, qui a donné l'exemple du cycliste Lance Armstrong, dont le cancer à un testicule s'est également généralisé en provoquant des métastases jusqu'au cerveau. Armstrong a été guéri et a gagné son troisième Tour de France, cet été, a-t-il rappelé. »

Toujours le 7 septembre, *La Presse* cite de nombreux amis et confrères de Koivu ainsi que des membres de la direction du club. Alexandre Pratt rapporte entre autres les propos du coach. « Je me sens complètement impuissant, a confié l'entraîneur Michel Therrien. Je ressens de la tristesse, de la peine, de la rage, j'ai de la misère à l'accepter. Maintenant, tout ce que j'espère, c'est que le type de cancer que les médecins décèleront sera totalement guérissable. »

Plus loin, Pratt évoque la réaction de Craig Rivet, un bon ami de Koivu. « "Je suis un peu écœuré de me retrouver aussi souvent à l'hôpital [1] ", a raconté le défenseur Craig Rivet. Brian Savage et lui sont allés au chevet de leur capitaine à l'Hôpital général de Montréal, mercredi soir. Ils sont arrivés seulement dix minutes après l'annonce du diagnostic. "Ce fut tout un choc, a expliqué Craig Rivet. Saku est un de mes meilleurs amis, nous nous sommes parlés régulièrement au téléphone cet été et je ne m'attendais pas à une nouvelle semblable." »

Dans sa chronique, Réjean Tremblay écrit : « Hier, les joueurs du Canadien étaient assommés par la nouvelle. Ils sont habitués à visiter les enfants malades dans le temps des Fêtes. Mais ce sont toujours les enfants des autres. Et les enfants des autres, on les oublie le lendemain en achetant les cadeaux pour le Réveillon.

« Sauf que cette fois, l'enfant malade a son casier dans le même vestiaire. À gauche, en entrant, dans le milieu de la pièce. Ils devront oublier s'ils veulent continuer à poser des gestes aussi futiles que lancer un *puck* vers un homme masqué pour marquer un but.

« Hier, je me demandais: "Pourquoi Saku Koivu ?"

« J'ai eu une réponse terrifiante : "Pourquoi pas Saku Koivu ? "

« Dans une vie injuste, c'est la seule question qui respecte la justice. N'importe qui, n'importe quand.

« Je ne sais pas si j'ai une foi assez vivante pour que des prières puissent compter.

Mais hier soir, j'ai essayé... »

Une bonne nouvelle le... 11 septembre

Le mardi 11 septembre 2001, les attentats terroristes perpétrées à New York et à Washington chassent loin de la une des médias toutes les autres nouvelles. *La Presse* du mercredi 12 septembre consacre 50 pages aux événements.

Or les joueurs du Canadien ouvrent leur camp d'entraînement le 11 et Brian Savage, un proche de Koivu, a des nouvelles encourageantes. Ce que rapporte le journaliste Mathias Brunet à la page 3 du cahier des sports du 12 septembre.

Le titre, « De bonnes nouvelles au sujet de Koivu ». Il cite Savage s'adressant aux médias : « Je vais laisser les médecins vous donner toutes les précisions nécessaires demain (aujourd'hui), mais on m'a dit qu'il s'agissait d'un lymphome de type B, a dit Savage hier, après l'entraînement du Cana-

1 Entre 1999 et 2001, les joueurs du Canadien Trent McCleary et Brian Savage ont été victimes de très graves accidents sur la glace et ont fait de longs séjours à l'hôpital.

2001

Le 5 octobre 2001, Koivu rend visite à ses coéquipiers à l'entraînement, dont Craig Rivet, Gino Odjick et Patrice Brisebois (de gauche à droite à l'avant-plan). La photo est publiée dans l'édition du lendemain.

dien. C'est un peu plus positif, mais ce sera un dur combat quand même.»

Savage ajoute que Koivu va mieux et se repose. «Il garde ses énergies pour ce qui s'en vient. Il est inquiet et nerveux parce que c'est toujours effrayant de faire face à l'inconnu, mais il reste très positif. Il a été très touché par toute les marques d'affection reçues. On lui a montré plus de 8000 courriels. Il voit que sa maladie touche les gens.»

«Je vais revenir au jeu»

Le vendredi 5 octobre, Koivu s'adresse aux médias. «Je vais revenir au jeu», est le titre de la légende accompagnant la photo du capitaine publiée à la une du samedi 6. «Je sais que je vais vaincre ce cancer et que je vais revenir au jeu plus tôt que vous le croyez», déclare-t-il. On indique qu'il a même patiné quelques jours plus tôt.

À l'intérieur, le texte résumant la conférence de presse est signé par Réjean Tremblay. «J'étais dans le corridor du Centre Molson conduisant à la salle d'entrevues quand j'ai vu Saku Koivu marchant d'un pas assuré avec sa fiancée Anna, écrit-il. Amaigri, sa masse musculaire d'athlète d'élite fondue, le visage émacié, tous ses cheveux blonds de viking tombés. Mais un sourire sur ce visage malade et des yeux aussi brillants et vifs qu'avant le 5 septembre.»

Dans l'édition du 22 novembre 2001, *La Presse* rapporte que Koivu s'ennuie du jeu et de ses camarades. «Je m'ennuie d'avoir le corps fatigué après un match, de la satisfaction que tu ressens après une victoire», dit-il. La journaliste Stéphanie Morin indique que le samedi précédent, le capitaine a enfilé son équipement pour la première fois et qu'il a participé à un léger entraînement avec les joueurs inscrits sur la liste des blessés.

Le jeudi 7 février 2002, cinq mois après le diagnostic, le Canadien tient une autre conférence de presse. Les nouvelles sont excellentes. Le cancer est en voie de rémission. *La Presse* publie la nouvelle à la une, le lendemain. «Koivu revient de loin, écrit le journaliste Mathias Brunet. En septembre, à l'annonce de sa maladie, certains spécialistes avançaient que sa guérison tiendrait du miracle. Puis, lorsque la nature de son cancer s'est précisée, la consternation a fait place à l'optimisme. Un cancer lymphatique de type non hoDGkinien a un taux de guérison de 50%.»

Déjà, à ce moment-là, le Finlandais manifeste son ardent désir de revenir au jeu. Ce sera chose faite après deux autres longs mois d'attente...

«CE SOIR, SAKU ET NOUS»

Le retour a lieu le mardi 9 avril. Ce jour-là, à la une, *La Presse* publie une photo de Koivu, seul, sur la patinoire du Centre Molson et un texte de Pierre Foglia intitulé «Ce soir, Saku et nous».

«Si les athlètes sont grands, c'est bien quand leurs victoires sont les nôtres aussi, écrit l'auteur. Ce soir, avec Saku Koivu, nous allons gagner, c'est sûr. Ce soir, nous mériterons la première étoile du match aussi. Nous? Nous, médecins. Nous, chercheurs dans les universités. Nous qui contribuons à l'avancement des sciences comme simples contribuables. Nous, sanglants abrutis, épiciers du bonheur, terroristes de l'utopie, nous, enfoirés régressifs qui prenons invariablement le parti de la mort contre la vie, nous qui ne passons pas une semaine sans nous demander: où cela une volonté collective de progrès? Nous, humains.

«Pour nous, ce soir, un peu d'espoir.»

Dans le cahier des sports, Réjean Tremblay écrit: «Va-t-on pleurer dans les gradins du Centre Molson quand Saku Koivu va s'installer pour la mise en jeu du match entre le Canadien et les Méchants d'Ottawa? J'espère seulement que Michel Therrien va demander à son capitaine de s'installer au centre pour cette première mise au jeu.»

Qui ne se souvient pas du match? Koivu sautant sur la glace après tous les joueurs du Canadien. Koivu à la mise au jeu officielle. Koivu, première étoile du match. Et la victoire du Canadien, 4-3, lui assurant une place dans les séries pour la première fois en quatre ans.

«À son retour au jeu après avoir vaincu un cancer de l'abdomen, Saku Koivu, le capitaine du Canadien de Montréal, a fait trembler le Centre Moslon, hier soir, pendant que son équipe assurait sa participation aux séries éliminatoires», écrit le journaliste Simon Drouin.

Plus loin, il dit: «L'annonceur Michel Lacroix a tenté en vain de présenter celle qui devait interpréter le Ô Canada, Nadya Blanchette . Deux ou trois minutes plus tard, cette dernière a réussi à chanter, sauf que le bruit assourdissant a rendu les paroles difficiles à entendre...

«Puis, Koivu s'est installé devant Radek Bonk pour la mise au jeu initiale. L'ovation s'est poursuivie de plus belle. Les joueurs des deux équipes se sont levés pour accompagner le public. Même l'arbitre a applaudi! Au total, l'ovation à donner des frissons a duré plus de huit minutes.»

Drouin conclut son texte: «Le 6 février dernier, Koivu apprenait qu'il était en rémission de son cancer lymphatique de type non hoDGkinien, diagnostiqué cinq mois plus tôt. Le lendemain, le capitaine promettait à ses coéquipiers de revenir au jeu s'ils se qualifiaient pour les séries éliminatoires. La boucle est bouclée.»

CHAPITRE 93

1909

1909-2008

VIE PRIVÉE... VIE PUBLIQUE

Comme nous l'avons vu au chapitre précédent, la vie professionnelle des joueurs de hockey s'entremêle parfois à leur vie privée. Pour le meilleur et pour le pire.

Voici quelques exemples où la vie privée de joueurs du Canadien s'est retrouvée dans les médias et comment *La Presse* s'y est intéressée.

Georges Mantha achète une ferme

« Georges Mantha fait une superbe acquisition », annonce le quotidien de la rue Saint-Jacques dans son édition du 2 octobre 1937.

Membre du Canadien depuis la saison 1928-1929, le défenseur achète en 1937 une ferme dans la région de Sainte-Rose. Alors que la saison de hockey n'est pas encore commencée, *La Presse* consacre un article à cette acquisition. Question de souligner l'esprit d'entreprise du joueur qui, affirme le texte, constitue un exemple pour la jeunesse.

La description de la propriété est détaillée. « La ferme est de cent arpents dont quinze sont propres à la culture maraîchère, peut-on lire. Ajoutons que la terre possède une érablière de sept cents arbres. C'est donc dire que Georges Mantha aura là une ferme des plus intéressantes. Il comprend que sa carrière de joueur de hockey ne durera pas indéfiniment et il a l'intention d'aller vivre là non seulement lorsque ses jours d'étoile de hockey seront finis, mais dès maintenant. »

Verre de lait avant le dodo

Le 6 mars 1956, sous la plume du journaliste Pierre Proulx, *La Presse* consacre un long reportage sur Jean Béliveau, en voie de compléter une excellente saison[1]. Il est question de ses performances, de sa philosophie du jeu, du travail d'équipe, etc.

Au-delà des propos de hockey, le lecteur remarque que l'entrevue se déroule « dans le calme familial et reposant de sa nouvelle demeure à Longueuil ».

Entre deux propos sur le hockey, l'auteur dit : « Se levant soudainement, Béliveau se rendit ajouter quelques disques de Mantovani[2] dans le phonographe pour ensuite revenir s'asseoir aux côtés de Mme Béliveau et poursuivre son analyse quant au succès du club Canadien. »

Mais ce qui est davantage révélateur de la vie privée du numéro 4, ce sont les trois photos accompagnant le texte. Tour à tour, on le voit sélectionnant des disques « en compagnie de sa gentille épouse Élise », au sous-sol avec ses bâtons de golf et avant l'heure du coucher avec le « traditionnel verre de lait ». Non, Béliveau n'est pas en pyjama pour la photo !

Une liaison Richer-Voisine ?

Le 12 mars 1990, le journaliste mondain Michel Girouard fait part d'une rumeur de liaison homosexuelle entre le joueur du Canadien Stéphane Richer et le chanteur populaire Roch Voisine. Girouard a repiqué une nouvelle publiée un mois plus tôt dans un autre média à potins. Mais sous sa plume, l'affaire fait du bruit.

« Un article paru dans l'hebdomadaire *Allô-Vedettes* a provoqué des levées de boucliers dans la petite famille du Canadien hier, écrit Ronald King, qui suit l'équipe à Long Island. [...] De quoi bien meubler la chronique mondaine et exciter les esprits lubriques. Chez le Canadien, toutefois, on ne l'a pas trouvé drôle. »

King cite Richer et l'entraîneur Pat Burns, fâchés, écœurés de toutes ces histoires.

Richer dit : « Au début, je riais, mais c'est devenu très dur pour ma famille. Je n'ai jamais rencontré Roch Voisine de ma vie, je ne lui ai même jamais serré la main dans un endroit public. Je ne me fiancerai certainement pas pour faire plaisir au monde... »

Le même jour, Réjean Tremblay prend la défense de Richer. « Je connais personnellement deux ou trois anciens joueurs de la Ligue nationale, des types qui ont fait une belle carrière et qui sont homosexuels. Ça ne les a jamais empêchés de faire leur travail, d'aller dans les coins, de donner des mises en échec, et de travailler fort tout en menant une vie correcte. »

Après quelques jours, l'affaire se tasse. Depuis, Richer a toujours nié être homosexuel. En avril 2001, il a cependant fait une sortie publique où il a évoqué le mal de vivre qui l'a affligé durant de nombreuses années.

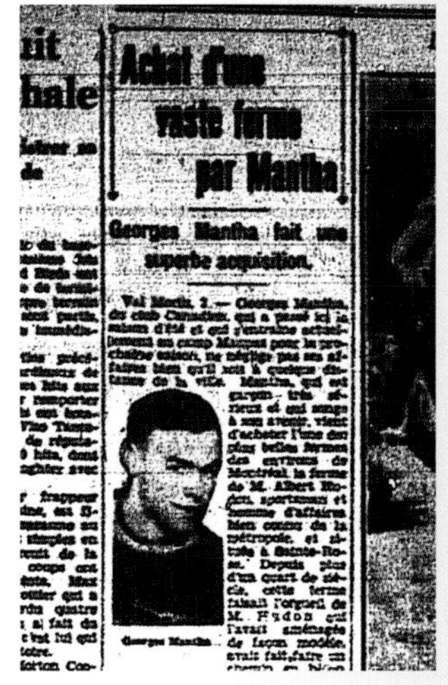

Achat d'une vaste ferme par Mantha

Georges Mantha fait une superbe acquisition.

Val Morin, 2. — Georges Mantha, du club Canadien, qui a passé ici la saison d'été et qui s'entraîne actuellement au camp Marquis pour la prochaine saison, ne néglige pas ses affaires bien qu'il soit à quelque distance de la ville. Mantha, qui est garçon très sérieux et qui songe à son avenir, vient d'acheter l'une des plus belles fermes des environs de Montréal, la ferme de M. Albert Hudon, sportsman et homme d'affaires bien connu de la métropole, et située à Sainte-Rose. Depuis plus d'un quart de siècle, cette ferme faisait l'orgueil de M. Hudon qui l'avait aménagée de façon modèle, avait fait faire un [...]

Georges Mantha

Le 2 octobre 1937, La Presse annonce que Georges Mantha a acheté une ferme.

1 47 buts et 41 passes.

2 Le chef d'orchestre Annunzio Paolo Montovani a popularisé l'interprétation symphonique dans un style très léger, sirupeux, coulant (*light orchestra*).

SPORTS
Don Meehan: «Il n'est pas question que Théodore aille se cacher en Europe»
Un dossier réglé: Julien dirigera le Canadien l'an prochain
Où ira Théo?
Gainey : « Les autres directeurs généraux ne sont pas encore au courant de ce qui vient d'arriver »

En juin 2003, José Théodore passe un mauvais moment à la suite des révélations sur sa famille et la publication d'une photo de ce dernier avec des membres des Hells Angels.

SPORTS
VERS LA COUPE STANLEY
UN PAS DE PLUS POUR LES SÉNATEURS PAGE 3
LA FAMILLE DE BOB GAINEY LANCE UNE FONDATION
Le goût de revivre après des moments bien pénibles

Moment moins triste pour la famille Gainey en ce 3 mai 2007, quelques mois après la disparition de Laura, fille du DG du Canadien. De gauche à droite, Anna, Bob, Colleen et Stephen Gainey.

Koivu sensible

Lorsqu'on évoque la vie privée des individus, on pense tout de suite à leurs proches : conjoint, enfants, famille, amis. C'est aussi le cas des joueurs du Canadien. Les épouses de joueurs sont régulièrement évoquées dans les reportages.

C'est une fois de plus le cas dans *La Presse* du dimanche 1er septembre 2002 à l'aube d'une nouvelle saison de hockey. Quelques jours plus tôt, le journaliste Mathias Brunet s'est rendu à la rencontre de Saku Koivu et de sa famille à Turku, la ville natale du numéro 11, en Finlande.

Après avoir vaincu le cancer la saison précédente, Koivu a uni sa vie à sa fiancée Hanna Norio au cours de l'été. Hanna accorde une longue entrevue à Brunet où elle évoque entre autres les difficultés de la célébrité et comment Koivu l'a conquise.

« Ce qui m'a fait craquer, au début, c'est l'amour qu'il manifestait à l'endroit de ses proches, dit-elle de son nouvel époux. L'été où je l'ai connu, il devait quitter Turku pour Montréal pour sa saison de hockey et il avait pris soin de visiter tout son monde avant de partir : les grands-parents, les oncles. Il y avait beaucoup d'émotion à chaque visite. Il pleurait avec tout le monde. » Un Koivu sensible, donc.

Dure semaine pour Théodore

« La police de Montréal a donné un coup de balai dans le monde du prêt usuraire hier à la suite d'une opération dont le point central a été sans conteste l'arrestation du père et des quatre demi-frères du gardien de but du Canadien de Montréal, José Théodore. »

Ainsi s'amorce la manchette de *La Presse* du jeudi 19 juin 2003. Un ou deux jours plus tard, Le Journal de Montréal publie une photo de Théodore avec des motards de la Montérégie. Deux commanditaires lui soutirent leur appui. Tous les médias le pourchassent.

Le samedi 21 juin, à la une du journal, le chroniqueur Réjean Tremblay écrit que la direction du CH est derrière le jeune gardien de but.

« Pour le Canadien, c'était l'état de crise hier, relate-t-il. À Nashville, au Tennessee[3], Bob Gainey, directeur général du Canadien, a été très ferme en affirmant que José Théodore serait le gardien de but au camp d'entraînement de l'équipe en septembre. Et plus tôt dans la journée, la haute direction de l'organisation avait déjà pris la décision d'appuyer sa vedette et de la considérer comme un membre de la grande famille du Canadien. Pour reprendre une expression utilisée dans les bureaux du Centre Bell, le Canadien va être patient et soutenir Théodore. Surtout que, aux dernières nouvelles, il n'avait rien commis d'illégal. »

Le même jour, le chroniqueur Yves Boisvert affirme que Théodore doit faire la lumière sur cette histoire de photographie avec les motards.

« Je fais quoi, moi, ce matin, quand mon fils, qui a porté ton[4] chandail tout l'hiver, va voir ta photo à côté des Hells ? Je cache le journal ? Je lui dis : c'est des messieurs qui font de la motocyclette, ils ont invité Théo pour le thé ? [...]

« Je n'accepte pas que ce soit banalisé. Je n'accepte pas que des vedettes "innocentes" soient utilisées pour blanchir l'image des motards. Je n'accepte pas la mollesse qui fait dire "c'est pas un crime, ils m'ont invité pour parler de hockey, etc." [...]

« Il vient avec le métier de héros du sport national, le devoir de répondre de son comportement public. Aller dans un repaire de motards, ce n'est pas de la vie privée. C'est une activité publique. »

Laura Gainey

Prononcer ce nom suffit à résumer tout le drame vécu par le DG du Canadien Bob Gainey à la suite de la disparition en mer de sa fille Laura le 8 décembre 2006. Pendant des jours, les médias publient des reportages sur la jeune femme de 25 ans, emportée par une vague au large de Cape Cod alors qu'elle se trouvait à bord d'un navire.

Évoquant à mots couverts les problèmes de comportement vécus par Laura à l'adolescence, notamment à la suite de la mort de sa mère[5], Réjean Tremblay se met à la place de Gainey.

« Angoissé par les heures qui passaient, repassant dans sa tête toutes les tragédies que sa fille avait vécues, maudissant le sort qui l'enlevait alors qu'elle avait trouvé une façon de dompter le destin, écrit-il. Laura était devenue matelot bénévole sur le *Picton Castle*, un voilier de 175 pieds environ, confrontée à la mer, aux vagues, au vent, aux dangers d'une puissance indomptable, elle avait trouvé un sens à sa vie. Les ampoules, les mains calées n'étaient rien quand l'âme est en paix. »

On ne l'a reverra plus.

Quelques mois plus tard, le 2 mai 2007, Gainey et ses trois autres enfants, Anna, Colleen et Stephen, annoncent la création d'une fondation pour venir en aide aux familles en difficulté. « Le goût de revivre après des moments bien pénibles », titre *La Presse*.

« Bob Gainey va mieux, écrit le journaliste François Gagnon. [...] L'homme qui se cache derrière le directeur général du Canadien reprend vie. [...] Mais s'il va mieux, s'il se sent reprendre vie, s'il sent ses intérêts personnels et professionnels reprendre lentement leur place, Bob Gainey convient avoir passé les derniers mois dans un épais brouillard. »

L'auteur cite Gainey : « En janvier, février et mars, je n'étais pas l'ombre de moi-même. Je me perdais dans mes pensées, dans mes émotions. J'avais peu, ou pas, de concentration, et j'arrivais difficilement à avancer. »

Peu à peu, lui et les siens surmontent l'épreuve. En lançant la fondation, Gainey déclare : « Au lieu de voir les aspect négatifs, mes enfants et moi cherchons maintenant à trouver une façon de célébrer ces vies qui ont été écourtées. Cathy et Laura nous ont laissé de très beaux souvenirs, des leçons sur lesquelles il faut maintenant rebâtir nos vies. »

3 C'est la séance annuelle de repêchage.

4 Boisvert utilise le « tu » pour parler à Théodore par le biais de sa chronique.

5 L'épouse de Gainey, Cathy, est décédée d'un cancer du cerveau le 21 juin 1995.

tqs

2003

22 NOVEMBRE 2003

VICTOIRE HISTORIQUE PAR - 20 °C

Montréal dimanche 23 novembre 2003

LA PRESSE

À VOS AFFAIRES

SKIER EN FAMILLE POUR MOINS DE 100$ PAGE 1

METTRE LA MAIN SUR L'APPAREIL PHOTO NUMÉRIQUE IDÉAL PAGE 5

STM : LE CAUCHEMAR ACHÈVE

Si les syndiqués mettent fin à leur grève, le service reprendra graduellement aujourd'hui

SPORTS PLUS JUNIOR

LES 10 CARTES SPORTIVES LES PLUS DRÔLES PAGE 12

Victoire du Canadien à 20° sous zéro !

Géorgie

Après la crise politique, la révolution de velours

AGENCE FRANCE-PRESSE

SPORTS PLUS

LA FINALE DE LA COUPE VANIER

LE ROUGE ET OR DOMPTE LES HUSKIES PAGE 7

BOXE

GRANT DOMINE THOBELA FACILEMENT PAGE 6

ACTUEL SANTÉ

CYBERPHARMACIES : DES MÉDICAMENTS TROP AU NET PAGE 1

Le Québec de Denys Arcand

COLLABORATION SPÉCIALE

NEW YORK

AUJOURD'HUI

Météo

Portant une tuque et en grande forme, José Théodore aide le Canadien à battre les Oilers d'Edmonton dans le tout premier match officiel de la LNH joué à l'extérieur, le 22 novembre 2003.

Il fait très froid mais la population d'Edmonton est au rendez-vous. José Théodore porte une tuque et le Canadien joue bien. Au terme de soixante minutes, c'est la victoire, 4-3 contre les Oilers, dans le tout premier match de la LNH disputé à l'extérieur.

Nous sommes le samedi 22 novembre 2003. Dans la capitale albertaine, le Canadien et les Oilers écrivent une nouvelle page d'histoire de la LNH en jouant un match de la saison régulière devant une foule énorme massée dans les gradins du Stade du Commonwealth. L'événement, intitulé la Classique Héritage, est un franc succès.

La Presse est sur place. Le journaliste Simon Drouin fait le compte rendu de la rencontre dans le cahier des sports. « Déjà riche en exploits, le Canadien a ajouté une page inusitée à sa glorieuse épopée en devenant la première équipe de l'histoire de la Ligue nationale à remporter un match présenté à l'extérieur », écrit-il en amorce au texte intitulé « Vainqueurs des Oilers et du froid ».

La suite : « Dans un décor surréaliste et par une température frisant les - 20 degrés Celsius, le Canadien a vaincu les Oilers d'Edmonton par la marque de 4-3, hier soir, devant 57 167 personnes, un record pour un match de la LNH. Frigorifiés, la majorité des spectateurs sont néanmoins demeurés jusqu'à la fin de ce spectacle inhabituel. »

À l'attaque, Yanic Perreault et Richard Zednik sont les deux héros avec chacun une paire de buts. C'est néanmoins la tuque du gardien du Tricolore, José Théodore, qui retient l'attention[1].

« Coiffé d'une tuque, José Théodore s'est fait aller le pompon pendant toute la soirée face aux attaquants des Oilers, souligne Drouin. Le gardien du Canadien souhaitait être occupé pour rester au chaud ; son vœu a été exaucé. Il a réalisé 34 arrêts sur 37 lancers.

« "J'ai mis la tuque un peu pour le show, mais étant jeune, je me rappelle que ma mère ne cessait de me dire : mets ta tuque, tu vas attraper la grippe. Je voulais donc être sûr qu'en revenant à la maison, elle ne pourrait pas me dire quelque chose comme ça...", a expliqué Théodore. »

1 Quelques jours après le match, on annonce que la tuque sera exposée au Temple de la renommée du hockey, à Toronto.

C'est d'ailleurs une photo de Théodore coiffé de sa tuque qui fait la une de l'édition de *La Presse* en ce dimanche 23 novembre.

La veille du match, Drouin assiste à l'entraînement du Canadien. Une séance de près d'une heure, tenue dans la bonne humeur, malgré une température de - 16 degrés Celsius. « Ils ont joué comme des gamins », souligne le journaliste.

Son texte reflète deux grandes tendances : les joueurs ont eu beaucoup de plaisir et le froid a considérablement engourdi membres et pièces d'équipement !

« Certes, les extrémités du corps ont été mises à l'épreuve, mais les Hots Shots, sous-vêtements chauds, petits gants et autres cagoules ont limité les dégâts, écrit-il à propos de cet entraînement tenu en après-midi. »

Souray compte... dans son but

Le Canadien domine le début de la rencontre pour ensuite résister à deux remontées des Oilers. Le premier but d'Edmonton est compté par Sheldon Souray, un défenseur du... Canadien. Le score est alors 2-0 pour les Habitants. Laissons Simon Drouin raconter la suite.

« Impeccable jusque-là, Théodore a ensuite cédé devant... un de ses propres joueurs ! Souray, un natif d'Edmonton, a fait plaisir à ses ex-concitoyens en envoyant accidentellement un retour de lancer d'Éric Brewer derrière son gardien[2]. »

« Théodore a aussi éprouvé bien des difficultés à garder son équipement au chaud, ajoute Drouin. Il cite le gardien : « Les pantalons, les jambières et les épaulettes devenaient tellement raides que j'avais de la difficulté à bouger, à glisser sur la glace. C'était comme jouer avec un équipement tout neuf ! C'était aussi difficile pour les deux gardiens de contrôler la rondelle. Je suis tellement content de gagner ; c'était ma seule préoccupation. »

Dans le même texte, le Canadien Joé Juneau résume l'enthousiasme des joueurs. « Tout le monde a adoré son expérience, de l'hymne national jusqu'à la dernière seconde, a relaté le vétéran attaquant. Même pendant le réchauffement, quand tu faisais un contact visuel avec un joueur des Oilers, tu voyais que l'autre appréciait l'expérience autant que toi. »

2 Le but est crédité à Brewer.

2003

HOCKEY LA CLASSIQUE HÉRITAGE

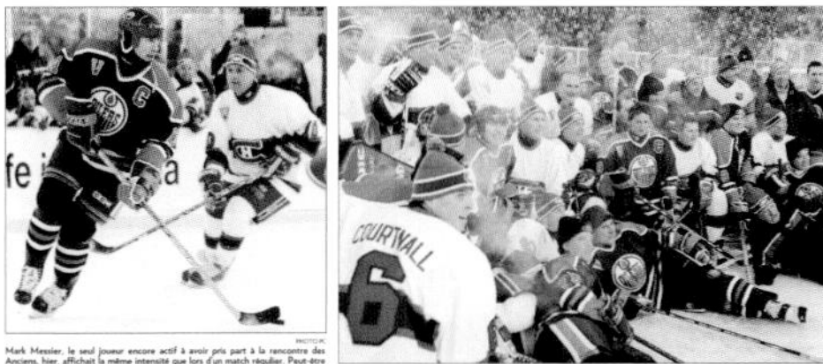

Deux dynasties se revoient dans une atmosphère d'antan

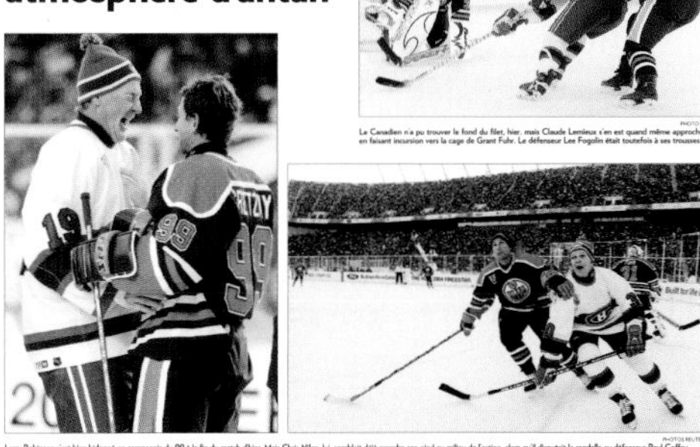

Avant le match officiel Canadien-Oilers, les anciennes vedettes des deux équipes s'affrontent. Wayne Gretzky et sa bande battent Guy Lafleur et ses potes, 2-0.

HOCKEY LA CLASSIQUE HÉRITAGE

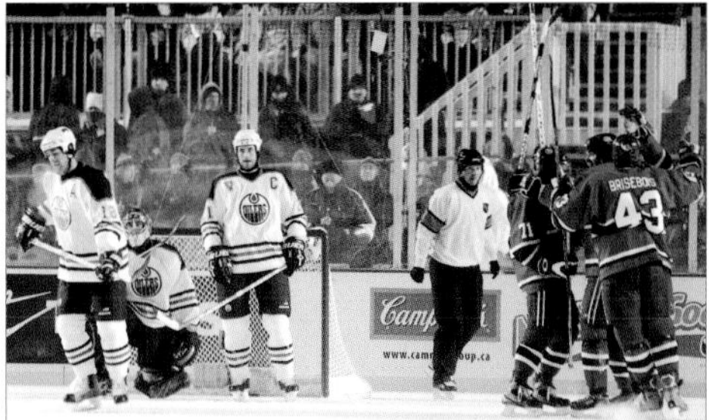

Un match qui compte, un mercure qui tombe

Quelques clichés du match historique du 22 novembre 2003 font les délices des lecteurs de *La Presse* dans l'édition du lendemain.

SPORTS plus

FOOTBALL UNIVERSITAIRE UNE VICTOIRE EN ROUGE ET OR LAVAL 14, ST.MARY'S 7

Pierre Trudel › La révolution en haute définition PAGE 9

BOXE GRANT PIÉTINE LA ROSE DE SOWETO PAGE 6

SPORTS PLUS JUNIOR LE TOP 10 DES CARTES LES PLUS RIDICULES PAGE 12

Vainqueurs des Oilers et du froid

« On se sentait un coeur de 10 ans »

Vainqueurs des Oilers et du froid. À la une du cahier des sports du 23 novembre, le compte rendu du match Canadien-Oilers joué devant 57 167 personnes au Stade du Commonwealth à Edmonton et une chronique nostalgique de Réjean Tremblay.

LES ANCIENS GLORIEUX BATTUS 2-0

Présentée en soirée, la rencontre Canadien-Oilers est précédée d'un match entre anciens joueurs des Glorieux et d'Edmonton. Les Lafleur, Shut, Coffey, Gretzky, Robinson, Kurri, Messier, Lowe sont là, au grand plaisir des amateurs. Les anciens Oilers gagnent 2-0.

Le chroniqueur Réjean Tremblay suit leurs péripéties pour *La Presse*. Ses articles véhiculent une évidente amertume envers le hockey des dernières années.

Le jeudi 20 novembre, alors qu'il est déjà à Edmonton, Tremblay écrit ces paragraphes remplis de nostalgie[3]:

« Si c'est comme hier, ça va être spécial. Une belle neige qui tombe, un petit vent frisquet, des projecteurs, une rondelle qui s'en vient à 100 milles à l'heure à travers les flocons, les gardiens vont devoir plisser les yeux. Et peut-être que les attaquants vont retrouver le goût d'attaquer.

« D'ailleurs, les amateurs ont senti que c'était plus qu'un match qu'on se disputerait. C'est comme un retour à la magie du hockey. La magie des Lafleur et Gretzky, la magie d'un sport qui était le plus rapide sur deux pieds et le plus spectaculaire sur la planète.

« Avant que les coachs ne le transforment en un sport négatif où le meilleur est celui qui empêche le bon d'être bon. L'absurde. »

Au lendemain du match des anciens, Tremblay fait part de la joie enfantine exprimée par tout un chacun. Il rapporte par exemple les propos de Wayne Gretzky en conférence de presse. « Je ne sais pas comment on pourrait reproduire un événement aussi magique. C'était du hockey à la canadienne, c'était un froid canadien, c'était notre sport comme on l'aime dans une ville qu'on aime, la ville des champions. »

Un des plus beaux témoignages que recueille Tremblay est celui de l'ancien défenseur Larry Robinson. « Les yeux qu'avait Robinson en sortant de la patinoire, écrit-il. Il était comme perdu dans ses émotions. "C'était extraordinaire, je n'aurais pas voulu que ça arrête. On était tellement bien sur la glace. Je n'ai pas eu froid du tout", a-t-il dit. »

Jouer dehors. Ne pas sentir le froid. Avoir du plaisir. C'est le hockey!

3 Son texte à propos de la rencontre des anciens s'intitule d'ailleurs « Le match de la nostalgie ».

CHAPITRE 95

1937

7, 9, 4, 16, 10, 2, 1, 12, 5, 18, 29, 19, 23...33

AU FAÎTE DE LA GLOIRE

la presse

LAFLEUR
LES ADIEUX DU HÉROS
MAIS BUFFALO GAGNE 4-3

ISRAËL AMORCE SON RETRAIT DU «BOURBIER» LIBANAIS

VÊTEMENT: QUÉBEC TARDE À RENDRE PUBLIC LE RAPPORT DE LA CECO

LÉVESQUE
DES BONS MOTS ET DES BLAGUES POUR LES JEUNES

Le 17 février 1985, la une de *La Presse* est en partie consacrée à Guy Lafleur à qui on a rendu hommage la veille au Forum.

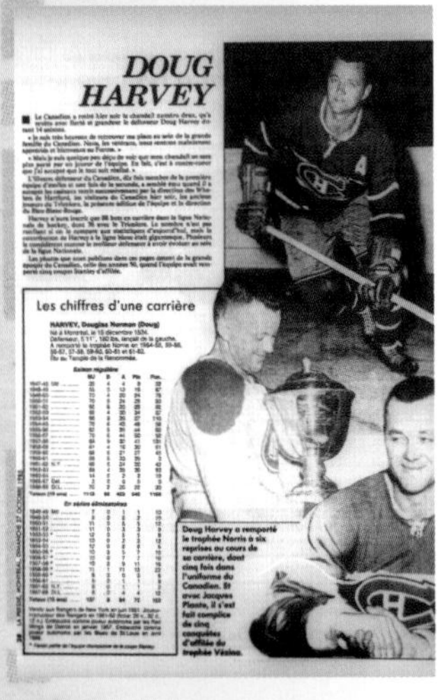
DOUG HARVEY

Les chiffres d'une carrière

Doug Harvey voit son chandail numéro 2 être retiré le samedi 26 octobre 1985. Le lendemain, *La Presse* livre une rétrospective de sa carrière.

Voilà tous les numéros de grands joueurs du Canadien maintenant retirés et représentés par des bannières hissées au plafond du Centre Bell. Ces oriflammes jouxtent celles représentant les conquêtes des 24 Coupes Stanley. Revoyons ce qu'en a rapporté *La Presse*.

Howie Morenz : 2 novembre 1937

Nous l'avons vu[1], le 2 novembre 1937, un match hors concours permet d'amasser des fonds pour la famille de Howie Morenz, décédé quelques mois plus tôt. L'ancien propriétaire du CH, Jos Cattarinich, achète divers accessoires ayant appartenu à Morenz, dont son chandail, et les fait remettre à son fils, Howie Jr.

Le lendemain, dans la chronique « Ici et là dans le sport », on lit que ces accessoires furent remis par le gérant de l'équipe, Jules Dugal, au jeune homme. Une photo accompagne l'article. L'auteur du texte dit : « Jules a déclaré publiquement que jamais un joueur du Canadien ne porterait le numéro 7 que Morenz avait tellement illustré durant sa longue et brillante carrière. »

Richard, Béliveau... Richard

Le célèbre numéro 9 de Maurice Richard est retiré le jeudi 6 octobre 1960, à peine trois semaines après l'annonce de sa retraite. Dans le cas de Jean Béliveau, le retrait du numéro 4 est officialisé le samedi 9 octobre 1971, quatre mois après son départ.

Dans les deux cas, ces dates[2] correspondent à celles du premier match de la saison au Forum. Ni *La Presse* ni les autres journaux de la métropole n'évoquent une quelconque cérémonie en l'honneur de Richard dans leur édition du 7 octobre. Dans le cas de Béliveau par contre, il y a eu retrait de son chandail au centre de la patinoire. D'ailleurs, l'autre grand numéro 4, Aurèle Joliat, l'accompagne. Le quotidien de la rue Saint-Jacques ne rapporte pas cet événement. Il faut dire que le journal ne paraît ni le 10 (un dimanche), ni le 11 (Action de Grâces). D'ailleurs, l'article faisant le bilan du match du samedi est minimaliste. On est passé à autre chose...

Henri Richard a droit à une petite célébration le mercredi 10 décembre 1975. Il n'est pas seul sur la glace. La direction du Canadien remet officiellement leur chandail à Richard et à Elmer Lach, lui aussi porteur du numéro 16 durant sa carrière[3]. Une photo publiée dans *La Presse* du lendemain montre les deux anciens joueurs en compagnie d'Émile Bouchard et de Toe Blake.

Guy Lafleur : 16 février 1985

Le samedi 16 février 1985, le Canadien rend hommage à Guy Lafleur, nouvellement retraité. Le clou de la soirée survient lorsque le président de l'équipe, Ronald Corey, annonce le retrait du chandail du célèbre numéro 10. Le journaliste Richard Hétu rapporte que Lafleur réagit en qualifiant d'« ultime honneur » cette décision.

Doug Harvey : 26 octobre 1985

Vingt-quatre ans après avoir été cédé aux Rangers de New York, Doug Harvey reçoit la reconnaissance qui lui est due[4] en voyant son chandail numéro 2 être retiré le samedi 26 octobre 1985.

Au lendemain de la cérémonie, *La Presse* lui consacre deux pages de textes et de photos. Le journaliste Richard Hétu cite l'homme qui déclare humblement : « Je préférerais voir un joueur porter encore le numéro deux. Mais la tradition veut qu'on accroche les chandails des plus grands de l'équipe. Je dois l'accepter. Qui suis-je, de toute façon, pour changer la tradition ? »

Jacques Plante : 7 octobre 1995

Presque dix ans après sa mort, le Canadien retire le chandail de Jacques Plante. La cérémonie a lieu le samedi 7 octobre 1995. Au cours de celle-ci, le fils du grand gardien, Michel Plante, reçoit le maillot de son père des mains de Gerry MacNeil, qui l'a précédé devant le filet du CH, et de Lorne Worsley, qui l'a remplacé. Il s'agit du dernier chandail d'un joueur retiré au Forum.

1 Voir le chapitre 16.

2 Les deux dates sont celles indiquées sur le site internet du Canadien.

3 Selon le site internet du Canadien, ni le 4 de Joliat ni le 16 de Imlach n'ont été retirés, comme c'est le cas pour le chandail numéro 12 de Moore et Cournoyer.

4 D'aucuns affirment que le DG Frank Selke a toujours eu sur le cœur le fait qu'Harvey fut l'un des fondateurs de l'Association des joueurs.

Dickie Moore et Yvan Cournoyer : 12 novembre 2005

Dix ans passent avant un nouveau retrait. Et il est double. Car lorsque le Canadien retire officiellement le chandail numéro 12, le 12 novembre 2005, ce sont Dickie Moore et Yvan Cournoyer que l'on honore.

C'est sous le joli titre « Un numéro, deux rêves », que le journaliste de *La Presse* Pierre Ladouceur relate la cérémonie. À eux deux, Moore et Cournoyer ont remporté seize Coupes Stanley !

Bernard Geoffrion : 11 mars 2006

Une soirée où l'émotion est forte tant pour la famille de Bernard Geoffrion que celle du Canadien et les partisans, a lieu le 11 mars 2006. Le jour du retrait de son numéro, Geoffrion décède d'un cancer. Sa famille fait tout de même le voyage depuis Atlanta pour saluer sa mémoire, raconte la journaliste Malorie Beauchemin.

Dans un texte de Pierre Ladouceur, le président du CH, Pierre Boivin, dit voir « quelque chose de divin » dans le fait que Geoffrion avait choisi cette date pour la célébration. Car Geoffrion voulait que ce soit durant une visite des Rangers de New York, équipe contre qui il compta son premier but et avec qui il joua son dernier match. Et elle a lieu 59 ans, jour pour jour, après l'exposition du corps de Howie Morenz, son beau-père, au Forum.

Moment émouvant donc que celui où la bannière numéro 7 de Morenz est descendue à même la glace avant de remonter en même temps que celle de Geoffrion. Ensemble, elles forment le numéro 75, âge du décès du célébré. Le tout se déroule sous les yeux de l'épouse de Geoffrion, Marlene Morenz, et de leurs trois enfants : Linda, Robert et Danny.

Serge Savard : 18 novembre 2006

Au tour de Serge Savard d'être honoré le 18 novembre 2006. Au lendemain du retrait de son numéro, le journaliste Richard Labbé rapporte qu'il « a maintenant sa place de choix au plafond d'honneur du Centre Bell ». Quant à Savard, il dit ne pas se comparer aux joueurs dont les numéros sont déjà retirés. « Mais juste de voir mon numéro avec ces numéros-là, c'est doublement un honneur », dit-il.

Ken Dryden : 29 janvier 2007

« Il n'était pas le plus flamboyant malgré ses succès, et on admirait sa sobriété et sa classe. La cérémonie en son honneur, au cours de laquelle on a retiré le célèbre chandail numéro 29, lui ressemblait beaucoup, quoique son discours émotif faisait contraste avec le stoïcisme dont il a toujours fait preuve, sur la glace comme à l'extérieur. »

C'est ainsi que débute le texte de Mathias Brunet au sujet du retrait du chandail de Ken Dryden, le 29 janvier 2007. Le tout a lieu en présence du gardien rival, devenu ami, Vladislav Tretiak, venu de Russie pour un seul jour.

« C'est la dernière pièce d'un puzzle que je ne pouvais même pas espérer un jour », déclare Dryden.

Larry Robinson : 19 novembre 2007

Une photo de Larry Robinson entouré des membres de sa famille fait la une de *La Presse* du mardi 20 novembre 2007, au lendemain du retrait du chandail porté par l'ancien défenseur du CH. Marc Antoine Godin rapporte les déclarations de Robinson aux partisans : « Vous avez chaleureusement accueilli un petit fermier de Marvelville, en Ontario, et vous l'avez rendu fier de représenter cette merveilleuse ville. [...] On ne quitte jamais la famille du Canadien. »

Bob Gainey : 23 février 2008

« Bob Gainey a reçu un très beau cadeau pour souligner le retrait de son chandail numéro 23, hier soir, au Centre Bell. Un match parfait en défense », lance le journaliste François Gagnon dans son article du 24 février 2008. Le hic : le CH est blanchi 3-0 par les Blue Jackets de Colombus.

Gainey se présente en patins devant ses partisans, ce qui est apprécié.

Dans sa chronique intitulée « Courage, classe et dignité », Jean-François Bégin écrit : « Finalement, la cérémonie de retrait du chandail de Bob Gainey a été à l'image de l'homme : simple, sans fla-fla, pleine de retenue et dépourvue de sentimentalisme – ce qui ne veut pas dire qu'elle a été dépourvue de sentiments. »

Saluant l'homme fidèle en Gainey, Bégin ajoute que le DG du Canadien a tenu à être entouré d'une bonne dizaine de vieux compagnons d'armes de la conquête de la coupe de 1986.

Patrick Roy : 22 novembre 2008

Le jeudi 11 septembre 2008, la direction du Canadien annonçait que le chandail du gardien Patrick Roy allait être retiré le 22 novembre au Centre Bell. « Le retour du Roy », est le titre de l'article écrit par le journaliste et blogueur François Gagnon le lendemain. Des mots bien choisis pour ce retour de l'enfant prodigue au bercail.

Gagnon dit qu'il s'agit d'un retour par la grande porte pour Roy, après treize ans de purgatoire, à la suite de son divorce d'avec le Canadien, en décembre 1995. Roy en est conscient. Il dit espérer que le retrait de son chandail permettra de faire oublier cette cruelle soirée du 2 décembre. Plus que tout, il est heureux de boucler la boucle.

« C'est un très grand honneur et je suis très heureux de revenir dans la grande famille du Canadien, déclare-t-il. Ça faisait un bout de temps que j'y pensais. J'avais hâte que ça arrive et cela arrive enfin. »

Le même jour, à la une du cahier des sports, le chroniqueur Réjean Tremblay se réjouit pour ce « gringalet devenu un homme ».

« Il est passé des folles acclamations aux huées injustes, dit-il pour résumer sa carrière à Montréal. Il va revenir le 22 novembre sous les acclamations et l'histoire sera enfin récrite. »

« La plus belle phrase, celle qui résume le mieux la cérémonie du 22 novembre, c'est Casseau qui l'a dite : "C'est ici que ça a commencé, et c'était ici que ça devait finir." »

LA PRESSE www.cyberpresse.ca/sports MONTRÉAL DIMANCHE 12 MARS 2006

SPORTS plus

NFL LES EMPLETTES SONT COMMENCÉES PAGE 9

DOSSIER › GROGNE DANS LE HOCKEY MINEUR PAGE 4

F1 Mêlant, mais excitant!

ENVOYÉ SPÉCIAL BAHREÏN

SALUT BOUM BOUM! 1931-2006 PAGES 2 ET 3

Un match qui passera à l'histoire

MATHIAS BRUNET

C'était un match historique.

LE SOMMAIRE

La une du cahier des sports du dimanche 12 mars 2006. La veille, Bernard Geoffrion est décédé.

LA PRESSE www.cyberpresse.ca/sports MONTRÉAL MARDI 20 NOVEMBRE 2007

SPORTS

J.O. DES BONIS FINANCIERS POUR LES MÉDAILLÉS OLYMPIQUES CANADIENS

DAN BOYLE LE PERSONNEL MÉDICAL DU LIGHTNING EST MONTRÉ DU DOIGT

LNH EST

		PJ	PTS
1	x-Ottawa	19	32
2	x-Caroline	21	27
3	x-NY Rangers	21	25
4	Canadien	20	25
5	Philadelphie	19	23
6	NY Islanders	17	22
7	Tampa Bay	20	22
8	Toronto	21	21
9	Boston	18	20
10	Atlanta	20	20
11	Floride	22	19

SÉNATEURS 4 CANADIEN 2

De beaux moments... avant le match

Brisebois : « On a manqué un peu de communication autour de notre but et ils en ont profité. Ils forment la meilleure équipe de la Ligue, mais en plus ils travaillent tout le temps. Ce n'est pas pour rien qu'ils sont en première place. »

SOMMAIRE

Pour l'hommage à Larry Robinson, le 19 novembre 2007, tous les joueurs du Canadien portaient le numéro 19, dont le capitaine Saku Koivu.

COUPE STANLEY CUP 1992-93
1985-86
COUPE STANLEY CUP 1978-79
1977-78
COUPE STANLEY CUP 1976-77
COUPE STANLEY CUP 1975-76
MORENZ 7 1923 1937
M.RICHARD 9 1942 1960
HARVEY 2 1947 1961
MOORE 12 1951 1963
PLANTE 1 1952 1963
GEOFFRION 5 1950 1964
1959-60
1958-59
1957-58
1956-57
20:00
BOSTON
0
PERIODE
1
MOLSON
Canon
DELISSIO
Bell
Saputo
Expedia.ca
METRO
Desjardins
Tim Hortons
NHL.com

COUPE STANLEY CUP 1970-71
COUPE STANLEY CUP 1968-69
COUPE STANLEY CUP 1967-68
COUPE STANLEY CUP 1965-66
COUPE STANLEY CUP 1964-65
ICHARD 16 1955 1975
COURNOYER 12 1963 1979
DRYDEN 29 1970 1979
SAVARD 18 1966 1981
LAFLEUR 10 1971 1985
ROBINSON 19 1972 1989
GAINEY 23 1973 1989
COUPE STANLEY CUP 1943-44
1930-31
1929-30
1923-24
1915-16
bonjourquebec.com
AGAT Labs
CASINO MONTREAL
BEST BUY
pizza pizza
PlayStation.ca
Techo-Bloc
Bell
STANDARD LIFE

2006

8 MARS 2006

THÉO S'EN VA

LA PRESSE

AEBISCHER À MONTRÉAL

THÉODORE S'EN VA AU COLORADO

TRANSPORT EN COMMUN LE MAIRE TREMBLAY PROPOSE SON PLAN

POLITIQUE CHRÉTIEN RÉDIGE SES MÉMOIRES

Journée de la femme Pour le respect et un avenir meilleur

ENQUÊTES SUR NORBOURG

La GRC et l'Autorité des marchés financiers jouent du coude

JOSÉ THÉODORE QUITTE MONTRÉAL

Le doute et l'argent

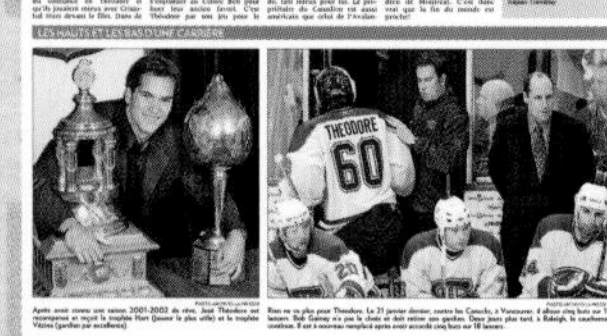

Le 9 mars 2006, José Théodore fait la une de *La Presse* ainsi que la A2 et la A3. Après une année de déboires, le gardien du Canadien part pour les montagnes du Colorado.

Les 10 et 19 février ainsi que le 9 mars 2006, José Théodore se retrouve à la une de *La Presse*. Trois manchettes pour trois événements difficiles.

Le 10 février, il est question d'un test antidopage échoué par le gardien du Canadien. Neuf jours plus tard, une blessure le tenant à l'écart du jeu pour deux mois le propulse à la une. Le 9 mars, *La Presse* consacre une dizaine d'articles et tout le haut de sa première page à l'échange de Théodore à l'Avalanche du Colorado en retour du gardien David Aebischer.

Ce 9 mars, Théodore rencontre les médias. « J'ai passé de belles années à Montréal. J'ai été traité au-delà de mes espérances par les partisans. J'aurais voulu leur offrir une conquête de la Coupe Stanley. C'est mon seul regret. Quant à la pression, le fait de jouer à Montréal m'a toujours incité à me pousser au maximum », peut-on lire dans un article de Pierre Ladouceur.

Dans son article titré « La grande classe de Théo... », Ladouceur évoque la dignité entourant cette rencontre. « Contrairement à ce que trop d'athlètes nous ont habitués depuis quelques années, Théodore n'a pas pleuré lorsqu'il a répondu aux questions avec calme, écrit-il. [...] Théodore a été souriant tout au long de cette rencontre de presse, lui qui a connu des moments difficiles cette saison dans l'uniforme du Canadien. »

Cheveux, talon...

Les dix ans passés par Théodore dans l'organisation ont été ponctués de hauts et de bas : ses premières saisons à faire des allers-retours dans la Ligue américaine, son but compté contre les Islanders de New York le 2 janvier 2001, les trophées Hart et Vézina en 2002, les démêlés de sa famille avec la justice en juin 2003, l'affaire Guy Cloutier dont il est le gendre en 2004.

En janvier-février 2006, Théo connaît un passage à vide. Ses performances déçoivent. On le hue au Centre Bell. Pour Réjean Tremblay, Théodore est « mêlé dans sa tête ». « Il a de la difficulté à trouver ses marques comme gardien de but, dit-il. De plus, malgré ce qu'il peut dire, la pression pèse sur ses épaules comme une tonne de briques. » [...] Théodore doute, c'est évident. Et dans un sport comme le hockey, dans un poste comme le sien, le doute est mortel. »

Le 9 février, l'Agence mondiale antidopage annonce que Théodore a échoué un test effectué le 12 décembre 2005. On a retrouvé des traces de finastéride dans ses échantillons[1]. Ce produit a la capacité de masquer la présence de nondrolone, un stéroïde favorisant la croissance musculaire. Théodore se défend en affirmant qu'il prend depuis des années du Propecia, médicament utilisé pour empêcher la chute des cheveux et qui contient du finastéride.

« J'aime mieux avoir la chevelure que j'ai aujourd'hui que d'être chauve et troisième gardien de l'équipe canadienne », lance le gardien à la blague.

Théo affirme ignorer le produit interdit. Le président du Canadien, Pierre Boivin, rappelle que Théodore a obtenu une exemption thérapeutique de la LNH pour l'utiliser.

Quelques jours plus tard, Théodore se blesse en sortant de chez lui. « Congé forcé de deux mois pour Théo », lit-on à la une de *La Presse* du 19 février. « José Théodore n'aura donc eu aucun répit cet hiver, relate Mathias Brunet. Après l'épisode du doigt d'honneur[2] en début de saison, les contre-performances, les huées, le test antidopage positif à cause d'un produit pour garder sa chevelure, voilà qu'il vient de se fracturer l'os du talon droit en descendant l'escalier extérieur de sa résidence, jeudi, en début de soirée, en pleine tempête. »

... et ce Huet, si bon

Cristobal Huet remplace Théo devant la cage du Tricolore. Et il ne veut pas rater sa chance, indique le journaliste Richard Labbé le 24 février. D'ailleurs, Huet a bien joué durant la saison, observe le scribe.

1 Échantillons prélevés en prévision des Jeux olympiques d'hiver de Turin. Théodore n'y a pas participé.

2 Le 13 septembre 2005, jour de la photo officielle des joueurs, un photographe demande à Théodore de faire quelque chose de fou avec ses mains. Théodore brandit deux doigts d'honneur, éclate de rire, dit que c'est une blague puis fait le geste de numéro 1. La scène est captée par TQS. Certains médias, dont *La Presse*, estiment que toute cette histoire a été exagérée.

José Théodore, dans l'uniforme de l'Avalanche du Colorado.

« Avec Huet devant le filet, l'équipe montréalaise a pu atteindre la pause olympique avec une récolte de 60 points, assez pour se placer au huitième rang de l'Est, un point devant Toronto, deux points devant Atlanta et Boston, autant d'équipes qui bataillent avec le CH pour l'obtention de la dernière place en vue des séries », mentionne-t-il.

« Il faut croire que la méthode Huet fonctionne. En 17 matchs, le principal intéressé a une moyenne de 2,37 et un taux d'efficacité de ,926. Si jamais le Canadien veut aspirer aux séries, Huet devra poursuivre sur cette folle lancée. »

C'est ce qu'il fait! Réjean Tremblay le constate, le 4 mars : « Cristobal Huet est sur une extraordinaire lancée. Trois jeux blancs en sept matchs, c'est une performance remarquable. De plus, même si la chance le sert bien, son style est assuré et sa technique bien à point. Autrement dit, s'il arrête les rondelles, c'est parce qu'il joue bien. »

Ce qui risque de se traduire par un casse-tête pour l'organisation, avance le chroniqueur. « Quand un athlète se blesse en se donnant à fond pour son équipe, c'est la moindre justice que de lui redonner son poste à son retour au jeu. Dans le cas de Théo, l'injustice serait de priver Huet d'un match. Ce gaillard mérite de continuer à jouer tant qu'il va être aussi solide. »

L'administration du CH n'a pas à faire un tel choix. Elle échange Théodore le 8 mars. « De toute évidence, Bob Gainey[3] n'avait plus confiance en José Théodore », écrit Mathias Brunet dans le texte principal sur l'événement. « Cette transaction aurait été impensable en début de saison, mais les déboires de Théodore depuis septembre, sans compter les nombreuses controverses qu'il a provoquées, auront contribué à le chasser de Montréal. »

Réjean Tremblay dit : « La clé de la transaction, c'était que Gainey était convaincu que les joueurs du Canadien avaient perdu confiance en Théodore et qu'ils jouaient mieux avec Cristobal Huet devant le filet. Dans de pareilles circonstances, il était dangereux que Théodore ne croupisse encore longtemps dans le marécage qu'était son jeu. Gainey s'est débarrassé d'un problème immédiat qui aurait pu perdurer en allant chercher un bon gardien capable de faire sa part pour appuyer Huet. »

Accompagnant le Canadien à Boston au moment de l'échange, Richard Labbé parle d'une onde de choc chez les joueurs. « Dans le camp du Tricolore, la réaction était la même d'un bout à l'autre : surprise pour tout le monde. Surprise pour un événement qui impliquait un joueur qui, il n'y a pas si longtemps, était considéré comme le joueur le plus important de cette équipe. »

Plus loin, Labbé écrit : « Ce qui semblait de plus en plus certain pour les joueurs du Canadien, c'est que Théodore ne pouvait sans doute plus continuer sa carrière dans le célèbre maillot bleu, blanc et rouge. Ribeiro, le grand ami de Théodore dans le vestiaire du Canadien, a reconnu qu'il était devenu très difficile pour le gardien québécois de jouer à Montréal. Surtout que le public montréalais, reconnu pour avoir la mèche très courte, avait choisi de ridiculiser le gardien à quelques reprises cet hiver, en le huant de façon presque régulière au Centre Bell. »

Laissons le mot de la fin à Mathias Brunet qui estime que Bob Gainey a fait « un bon calcul ». À court terme, dit-il le 10 mars, cette transaction améliore l'équipe, en plus de lui faire économiser plusieurs millions de dollars. Mais l'échange pourrait aussi être bénéfique à long terme.

« Gainey sacrifie un gardien qui a déjà prouvé qu'il était le meilleur de sa profession et qui pourrait rebondir à tout moment, mais rien ne garantissait justement que Théodore allait pouvoir retrouver ses moyens à Montréal. [...] Les performances solides de Huet, doublées de la présence dans l'organisation du jeune Carey Price, dont la sélection au cinquième rang du repêchage l'été dernier prend toute sa signification aujourd'hui, ont permis à Gainey d'atténuer les risques pour son organisation en se débarrassant de son gardien. »

José Théodore, le 9 mars 2006, au cours de sa conférence de presse à la suite de l'annonce la veille de son échange à l'Avalanche du Colorado.

3 Depuis le 14 janvier, Bob Gainey cumule les fonctions de directeur général et d'entraîneur-chef, après avoir congédié Claude Julien et son adjoint Rick Green. Guy Carbonneau se joint à l'équipe d'entraîneurs.

CHAPITRE 97

2006-2008

KOVALEV : APRÈS LA NUIT, LE JOUR

Kovalev égratigne, accuse, soupçonne

L'article de Mathias Brunet qui a tout déclenché, le 5 mars 2007

Le 6 mars 2007, *La Presse* publie à nouveau plusieurs articles sur l'Affaire Kovalev.

Acquis par le Canadien le 2 mars 2004, l'ailier droit Alex Kovalev connaît une saison misérable en 2006-2007. Son faible nombre de buts récoltés (18) n'a d'égal que les événements malheureux auxquels il est associé.

En 2007-2008, Kovalev se rachète. Avec 35 buts et 49 passes, il connaît la deuxième meilleure saison de sa carrière. De plus, la sortie de son coffret de DVD sur ses trucs d'entraînement, dont tous les profits vont en aide aux enfants atteints de maladies cardiaques, lui vaut des éloges.

Quelques échos de ces deux années.

2006-2007 : la nuit

L'*annus horribilis* de Kovalev s'amorce au camp d'entraînement où, avec son compagnon de trio Sergei Samsonov, les résultats tardent à venir. Après quatre matchs hors concours (tous perdus), le journaliste François Gagnon écrit : « Kovalev n'a pas encore récolté le moindre point en matchs préparatoires. Seule note positive, il revendique six tirs au but. Une note obscurcie par un différentiel de -3. » Aux journalistes, le Russe assure qu'il sera prêt pour le début de la saison.

Le premier match de l'année a lieu le 6 octobre à Buffalo. Les débuts de Kovalev sont lents. Le 26 octobre, il est expulsé du match à Boston après avoir manifesté son mécontentement.

« Alex Kovalev a perdu les pédales sur la patinoire alors qu'il a engueulé les arbitres avant de se faire expulser pour avoir donné un violent coup de bâton sur la baie vitrée en guise de reproche à l'endroit des officiels », écrit François Gagnon.

Le joueur se défend en disant qu'il a été plusieurs fois frappé aux genoux depuis le début de la saison sans que les arbitres ne sévissent. Cela ne convainc pas l'entraîneur Guy Carbonneau. Ses propos sont directs : « On s'est tiré dans le pied en fin de deuxième et il n'y a pas de place pour ce genre de pénalité d'indiscipline. On menait 2-1 et il n'y avait pas de raison de mettre l'équipe dans le trouble comme ça. »

Le 29 janvier 2007, après 50 parties, Kovalev présente une fiche de 12 buts et 23 passes. Il occupe le troisième rang des marqueurs de l'équipe. On s'attend à plus.

Kovalev blâme ses coéquipiers. « Ça veut dire quoi être le meilleur ? dit-il ce jour-là dans un autre texte de François Gagnon. Ça veut dire déjouer tout le monde et marquer des buts ? Ce n'est plus possible dans la LNH. Même les meilleurs ne peuvent rien changer, ça prend un effort collectif. Ça prend une équipe, des compagnons de trio qui se complètent. [...] Je veux faire ma part, mais je ne peux rien faire tout seul. »

Les malheurs se poursuivent en février. Le samedi 10, il est pratiquement cloué au banc en troisième période. Quelques jours plus tard, il doit s'absenter pour une blessure au coude.

Puis survient le fameux « scoop » de *La Presse*. Dans une entrevue aux médias russes *Football-hockey* et Radio-Mayak, Kovalev s'en prend à la direction du CH, à Guy Carbonneau, à ses coéquipiers. « Cet entraîneur n'aime pas les Russes », dit-il de Carbonneau. « Les français, ils sont comme ça. Ils se tiennent ensemble et se défendent les uns les autres. C'est justement le problème de ce genre d'équipe. Ça fait des divisions. Les Européens d'un côté, les Américains de l'autre, les Français ont leur gang », dit-il pour dénoncer le mauvais esprit d'équipe. « Les jeunes ont du talent, mais il leur manque un peu de tête... »

Kovalev nie avec vigueur avoir fait ces déclarations. *La Presse* retarde de 24 heures la publication pour revérifier les sources. Contactée à Moscou, l'auteure du texte, Regina Sevostianova, assure l'exactitude ses écrits. Mais plus tard. la même journée, elle recule. Après avoir promis de fournir une copie intégrale de l'interview, qu'elle a enregistrée, elle revient sur sa décision. Tout de même convaincue des faits, *La Presse* publie l'histoire le 5 mars 2007.

Plusieurs partisans reprochent à *La Presse* d'avoir publié cette histoire sans la preuve ultime (l'enregistrement). Mais les versions de Kovalev et de Sevostianova se transforment, se contredisent au fil des jours[1]. Et les écrits de *Football-hockey* restent...

De plus, Kovalev affirme au départ n'accorder d'entrevues qu'à un seul média russe, *Soviet Sports*. Or, à la fin avril, après l'élimination du CH, il s'en prend à nouveau à l'équipe dans... *Soviet Sports*. Le journaliste Richard Labbé, qui signe l'article,

1 À noter que ce sont des amateurs vigilants qui ont découvert l'entrevue de Kovalev. Ils ont averti *La Presse* par courriels.

indique qu'il s'est « laissé aller à des commentaires incisifs sur son équipe ».

L'article, publié le 26 avril, cite de longs passages, que *La Presse* a fait traduire. Au sujet du directeur général Bob Gainey, Kovalev lance : « Je lui ai dit d'emblée que je ne désirais pas rester avec l'équipe si les dirigeants continuaient de me traiter comme ils l'ont fait la saison dernière. » Or, deux semaines plus tôt, le numéro 27 jurait vouloir revenir à Montréal.

Plus loin, il dit : « Quand tu n'es pas appuyé à l'interne par ton club, quand ils ne cessent de te laisser sur le banc, quand ils ne te laissent pas jouer sans expliquer pourquoi... c'est dur de composer avec la pression quand ça arrive de tous les côtés. »

Entre ces deux esclandres, Kovalev connaît une très mauvaise fin de saison avec le CH. Il est laissé sur le banc en fin de match, le 7 avril à Toronto, alors que le Canadien a besoin d'un but pour créer l'égalité et atteindre les séries éliminatoires. Et dans les jours qui suivent, il n'est pas choisi au sein de l'équipe nationale russe pour participer au Championnat du monde. Dans cette pluie de mauvaises passes, une bonne nouvelle : Bob Gainey veut le revoir à Montréal...

2007-2008 : le jour

D'aucuns évoquent les longues conversations qu'ont eues Gainey et Carbonneau avec Kovalev entre les deux saisons pour expliquer sa résurrection. D'autres rappelent son amour-propre meurtri après avoir été écarté des Championnats mondiaux. Chose certaine, en 2007-2008, l'ailier droit est littéralement transformé.

Une lecture de quelques titres d'articles publiés dans *La Presse* sont éloquents :

40 buts pour Kovalev ? – le 7 novembre 2007
Un nouveau Kovalev ? – le 15 novembre 2007
Alex Kovalev - Un cœur d'or (au sujet de son aide financière à la chirurgie cardiaque pédiatrique) – le 15 décembre 2007
Kovalev est devenu le leader attendu – le 4 janvier 2008
Vers la meilleure saison de Kovalev en cinq ans – le 10 janvier 2008
Cette année, Kovalev transporte le Canadien – 1er février 2008
Kovalev a fait un examen de conscience – le 2 mars 2008
Gretzky : "Kovalev mérite d'être considéré pour le trophée Hart » – le 7 mars 2008
Monsieur Kovalev... (dans la chronique de Ronald King) – le 18 mars 2008

Dans le texte du 4 janvier, signé François Gagnon, Kovalev raconte avoir pris conscience de son rôle de vétéran. Il veut exercer du leadership auprès des jeunes. Guy Carbonneau ajoute qu'au cours d'un match disputé quelques jours plus tôt, le 30 décembre, il l'a nommé capitaine en remplacement de Koivu, blessé. « Je n'ai pas hésité une seconde à lui donner le C à New York parce qu'il le mérite amplement. Il travaille fort, sa production est là, il donne l'exemple. »

L'hommage vient aussi des coéquipiers. Ainsi, dans le texte du 1er février de François Gagnon, l'attaquant Guillaume Latendresse déclare : « On sent que ça le tente cette année. Il parle plus, il est intense, ça se voit qu'il veut gagner. »

Et son travail va dans les deux sens de la patinoire. Au point où Guy Carbonneau l'envoie sur la glace lors des désavantages numériques.

Au terme de la saison régulière, Kovalev remporte haut la main la coupe Molson remise au joueur du CH ayant accumulé le plus grand nombre de points dans le choix des trois étoiles. Le journaliste Marc-Antoine Godin fait part de ce nouvel honneur le samedi 5 avril. « Avec 35 buts, 83 points[2] et surtout une nouvelle approche, l'image du joueur cynique et dépourvu d'intérêt ne lui colle plus du tout », écrit-il.

Modeste, Kovalev déclare : « C'est un grand honneur, mais je ne fais que mon travail. »

Guy Carbonneau, qui l'encense, ajoute qu'il revient à l'instructeur de dicter une ligne de conduite, mais aux joueurs de se pousser les uns sur les autres. « Or, c'est ce que Kovalev, par une ardeur au jeu insoupçonnée, a été en mesure d'insuffler à ses coéquipiers, dit Godin. À commencer par les joueurs slaves qui, à l'instar de Kovalev, communiquent beaucoup mieux avec l'entraîneur que l'an dernier. »

Après une saison régulière fructueuse, Kovalev connaît des séries éliminatoires moyennes. Certaines de ses mauvaises habitudes réapparaissent. Dans *La Presse*, on se questionne à savoir si le vestiaire est devenu trop petit pour lui et Koivu. L'un et l'autre balayent ces hypothèses du revers de la main, assurant vouloir jouer et gagner ensemble, à Montréal. Au moment de terminer cet ouvrage, le reste appartenait à l'avenir.

2 Le même soir, contre les Leafs, Kovalev obtient une passe et son 84e point.

SPORTS

SKI ALPIN GUAY RATE LE PODIUM DE PEU AU SUPER-G DE VAL GARDENA

DOPAGE

ALEX KOVALEV

« À 8 et 9 ans, j'ai été malade du cœur. J'ai suivi des traitements. Le médecin m'avait interdit de jouer au hockey. J'aimais tellement jouer que j'aurais aimé mieux mourir que d'arrêter. »

UN COEUR D'OR

RÉJEAN TREMBLAY

Un cœur d'or. Le 15 décembre 2007, Réjean Tremblay livre une entrevue exclusive avec le hockeyeur russe.

SPORTS

TOURNOI DES MAÎTRES

BRUINS-CANADIEN CE SOIR 19H

Alex Kovalev part en mission

Alex Kovalev, à l'aube des séries de la Coupe Stanley. C'était le 10 avril 2008, quelques heures avant d'affronter les Bruins de Boston.

2007

13 OCTOBRE 2007

« SALUT, ICI SAKU KOIVU, VOICI MON ÉQUIPE... »

LA PRESSE www.cyberpresse.ca/sports MONTRÉAL JEUDI 1er NOVEMBRE 2007

SPORTS

PATINAGE ARTISTIQUE
UN PLACEMENT À LONG TERME POUR JOANNIE ROCHETTE

HOCKEY
LA VISITE TANT ATTENDUE DE BRIÈRE ET DES FLYERS
PAGES 2 ET 3

LNH /// EST

		PJ	PTS
1	x-Ottawa	10	18
2	x-Caroline	13	17
3	x-Philadelphie	10	14
4	Canadien	11	15
5	Pittsburgh	11	13
6	Toronto	13	13
7	Boston	10	12
8	Tampa Bay	11	11
9	NY Islanders	9	10
10	Buffalo	10	10
11	Washington	11	10
12	Floride	12	10

RÉJEAN TREMBLAY
CHRONIQUE

Une simple question de priorité

LE CANADIEN

« Je devrais parler français »

Koivu le reconnaît, lui qui fait carrière à Montréal depuis 12 ans

« Je sais à quel point il est important de protéger sa langue. Je vous le répète, dans un monde idéal, je parlerais français. J'ai concentré mes efforts à l'apprentissage de l'anglais lorsque je suis arrivé à Montréal et c'est en anglais que je travaille. »

Le 1er novembre 2007, le capitaine du Canadien admet à la une du cahier des sports, qu'il devrait parler français.

En présentant ses coéquipiers uniquement en anglais dans une bande vidéo diffusée lors du match d'ouverture, le 13 octobre 2007 au Centre Bell, Saku Koivu ressuscite malgré lui le débat sur la maîtrise du français par les capitaines du Canadien.

Dans les jours suivants, l'affaire prend des proportions insoupçonnées. Elle déborde même sur la commission Bouchard-Taylor consacrée aux pratiques d'accommodements. L'avocat Guy Bertrand y déclare que ce sont de tels « accommodements linguistiques » qui menacent l'identité québécoise.

Le 1er novembre, on corrige le tir. Dans une nouvelle bande vidéo, Koivu utilise le français. « Salut, ici Saku Koivu, voici mon équipe, voici mes coéquipiers, etc... »

Ce n'est pas la première fois que le français du capitaine fait jaser. Retour dans le temps.

1989 : deux capitaines, deux langues

En septembre 1989, après le départ de Bob Gainey pour la France[1], les joueurs du CH sont divisés à égalité sur le choix d'un nouveau capitaine : Guy Carbonneau ou Chris Chelios. Finalement, le DG Serge Savard décide de leur donner chacun le C.

« Carbonneau ne pense pas que la nomination de deux capitaines favorise l'émergence de clans au sein de l'équipe », écrit le journaliste Philippe Cantin le vendredi 15 septembre 1989, au lendemain de la décision. Il donne la parole à Carbonneau : « Chris et moi désirons que tous les gars se tiennent ensemble. Je ne serai pas le capitaine des français ou de l'attaque et lui des anglais ou de la défensive. »

Dans un autre texte, Cantin note que Chelios a attendu la fin de l'élection pour promettre d'apprendre le français. Chelios dit : « Je suis à Montréal depuis cinq ans et je comprends déjà beaucoup ce qui se dit autour de moi. Je connais le langage du hockey et je peux me débrouiller dans un restaurant. Mais je considère comme un devoir envers l'organisation et nos partisans d'apprendre à m'exprimer en français. Présentement, je suis incapable de discuter avec beaucoup de gens. J'entends remédier à la situation. »

1 Gainey joint les Écureuils d'Épinal à titre de joueur-entraîneur.

1994 : « Un capitaine de la direction »

Le 19 août 1994, Guy Carbonneau est échangé aux Blues de St. Louis[2]. Kirk Muller est nommé capitaine. Pour le chroniqueur Réjean Tremblay, Muller est « un capitaine de la direction », qui veut éviter un autre « fiasco Chelios-Carbonneau ». Le 30 août 1994, il écrit :

« Chris Chelios n'a jamais été capitaine du Canadien. Certainement pas dans le cœur et la tête des partisans de l'équipe. Et comme il n'était pas "sortable", c'est vite Guy Carbonneau qui a assumé le rôle de représentant des joueurs auprès du public. Chelios était unilingue anglais alors que Bob Gainey avait fait l'effort d'apprendre le français.

« Kirk Muller, pour l'instant, ne parle pas français. J'ai vu une entrevue à TQS où il promettait de se mettre à l'étude de la langue de la majorité des Québécois. J'espère que ce ne sont pas des paroles en l'air. Je n'aimerais pas que le Canadien, une institution qui a joué un rôle important dans l'histoire de ce peuple, se retrouve avec un capitaine incapable de parler au peuple dans sa langue. »

1995 : Mike Keane : la tempête

À son tour, Muller est échangé en avril 1995. Pour terminer l'année, Mike Keane est choisi capitaine de l'équipe. Le mardi 11 avril, Réjean Tremblay écrit : « C'est toujours important que le capitaine du Canadien puisse s'exprimer dans la langue de la majorité et seule langue officielle du Québec. Par contre, personne ne peut accuser le Canadien de manquer de respect envers le fait français. Le président, le directeur général, l'entraîneur et pratiquement tout le personnel de l'organisation sont des francophones. Et c'est en français que ça se passe au Forum, on peut se permettre d'avoir un capitaine anglophone s'il a les autres qualités pour occuper le poste[3]. »

Les choses se gâtent pour Keane au retour des vacances. Dans un échange avec le journaliste

2 Contre Jim Montgomery qui joue cinq matchs avec le Canadien avant d'être réclamé au ballottage par Philadelphie le 10 février 1995.

3 Tremblay défend Keane qui, à son avis, est le meilleur candidat. Par contre, il le critique sévèrement lors de l'incident de septembre 1995. Voir les paragraphes suivants.

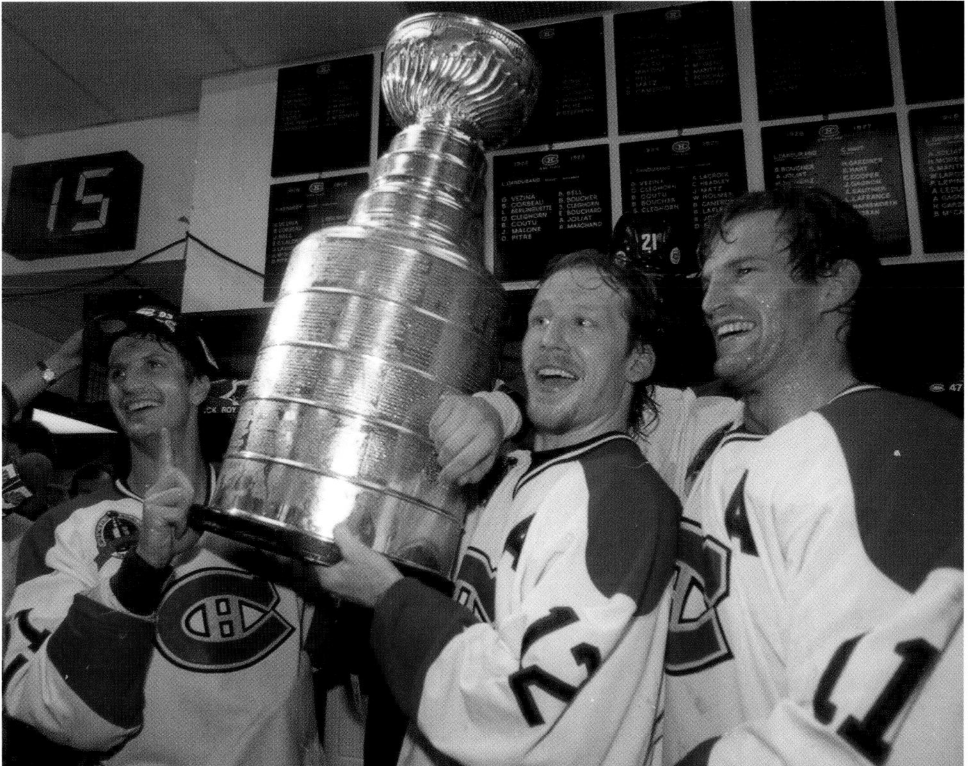

Le temps allait nous le démontrer, ces trois lurons devaient tour à tour devenir capitaines du Canadien. De gauche à droite, Guy Carbonneau, Mike Keane et Kirk Muller.

Sports — La Presse

Savard: «L'équipe est plus unie...»

Guy Carbonneau et Chris Chelios reçoivent le même nombre de votes: le Canadien aura deux capitaines

À qui la faute?

David Dombrowski analysera plus tard la débandade de ses Expos

Le 15 septembre 1989, le Canadien se retrouve avec deux capitaines.

La Presse — Sports

PHILLIES - EXPOS

Les Expos vainqueurs 5-4 d'une comédie d'erreurs

Les Braves sont champions

Au Stade, Mike Lansing a encore été pris à partie...

page 6

PANIQUE au Forum

Demers, Savard et les joueurs du Canadien se portent à la défense de Mike Keane

Tous derrière Mike Keane. Le 14 septembre 1995, la direction et les joueurs du Canadien se portent à la défense de leur capitaine.

Mathias Brunet, il dit ne pas avoir l'intention d'apprendre à parler français. L'article est publié le 12 septembre 1995.

«Mike Keane a été nommé, hier, capitaine du Canadien. Mais votre nouveau capitaine n'entend pas apprendre le français pour autant, indique Brunet. Kirk Muller, l'un des rares capitaines unilingues anglophones de l'équipe, a suivi des cours pour mieux maîtriser la langue de Molière lorsqu'il a été nommé à ce titre la saison dernière.

«Keane, lui, ne compte pas changer sa façon d'agir. "Je ne parle pas français et je ne suis pas un porte-parole. Tout le monde ici parle anglais. Je ne vois pas le problème."»

La nouvelle n'est pas jouée de façon incendiaire. Le texte est publié en bas de la page 2 du cahier des sports. Outre le titre et les trois premiers paragraphes, il n'y a rien d'autre concernant la question du français du capitaine. Le lendemain, c'est tout de même le tollé.

Il faut dire que, quelques jours plus tôt, un joueur des Expos, Mike Lansing, a crié «Shut that crap» à un agent de bord d'Air Canada alors qu'on égrenait en français les consignes de sécurité à bord d'un vol San Francisco-Montréal. En plus, le Québec est en période préréférendaire!

«Ces deux incidents ont eu des échos jusqu'à l'Assemblée nationale, écrit Brunet dans un texte publié à la une du 14 septembre. Les ministres Louise Beaudoin, Jacques Brassard et François Gendron, entre autres, ont blâmé, hier, Keane et Lansing. Mme Beaudoin, ministre responsable de l'application de la Charte de la langue française, y a vu une manifestation "d'intolérance".»

Dans les pages des sports de *La Presse*, le chroniqueur Michel Blanchard affirme qu'on doit lui retirer le C ou même l'échanger. Réjean Tremblay évoque «l'ignorance et le mépris» dont il a fait preuve et qualifie ses propos d'«inexcusables».

Le directeur général du Canadien, Serge Savard, est irrité. Dans une conférence de presse convoquée à la hâte, il dit: «Je trouve dommage qu'on mêle politique et sport. Je sais que le climat est chaud. Le rôle du capitaine du Canadien se limite à la patinoire et au vestiaire. Il fait le lien entre les joueurs et la direction. Nous ne demandons pas à Keane d'apprendre le français. Ça servirait à quoi? D'autres capitaines, Chris Chelios, Doug Harvey et Kirk Muller, même s'il a suivi des cours, ne parlent pas le français. Combien de joueurs des Expos parlent le français?»

Quant à Keane, il se dit désolé de la situation. Il s'excuse auprès des partisans et promet de se mettre au français. Le 13 septembre, il lance même un joyeux «Bonjour! Comment ça va?» au président de l'Assemblée générale française, Philippe Séguin, en visite au Forum avec le vice-premier ministre Bernard Landry. La scène fait éclater tout le monde de rire.

Moins de trois mois plus tard, Keane est échangé dans la tempête qui emporte Patrick Roy[4].

2007: «Je devrais parler français»

Revenons à Saku Koivu. En octobre 2007, lorsque la nouvelle affaire éclate, plusieurs plumes de *La Presse* la commentent. Les opinions sont variées.

Réjean Tremblay, le 16 octobre 2007: «Les gens adorent les Glorieux. Et l'équipe de marketing fait de très bons coups. Il est tout aussi inévitable qu'en nommant capitaine des Flying Frenchmen, comme on les appelait, un homme qui semble refuser totalement d'apprendre au moins quelques mots de français, on allait se retrouver dans ce merdier qui pue le mépris.»

Il en appelle à un geste de la direction par respect pour les partisans. Deux jours plus tard, il précise, sur la base de bonnes sources, que Koivu n'a rien à voir dans le ficelage de la vidéo.

4 Voir le chapitre 83.

CHAPITRE 98

2007

Le capitaine Saku Koivu.

A 20

FORUM

ÉDITORIAUX

Du kirpan à Saku

ANDRÉ PRATTE

D'UN CANADA À L'AUTRE

Le syndrome du micro

Quelle que soit la commission, il faut s'attendre à y entendre une litanie de doléances historiques, de préjugés et de craintes

Rendez-vous dans six mois

ARIANE KROL

Dans la page Forum du 1er novembre 2007, le caricaturiste Serge Chapleau réunit Saku Koivu et Pauline Marois.

Yves Boisvert, le 31 octobre 2007 : « Il me semble aberrant que le Canadien n'ait pas trouvé le moyen de faire en sorte que son capitaine, Saku Koivu, apprenne la langue de la majorité à Montréal, après plus de 10 ans ici. Le Canadien a une responsabilité historique et sociale particulière. On n'est pas à Colombus, Ohio. »

L'éditorialiste en chef André Pratte le 1er novembre 2007 : « Il faut le répéter : il n'y a pas de crise linguistique au Québec en 2007. On déplore à juste titre que le numéro 11 ne se soit pas donné la peine d'apprendre "bonjour" et "Les Canadiens sont là ! ". Mais ça n'a rien à voir avec la question que Bouchard-Taylor doit étudier, les accommodements raisonnables. À notre connaissance, M. Koivu n'a jamais demandé de porter un kirpan pendant les parties ! »

Le chroniqueur de sports Jean-François Bégin, le 2 novembre 2007 : « Bien sûr, il serait préférable que Koivu puisse dialoguer avec ses admirateurs dans la langue de la majorité. Mais son appartenance à la communauté montréalaise, Koivu la manifeste autrement, notamment par le travail remarquable de sa fondation, qui a amassé des millions pour l'achat d'appareils de diagnostic à l'Hôpital général de Montréal.

« Vous dites ? Le Canadien a une valeur symbolique dans notre société ? Et ça astreindrait son capitaine à des devoirs supplémentaires ? Balivernes. Quand les Canadiens français (j'emploie cette terminologie à dessein) étaient un peuple plus ou moins asservi dans le beau grand Canada anglo des années 40 et 50, alors là, oui, le Canadien était plus qu'un club. Il était un véhicule pour les aspirations nationalistes d'un peuple qui rêvait d'avoir sa place au soleil. Un capitaine ou une vedette qui parlait français, ça voulait dire quelque chose. Quelque chose comme "Envoye, Maurice, montre-leur aux maudits Anglais ! "

« Mais aujourd'hui ? Trente ans après l'adoption de la loi 101, le Québec n'est plus la société en instance de "louisanisation" qu'il a peut-être déjà été. Le Québec est une société confiante qui n'a pas besoin de quelques "bonjour" et "merci" en français de la part d'un joueur de hockey pour se rassurer de sa pérennité. »

Bégin estime que le vrai impair est d'avoir organisé toute la présentation du 13 octobre en anglais, peu importe qui la faisait, devant un public à forte majorité francophone.

Et le principal intéressé ? « Je devrais parler français », est le titre d'un texte consacré à la réaction de Koivu publié le 1er novembre. L'auteur François Gagnon écrit : « Saku Koivu le reconnaît d'emblée : après 12 ans à Montréal, il devrait être capable de parler français. "Ce serait la situation idéale, c'est évident. Mais je ne suis pas parfait", a plaidé le capitaine du Canadien après l'entraînement de son équipe, hier matin. »

« Koivu parle déjà un peu français, rappelle Gagnon. Il y arrive, en privé, lorsqu'il croise des enfants malades dans les hôpitaux ou dans l'intimité avec son épouse. » Il rapporte aussi les propos de Koivu qui rappelle que ses deux enfants fréquentent une garderie francophone.

Et dans le vestiaire, ajoute l'auteur, tous les joueurs appuient leur capitaine, qu'ils s'appellent Huet (un Français), Streit (un Suisse), Hamrlik (Tchèque), Komisarek (Américain) ou encore Bégin, Latendresse, Brisebois et Dandenault...

CHAPITRE 99

1996

1996 À AUJOURD'HUI

DE LA BOÎTE VOCALE AU BLOGUE

En 125 ans d'histoire, *La Presse* s'est transformée à maintes reprises. Utilisant sans cesse de nouveaux outils, issus des changements technologiques, le quotidien de la rue Saint-Jacques a renouvelé sa présentation graphique dans le but constant de bien servir ses lecteurs.

La section des sports s'est aussi transformée, ce qui a changé les façons de faire dans la couverture des grandes activités sportives montréalaises, dont, au premier rang, celles du Canadien. Au cours des douze dernières années, les changements ont été nombreux.

Ainsi, en décembre 1996, *La Presse* annonce l'expansion du service Liaison afin de rendre la communication plus rapide et plus directe entre journalistes et lecteurs.

Un des volets de ce service est la « Boîte vocale 8211 » où les lecteurs peuvent laisser leurs commentaires sur l'actualité sportive. Quelques-uns sont reproduits dans le cahier des sports du lendemain. Quatre ans plus tard, en septembre 2000, la « Boîte vocale 8211 » disparaît.

Le mardi 7 octobre 2003 marque un autre point tournant dans l'histoire de *La Presse* alors que débute son impression dans une nouvelle usine de l'imprimeur Transcontinental à Pointe-aux-Trembles. Une refonte complète de la maquette a lieu en parallèle. Dans les mois suivants, ces changements ont une incidence directe sur le cahier des sports. Après une vingtaine d'années en format tabloïd, celui-ci revient au grand format, sept jours par semaine.

Petit à petit, un nouveau modèle se forge dans la présentation des faits saillants au lendemain d'un match du Canadien. Ce modèle, qui a cours aujourd'hui, s'étend sur trois pages : un article principal accompagné d'une photo et du sommaire à la une du cahier, une page très interactive où le match est recensé en diverses capsules (pointage, jeu, chiffre et héros du match, analyse et faits saillants par période, commentaires du vestiaire) et une troisième de textes et photos.

De plus, chaque compte rendu est accompagné d'un tableau de statistiques avec recension des buts, passes, +/-, temps de glace, lancers au buts, etc., pour chaque joueur du CH. Les amateurs sont friands de ces données fournies par la LNH.

Deux solitudes

Alors que dans les années 1990, *La Presse* donnait une note sur 10 à tous les joueurs après chaque match, leur performance est aujourd'hui analysée à la semaine. Ce « Bulletin » hebdomadaire est signé par Pierre Ladouceur. De plus, à la fin de chaque quart de saison (20 matchs), le journal présente un résumé du travail du Canadien sur une page où chacune des rencontres est résumée en un court texte sous une photo.

Tenue par le journaliste Mathias Brunet, la chronique « Rondelle libre » présente des informations précieuses sur les espoirs des Glorieux et sur d'autres joueurs ou équipes de la LNH.

Autre changement important, qui vient du Canadien cette fois, les journalistes ne voyagent plus avec l'équipe[1]. Pour ces derniers, cela permet d'avoir plus de temps pour boucler les articles après une rencontre. Finies, les courses effrénées avant d'embarquer avec les joueurs du CH dans l'avion pour une autre destination ou un retour à Montréal. Mais, en contrepartie, le contact et une certaine fraternité avec les joueurs n'existent plus. La décision du Canadien, dernière équipe à avoir mis fin aux vols nolisés avec les médias, a créé deux solitudes.

À défaut des joueurs, les journalistes échangent maintenant davantage avec les lecteurs. Genre de « lignes ouvertes » du 21e siècle, les blogues constituent la nouvelle tendance lourde. À *La Presse*, le journaliste François Gagnon, attitré à la couverture du Tricolore[2], tient son blogue, intitulé *Sans ligne rouge* depuis novembre 2005.

« La plus belle qualité du blogue est cette instantanéité qu'il apporte, souligne-t-il. Comme dans les médias électroniques, il y a une très grande rapidité d'exécution. Maintenant, lorsque je fais un bon coup sur mon blogue, les médias électroniques peuvent s'en servir immédiatement. C'est arrivée en avril 2007 lorsque Claude Julien a été congédié par les Devils du New Jersey. Claude est un ami et nous avons échangé au téléphone. J'ai

1 À l'exception des équipes de RDS, de CJAD et de CKAC qui retransmettent les matchs en direct à la télé et la radio.

2 Il partage la tâche avec le journaliste Marc-Antoine Godin.

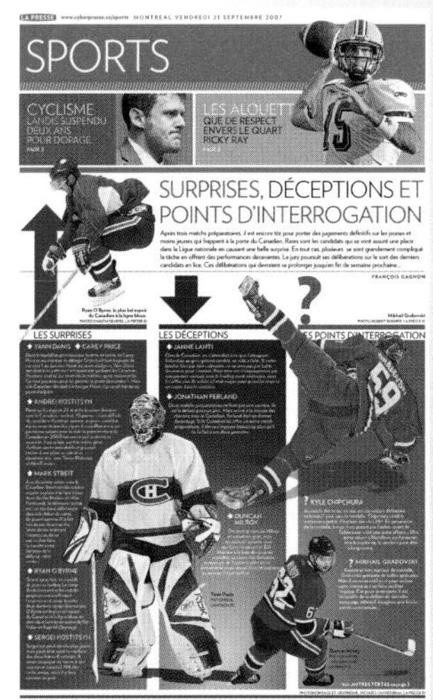

LA PRESSE www.cyberpresse.ca/sports MONTRÉAL VENDREDI 21 SEPTEMBRE 2007

SPORTS

CYCLISME
LANDIS SUSPENDU DEUX ANS POUR DOPAGE

LES ALOUETTES
QUE DE RESPECT ENVERS LE QUART RICKY RAY

SURPRISES, DÉCEPTIONS ET POINTS D'INTERROGATION

Après trois matchs préparatoires, il est encore tôt pour porter des jugements définitifs sur les jeunes et moins jeunes qui frappent à la porte du Canadien. Rares sont les candidats qui se sont assuré une place dans la Ligue nationale en causant une belle surprise. En tout cas, plusieurs se sont grandement compliqué la tâche en offrant des performances décevantes. Le jury poursuit ses délibérations sur le sort des derniers candidats en lice. Ces délibérations qui devraient se prolonger jusqu'en fin de semaine prochaine...

FRANÇOIS GAGNON

LES SURPRISES

LES DÉCEPTIONS

LES POINTS D'INTERROGATION

Le 21 septembre, le cahier des sports propose une page très interactive où sont résumées, en différents courts textes et capsules, les surprises ou les déceptions au camp d'entraînement 2007 du Canadien.

QUESTION DU JOUR

La Presse Liaison

Allez-vous veiller pour voir en direct, la nuit prochaine, la cérémonie d'ouverture des Jeux de Sydney ?

Croyez-vous que le retour d'Uzooma Okeke sera suffisant pour permettre aux Alouettes de se rendre à la Coupe Grey ? À cette question posée hier, le pourcentage des réponses obtenues a été :

OUI : 78 % NON : 22 %

NDLR : Ce sondage maison sert uniquement à prendre le pouls de nos lecteurs et n'a aucune prétention scientifique.

Boîte *vocale 8211*

Nous demandons aux intervenants de bien s'identifier en laissant leur nom et prénom ainsi que leur numéro de téléphone.

■ **Luc Séchard, St-Colomban** : Est-ce qu'on réalise que la pénalité dans le dossier Rogers-Vidéotron, soit 241 millions, est plus élevée que la somme requise pour la construction du stade des Expos ou pour la vente du Canadien ? La faible implication des entreprises québécoises dans le sport professionnel est-elle due à un manque d'argent... un manque d'intérêt... ou est-elle simplement logique ?

■ **Laurent Bellemare, Shawinigan** : Entendu hier soir au réseau RDS lors d'une entrevue avec un joueur des Rangers de New York. Voulant nous décrire le rôle important que tient un Mark Messier dans un vestiaire, il a dit : « Y parle pas et tout le monde écoute. » Nous avons maintenant notre Yogi Berra québécois.

■ **Jean-Marc Bilodeau, Laval** : J'espère que Pierre Foglia va se rendre à la finale de l'équipe canadienne de water-polo... si les filles s'y rendent. Il nous a donné l'eau à la bouche en mentionnant les belles histoires qu'il pourrait nous raconter.

■ **Jean-Claude Lanthier, Montréal** : Patrice Brisebois encore sur le dos ! Il devrait imiter Larry Walker, souvent blessé, qui a embauché un spécialiste du conditionnement physique et de la nutrition.

■ **David Edmonds, St-Laurent** : Avec leur masse salariale de 100 millions US, comment les Redskins de Washington ont-ils réussi à respecter le plafond salarial de la NFL ?

Richard Labbé : Plusieurs joueurs, haut-salariés évidemment, profitent de paiements rétroactifs ou différés. C'est surtout lors des deux prochaines saisons qu'ils vont avoir à composer avec leur plafond salarial, lequel est d'environ 65 millions.

■ **Francis Dupont, Ville Mont-Royal** : Je ne comprends pas Alain Vigneault qui utilise Eric Chouinard aux côtés de Payette et McCleary à l'entraînement. Chouinard doit être accompagné de bons passeurs. L'exemple de Simon Gagné avec les Flyers de Philadelphie est assez éloquent.

■ **Gilbert Monette, Laval** : C'est l'entraîneur-chef Charlie Taaffe qui doit être heureux du retour chez les Alouettes du bloqueur Okeke. Une très bonne nouvelle pour les partisans.

CONTACTEZ-NOUS !
On apprécie vos commentaires sur l'actualité sportive...
Vous pouvez nous joindre au **285-7343**, *au son de la voix :* **8211**
ainsi que par courriel : **sports@lapresse.ca**
Consultez notre site internet : **http://lapresse.infinit.net/sports**

S 4 LA PRESSE, MONTRÉAL, JEUDI 14 SEPTEMBRE 2000

La « Boîte vocale 8211 » telle qu'on l'a connue à la fin des années 1990. À remarquer en haut, la question du jour. Durant la saison de hockey, elle portait régulièrement sur le CH.

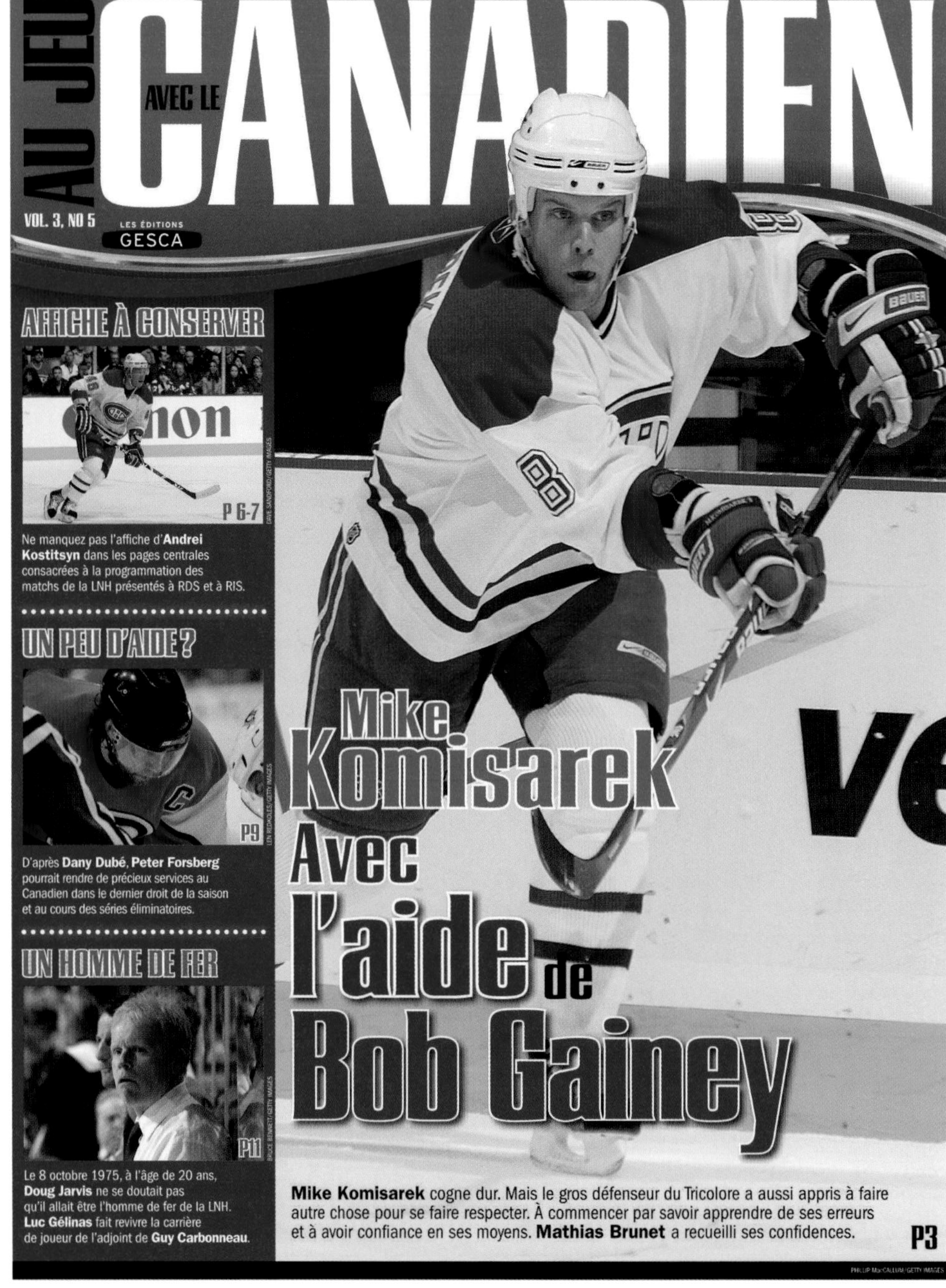
AU JEU AVEC LE CANADIEN

VOL. 3, NO 5

LES ÉDITIONS GESCA

AFFICHE À CONSERVER

P 6-7

Ne manquez pas l'affiche d'**Andrei Kostitsyn** dans les pages centrales consacrées à la programmation des matchs de la LNH présentés à RDS et à RIS.

UN PEU D'AIDE?

P9

D'après **Dany Dubé**, **Peter Forsberg** pourrait rendre de précieux services au Canadien dans le dernier droit de la saison et au cours des séries éliminatoires.

UN HOMME DE FER

P11

Le 8 octobre 1975, à l'âge de 20 ans, **Doug Jarvis** ne se doutait pas qu'il allait être l'homme de fer de la LNH. **Luc Gélinas** fait revivre la carrière de joueur de l'adjoint de **Guy Carbonneau**.

Mike Komisarek Avec l'aide de Bob Gainey

Mike Komisarek cogne dur. Mais le gros défenseur du Tricolore a aussi appris à faire autre chose pour se faire respecter. À commencer par savoir apprendre de ses erreurs et à avoir confiance en ses moyens. **Mathias Brunet** a recueilli ses confidences.

P3

Les Éditions Gesca publient depuis 2005 le cahier *Au jeu avec le Canadien*, inséré dans le journal *La Presse*.

L'éloge de la constance

L'an dernier, *La Presse* a lancé une nouvelle initiative de résumer en une seule page le bilan d'un quart de saison (20 matchs) du Tricolore, comme dans cet exemple du 7 avril 2008.

Quelle équipe imprévisible!

L'Artiste au sommet de son art

LE BULLETIN

Le « Bulletin » hebdomadaire de Pierre Ladouceur. Ici, l'édition du 7 janvier 2008.

reproduit ses propos sur mon blogue. Deux heures plus tard, il m'a rappelé, un peu dans tous ses états, parce que tous les médias couraient après lui pour obtenir ses commentaires. C'est là que j'ai réalisé l'ampleur de cet outil. »

À contrario, le blogue peut tourner en machine à rumeurs, en étalage d'analyses et de commentaires fondées sur du vent, ce que se défend bien de faire le journaliste. « Des rumeurs, je n'en colporte jamais », tranche François Gagnon.

Il apprécie la démocratie des échanges que cela apporte. « C'est ahurissant de voir le nombre et la diversité de réactions, souvent contradictoires, qu'un seul commentaire suscite. Lorsque l'attaquant Daniel Brière a signé un contrat avec les Flyers de Philadelphie, j'ai signé un blogue intitulé « Vous ne méritiez pas Daniel Brière ». Cela a suscité près de 2000 réactions, incluant les échanges entre les habitués. D'ordinaire, nous en recensons entre 150 et 250 par jour. »

Au cours d'un match du Canadien, Gagnon bâtit à la fois son article pour l'édition de *La Presse* du lendemain et nourrit son blogue, avec un résumé du match entre les périodes. Après la rencontre, il reprend son blogue pour une version plus élaborée de ses commentaires. Et lorsqu'il est passé minuit, heure de Montréal, alors que les rotatives ont commencé à imprimer *La Presse* du lendemain, il met en ligne l'article qui paraîtra dans le journal. « Les gens du Québec me demandent du neuf mais ceux qui sont postés dans les ambassades, dans les entreprises, à l'étranger, veulent avoir un compte rendu du match. »

Le cyberespace permet d'alimenter les intérêts de tout un chacun.

Le journaliste François Gagnon sur la passerelle des médias au Centre Bell.

CHAPITRE 100

SAISON 2007-2008

SEMER L'ESPOIR

On ne donnait pas cher de leur peau avant le début de la saison 2007-2008. Et pourtant! Le Canadien comble ses partisans et confond les experts avec une saison régulière couronnée par un championnat d'association, une première depuis 1988-1989.

Bien sûr, l'équipe n'a pas gagné la Coupe Stanley, ajoutant une quinzième année[1] à sa disette, la plus longue de son histoire, depuis sa dernière conquête. Mais les 47 victoires du club, ses 104 points, le retour de Kovalev, les performances de Carey Price, les saluts des joueurs, au centre de la glace, au terme de la saison et des séries contre Boston et Philadelphie, ont fait en sorte que le Canadien a gagné du respect, semé l'espoir...

Assez de mots. Nous en avons déjà suffisamment écrits dans cet ouvrage dont ce chapitre, consacré à la saison 2007-2008, est le dernier. Contentons-nous de rappeler quelques dates sur ces intenses mois de hockey, où le Canadien en a fait voir de toutes les couleurs à ses partisans comme à ses adversaires.

Pour le reste, place à l'image. Place à quelques pages de *La Presse* consacrées à « nos Canadiens ».

1 Quatorze saisons en tenant compte du lock-out de 2004-2005

SPORTS

LA COUPE DES PRÉSIDENTS

HALAK RESTE, PRICE AUSSI !

La une du cahier des sports du 25 septembre 2007

Montréal mercredi 3 octobre 2007

LA PRESSE

LNH › L'AVENIR FINANCIER PASSE-T-IL PAR UNE EXPANSION EN EUROPE?

AU JEU! PREMIER MATCH DE LA SAISON, CE SOIR

« LA MEILLEURE ÉQUIPE DEPUIS MON ARRIVÉE À LA TÊTE DU CLUB (EN 2001). » — GEORGE GILLETT

NOS EXPERTS PLUTÔT PESSIMISTES

Méchante réalité LA CHRONIQUE DE RÉJEAN TREMBLAY

LE DG DU PLC REMPLACÉ

Jamie Carroll a tenu des propos désobligeants envers les Québécois la semaine dernière

LES MILLE ET UN PETITS COINS DU MONDE

Birmanie La peur au ventre

KANDAHAR DES PORTES CLOSES POUR DENIS CODERRE

J'offre le scotch si vous gagnez LA CHRONIQUE D'YVES BOISVERT

RETRAITE DUCEPPE SORT DE SES GONDS

MONTRÉAL LES HAUTS ET LES BAS DE LA MÉTROPOLE

Le 3 octobre 2007, *La Presse* annonce le début de la saison du Canadien de Montréal. George Gillett déclare alors que l'édition 2007-2008 du Canadien forme la meilleure équipe depuis son arrivée à la tête du club en 2001.

SPORTS — LA PRESSE MONTRÉAL JEUDI 4 OCTOBRE 2007

LE CANADIEN

SAMEDI 6 Canadien c. Maple Leafs — AIR CANADA CENTRE 19 h

MERCREDI 10 Canadien c. Penguins — MELLON ARENA 19 h 30

SAMEDI 13 Hurricanes c. Canadien — CENTRE BELL 19 h

PRÉDICTIONS LNH

Staal veut faire parler de lui pour les bonnes raisons

« Je veux jouer »

Mathieu Dandenault passe à l'attaque, avec plaisir...

Un visage figé dans le temps

Glen Wesley entreprend une 20e saison dans la LNH

Résumé de la première partie du CH le 4 octobre 2007. Le Canadien remporte son premier match du calendrier régulier, 3-2 en prolongation, contre les Hurricanes de la Caroline.

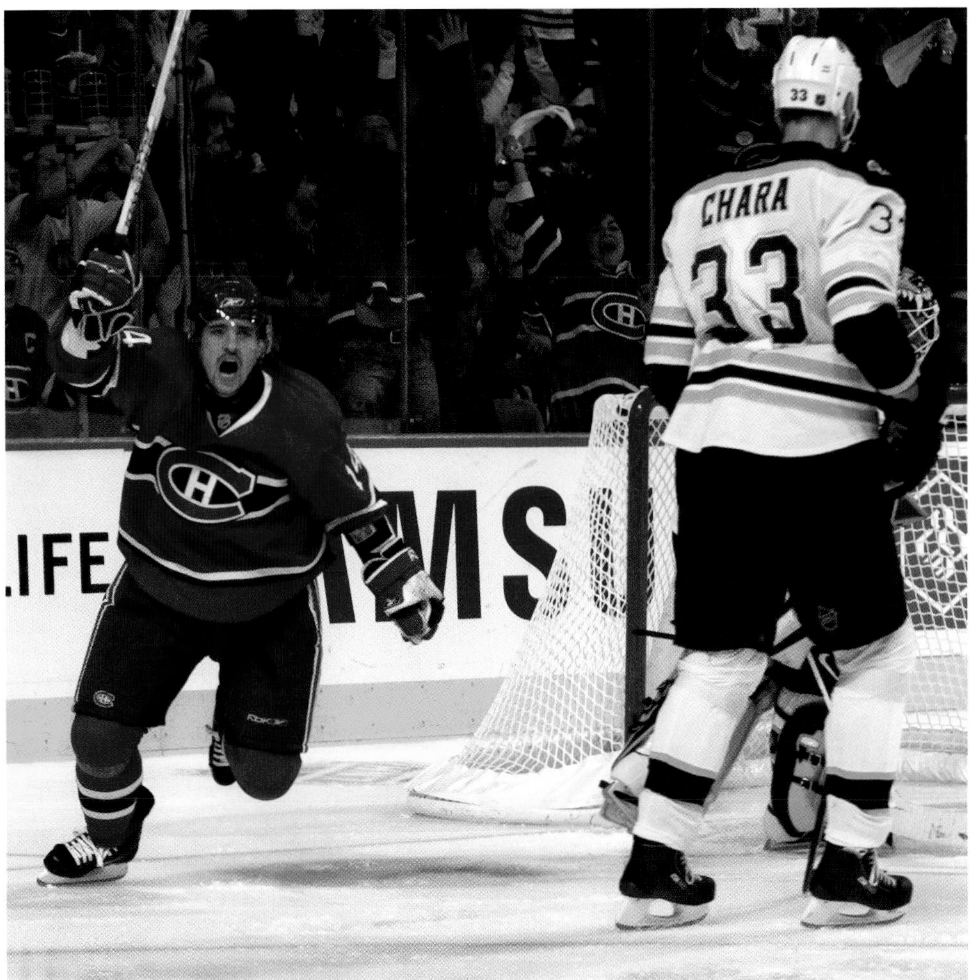

Lors du deuxième match de la série contre Boston, le 12 avril 2008, Tomas Plekanec lève les bras au ciel pour souligner la victoire du Canadien en prolongation. C'est Alex Kovalev qui est crédité du but gagnant.

SPORTS

LE MARATHON DE BOSTON

LE CANADIEN ÉLIMINE FINALEMENT LES BRUINS, 5-0

Higgins : « C'était magique »

Victoire de 5-0, le 21 avril 2008, lors du septième match du tour initial contre Boston. Une émeute éclate au centre-ville de Montréal.

LA PRESSE www.cyberpresse.ca/sports MONTRÉAL MARDI 4 DÉCEMBRE 2007

SPORTS

BASEBALL
LE TEMPLE DE LA RENOMMÉE OUVRE SES PORTES À DICK WILLIAMS

LNH /// EST

		PJ	PTS
1	x-Ottawa	25	34
2	x-Caroline	28	33
3	x-NY Rangers	27	32
4	Philadelphie	25	30
	Boston	25	30
6	New Jersey	26	30
7	**Canadien**	**26**	**30**
8	NY Islanders	25	27
9	Pittsburgh	26	26
10	Toronto	27	26
11	Buffalo	24	25
12	Atlanta	26	25

x – meneurs de division
PJ – parties jouées PTS – points

VITE SUR SES PATINS, **LE CANADIEN ?**

MARC-ANTOINE GODIN

1 DANS UNE CLASSE À PART

2 BONS PATINEURS

3 MOYENS FAIBLES

4 BESOIN URGENT D'AMÉLIORATION

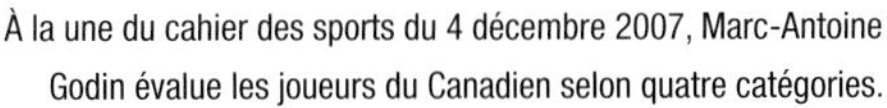

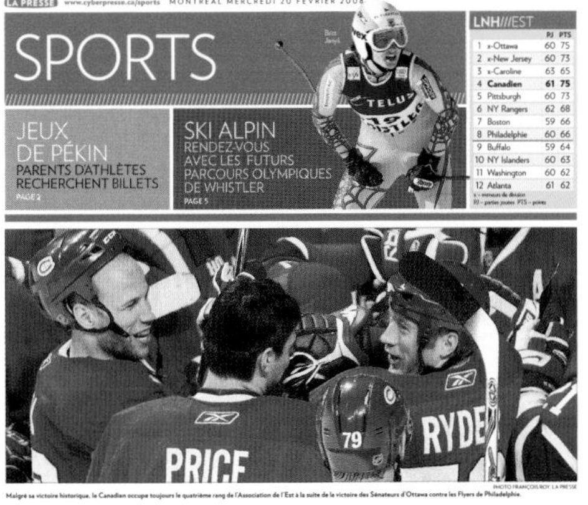

LA PRESSE www.cyberpresse.ca/sports MONTRÉAL MERCREDI 20 FÉVRIER 2008

SPORTS

JEUX DE PÉKIN
PARENTS D'ATHLÈTES RECHERCHENT BILLETS
PAGE 2

SKI ALPIN
RENDEZ-VOUS AVEC LES FUTURS PARCOURS OLYMPIQUES DE WHISTLER
PAGE 5

LNH /// EST

		PJ	PTS
1	x-Ottawa	60	75
2	x-New Jersey	60	73
3	x-Caroline	63	65
4	**Canadien**	**61**	**75**
5	Pittsburgh	60	73
6	NY Rangers	62	68
7	Boston	59	66
8	Philadelphie	60	66
9	Buffalo	59	64
10	NY Islanders	60	63
11	Washington	60	62
12	Atlanta	61	62

x – meneurs de division
PJ – parties jouées PTS – points

À couper le souffle !

Le Canadien réussit une remontée historique et remporte un duel époustouflant

Hier, c'était la première fois de son histoire que le Tricolore comblait un recul de cinq buts pour remporter une victoire. La toute première fois.

« Et le Canadien a eu de bonnes équipes au cours des 100 dernières années », a fait remarquer l'entraîneur-chef Guy Carbonneau.

SOMMAIRE

À la une du cahier des sports du 4 décembre 2007, Marc-Antoine Godin évalue les joueurs du Canadien selon quatre catégories.

Le 19 février 2008, le Canadien bat les Rangers de New York grâce à une remontée spectaculaire. Avec un recul de cinq buts, les joueurs du CH augmentent la cadence et remportent le match sur un but de Koivu en fusillade.

20
26
6
KOSTITS

CONCLUSION

En ce dimanche 4 mai 2008, *La Presse*, fidèle à son habitude, propose à ses lecteurs des reportages plus familiaux et des cahiers thématiques propres à une bonne lecture dominicale.

Il y a de tout: un portrait du financier milliardaire Warren Buffett, un reportage sur des Québécois vivant à Silicon Valley, des articles sur la consommation, la santé, la littérature...

Barrant presque tout le haut de la page frontispice, la manchette porte sur l'élimination du Canadien, survenue la veille aux mains des Flyers de Philadelphie. À Montréal et dans tout le Québec, c'est LA nouvelle du jour.

Une grande photo couleur témoigne du désarroi régnant sur le banc des joueurs du Tricolore. L'entraîneur Guy Carbonneau, les bras croisés, jette un regard douloureux vers quelques-uns de ses joueurs. Certains ont la mine déconfite. D'autres se cachent le visage. L'adjoint de Carbonneau, Kirk Muller, regarde en direction de la patinoire où s'écoulent les dernières secondes du match. Derrière lui, la tristesse se lit sur le visage de quelques fans.

Sous la photo, en lettres majuscules, ce titre: «C'EST FINI POUR LE CH.»

Battu 6-4 au Centre Bell, le Canadien est éliminé de la course à la conquête de la Coupe Stanley. Cela met un terme aux espoirs des partisans qui viennent de connaître la plus excitante saison des dernières années. Car, contre toute attente, le Canadien remporte le championnat de l'Association de l'Est. Au premier tour des séries, il élimine difficilement (sept matchs) les Bruins de Boston, ce qui provoque une émeute dans les rues du centre-ville. Contre les Flyers, le CH remporte une victoire dramatique dans le premier match de la série... avant de perdre les quatre rencontres suivantes.

Dans *La Presse*, la couverture de la fin de cette belle aventure est exhaustive. Outre la photo de la une, les pages A2-A3 et les cinq premières pages du cahier des sports y sont consacrées. Tous les angles sont couverts: de la description du match aux déclarations des joueurs, des analyses aux photos couleur, des commentaires des spectateurs aux statistiques individuelles.

Un long texte fait le bilan du comportement des Montréalais et de la réaction policière après la rencontre. Car le souvenir du septième match contre les Bruins est encore frais à la mémoire.

En tout, presque huit pages de textes et de photos. On est bien loin du petit article en bas de la page 3 annonçant la naissance du club, le 4 décembre 1909, dont il a été question dans l'introduction de cet ouvrage. Presqu'un siècle a passé. Autant dire un monde.

Pourtant, à travers les époques, on relève des similitudes dans les reportages consacrés au Canadien. Articles à la une, prépapier avant un match, analyse du travail des joueurs, textes sur des querelles salariales, photos, caricatures.

Lorsque le Canadien se retrouve en finale de la Coupe Stanley, en 1916, *La Presse* prend l'initiative d'informer, presqu'en temps réel, toute la population du Québec en acheminant le score aux quatre coins de la province. On est pourtant bien avant la télédiffusion en direct des matchs et les chaînes d'information en continu!

C'est donc tout cela, la couverture journalistique du Canadien dans *La Presse* des années 1910 et les décennies subséquentes.

Ces points communs trouvent leur sens dans l'intérêt constant, dans la fidélité des Montréalais, des Québécois et, par ricochet, des médias, pour l'équipe de Jack Laviolette. Bien sûr, il y a eu des moments plus creux, des assistances plus clairsemées, des années noires. Mais le Canadien a su très tôt jeter les bases, couler les fondations, d'une équipe phare, de laquelle on s'inspire, à laquelle on s'identifie.

Il y a donc de la constance dans le contenu des reportages. Par contre, les façons de faire ont changé. Ainsi, à une autre époque, une défaite du CH reçoit moins d'attention qu'une victoire. Comme si on voulait lui donner moins d'importance. Aujourd'hui, gagne ou perd, un match du Canadien reçoit le même traitement dans l'édition du lendemain.

La place et le rôle joués par l'iconographie dans les reportages ont aussi grandement évolué. La communication avec les lecteurs s'est multipliée et accélérée à la vitesse grand V. Il suffit d'écrire un mot — blogue — pour s'en convaincre.

L'évolution des technologies, des modes de communication, des exigences des lecteurs, de la gestion interne du Canadien mais aussi, des idées, sont à la source de toutes ces transformations.

En somme, elles sont le reflet de leur époque.

Le fil conducteur de tout cela, c'est le texte. Or, s'il y a un aspect de la couverture journalistique du Canadien dont l'évolution est fascinante, c'est bien dans la façon de rapporter, commenter et analyser les faits.

Dans les premières décennies de l'histoire du CH, le ton des articles est, n'ayons pas peur des mots, fortement partisan. *La Presse*, comme d'autres médias montréalais d'ailleurs, a un parti-pris évident, assumé, revendiqué, envers le Tricolore. Une défaite est souvent mise sur le compte de l'arbitre. Encore plus s'il est anglophone! Un joueur adverse qui s'en prend physiquement à un représentant montréalais est traité de tous les noms. Le Canadien est régulièrement qualifié de plus grande équipe de tous les temps et ses joueurs, de vedettes incomparables.

Dans les années 1910, 1920 et 1930, les Georges Vézina, Howie Morenz, Aurèle Joliat et autres héros suscitent une attention très particulière dans les médias. Le culte des vedettes existe déjà. Leurs exploits ouvrent la voie à trois immenses joueurs qui ont totalement dominé le monde du hockey montréalais des années 1940 à 1980: Maurice Richard, Jean Béliveau et Guy Lafleur.

En mettant un point final à cet ouvrage, je constate à quel point Richard, Béliveau et Lafleur y tiennent une place prépondérante. Ce n'est ni un hasard ni un choix arbitraire. Leur omniprésence fait écho à ce que j'ai pu constater en parcourant des milliers de pages, en relisant et en résumant des centaines d'articles.

Inspirés, leur passage est à la base même de quatre décennies où le Canadien a outrageusement dominé le monde du hockey professionnel.

Inspirants, ils ont été la source d'espoir, de hardiesse et de fierté d'un peuple en quête de héros.

Dans leur domaine, ces trois joueurs, ces trois hommes, ont été plus grands que nature.

Cela n'enlève rien aux dizaines, aux centaines d'autres joueurs talentueux, courageux, besogneux du Canadien sans qui l'équipe n'aurait pas connu une histoire aussi riche ni autant de succès.

Le temps nous dira si d'autres, encore trop jeunes (je pense bien sûr à Patrick Roy), occuperont une place aussi unique dans les annales du club.

Tout cela pour dire que certains lendemains de victoire, les comptes rendus que le lecteur pouvait lire dans le quotidien de la rue Saint-Jacques étaient littéralement orgiaques tant ils baignaient dans une mer d'éloges et de superlatifs. Bien sûr, il y avait place à la critique. Bien sûr, les journalistes étaient en mesure d'écrire qu'un joueur avait connu un mauvais match. Mais l'enthousiasme lyrique avait préséance sur tout le reste.

Cette période a pris fin avec la retraite de Maurice Richard. Par la suite, le style a changé. Peu à peu s'est manifestée une certaine retenue. Les années 1970 ont été marquées par des confrontations entre les scribes et l'entraîneur Scotty Bowman. Mais la promiscuité joueurs-journalistes-direction s'est maintenue.

Après, dans les années 1980, de nouveaux facteurs, couplés à l'émergence de nouvelles idées quant aux façons de travailler, ont de nouveau remodelé la donne quant à la couverture des activités du CH. En fait, les choses n'ont plus jamais été comme avant.

Il y a eu l'explosion des salaires, l'internationalisation du hockey nord-américain, l'ajout de nouvelles équipes, des années très dures pour le CH, une rafale d'instructeurs dont le sort ressemblait à celui de l'agneau sacrificiel. La promiscuité joueurs-journalistes s'est étiolée. Tout comme les succès du Canadien, dont la domination est tombée dans le registre des souvenirs.

Une Coupe Stanley remportée dans chacune des décennies 1980 et 1990 aura permis de mettre un peu de lumière sur ces années sombres. Or le Canadien n'a plus remporté le précieux trophée depuis le printemps 1993. Alors que s'amorce la centième année de son histoire, d'aucuns, dont l'auteur de ce livre, le lui souhaitent en guise de cadeau d'anniversaire. Ce serait une bonne affaire, car, au rythme où vont les choses, la période 2000-2010 pourrait devenir la première décennie sans Coupe Stanley dans toute l'histoire de l'organisation.

Malgré cela, on l'a dit, les partisans manifestent, plus que jamais, une fidélité à toute épreuve à l'égard de leurs chers Canadiens. Hier, en passant devant le Centre Bell, j'ai remarqué un groupe de jeunes vêtus du traditionnel chandail rouge, faisant le pied de grue devant les portes du garage de l'amphithéâtre. Ils attendaient avec un brin de fébrilité la sortie des recrues et de quelques vétérans, de retour pour le camp d'entraînement. Spontanément, je me suis dit que la relève des fans de l'équipe est acquise. À la direction d'assurer celle de ses vedettes.

Alors que certains craignent un déménagement de l'équipe dans un marché plus concurrentiel, la loyauté des Montréalais pour les hommes en Bleu-Blanc-Rouge constitue un pilier sur lequel on peut fonder l'espoir de voir l'association Canadien-Montréal se prolonger encore longtemps.

L'histoire du Canadien ne fait pas uniquement partie de celle de Montréal. Elle en constitue un chapitre important, essentiel, unique. Parce que rassembleur.

Pour connaître la suite de l'histoire. Pour savoir de quoi sera fait ce deuxième siècle d'existence du Canadien-Habitants-Bleu-Blanc-Rouge-Tricolore-Flanelle-CH. Pour assister à la prochaine conquête de la Coupe Stanley, il faudra cependant attendre.

Attendre, espérer, encourager, croire.

Et lire *La Presse*, bien entendu.

André Duchesne
Montréal, le 17 septembre 2008

Au fil des années, plusieurs journalistes et anciens journalistes de *La Presse* ont signé des livres, en tout ou en partie, consacrés à l'histoire du Canadien, à la Ligue nationale de hockey ou à des personnes associées au monde du hockey. Voici une liste non exhaustive de ces documents[1].

Livres

Brunet, Mathias, *Mario Tremblay: le bagarreur*, Montréal, Québec Amérique, 1997.
Brunet, Mathias, *Avions, hôtels... et Glorieux*, Montréal, Québec Amérique, 1998.
Brunet, Mathias, *Michel Bergeron, à cœur ouvert*, Montréal, Québec Amérique, 2001.
Brunet, Mathias, *Mémoires d'un dur à cuire — Les dessous de la LNH*, Montréal, Les Intouchables, 2005.
Collectif, *Cent ans de hockey — chronique d'un siècle sur glace*, sous la direction de Al Strachan, Montréal, Hurtubise HMH, 2000. Réjean Tremblay signe l'introduction et un des chapitres.
Collectif, *Cent ans de coupe Stanley — Chroniques officielles de la Ligue nationale de hockey* sous la direction de Dan Diamond, Montréal, Rormont, 1993. Réjean Tremblay y signe un texte.
Collectif, *Une enfance bleu-blanc-rouge*, sous la direction de Marc Robitaille, Montréal, Les 400 coups, 2000. Une vingtaine d'auteurs publient des textes sur leur souvenirs d'enfance du hockey, dont trois journalistes de *La Presse*: Ronald King, André Pratte et le regretté Robert Duguay.
De Repentigny, Alain, *Maurice Richard*, Montréal, Éditions La Presse, 2005.
Ladouceur, Pierre, *Le petit guide de stratégie du hockey*, Montréal, Éditions Mille-Îles, 2000.
Pedneault, Yvon et Denis Brodeur, *Guy Lafleur*, Montréal, Les Éditions de l'Homme, 1976.
Pedneault, Yvon et Denis Brodeur, *Les Canadiens: nos glorieux champions*, Montréal, Les Éditions de l'Homme, 1977.
Pijet, André, *Les grandes finales*, Montréal, Éditions Mille-Îles, 1996.
Robillard, Guy, *Gilles Tremblay, 40 ans avec le Canadien*, préfaces de Jean Béliveau et Réjean Tremblay, Montréal, Éditions du Carré, 2008.
Terroux, Gilles et Denis Brodeur, *Le match du siècle: Canada-URSS*, Montréal, Les Éditions de l'Homme, 1972.
Tremblay, Réjean et Ronald King, *Les glorieux: Histoire du Canadien de Montréal en images*, Montréal, Éditions Transcontinental, 1996.

Pour la rédaction de cet ouvrage, nous avons consulté les publications suivantes:

Livres

Béliveau, Jean, Chrystian Goyens et Allan Turowetz, *Ma vie Bleu-Blanc-Rouge*, Montréal, Hurtubise HMH, 1994 et 2005 pour la nouvelle édition.
Bruneau, Pierre et Léandre Normand, *La glorieuse histoire des Canadiens*, Montréal, Les Éditions de l'Homme, 2003.
Felteau, Cyrille, *Histoire de La Presse*, Montréal, Éditions La Presse, 1984.
Geoffrion, Bernard, et Stan Fischler, *Boum Boum Geoffrion*, Montréal, Les Éditions de l'Homme, 1996.
Jenish, D'Arcy, *The Stanley Cup*, Toronto, McClelland & Stewart, 1992.
Mayer, Charles, *L'épopée des Canadiens — de Georges Vézina à Maurice Richard*, Montréal, Brasserie Dow Limitée, 1956.
McFarlane, Brian, *The Habs*, Toronto, Stoddart, 1996

Journaux

L'action catholique
La Patrie
La Presse
Le Devoir
Le Journal de Montréal
Le Petit Journal
Montréal-Matin
The Gazette
The Montreal Daily Star

1 Nos collègues nous pardonneront l'omission volontaire des innombrables articles publiés dans des périodiques et autres contributions aux médias électroniques, que ce soit pour des documentaires ou des œuvres de fiction.

PHOTOGRAPHIES

COUVERTURE	ROGER ST-JEAN
PAGE 1	JEAN GOUPIL
PAGE 4	ROBERT NADON
PAGE 10	FRANÇOIS ROY
PAGE 36	ARCHIVES *LA PRESSE*
PAGE 54	ARCHIVES DU CANADA
PAGE 69	PHOTOS ROGER ST-JEAN
PAGE 70	ARCHIVES *LA PRESSE*
PAGE 71	ROGER ST-JEAN
PAGE 73	BERNARD BRAULT
PAGE 75	PIERRE McCANN
PAGE 77	ARCHIVES *LA PRESSE*
PAGE 78	ROGER ST-JEAN
PAGE 79	ARCHIVES *LA PRESSE*
PAGE 81	ARCHIVES *LA PRESSE*
PAGE 82	ROGER ST-JEAN
PAGE 83	PIERRE McCANN
PAGE 86	ARCHIVES *LA PRESSE*
PAGE 87	RENÉ MÉNARD
PAGE 90	PAUL-HENRI TALBOT
PAGE 91	RENÉ PICARD
PAGE 95	ROGER ST-JEAN
PAGE 96	RENÉ PICARD
PAGE 98	PIERRE McCANN
PAGE 99	RENÉ PICARD
PAGE 100	ARCHIVES *LA PRESSE*
PAGE 101	MICHEL GRAVEL
PAGE 107	RÉAL ST-JEAN
PAGE 109	MICHEL GRAVEL
PAGE 111	ROBERT NADON
PAGE 112	JEAN-YVES LÉTOURNEAU
PAGE 113	JEAN GOUPIL
PAGE 114	ROBERT MAILLOUX
PAGE 117	JEAN-YVES LÉTOURNEAU
PAGE 121	PIERRE CÔTÉ
PAGE 122	ARCHIVES *LA PRESSE*
PAGE 123	PAUL-HENRI TALBOT
PAGE 124	PAUL-HENRI TALBOT
PAGE 126	JEAN-YVES LÉTOURNEAU
PAGE 133	ROBERT NADON
PAGE 134-135	ROBERT NADON
PAGE 137	DENIS COURVILLE
PAGE 139	RENÉ PICARD
PAGE 143	ARMAND TROTTIER
PAGE 145	RENÉ PICARD
PAGE 146-147	PIERRE McCANN
PAGE 147	PIERRE McCANN
PAGE 149	BERNARD BRAULT
PAGE 150	BERNARD BRAULT
PAGE 152 (marge)	BERNARD BRAULT
PAGE 152 (centre)	ROBERT NADON
PAGE 154	ARCHIVES *LA PRESSE*
PAGE 157 (gauche)	ARMAND TROTTIER
PAGE 157 (droite)	LUC-SIMON PERREAULT
PAGE 159	BERNARD BRAULT
PAGE 161	PIERRE McCANN
PAGE 163	DENIS COURVILLE
PAGE 165	BERNARD BRAULT
PAGE 166	BERNARD BRAULT
PAGE 167	DENIS COURVILLE
PAGE 168	DENIS COURVILLE
PAGE 171	PIERRE LALUMIÈRE
PAGE 173	ARCHIVES *LA PRESSE*
PAGE 175	PIERRE McCANN
PAGE 177	LUC-SIMON PERREAULT
PAGE 178	ARCHIVES *LA PRESSE*
PAGE 179	ROBERT MAILLOUX
PAGE 180-181	ROBERT MAILLOUX
PAGE 186-187	ROGER ST-JEAN
PAGE 190-191	PHOTOS DENIS COURVILLE
PAGE 193 (centre)	BERNARD BRAULT
PAGE 193 (marge)	ARCHIVES *LA PRESSE*
PAGE 194	BERNARD BRAULT
PAGE 197	BERNARD BRAULT
PAGE 198	DENIS COURVILLE
PAGE 201	BERNARD BRAULT
PAGE 205	PIERRE LALUMIÈRE
PAGE 206-207	PIERRE LALUMIÈRE
PAGE 209	ANDRÉ PICHETTE
PAGE 210 (gauche)	ARMAND TROTTIER
PAGE 210 (centre)	MARTIN CHAMBERLAND
PAGE 210 (droite)	ANDRÉ PICHETTE
PAGE 216-217	BERNARD BRAULT
PAGE 218-221	PHOTOS BERNARD BRAULT
PAGE 223	ROBERT MAILLOUX
PAGE 225	ROBERT SKINNER
PAGE 226	ROBERT SKINNER
PAGE 229	ANDRÉ PICHETTE
PAGE 234-235	BERNARD BRAULT
PAGE 237 (centre)	PHOTOS BERNARD BRAULT
PAGE 237 (marge)	MARTIN CHAMBERLAND
PAGE 239	ALAIN ROBERGE
PAGE 241	DENIS COURVILLE
PAGE 242	MARTIN CHAMBERLAND
PAGE 245	DAVID BOILY
PAGE 247	ROBERT SKINNER
PAGE 248-249	ANDRÉ PICHETTE
PAGE 254-255	ARCHIVES *LA PRESSE*

Maurice Richard et Elmer Lach le 21 avril 1953, admirant la photo désormais célèbre de Roger St-Jean.